PST주식, 선물
3차원 추세분석 비법

세상에서 가장 안전하게 매일 1% 수익 내는

PST 주식 선물

3차원 추세분석 비법

Richard Kwon 지음

매일경제신문사

프롤로그

PST이론과 PST지표에 관한 책을 네 번째 출간하게 되었습니다. 이 책은 PST교육 과정 중 마스터반 교육자료로 사용되니 이 책을 이해하기 위해서는 반드시 그전에 발간한 책을 읽고 숙지하시길 바랍니다.

지난 19년 동안 약 1,300명의 수강생을 배출하고 교육자료로 《PST주식 투자 비법》, 《PST해외선물 투자 비법》, 《나만의 주식, 선물 보조지표 만들기》 책을 교육목적으로 출간했습니다. 국내외 수강생뿐만 아니라 해외에서도 많은 분들이 오셔서 만족도 높은 PST교육을 받으셨습니다.

출간한 책들은 비닐 커버를 하지 않아서 구매 시 내용을 먼저 확인하실 수 있습니다. 매번 책을 출간할 때마다 책의 내용은 PST이론과 PST지표에 대한 교육자료로 사용하기에 책만 구입한 후 혼자 공부한다고 반드시 좋은 결과를 얻기는 쉽지 않다고 말씀드렸습니다. 그러나 소수의 일부 구매자들이 책으로만 독학해도 실전 거래에서 성공하는 줄 아십니다. 독학으로 성공하시기 쉽지 않으니 교육목적으로 필요하신 분만 구매하시길 바랍니다.

저는 PST이론과 PST지표를 소개하면서 거래하는 방법이 여러분과 혹시 다르면 다른 방법도 한번 참고하시라는 의미에서 책을 출간했습니다. PST교육도 배울 분들이 너무 많으시기에 꼭 필요하신 분만 배우시길 바랍니다. 인터넷 검색창에 'PST이론'을 검색하면 강의한다는 곳이 많이 생겼습니다. 처음에는 저밖에 홍보를 안 했는데, 요즘은 'PST이론'이 인기가 있는지 여러 업체에서 많이 사용합니다. 저이외의 다른 곳은 모두 유사업체이니 주의하시길 바랍니다.

제가 독창적으로 만든 PST이론과 PST지표는 국내주식, 해외주식, 국내선물, 해외선물, FX마진, 가상화폐 등 모든 실시간 거래에서 적용이 가능한 신개념의 이론과 지표입니다.

실전 거래 시 여러분은 어떤 것을 원하시나요? 진입 시 밀림이 없으면 좋지 않을까요? 진입 후 캔들이 동일한 색깔로 출현하면 어떠세요? 진입 후 빠른 속도로 진행하면 좋겠지요? 그리고 최고점 혹은 최저점을 미리 알아서 청산하면 좋겠지요? 또 무엇을 원하시나요? PST이론과 지표는 여러분이 불가능하다고 생각한 모든 것을 가능하게 도와드립니다.

책만 보신 분들은 반신반의(半信半疑)하실 것입니다. 저도 처음에는 어떻게 설명을 하고 증명할 수 있을까 하고 고민했지만 19년이 지난지금은 수많은 수강생분들이 실시간으로 국내주식, 해외주식, 국내선물, 해외선물 등에서 좋은 결과를 내고 있습니다. 실전 거래 10번 중 10번 연속으로 이기는 것도 쉽지 않은데, 100번 거래에서 100연승을 했다면 어떻게 생각하시나요? 운이 좋아서 이겼을까요? 거기에는 PST이론과 PST지표가 있었습니다. 다음 카페 '숭실대 주식외환전문가 모임'에 가시면 저와 수강생들이 실전 거래로 100번 이상 연속으로 이긴 자료를 보실 수 있습니다.

제가 만든 PST지표는 현재 유진투자증권 HTS와 브이아이금융투자 HTS에 탑재되어 있습니다. 개인이 만든 보조지표가 금융회사 HTS에 탑재된 것은 국내외 최초입니다. 신뢰성을 인정받아서 벌써 수년째 계속 많은 사용자들에게 실전 거래 시 도움을 주고 있습니다. 유진투자증권 HTS를 통해서 국내주식, 해외주식, 국내선물, 국내옵션을 거래하는 데 활용될 수 있고, 브이아이금융투자 HTS를 통해서 해외선물을 거래하는 데 활용될 수 있습니다.

저는 숭실대학교 글로벌미래교육원에서 '외환전문가 과정'과 '주식전문가 과정'을 13년째 일반인을 대상으로 강의하고 있고, 작년에는 안산대학교 '금융정보학과'에서 대학생을 대상으로 자본 시장의 이해, 증권 투자론, AI와 주식 투자 이해 등의 제목으로 정규강의를 했습니다.

손실을 많이 보는 트레이더들이 아직도 투자 상품의 이해나 공부는 하지 않고 리딩방에서 정보를 듣거나 정확하지 않은 분석방법으로 주식, 선물, 가상화폐 등 묻지 마 투자를 합니다. 또한 이런 분들이 책을 구입하고 읽어본 후 "빨리 교육을 이수할 수 없나요?"라고 물어 봅니다. PST교육은 천천히 받고 나서 충분한 연습을 하고 마인드 컨트 롤하는 것이 꼭 필요합니다.

이번 네 번째 발간하는 책에서는 양자역학(Quantum Mechanics)적으로 PST이론을 적용해서 '3차원 추세분석(Three Dimension Trend Analysis)'을 소개하려고 합니다. 현재까지 오픈되어 있는 전 세계 모든 기술적 추세 분석을 살펴봐도 3차원적으로 추세를 분석하는 방법은 없습니다. 여러 분이 현재 뉴스를 듣고 차트를 분석하는 방법은 2차원적(X, Y) 분석방 법입니다.

저는 PST지표로 추세를 실시간으로 3차원(X, Y, Z) 분석방법을 이미 증명했고 현재 많은 수강생들이 놀라운 결과를 보여주고 있습니다. 자 세한 PST이론과 PST지표에 관한 설명은 기존에 발간한 책을 반드시 참고하시길 바랍니다. 물론 추가 교육이 필요하시면 숭실대학교 글로 벌 미래교육원에서 필요한 '주식전문가 과정'이나 '외환전문가 과정'을 수강 신청하시고 교육을 받으시면 더욱 좋습니다.

PST이론과 PST지표가 많은 트레이더들이 실전 거래할 때 스트레스 를 받지 않고 즐겁고 행복하게 거래하는 데 작은 도움이라도 된다면 진 심으로 좋겠습니다.

Richard Kwon

차례

PART 01

추세분석
Trend Analysis

추세의 의미_
Meaning

여러분은 추세(Trend)란 무엇이라고 생각하시나요? 사전적인 의미는 어떤 현상이 일정한 방향으로 나가려는 현상이라고 합니다. 그럼 어떤 현상이 왜 일어날까요?

거기에는 어떤 현상을 일으키는 '주체 세력(Market Maker)'이 있고 그 현상을 따라서 움직이는 '추종 세력'이 있습니다. 주식 거래인 경우는 주체 세력이 주가를 움직이는 외국인이나 기관을 의미하고, 추종 세력은 개인에 해당됩니다. 여러분과 저 같은 개인들이 주가를 움직여서 추세를 만드는 주체 세력이 되기 어렵습니다. 그러므로 주식 거래에서 이기는 방법은 외국인, 기관들이 상승추세를 만들 때 매수진입을 하고, 상승추세를 보합이나 하락추세로 만들기 전에 매수청산을 해야 합니다.

[자료 1-1]은 주식 거래인 경우 추세 참여자에 대한 설명입니다. 물론 추세를 만드는 형태는 여러 경우가 있습니다만 PST이론은 추세가 횡보에서 상승으로 올라가는 경우만 거래를 합니다. 마켓 메이커인 외

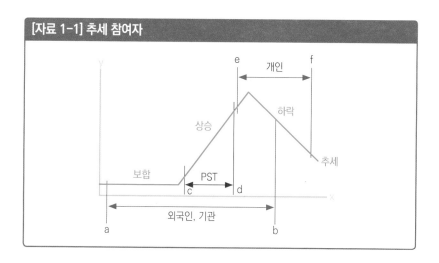

[자료 1-1] 추세 참여자

국인, 기관 등은 a지점부터 계속 매수로 매집을 하는데 일정기간 동안
은 보합을 만듭니다. 추세가 보합이라는 의미는 매수자와 매도자(주식
경우는 청산자)의 힘의 균형이 비슷하다는 것을 뜻하므로 주가(가격)가 별
로 움직임이 없습니다. 그러다가 어느 시점(뉴스나 이벤트 발생)에 본격적
으로 상승추세를 만들다가 목표 가격에 도달하고 개인들의 참여가 e지
점에서 들어오면 b지점에서 매수청산을 합니다.

　손실을 보는 개인 트레이더들은 e지점에서 매수진입해서 가격이 진
입가격보다 내려왔는데도 뉴스나 잘못된 추세 해석방법으로 f지점까지
보유를 합니다. 물론 저점 추가매수를 하면서 매수 단가를 낮추라고 주
위에서 말하면 따라서 행동으로 옮겨 더욱 손실이 커집니다. 그러나 만
약 PST이론과 PST지표를 사용해서 c지점에서 매수진입한 후 d지점에
서 매수청산을 한다면 어떠세요? 가장 이상적인 거래이지 않을까요? 불
가능하다고 생각하지만 PST이론과 PST지표를 사용하면 가능합니다.

　PST지표는 선행지표일까요? 후행지표일까요? PST지표를 포함한 모

든 오픈된 보조지표는 후행지표입니다. 여러 가지 일반이론은 추세에 적용해서 시각적으로 여러분께 뒤늦게 제시합니다. 그럼 PST이론과 PST지표가 왜 일반 이론과 지표와 다를까요? 이유는 PST이론은 선행에 가깝고 PST지표는 현행에 가깝기 때문입니다.

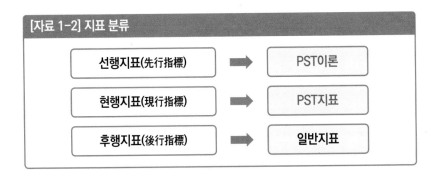

[자료 1-2] 지표 분류

선행지표(先行指標)	➡	PST이론
현행지표(現行指標)	➡	PST지표
후행지표(後行指標)	➡	일반지표

여러분은 선행지표(Leading Indicator)와 후행지표(Lagging Indicator)는 들어보셨지만 현행지표(Current Indicator)는 처음 들어보셨을 것입니다. 현행지표는 제가 PST이론과 PST지표를 만들면서 도입한 이름입니다. 간단히 말씀드리면 추세의 시작과 끝을 PST지표는 알 수가 있기에 과거가 아닌 가장 현재 시점에서 추세를 정확하게 분석할 수 있습니다.

[자료 1-2]처럼 일반지표는 추세의 시작과 끝을 모르기에 추세에 대한 분석이 늦어져 실전 거래에서 수익을 내기가 쉽지 않습니다. 그러나 PST이론은 미래에 예측할 수 있는 선행지표도 되기에 한 추세에서 최고점 혹은 최저점을 여러분께 쉽게 보여드려 실전 거래에서 매우 유익하게 사용되고 있습니다.

또한 PST지표는 진입 시 밀리지 않는 시점을 제공하고 빠르게 진행되는 추세의 속도도 알 수 있습니다. 진입 후 출현하는 다음 캔들 색깔도 추세와 동일한 캔들이 나와서 보유 또한 편안히 할 수 있습니다. 그리고 PST이론과 PST지표는 국내주식, 해외주식, 국내선물, 해외선물, FX마진, 가상화폐 등 차트로 보이는 모든 거래에는 실시간 적용을 할 수 있기에 더욱 대단합니다. 책에 서술하는 내용은 PST교육용임을 다시 한번 말씀드립니다. PST교육을 받으셔야 실전 거래에서 보다 좋은 결과를 기대할 수 있습니다.

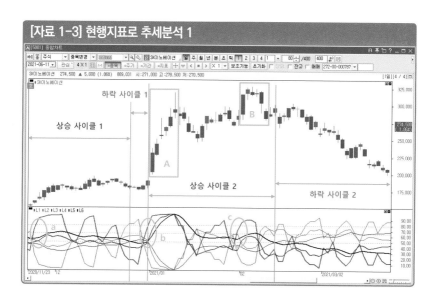

[자료 1-3] 현행지표로 추세분석 1

[자료 1-3]은 주식 거래에서 'SK이노베이션' 종목으로 일 차트이고, 2020년 11월 23일부터 2021년 3월 22일까지 4개월 동안 추세 흐름입니다. 제 기억으로 2021년 1월 중순에 주식 방송을 보는데 유명한 전문가가 나오셔서 자신이 11월부터 추천한 종목인데 3개월간 홀딩했으면 수익이 많이 났다고 말씀을 하셨습니다. 결과론적으로는 맞기는 하지만 효과적인 거래는 아닙니다. 그 이유는 보유기간이 너무 길다는 것입니다. 그리고 청산시점을 말씀을 안하셔서 청취하는 트레이더가 TV를 보고 매수진입한 후 4개월 동안 보유했다면 수익이 많지 않음을

알 수 있습니다.

그럼 PST지표 해석을 해볼까요? 추세 밑에 PST지표를 한 개를 불러 봤습니다. 빨간색선, 파란색선, 검은색선이 굵기가 굵은 것과 가는 것으로 분류되어 X축으로 시간이 흘러가면서 Y축으로 0부터 100까지 보입니다. 이 책에서는 PST지표에 대한 설명을 따로 하지 않겠습니다. 필요하신 분은 기존에 발간한 책을 참고하시길 바랍니다. 검은색선끼리 교차부터 교차까지를 하나의 추세의 시작과 끝(추세의 사이클)이라고 생각합니다. 굵은 검은색선이 위에 위치하면 상승 사이클이고 가는 검은색선이 위에 위치하면 하락 사이클이라고 생각해서 상승 사이클1, 하락 사이클1, 상승 사이클2, 하락 사이클2로 분류할 수 있습니다. 주식 거래는 양방향 거래가 아니고 매수 한 방향으로만 수익을 낼 수 있기 때문에 상승 사이클에서만 진입을 고려해야 합니다.

그럼 상승 사이클1에서도 전문가가 추천한 것처럼 매수진입을 하면 좋을까요? 아닙니다. PST지표로 해석하면 추세의 기울기가 tan45도 이상으로 상승하지 않기에 관망을 합니다. 추세의 기울기가 크다는 의미는 추세의 속도가 일정기간에 대비해서 빠름을 의미하기에 효과적인 거래를 기대할 수 있습니다. PST지표로 매수진입하는 조건은 굵은 빨간색선이 첫 번째 기준선을, 굵은 파란색선이 두 번째 기준선을, 굵은 검은색선이 세 번째 기준선을 반드시 순서대로 되었을 때만 가능합니다. 그래서 이 조건을 충족할 때는 노란색 동그라미 a, b, c 중에서 b만 가능한 것을 쉽게 알 수가 있습니다. 이해되시나요? 진입은 해결이 되었지만 진입보다 더욱 중요한 것이 보유와 청산입니다. 제 생각에는 진입보다 어려운 것이 보유이고 보유보다 더 어려운 것이 청산입니다. 진입 시에는 PST지표로 타임 프레임(Time Frame)만 맞추면 어렵지 않고 보유도 변동성이 없는 구간에서 진입한 후 청산시점을 알면 어렵지 않습니다. 그러나 청산은 청산시점을 모르면 너무 위험한 거래를 하는 것입니다. 청산시점을 알아도 그 시점에서 청산하지 않고 계속 보유하면 이익이 작아지고 잘못하면 손실로 바뀌게 됩니다. 매수진입은 b지점에서 한 후 매수청산은 굵은 파란색선이 굵은 검은색선을 우하향으로 교차해서 내려갈 때 1차 청산을 하고, 굵은 빨간색선이 굵은 검은색선을 우하향으로 교차해서 내려갈 때 2차 청산을 하시면 됩니다. 이런 경우는 1차 청산과 2차 청산이 동시에 나왔기에 무조건 모두 청산하셔야 합니다. 그러면 노란박스 A영역만큼 수익을 기대할 수 있습니다. 그러나 c에서는 매수진입 조건이 맞지 않기에 노란박스 B영역은 거래하지 말고 관망하셔야 합니다.

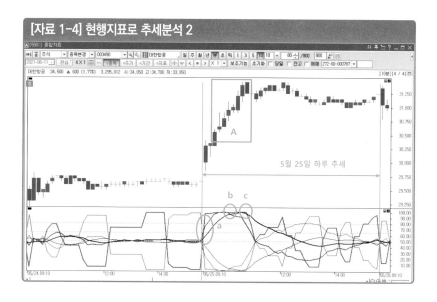

[자료 1-4] 현행지표로 추세분석 2

[자료 1-4]는 주식 거래에서 '대한항공' 종목으로 10분차트이고, 2021년 5월 24일부터 2021년 5월 25일까지 추세 흐름입니다. 주식 거래에서 PST이론으로 [자료 1-3]처럼 며칠을 보유할 수도 있고 [자료 1-4]처럼 하루 거래만도 가능하십니다.

그럼 질문을 드리겠습니다. 여러분은 매수진입 후 하루의 최고점을 알 수가 있을까요? 많은 분이 말도 안 된다고 하시겠지만 PST이론은 양자역학 이론을 적용해서 가능합니다. 추세 아래에 있는 PST지표를 사용하시면 a지점에서 매수진입 후 b지점에서 1차 매수청산을 고려하고 c지점에서 2차 매수청산을 하면 녹색박스 A 영역만큼 수익을 낼 수 있습니다.

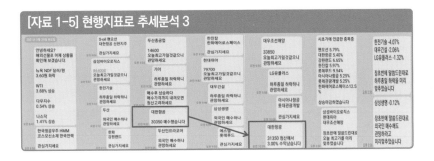

[자료 1-5] 현행지표로 추세분석 3

[자료 1-5]는 2021년 5월 25일 오전 9시부터 10시까지 제가 수강생들에게 핸드폰 문자로 교육 차원에서 실시간 문자방송을 한 결과입니다.

문자 내용을 보시면 오전 9시 32분에 "대한항공 30,350 매수했습니다"라고 문자를 보내드리고, 오전 10시 39분에 '대한항공 31,350 청산해서 3.00% 수익 났습니다'라고 보낸 문자를 보실 수 있습니다. 그렇다면 제가 왜 31,350원에 청산했을까요? 제 생각에는 31,350원에 최고가 근처라고 생각했기 때문입니다. 결과는 당일 최고가는 31,450원이었습니다. 어떠세요? 놀랍지 않으세요? PST이론과 PST지표는 우연이 아니라 실전 거래에서 진입, 보유, 청산시점을 정확하게 여러분께 제시해드립니다. 더욱 놀라운 사실은 오전 9시부터 10시까지 앞으로 5시간 30분 동안 장이 끝나기 전까지 당일 추세는 계속 움직이지만 당일 최고가, 당일종일 하락종목, 외국인이 매수하지만 관망종목을 거의 맞힐 수도 있다는 것입니다.

이 문자방송은 수년째 PST주식교육을 받는 수강생들에게 실시간으로 제공되고 있고, 다음 카페 '숭실대 주식, 외환 전문가 모임(https://cafe.daum.net/SSUFX)'을 통해서 결과를 확인하실 수가 있습니다.

추세의 시작과 끝_
Start & End

[자료 1-6]은 POSCO 일 차트입니다. 제가 여러분께 질문을 먼저 드리겠습니다. c지점에서 d지점까지 추세선을 그어 봤더니 상승추세임을 알 수 있습니다.

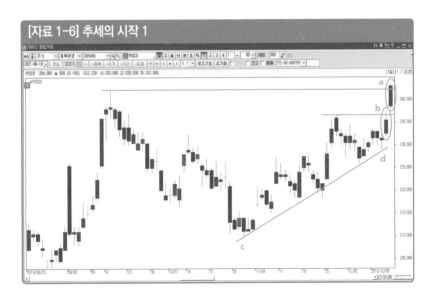

[자료 1-6] 추세의 시작 1

그러면 1차 저항선을 돌파하는 b지점에서 매수진입을 해야 할까요? 2차 저항선을 돌파하는 a지점에서 매수진입을 해야 할까요? 패턴 분석하시는 분은 c지점부터 d지점까지 올라가는 상승형 삼각형(Ascending Triangle Formation)이라고 생각하셔서 짧게는 b지점, 길게는 a지점에서 매수진입을 하실 것입니다.

[자료 1-7] 추세의 시작 2

[자료 1-7]은 [자료 1-6] 이후의 일 차트 흐름입니다. a지점(12월 12일)에 매수진입을 했는데 그다음 날 추세는 하락해서 12일이 지나서 다시 a지점과 같은 위치에 왔습니다. 12일 보유하고 추가로 4일 더 보유하면 녹색박스 A만큼 수익이 날 수 있습니다만 언제 청산할지 모르고 장기 보유하면 어떻게 될까요? 추세는 녹색박스 A영역을 지나서 다시 가격은 하락하고 진입가격인 a가격까지 내려옵니다.

청산하지 않고 계속 보유하면 잔고는 마이너스가 보이기 시작하겠지요. 그러다가 다행히 다시 진입가격인 a가격까지 올라와서 잘하면 녹색박스 B영역만큼 수익을 기대할 수 있습니다만, 46일이 지난 1월 28일부터 가격은 진입가격보다 내려가서 3월 19일까지 녹색박스 C영역만큼 너무 큰 손실을 보고 말았습니다.

자, 어떠세요? 장기보유가 여러분의 거래 방법으로 옳은 방법인가요? 물론 혹자는 잠시 손실을 보더라도 계속 분할 매수를 장기간 하라고 말을 합니다. "그럼 언제 수익을 보고 청산을 하실 건가요?"라고 물어보면 "수익이 플러스가 될 때까지 계속 분할 매수를 하면서 기다리면 됩니다"라고 합니다. 제 생각에는 그것보다는 은행에 가서 적금을 붓는 것이 리스크 없이 더 안전한 방법 같습니다.

그러면 이런 경우는 무엇이 문제라고 여러분은 생각하시나요?

정답은 추세의 시작과 끝을 몰라서 그렇습니다. 추세의 시작(Start Point)과 끝(End Point)을 한 번이라도 생각해보셨나요? 과거부터 현재까지 그 누구도 추세의 시작과 끝에 관해서 연구나 발표한 사례가 없습니다. 그러나 PST이론은 추세의 시작과 끝을 이루는 하나의 사이클(Cycle)에서 시작합니다. 추세는 상승추세, 보합, 하락추세라고 여러분은 잘 알고 계실 것입니다. 그럼 실전 거래에서 왜 수익이 안 나고 손실을 볼까요? 가장 근본적인 이유는 추세를 잘못 파악해서입니다. 추세가 하락인데 여러분은 상승으로 착각해서 매수진입을 하고, 또는 추세가 상승인데 여러분은 매도진입을 합니다. 또한 추세가 보합인데 관망하지 않고 여러분은 매수진입 또는 매도진입을 해서 오랜 시간 보유를 해도 기대만큼 수익이 나지 않습니다.

그럼 추세의 시작과 끝을 누가 정할까요? TV를 보면 유명한 전문가분들이 나와서 어떤 종목을 분석하실 때 추세선을 본인 생각대로 임의로 그으십니다. 그런데 과연 올바르게 그리신다고 생각하세요? 저는 그렇지 않다고 생각합니다. 추세는 트레이더마다 보는 관점이 다르기 때문에 누가 맞다고는 할 수 없습니다. 여러분이 보는 추세가 남들과 다르더라도 수익이 난다면 추세는 맞는다고 볼 수 있습니다.

추세의 시작과 끝을 제가 만든 PST지표로 한번 살펴보겠습니다.

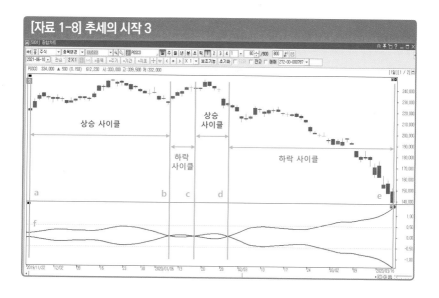

[자료 1-8] 추세의 시작 3

[자료 1-8]은 PST지표를 사용해서 추세의 시작과 끝을 찾아봤습니다. PST지표는 실시간으로 PST이론을 적용해서 현재 추세의 상태를 알려줍니다. a지점부터 b지점과 c지점부터 d지점처럼 빨간색선이 위에 있고 파란색선이 아래에 있으면 추세는 상승 사이클이라고 생각하고, 빨간색선이 파란색선을 우상향으로 교차해서 올라갈 때가 상승 사이클의 시작이고, 빨간색선이 파란색선을 우하향으로 교차해서 내려갈 때가 상승 사이클의 끝이라고 생각합니다. 또한 b지점부터 c지점과 d지점부터 e지점처럼 파란색선이 빨간색선을 우상향으로 교차해서 올

라갈 때가 하락 사이클의 시작이고, 파란색선이 빨간색선을 우하향으로 교차해서 내려갈 때가 하락 사이클의 끝이라고 생각합니다.

PST지표 적용 시에는 여러분의 생각을 넣고 해석하시면 안 됩니다. 많은 수강생들이 PST교육을 받으시고 실전 거래를 하실 때 본인 생각을 넣고 하셨다가 손실을 봤다고 종종 말씀하십니다. PST이론에서는 하나의 추세가 새로 시작할 때는 이전의 추세는 고려하지 않습니다.

[자료 1-8]에서 보시면 두 번째 상승 사이클이 시작하면 이전에 첫 번째 상승 사이클은 비교 대상이 아니고, 두 번째 하락 사이클이 시작하면 이전에 첫 번째 하락 사이클도 비교 대상이 아닙니다. 이해가 되셨나요?

손실을 보는 많은 트레이더가 기술적 분석방법으로 오픈된 보조지표(이동평균선 등)를 봉 개수 설정도 고려하지 않고 5일, 20일, 60일, 120일 등을 사용합니다. 이렇게 봉 개수가 길면 추세의 시작도 모르는 상태에서 이전의 추세도 포함해서 정확한 추세의 시작과 끝을 찾아낼 수가 없기에 실전 거래에서 수익을 내기도 어렵습니다.

또한 상승 사이클 구간에서도 보합(=PST이론으로는 상승보합)을 사전에 알 수 있기 때문에 거래하지 않고 관망을 할 수 있습니다.

[자료 1-8]에서 기준선 f가 있는데 빨간색선이 기준선보다 값이 커야지 매수진입을 고려할 수 있습니다. 기준선 f보다 값이 작기 때문에 추세는 상승추세라고 인정하지만, 현재 추세의 상태는 상승보합이기에 거래를 하지 않습니다.

추세의 방향 결정_
Direction Decision

    제가 여러분께 초등학교 수학 문제를 하나 내보겠습니다. [자료 1-9]를 보시면 "가로 5cm, 세로 4cm 직사각형이 있습니다. 이 직사각형의 면적을 주관식으로 어떻게 서술하시겠습니까?" 아마 100명이면 100명 모두 아래와 같이 답을 적으실 것입니다.

$$직사각형\ 면적 = 가로 \times 세로 = 5cm \times 4cm = 20cm^2$$

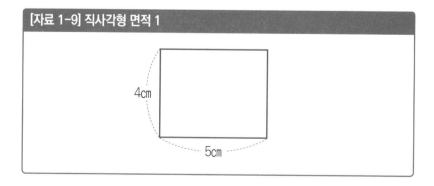

[자료 1-9] 직사각형 면적 1

4cm

5cm

틀린 답일까요? 아니요. 정답입니다. 그럼 다른 문제를 하나 더 내보
겠습니다.

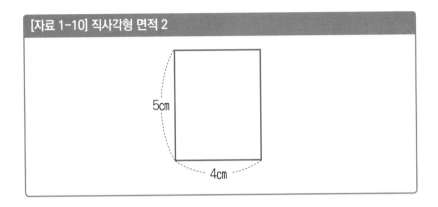

[자료 1-10]을 보시면, "가로 $4cm$, 세로 $5cm$ 직사각형이 있습니다.
그러면 이 직사각형의 면적을 주관식으로 어떻게 서술하시겠습니까?"
아마 100명이면 100명 모두 아래와 같이 답을 적으실 것입니다.

직사각형 면적 = 가로×세로 = $4cm×5cm= 20cm^2$

답이 틀렸을까요? 아니요. 정답입니다. "왜 가로, 세로 길이만 다른
똑같은 내용의 문제를 물어봅니까?" 하고 궁금하실 것입니다. 제가 어
렸을 때 있었던 일을 말씀드리면서 이야기를 풀어내보려고 합니다.

첫 번째 문제에 대한 해답을 여러분들을 포함한 대부분의 답변자는
'직사각형 면적 = 가로×세로 = $5cm×4cm= 20cm^2$'라고 했습니다.
그러나 저는 '직사각형 면적 = 가로×세로 = $4cm×5cm= 20cm^2$'라고
답변했습니다. 선생님께서는 제가 가로, 세로 길이를 잘못 적었다고 하

면서 틀렸다고 하셨습니다. 저는 이해가 안 가서 선생님께 다시 한번
아래와 같이 질문을 했습니다.

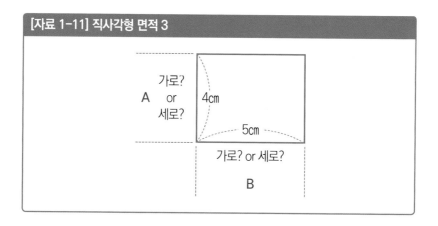

[자료 1-11] 직사각형 면적 3

"직사각형 좌측에 A사람이 있고 아래에 B사람이 있다고 가정했을
때 B사람 입장에서 보면 가로가 5cm, 세로가 4cm에 해당합니다. 하지
만, 저처럼 A사람 입장에서 보면 가로가 4cm, 세로가 5cm가 되어 직사
각형 면적은 가로×세로가 되어 4cm×5cm = 20cm²가 됩니다"라고 설명
드렸습니다. 마침내 선생님도 이해하시고 맞다고 하셨습니다.

이 문제를 여러분께 드린 이유는 여러분과 제가 모든 분석방법을 어
렸을 때 배운 획일적인 방법에서 벗어나서 다른 각도로 볼 수 있기를
원해서입니다. 이런 관점에서 추세 방향을 결정하는 것을 같이 생각해
보겠습니다.

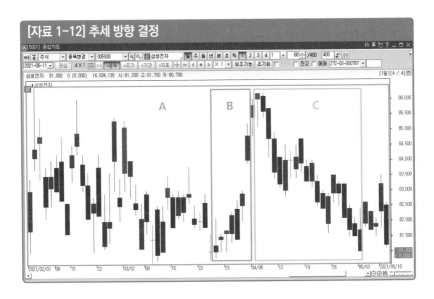

[자료 1-12] 추세 방향 결정

[자료 1-12]는 삼성전자 2021년 2월 1일부터 2021년 5월 11일까지 일 차트입니다. 여기에 3명의 트레이더가 있습니다.

A트레이더는 이 종목의 추세가 하늘색박스 A영역만큼 보합이라고 해서 실전 거래는 하지 않고 계속 관망을 합니다. B트레이더는 추세가 바닥에서 상승으로 올라가는 상승추세라고 생각해서 매수진입을 해서 녹색박스 B만큼 수익이 났습니다. C트레이더는 추세가 전고점을 통과할 것 같아서 매수진입을 했다가 노란색박스 C영역만큼 손해봤습니다.

여러분은 어느 트레이더의 거래방법을 원하시나요? 결과적으로 보면 B트레이더만 수익이 나서 B트레이더가 결정한 추세의 방향이 맞은 것 같습니다. 하지만 A트레이더 입장에서 보면 추세가 계속 보합 중이니 B와 C트레이더의 추세의 결정은 틀렸다고 생각할 것입니다. 그리고 B트레이더도 청산을 잘해서 녹색박스 B영역만큼 수익이 난 것이지, 청산하지 않고 노란색박스 C영역만큼 계속 홀딩하면 이익을 본 것은 거의 사라집니다. 현재 주가는 진입가격까지 내려왔습니다. C트레이더는 주식의 경우는 손실을 봤지만 매도진입으로 수익을 낼 수 있는 선물거래에서는 매도진입을 했다면 노란색박스 C영역만큼 수익을 낼 수도 있습니다. 이해가 되시나요?

여기서 제가 여러분께 말씀드리고 싶은 것은 추세의 방향 결정은 획일적으로 정해진 것이 아니라는 것입니다. 누가 맞고, 누가 틀리는 것이 아니라 여러분이 주관적(Subjective)으로 결정하는 것입니다. 여러분이 추세 결정에 있어서 남달랐더라도 남이 손실을 보고 여러분이 수익이 난다면 다른 분들이 여러분의 추세 방향 결정에 이의를 제기할 분은 없지 않을까요?

추세의 구성_
Composition

학교 다닐 때 물 분자의 화학식은 H_2O(수소원자 두 개와 산소원자 한 개의 합)라고 배웠습니다. 그럼 물 분자의 구성원처럼 추세의 구성원(Composition)은 무엇이라고 생각하시나요? 추세의 구성을 그 누구도 생각하지 않았지만 PST이론을 만들면서 저는 추세(Trend)는 주기(Period)와 힘(Strength)로 구성되어 있다고 생각하고 증명했습니다.

추세 = 주기 + 힘

PST교육 시간에 간혹 어떤 수강생분들이 "추세의 구성원인 주기와 힘을 보여달라"라고 하십니다. 하지만 물의 구성원인 수소와 산소도 눈으로 보이지 않는 것처럼 추세의 구성원도 눈에 보이지 않습니다.

우리가 배우는 이론(Theory)들은 거의 다 눈으로는 보이지 않지만, 현실에서 모두 현상이 맞으면 그 이론이 틀렸다고 제기하는 분은 없을 것입니다. 이와 마찬가지로 19년 전부터 PST이론을 만들고 현재까지

1,300명 이상 국내외 수강생분들이 교육을 받으셨는데 PST이론이 틀렸다고 아무도 이의를 제기하는 분은 없었습니다.

PST이론으로 추세를 분석할 때 가장 우선적으로 생각해야 하는 것은 무엇일까요? 그것은 추세의 시작과 끝을 찾는 것입니다. 추세의 시작과 끝을 찾아야 그 추세 사이클(Cycle) 동안 동일한 방향으로 수익을 내는 전략을 세울 수 있습니다. 추세의 시작 전 추세는 다른 방향 추세이므로 고려 대상이 아닙니다.

여기에 만약 다른 이전 추세까지 고려해서 실전 거래를 할 때는 추세의 왜곡(Distortion)이 생긴다고 PST이론은 생각합니다.

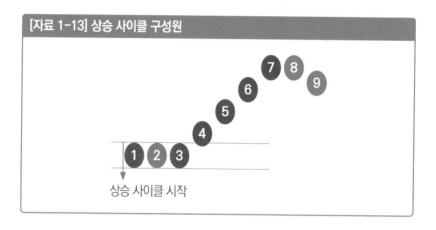

[자료 1-13] 상승 사이클 구성원

상승 사이클 시작

[자료 1-13]을 보면 상승 사이클의 시작은 1번부터라고 PST지표로 찾아낼 수 있습니다. 참고로 HTS에 오픈된 현존 보조지표로는 추세의 시작을 찾을 수 없고 오직 PST지표로만 찾아낼 수 있습니다.

1번부터 9번까지 동그라미를 하나의 캔들로 생각해보겠습니다. 상승일 때는 빨간 동그라미, 하락일 때는 파란 동그라미로 생각하시면 여러분은 몇 번에서 매수진입을 하고 몇 번에서 매수청산을 하시겠습니까? 가장 좋은 거래 방법은 4번에 매수진입을 한 후 7번에서 매수청산을 한 것인데 어떻게 이것을 실시간으로 생각하면서 거래를 할 수 있을까요? 그 해답은 저와 같이 공부해보겠습니다.

추세를 구성하는 구성원인 주기와 힘은 플러스(+)와 마이너스(-)로 표시됩니다.
그럼 각각의 경우를 생각해볼까요?

주기	힘1	힘2	추세(주기+힘)	추세분석
+	+	++	+++	상승강화
		+	++	상승보합
+	-	-	0	횡보보합
-	+	+	0	
-	-	-	--	하락보합
		--	---	하락강화

주기가 플러스 한 개(+)이고 힘은 플러스 두 개(++)인 경우는 추세가 플러스 세 개(+++)가 되는데 이것을 PST이론에서는 '상승강화'라고 정의합니다. 주기가 플러스 한 개(+)이고 힘도 플러스 한 개(+)인 경우에는 추세가 플러스 두 개(++)가 되는데 이것을 PST이론에서는 '상승보합'이라고 정의합니다. 주기가 플러스 한 개(+)이고 힘은 마이너스 한 개(-)인 추세가 0이 되는 경우와 주기가 마이너스(-) 한 개이고 힘은 플러스(+) 한 개인 경우에도 추세가 0이 되는데 이 경우를 PST이론에서는 '횡보보합'이라고 정의합니다. 주기가 마이너스 한 개(-)이고 힘도 마이너스 한 개(-)인 경우에는 추세가 마이너스 두 개(--)가 되는데 이

런 경우를 PST이론에서는 '하락보합'이라고 정의합니다. 마지막으로 주기가 마이너스 한 개(-)이고 힘이 마이너스 두 개(--)인 경우에는 추세가 마이너스 세 개(---)가 되는데 이런 경우를 PST이론에서는 '하락강화'라고 정의합니다. 이해가 되시나요?

어떻게 힘을 플러스 한 개, 두 개와 마이너스 한 개, 두 개로 나누는지 자세한 설명은 기존에 출간한 책을 참고하시길 바랍니다.

그럼 [자료 1-13]을 다음 추세분류로 생각해보겠습니다.
상승보합 구간 : 1번~3번
상승강화 구간 : 4번~7번
상승보합 구간 : 8번~9번

상승 사이클이 시작한 1번부터 저항선을 통과하지 않는 3번까지는 상승보합 구간이라고 생각합니다. 상승추세에서 힘2처럼 힘이 플러스 두 개(++)가 나오면 저항선을 통과하는 4번에서 매수진입을 하겠습니다. 물론 이때 매수진입을 한다고 무조건 수익이 나는 것은 아닙니다. 수익이 나기 위해서는 기준차트(Standard Chart)와 타임 프레임을 반드시 이해하셔야 합니다. 매수청산은 추세 강화인 상태(+++)에서 상승보합(++)으로 바뀌는 8번에서 한다면 수익구간은 상승강화인 4번부터 7번까지를 기대할 수 있습니다.

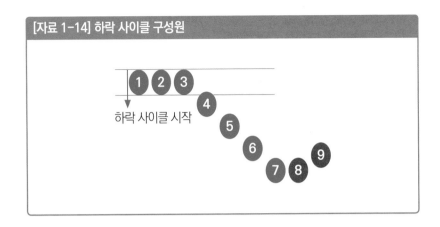
[자료 1-14] 하락 사이클 구성원

하락 사이클 시작

[자료 1-14]를 추세분류로 생각해보겠습니다.

하락보합 구간 : 1번~3번

하락강화 구간 : 4번~7번

하락보합 구간 : 8번~9번

주식 거래인 경우에는 매수진입만 가능하기에 [자료 1-13]만 고려하시면 되지만, 선물 거래인 경우에는 매수진입과 매도진입이 가능하기에 매수진입 시에는 [자료 1-13]을 고려하시고 매도진입 시에는 [자료 1-14]를 고려하셔야 합니다.

그럼 매도진입은 언제일까요? 주기에서 마이너스 한 개(-)와 힘에서 마이너스 두 개(--)인 경우로 추세가 마이너스 세 개(---)로 저항선을 통과해서 내려오는 4번에서 매도진입이 맞습니다. 그리고 매도청산은 주기가 마이너스 한 개(-)와 힘도 마이너스 한 개(-)인 경우로 추세가 마이너스 두 개(--)로 바뀌는 8번에서 고려하셔야 합니다. 이해가 되셨나요?

물론 HTS에 탑재되어 오픈된 일반 보조지표로는 이런 방법으로 추세

분석이 어렵지만, 유진투자증권 HTS에 탑재된 PST지표를 이용해서 국내주식, 해외주식, 국내선물 거래를 하실 수가 있습니다. 브이아이금융투자 HTS에 탑재된 PST지표를 이용해서 해외선물 거래가 가능합니다.

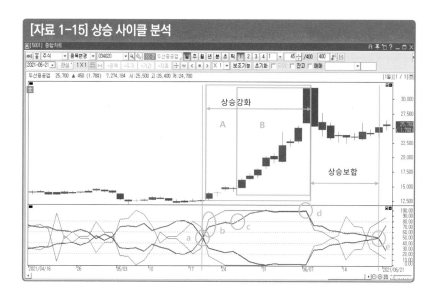

[자료 1-15]는 주식 거래에서 '두산중공업' 종목으로 일 차트이고, 2021년 4월 16일부터 2021년 6월 21일까지 추세 흐름입니다. 추세 밑에 실시간 추세분석하는 PST지표를 불러봤습니다.

PST교육을 할 때 저는 수강생분들에게 추세를 보지 말고 PST지표만 보라고 말씀드립니다. 여러분께 보이는 추세는 여러분이 추세를 만드는 마켓 메이커가 아니기 때문에 캔들 분석과 패턴 분석에서 오류가 나올 수 있기 때문입니다. 굵은 빨간색선이 우상향으로 굵은 파란색선이 만나는 a지점부터 상승 사이클은 시작이 되고, 굵은 빨간색선이 우하향으로 굵은 파란색선과 다시 만나는 e지점에서 상승 사이클이 끝난다고 PST지표를 통해서 쉽게 알 수 있습니다. PST이론상 매수진입은

a지점부터 e지점까지 안에서만 고려합니다. a지점 전이나 e지점 후에
는 모두 하락 사이클이기 때문에 매수진입을 고려하지 않습니다. Y축
을 보면 기준점선이 있는데 빨간색선이 60~80 사이에서 우상향을 하
면 플러스 한 개(+)를 주고, 빨간색선이 80~100 사이에서 우상향을 하
면 플러스 두 개(++)를 주겠습니다.

b지점을 보시면 가는 빨간색선이 80을 통과하기에 플러스 두 개(++)
와 굵은 빨간색선이 60을 통과하기에 플러스 한 개(+)를 주면 b지점에
서는 플러스가 세 개(+++)가 되어 매수진입 조건이 됩니다. 주의할 점은
여기서 보이는 빨간색선의 플러스와 파란색선의 마이너스는 주기와 힘
을 뜻하는 것이 아니라 캔들 하나하나의 추세 의미파악을 뜻합니다. b
지점에서는 플러스가 세 개(+++)였지만 c지점에서는 가는 빨간색선과
굵은 빨간색선 모두 80~100 사이에서 우상향으로 보이므로 플러스가
각각 두 개(++)씩 계산하면 합이 플러스가 네 개(++++)가 되어 상승강화
구간 중에서 더욱 상승하게 됩니다. 이해가 되시나요?

매수청산은 가는 빨간색선이 우하향으로 굵은 빨간색선을 교차해서
내려오는 d지점이 맞습니다. d지점부터 e지점까지는 상승 사이클은
살아있지만 매수진입한 세력들이 청산해서 나가는 상승보합(=상승이익
실현구간)으로 관망해야 합니다.

PST지표를 보고 일반적인 매수진입 방법은 가는 빨간색선이 80을
우상향으로 통과하고 굵은 빨간색선이 60을 우상향으로 통과하는 b지
점에서 하고 매수청산은 d지점에서 하면 녹색박스 A만큼 이익을 기대
할 수 있습니다. 만약 상승강화 구간에서 녹색박스 B만큼보다 짧은 기
간 동안 큰 이익을 기대하려면 기울기(=각도)로 계산한 PST지표를 사용
하시면 보다 효율적으로 거래를 하실 수 있습니다.

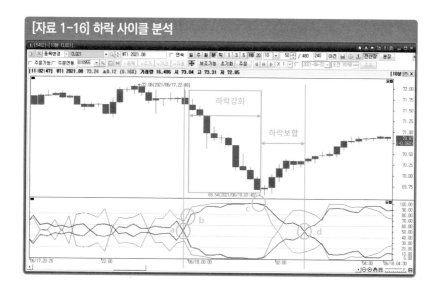

[자료 1-16] 하락 사이클 분석

[자료 1-16]은 해외선물 거래에서 'WTI 8월물' 종목으로 10분차트
이고, 6월 17일 20시 20분부터 6월 18일 4시40분까지 추세 흐름입
니다.

하락 사이클의 시작과 끝은 어디일까요? 굵은 파란색선이 굵은 빨간
색선을 우상향으로 통과하는 a지점이 하락 사이클의 시작이고 굵은 파
란색선이 굵은 빨간색선을 우하향으로 통과하는 d지점이 하락 사이클
의 끝이라고 PST지표는 생각합니다. 매도진입은 가는 파란색선이 80
을 우상향으로 통과하고 굵은 파란색선이 60을 우상향으로 통과하는
b지점입니다. 파란색선은 빨간색선을 대칭으로 보이게 만들어서 가는
빨간색선이 20을 우하향으로 통과(하락강화 구간)하고 굵은 빨간색선이
40을 우하향으로 하락보합 구간을 통과하는 시점으로 생각해도 됩니
다. 매도청산은 가는 파란색선이 굵은 파란색선을 우하향으로 통과하
는 c지점이 맞습니다. c지점부터 d지점까지 캔들은 계속 올라와서 상
승추세처럼 보이지만 하락 사이클이 d지점까지는 끝이 나지 않았기 때

문에 상승추세로 착각해서 매수진입을 하시면 안 되고 관망해야 합니다.

해외선물 거래에서는 매수진입뿐만 아니라 매도진입으로도 수익을 낼 수 있습니다. c지점부터 d지점까지의 상승추세는 b지점부터 c지점까지 매도진입한 트레이더들이 매도청산을 하면서 가격(=환율)이 상승할 수도 있습니다.

이렇듯이 추세를 분석할 때 가장 중요한 것은 사이클의 시작과 끝을 정확하게 찾는 것입니다. 이것이 실전 거래할 때 첫 단추를 끼우는 것입니다.

추세의 종류_
Variety

여러분은 추세의 종류가 몇 가지가 있다고 생각하시나요? 모든 분이 추세는 당연히 상승추세, 보합, 하락추세가 있다고 생각하실 것입니다. 저도 처음에는 그렇게 생각했습니다. 왜냐하면 모든 분이 그렇게 말하고 모든 책에서 그렇게 설명하기 때문이지요. 그런데 왜 실전 거래에서는 배운 대로 추세를 분석하고 했는데 수익이 나기 어려울까요?

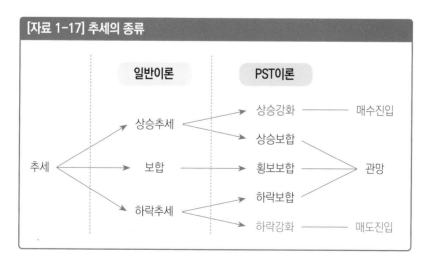

[자료 1-17] 추세의 종류

PST이론은 추세의 분류를 앞의 [자료 1-17]처럼 생각합니다. 여러분은 상승추세라고 생각하시면 매수진입을 고려하시지만 PST이론에서는 상승추세를 상승강화와 상승보합으로 구분해서 상승강화에서만 매수진입을 고려하고 상승보합에서는 관망합니다. 또한 여러분은 하락추세라고 생각하면 매도진입을 고려하시지만, PST이론에서는 하락추세를 하락강화와 하락보합으로 구분해서 하락강화에서만 매도진입을 고려하고 하락보합에서는 관망합니다. 그래서 PST이론으로 추세를 분류할 때는 상승강화, 상승보합, 횡보보합, 하락보합, 하락강화 5가지로 분류하고, 상승보합, 횡보보합, 하락보합은 모두 보합 구간이라고 생각해서 거래하지 않고 관망을 합니다. 여러분은 추세를 5가지로 분류하는 것을 처음 들어보셨을 것입니다. 저도 배운 것이 아니라 PST이론과 PST지표를 독창적으로 직접 만든 것입니다.

주식 거래인 경우는 매수진입으로만 수익을 낼 수 있는 거래기 때문에 5가지 분류 중 상승강화에만 매수진입을 고려해야 합니다. 그러나 선물 거래인 경우는 매수진입뿐만 아니라 매도진입도 수익을 낼 수 있는 거래기 때문에 5가지 분류 중 상승강화에서는 매수진입을 고려할 수 있고, 하락강화에서는 매도진입을 고려할 수 있습니다. 5가지 추세에 대한 구체적인 설명은 기존에 출간한 책들을 참고하시길 바랍니다.

제가 숭실대학교 글로벌미래교육원, 유진투자증권, 브이아이금융투자 등에서 정기적으로 무료 주식, 외환 공개강좌를 합니다. 공개강좌에 오시는 분들이 자주 하는 질문이 "추세의 방향은 알아서 실전 거래 시 추세의 방향은 맞는데 너무 추세가 흔들려서 거래하기가 어렵습니다. 왜 그럴까요?" 하는 것입니다. 여러분은 이유가 무엇이라고 생각하시나요? 추세의 분류를 3가지로 하면 답변이 어려우나 추세의 분류를 PST이론처럼 5가지로 하면 답변이 무척 쉽습니다. 이유는 상승추세에서 매수진입을 했을 때 상승강화 구간이 아니라 상승보합 구간에서 매수진입을 해서 그렇습니다. 또한 하락추세에서 매도진입을 했을 때 하락강화 구간이 아니라 하락보합 구간에서 매도진입을 해서 그렇습니다. 이해가 되시나요? 주식 거래인 경우는 신용을 사용하지 않고 거래하면 레버리지가 1배지만 파생상품 중 해외선물 거래인 경우 기본 레버리지가 30배~50배를 사용하기에 상승추세로 착각한 상승보합 구간이나 하락추세로 착각한 하락보합 구간에서는 수익을 내기가 어렵습니다.

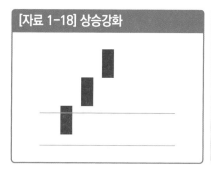

[자료 1-18] 상승강화

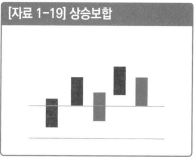

[자료 1-19] 상승보합

[자료 1-18]은 저항선을 통과한 후 상승강화로 변하는 추세를 보여주고, [자료 1-19]는 저항선을 통과한 후 상승보합으로 변하는 추세를 보여주고 있습니다.

[자료 1-20]은 저항선을 통과하지 않고 저항선과 지지선 사이에서 추세가 변화하는 것을 보여주고 있습니다. 참고로 상승추세에서는 저항선이 지지선보다 위쪽에 위치하고, 하락추세에서는 저항선이 지지선보다 아래쪽에 위치합니다.

[자료 1-20] 횡보보합

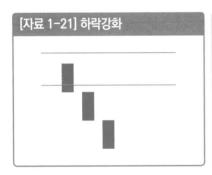

[자료 1-21] 하락강화

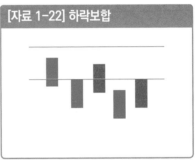

[자료 1-22] 하락보합

　[자료 1-21]은 저항선을 통과한 후 하락강화로 변하는 추세를 보여주고, [자료 1-22]는 저항선을 통과한 후 하락보합으로 변하는 추세를 보여주고 있습니다.

　그럼 실전 거래에선 추세를 5가지로 분류한 후 상승강화에서 매수진입을 고려하고 하락강화에서 매도진입을 고려하면 되지만, 문제는 현재 전 세계 공개된 수많은 보조지표 중 추세를 5가지 분류할 수 있는 것은 오직 PST지표뿐이라는 것입니다.

　[자료 1-23]은 주식 거래에서 HMM 종목 일 차트로 2020년 6월 15일부터 8월 24일까지 추세입니다. "여러분은 언제 매수진입하고 언제

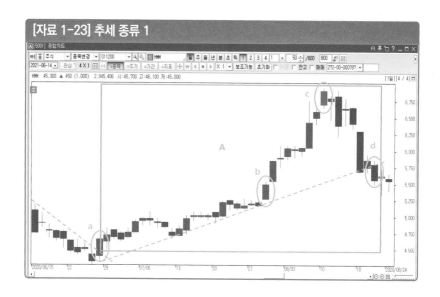

[자료 1-23] 추세 종류 1

매수청산을 하시겠습니까?"

많은 트레이더들이 추세가 하락한 후 반전을 보이는 a지점(6월 26일)에서 매수진입을 하고 싶을 것입니다. 그러다가 b지점(7월 29일)에서 강한 상승추세를 만들다가 c지점(8월 10일)에서 최고점을 찍고 추세가 하락반전 됩니다. a지점에서 매수진입한 트레이더들은 본인들이 알고 있는 일반적인 지식으로 a지점과 b지점의 추세선을 그은 후 현재 주가가 추세선을 이탈하고 하락하는 d지점(8월 20일)에 매수청산을 하실 것입니다.

녹색박스 A영역만큼 거래했다면 이 방법이 틀렸을까요? 결과론으로 수익은 낮지만 PST이론적으로 추세를 분석하면 효과적인 거래방법이 아니라는 것은 증명할 수 있습니다.

[자료 1-24]는 [자료 1-23]에다 PST지표를 불러서 추세를 해석해봤습니다. PST지표를 사용하면 현재 실시간 추세가 상승 사이클인지, 하락 사이클인지를 정확하게 구별해줍니다. 새로운 추세가 시작되면

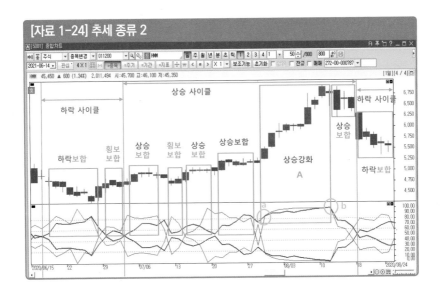

[자료 1-24] 추세 종류 2

이전 추세는 관심이 없습니다.

기존 일반지표들은 과거 추세까지 고려해서 여러분께 보여주기에 거기에는 분명히 추세의 왜곡(Distortion)이 존재합니다. 여기에 사용된 PST지표는 현재 실시간 주가가 상승강화, 상승보합, 횡보보합, 하락보합, 하락강화 중 어느 것인지 바로 여러분께 정확히 제시해줍니다.

PST지표를 구성하는 선들은 가는 빨간색선, 가는 파란색선, 굵은 빨간색선, 굵은 파란색선이 있고 Y축(0~100)에서 보입니다. 저는 PST교육시간에는 빨간색, 파란색 캔들로 보이는 추세는 보지 말고 오직 PST지표만 보라고 말씀드립니다.

이유는 PST이론으로는 캔들의 색깔, 캔들의 모양, 추세의 패턴 등은 실전 거래에 직접적인 도움을 주지 못하기 때문이지요. PST지표는 [자료 1-24]처럼 굵은 빨간색선과 굵은 파란색선이 교차 시마다 추세는 바뀌었다고 생각합니다.

그래서 [자료 1-24]에서 추세의 흐름은 하락 사이클 → 상승 사이클 → 하락 사이클로 진행된다고 생각합니다. 빨간색선끼리 모두 1구간 (80~100)에 존재하면 녹색박스 A처럼 상승강화라고 생각하고 빨간색선 끼리 2구간(60~80)에 존재하면 상승보합이라고 생각합니다. 빨간색선과 파란색선이 섞이면서 3구간(40~60)에 존재하면 횡보보합이라고 생각하 고 파란색선끼리 2구간(60~80)에 존재하면 하락보합이라고 생각합니다. 물론 파란색선끼리 모두 1구간(80~100)에 존재하면 하락강화가 됩니다. 주식 거래에서는 하락강화 때 매수진입하면 큰 손실을 보겠지요.

많은 트레이더들이 추세가 계속 하락해서 손실을 보고 있는데(= 하락 사이클은 아직 안 끝남) 본인 혼자 저점에서 추가 매수를 하면서 "올라갈 거 야"하면서 본인을 합리화합니다. 그러나 PST지표로 하락 사이클이 멈 추고 상승 사이클로 바뀐 후 상승보합에서 상승강화 때까지는 관망해 야 합니다.

[자료 1-23]에서 보면 b지점에서 강한 상승이 나온 후 c지점에서 최고점이 나온 이유를 [자료 1-24]에서 PST지표로 보면 상승강화 구 간 시작인 a지점에서 매수진입을 한 후 상승강화 구간에서 가는 빨간 색선이 굵은 빨간색선을 우하향으로 교차해서 내려오는 b지점에서 매 수청산을 하면 최고점인 것을 쉽게 알 수 있습니다. 하락강화에 관한 예시는 추후 해외선물 차트로 매도진입해서 수익이 나는 사례로 공부 해보겠습니다.

[자료 1-24]에 사용한 PST지표에 대한 자세한 설명은 기존에 발간 한 책을 참고하시길 바랍니다.

추세의 지도_
Map

여러분은 추세의 지도(RCM, Real Chart Map)에 대해서 들어보셨나요? 제가 PST이론을 만들면서 연구해서 만든 것 중에 하나가 '추세의 지도'입니다. 21세기 현재에는 과학이 발달해 '게놈 지도(Genome Mapping)'를 만들어서 의학적으로 많은 도움을 주고 있습니다. 심지어 여러분이 모르는 장소를 찾아갈 때도 지도를 보면서 빠르고 안전하게 길을 택해서 이동에 도움을 주고 있습니다. 그런데 아무도 추세의 지도를 생각하지 않아 제가 '실전 거래에서 쉽고 안전하게 수익 낼 수 있는 추세의 지도를 만들어야겠다'라고 생각했습니다.

지도를 만들 때 가장 무엇을 생각해야 할까요? [자료 1-25]를 보고 생각해보면 제 생각에는 시작점인 a지점에서 최고점인 b지점으로 이동할 때 '현재 위치가 어디인가?'라고 생각합니다. 여러분의 현재 위치가 a지점인지, 혹은 a지점과 b지점 사이인지, 혹은 b지점을 지나갔는지가 매우 중요합니다. 현재 위치를 알아야 목표지점이자 최고점인

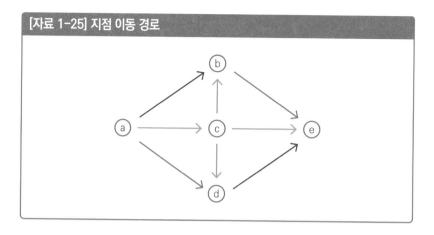

[자료 1-25] 지점 이동 경로

b지점까지 가는 방향(차트에서는 상승추세로 생각)이 정해지기 때문입니다. 그리고 가장 빨리 도착할 수 있는 길을 찾아야 하지 않겠습니까? 일종의 내비게이션 같은 것입니다. a지점에서 출발을 해서 b지점으로 곧장 가는 방법이 a지점에서 c지점으로 갔다가 c지점에서 b지점으로 가는 것보다 빠른 지름길(Shortcut)입니다.

반대로 a지점에서 목표지점이자 최저점인 d지점으로 가는 가장 빠른 길은 a에서 d지점(차트에서는 하락추세로 생각)입니다. a지점에서 c지점으로 갔다가 c지점에서 d지점으로 가는 것은 지름길이 아닌 것을 알 수 있습니다. 최고점 혹은 최저점이란 어느 한 구간에서 한 곳만 존재합니다.

그리고 최고점 혹은 최저점을 지나면 다시 한 구간이 끝나는 지점(e지점)으로 도착합니다. 그러기에 추세의 지도를 만들기 위해서는 [자료 1-25]처럼 한 추세의 시작점(a지점)과 끝점(e지점)을 구별하고 한 추세의 안에서 최고점(b지점)과 최저점(d지점)을 표시해야 하는 것을 생각하게 되었습니다.

PST이론으로 연구를 하다가 수년 전부터 실시간 모든 차트를 분석한 추세의 지도를 PST지표로 만들어서 PST교육을 통해 수많은 수강생들이 현재 사용하고 있습니다.

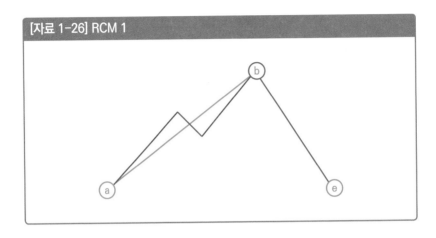

[자료 1-26] RCM 1

　　[자료 1-26]은 [자료 1-25]를 추세의 지도에다 적용을 해봤습니다. 상승추세의 시작인 a지점이고 최고점은 b지점이고 끝은 e지점입니다. 실전 거래에서는 한 가지 고려사항이 있습니다. a지점에서 b지점까지 상승하는데 한 번에 상승(녹색선)할 수도 있지만, 두 번 이상의 상승과 하락을 반복하다가 최고점인 b지점에 도착할 수 있다는 것입니다.

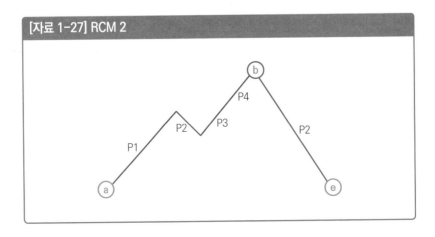

[자료 1-27] RCM 2

그래서 추세의 지도에는 최소한 한 번 이상으로 상승과 하락을 반복한다고 생각하면 [자료 1-27]처럼 보입니다. 추세의 시작인 a지점부터 최고점인 b지점을 통과 후 추세의 끝인 e지점까지 방향과 변곡점이 생기는 구간마다 이름을 정의해봤습니다. 참고로 추세의 지도에 관한 자세한 설명은 기존에 출간한 저서를 참고하시길 바랍니다.

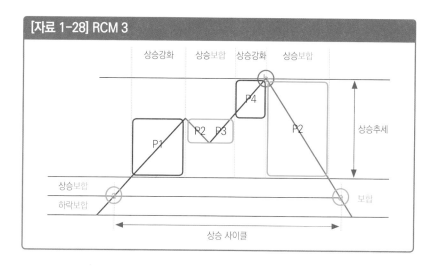

[자료 1-28] RCM 3

[자료 1-28]은 [자료 1-27]에 각 구간에 대한 설명을 추가해서 상승추세지도(Uptrend Real Chart Map)를 완성했습니다.

P1구간 : 상승강화 구간
P2구간 : 상승보합 구간(매수청산 구간 혹은 매도진입 구간)
P3구간 : 상승보합 구간(P1 전고점까지 구간)
P4구간 : 재상승강화 구간
상승추세 = P1 + P2 + P3 + P4 + P2

상승 사이클이 시작인 a지점 전에는 하락 사이클 구간이고, 상승 사이클이 끝난 e지점 이후에도 추세는 하락 사이클 구간이라고 PST이론은 생각합니다. 상승 사이클 구간에서는 매수진입으로 수익을 고려해야 하기에 매수진입시점은 P1구간 시작점이나 P4구간 시작점이 맞습니다. P1구간 이후에 나온 P2구간은 약한 매수청산 세력이나 약한 매도진입 세력이 존재하지만 최고점으로 가기 위한 상승보합 구간이고, P4구간 이후에 나온 P2구간은 상승 사이클 끝으로 가는 강한 매수청산 세력이나 강한 매도진입 세력이 나온 경우라고 생각합니다. 이렇게 생각한 상승추세의 지도를 PST지표로 만들어서 실전 거래에서 더 쉽고 편하게 거래할 수 있습니다.

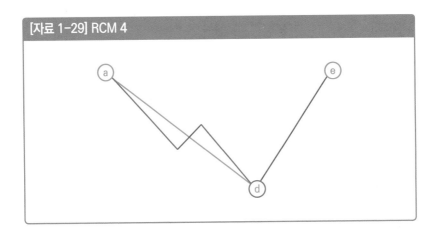

[자료 1-29] RCM 4

[자료 1-29]는 [자료 1-25]를 추세의 지도에 적용해봤습니다. 하락 추세의 시작인 a지점이고, 최저점은 d지점이고, 끝은 e지점입니다. 실전 거래에서는 한 가지 고려사항이 있습니다. a지점에서 d지점까지 하락하는데 한 번에 하락(녹색선)할 수도 있지만, 두 번 이상의 하락과 상승을 반복하다가 최저점인 d지점에 도착할 수 있다는 것입니다.

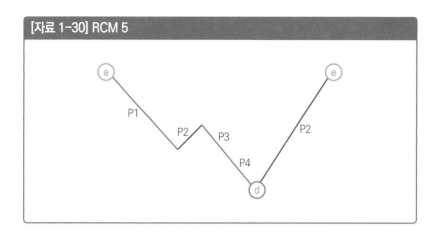

[자료 1-30] RCM 5

그래서 추세의 지도에는 최소한 한 번 이상 하락과 상승을 반복한다고 생각하면 [자료 1-30]처럼 보입니다. 추세의 시작인 a지점부터 최저점인 d지점을 통과 후 추세의 끝인 e지점까지 방향과 변곡점이 생기는 구간마다 이름을 정의해봤습니다.

[자료 1-31]은 [자료 1-30]에 각 구간에 대한 설명을 추가해서 하락추세 지도(Downtrend Real Chart Map)를 완성했습니다.

P1구간 : 하락강화 구간
P2구간 : 하락보합 구간(매도청산 구간 혹은 매수진입 구간)
P3구간 : 하락보합 구간(P1 전저점까지 구간)
P4구간 : 재하락강화 구간
하락추세 = P1 + P2 + P3 + P4 + P2

하락 사이클이 시작인 a지점 전에는 상승 사이클 구간이고, 하락 사이클이 끝난 e지점 이후에도 추세는 상승 사이클 구간이라고 PST이론

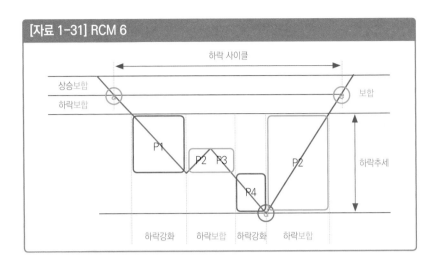

[자료 1-31] RCM 6

하락 사이클

상승보합

하락보합

보합

P1

P2 P3

P2

하락추세

R4

하락강화 하락보합 하락강화 하락보합

은 생각합니다. 하락 사이클 구간에서는 매도진입으로 수익을 고려해야 하기에 매도진입시점은 P1구간 시작점이나 P4구간 시작점이 맞습니다. P1구간 이후에 나온 P2구간은 약한 매도청산 세력이나 약한 매수진입 세력이 존재하지만, 최저점으로 가기 위한 하락보합 구간이고 P4구간 이후에 나온 P2구간은 하락 사이클 끝으로 가는 강한 매도청산 세력이나 강한 매수진입 세력이 나온 경우라고 생각합니다. 이렇게 생각한 하락추세의 지도를 PST지표로 만들어서 실전 거래에서 더 쉽고 편하게 거래를 할 수 있습니다.

[자료 1-32]는 미국주식 거래에서 'AMD' 종목으로 60분차트이고, 2021년 6월 15일 9시부터 6월 22일 8시까지 추세 흐름입니다. PST지표를 추세 하단에 불러서 보면 굵은 빨간색선이 굵은 파란색선을 우상향으로 교차하는 a지점에서 상승 사이클이 시작되고, 굵은 빨간색선이 굵은 파란색선을 우하향으로 교차하는 b지점에서 상승 사이클이 끝난 것을 알 수 있습니다. 그리고 상승 사이클을 P1, P2, P3, P4구간으로 분

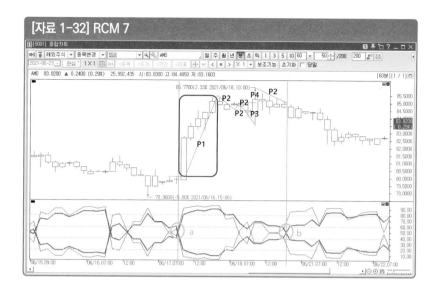

[자료 1-32] RCM 7

류를 하면 '상승 사이클 = P1 + P2 + P2 + P2 + P3 + P4 + P2'로 생각할 수 있고, 매수진입은 추세가 상승강화 구간인 P1구간에만 거래하면 효과적으로 수익을 기대할 수 있습니다. 물론 상승 사이클에서 P4구간에서 최고점이 나오지만, P1구간 이후 상승보합인 P2구간이 얼마나 오래 나올지는 모르기 때문에 PST지표를 사용하는 트레이더 본인의 전략에 따라 거래할 수 있습니다.

[자료 1-33]은 해외선물 거래에서 'WTI 2021년 8월물' 종목으로 10분차트이고, 2021년 6월 17일 20시 20분부터 6월 18일 4시 50분까지 추세 흐름입니다.

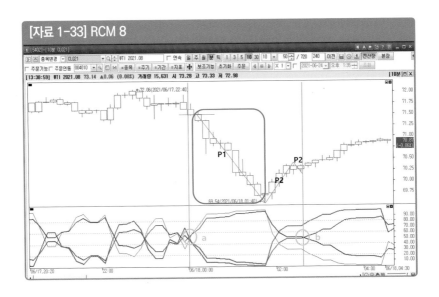

[자료 1-33] RCM 8

    PST지표를 추세 하단에 불러서 보면 굵은 파란색선이 굵은 빨간색
선을 우상향으로 교차하는 a지점에서 하락 사이클이 시작이 되고, 굵
은 파란색선이 굵은 빨간색선을 우하향으로 교차하는 b지점에서 하락
사이클이 끝난 것을 알 수 있습니다. 그리고 하락 사이클을 P1, P2, P3,
P4구간으로 분류를 하면 '하락 사이클 = P1 + P2 + P2'로 생각할 수
있고, 매도진입은 추세가 하락강화 구간인 P1구간에만 거래하면 효과
적으로 수익을 기대할 수 있습니다.

7

추세의 속도_
Velocity

여러분은 추세의 속도에 대해서 들어보셨나요? 제가 PST이론을 연구해서 만든 것 중에 하나입니다.

먼저 물리학에서 말하는 일반적인 속도에 관해서 생각해보겠습니다. 단위 시간 동안 물체의 변위를 평균속도라고 하고, 시각 t_1인 순간에 s_1의 위치에 있던 물체가 시각 t_2인 순간에 s_2의 위치로 이동했다면 평균속도는 다음과 같습니다.

$$평균속도 = \frac{변위}{경과시간} = \frac{s_2 - s_1}{t_2 - t_1} = \frac{\Delta s}{\Delta t}$$

그리고 A점에서의 순간 속도(v)는 A점에서의 접선의 기울기로 생각할 수 있습니다.

$$v = \lim_{\Delta t \to 0} \frac{\Delta s}{\Delta t} = \frac{ds}{dt}$$

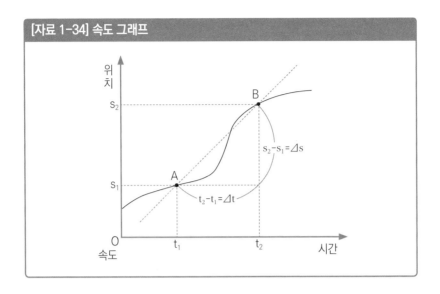

[자료 1-34] 속도 그래프

[자료 1-34]는 단위 시간(Δt) 동안 위치의 변화(Δs)를 나타낸 그래프입니다. 저는 이 물리학에서 보이는 속도 개념을 PST이론은 추세에 적용해봤습니다.

상승추세가 시작되는 어느 한 점에서 상승강화로 매수진입을 할 수 있는 지점을 A지점이라고 생각하고, 그때 X축은 t_1이고, Y축은 S_1이 됩니다. 그 후 단위 시간 동안 B지점에서 최고점이라고 생각하고 그때 X축은 t_2가 되고 Y축은 s_2가 됩니다.

그럼 기울기는 아래와 같이 생각할 수 있습니다.

$$\frac{s_2 - s_1}{t_2 - t_1} = 기울기(\theta) \propto 속도$$

추세의 기울기는 추세의 속도에 비례해서 분모인 시간의 변화량이 작을수록 기울기인 속도가 크고, 분자인 위치의 변화량이 클수록 기울기인 속도가 크다고 생각할 수 있겠습니다. 이해가 되시죠? 그럼 추세의 기울기(각도)를 처음 거래할 때 설정해놓고 하면 어떨까요? 현재 오픈된 보조지표 중에서 기울기 설정에 대한 보조지표는 하나도 없습니다. 제가 만든 PST지표 중에서 기울기를 설정한 지표를 사용하시면 실전 거래하실 때 짧은 보유 시간 동안 더 많은 이익을 기대할 수 있습니다.

PST6지표 : $30 \leq \theta < 90$ - 주식, 선물 적용

PST13지표 : $45 \leq \theta < 90$ - 주식, 선물 적용

PST55지표 : $60 \leq \theta < 90$ - 주식, 선물 적용

PST35지표 : $0 \leq \theta \leq 90$ - 선물 적용, 주식 적용 불가

PST6지표, PST13지표, PST55지표는 기울기에 90도가 포함되어 있지 않습니다. 기울기가 90도라는 것은 수직상승이나 수직하락을 의미하는데 여러분과 제가 추세를 만드는 주체 세력(마켓 메이커)가 아니기 때문에 추격 매수 혹은 추격 매도는 의미가 없습니다. 그러나 PST35지표가 유일하게 기울기 90도를 포함했는데, 이 지표는 기울기 0도 포함하고 있죠. 기울기가 0도라는 것은 아직도 추세는 보합을 뜻합니다. 추세 기울기가 30도, 45도, 60도가 보이면서 움직이면 노이즈(되돌림, 휩소)가 발생하지 않지만, 추세 기울기가 0도는 노이즈가 발생할 수도 있습니다. 그리고 여러분과 제가 마켓 메이커가 아니기 때문에 90도로 움직이는 캔들에서 초기 진입하기가 불가능합니다. 그래서 PST35지표는 추세 기울기가 90도 나오기 전에 미리 진입해서 대기를 했다가 조금 후 추세 기울기가 90도가 나오는 것을 예측합니다. "PST35지표를 보고 미리 선진입했는데 추세가 반대로 기울기가 90도로 움직이지 않을까?" 하고 걱정하시는 분이 계시는데 벌써 수년 전부터 많은 수강생들

이 배워서 실전 거래에 잘 활용하고 계십니다. 각 지표에 대한 설명은 기존에 발간한 책을 참고하시길 바랍니다. 보다 정확한 PST지표 활용을 위해서는 반드시 PST교육을 받으셔야 합니다.

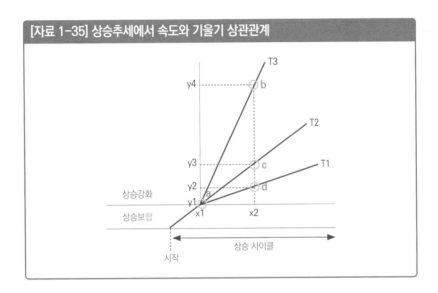

[자료 1-35] 상승추세에서 속도와 기울기 상관관계

[자료 1-35]처럼 상승 사이클이 시작이 되어 상승보합을 거쳐 상승 강화로 되는 a시점(x1, y1)에서 추세가 T1, T2, T3로 진행된다고 가정해보겠습니다.

a시점에서 매수진입을 한 후 X축(시간)에서 일정 시간 후 x2시점에서 매수청산을 한다면 각각의 수익은 Y축(거리)에서 보이는 y2, y3, y4만큼 되겠지요. 여기서 제가 질문을 하나 드리겠습니다. 그럼 T1, T2, T3 중 어느 것으로 거래를 했을 때 동일 보유 시간 동안 가장 큰 수익을 기대할 수 있을까요? 정답은 T3입니다.

PST이론상 추세의 속도는 추세의 기울기에 비례한다고 말씀드렸습니다.

그럼 각각의 기울기를 구해 볼까요?

$$T1 = \frac{y_2 - y_1}{x_2 - x_1} = 기울기\ 30도 \text{(a지점에서 매수진입 후 d지점에서 매수청산)}$$

$$T2 = \frac{y_3 - y_1}{x_2 - x_1} = 기울기\ 45도 \text{(a지점에서 매수진입 후 c지점에서 매수청산)}$$

$$T3 = \frac{y_4 - y_1}{x_2 - x_1} = 기울기\ 60도 \text{(a지점에서 매수진입 후 b지점에서 매수청산)}$$

PST지표는 이런 추세의 기울기가 저항선을 통과할 때 바로 순간적으로 계산해서 보여줍니다.

$$상승추세\ 순간기울기 = \lim_{\Delta x \to 0} \frac{\Delta y}{\Delta x} = \frac{dy}{dx} \propto 상승추세\ 순간속도$$

그래서 PST이론상 실전 거래에서는 a지점에서 매수진입 시 이미 추세가 T1, T2, T3, 혹은 T1보다 기울기가 적은 추세 중 어느 것으로 진행이 될지 알 수 있습니다.

[자료 1-35]에서 가장 효과적인 거래는 a지점에서 매수진입 후 추세가 T3가 될 것을 예측하고 X축에서 x2시간까지만 거래를 해서 수익이 Y축에서 y4에서 매수청산을 하는 b지점까지만 하는 것입니다. PST지표를 활용하면 진입 시 추세선의 각도를 설정할 수 있을 뿐만 아니라 최고점도 예측해서 최고점 전에서 청산을 할 수가 있습니다.

[자료 1-36]처럼 하락 사이클이 시작되어 하락보합을 거쳐서 하락

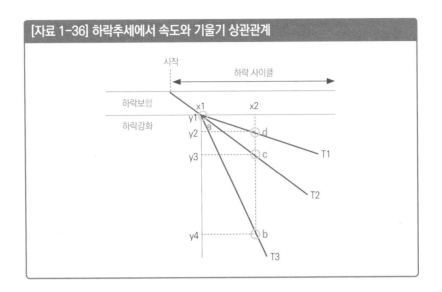

[자료 1-36] 하락추세에서 속도와 기울기 상관관계

강화로 되는 a시점(x1, y1)에서 추세가 T1, T2, T3로 진행된다고 가정해보겠습니다.

a시점에서 매도진입을 한 후 X축(시간)에서 일정 시간 후 x2시점에서 매도청산을 한다면 각각의 수익은 Y축(거리)에서 보이는 y2, y3, y4만큼 되겠지요. 여기서 제가 질문을 하나 드리겠습니다. 그럼 T1, T2, T3 중 어느 것으로 거래를 했을 때 동일 보유 시간 동안 가장 큰 수익을 기대할 수 있을까요? 정답은 T3입니다.

PST이론상 추세의 속도는 추세의 기울기에 비례한다고 말씀드렸습니다.

그럼 각각의 기울기를 구해볼까요?

$$T1 = \frac{y_2 - y_1}{x_2 - x_1} = \text{기울기 30도}(\text{a지점에서 매도진입 후 d지점에서 매도청산})$$

$$T2 = \frac{y_3 - y_1}{x_2 - x_1} = \text{기울기 } 45도\text{(a지점에서 매도진입 후 c지점에서 매도청산)}$$

$$T3 = \frac{y_4 - y_1}{x_2 - x_1} = \text{기울기 } 60도\text{(a지점에서 매도진입 후 b지점에서 매도청산)}$$

PST지표는 이런 추세의 기울기가 저항선을 통과할 때 바로 순간적으로 계산해서 보여줍니다.

$$\text{하락추세 순간기울기} = \lim_{\Delta x \to 0} \frac{\Delta y}{\Delta x} = \frac{dy}{dx} \propto \text{하락추세 순간속도}$$

그래서 PST이론상 실전 거래에서는 a지점에서 매도진입 시 이미 추세가 T1, T2, T3, 혹은 T1보다 기울기가 적은 추세 중 어느 것으로 진행이 될지 알 수 있습니다.

[자료 1-36]에서 가장 효과적인 거래는 a지점에서 매도진입 후 추세가 T3가 될 것을 예측하고 X축에서 x2 시간까지만 거래해서 수익이 Y축의 y4에서 매도청산을 하는 b지점까지만 하는 것입니다. PST지표를 활용하면 진입 시 추세선의 각도를 설정할 수 있을 뿐만 아니라 최저점도 예측해서 최저점 전에 청산할 수가 있습니다.

[자료 1-37]은 주식 거래에서 '두산중공업' 종목으로 10분차트이고, 2021년 6월 15일 12시 40분부터 6월 16일 14시 20분까지 추세 흐름입니다. 추세 밑에 PST지표를 불러봤습니다. 여기 PST지표는 주기(Period)의 플러스(+), 마이너스(-)의 상태 및 추세와 주기의 변화량을 보여줍니다.

굵은 녹색선이 가는 녹색선을 우상향으로 교차해서 올라가는 b지점

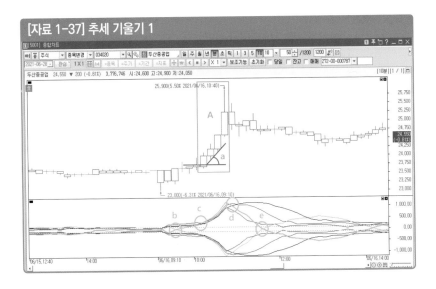

[자료 1-37] 추세 기울기 1

에서 플러스 주기는 시작되고, 굵은 녹색선이 가는 녹색선을 우하향으로 교차해서 내려가는 e지점에서 플러스 주기는 끝난다고 생각합니다. 굵은 녹색선이 빨간색선, 파란색선, 검은색선 위에서 기준점선을 우상향으로 통과해서 올라가는 c지점이 PST이론상 상승추세가 상승보합에서 상승강화로 바뀌는 P1 매수진입시점이고, 추세의 기울기 a는 tan30도 이상~tan90도 미만이라고 생각합니다. 매수청산은 굵은 녹색선이 우하향으로 바뀌면서 검은색선을 교차해서 내려가는 d지점에서 하면 녹색박스 A영역만큼 수익을 기대할 수 있습니다.

물론 매수진입할 때는 기준차트를 60분으로 보면서 60분 이하의 차트인 1분, 3분, 5분, 10분, 15분, 30분차트 모두 앞의 PST지표의 매수진입 조건이 모두 만족할 때 해야 합니다.

[자료 1-38]은 주식 거래에서 '두산밥캣' 종목으로 10분차트이고, 2021년 6월 16일 9시 50분부터 6월 17일 11시 30분까지 추세 흐름

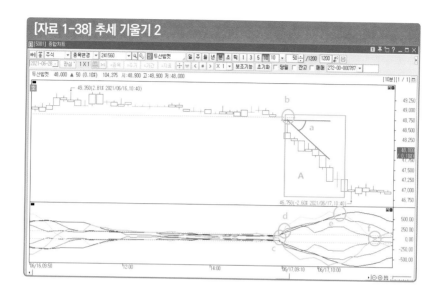

[자료 1-38] 추세 기울기 2

입니다. 추세 밑에 PST지표를 불러봤습니다.

　여기 PST지표는 주기(Period)의 플러스(+), 마이너스(-)의 상태 및 추세와 주기의 변화량을 보여줍니다. 가는 녹색선이 굵은 녹색선을 우상향으로 교차해서 올라가는 c지점에서 마이너스 주기는 시작되고, 가는 녹색선이 굵은 녹색선을 우하향으로 교차해서 내려가는 f지점에서 마이너스 주기는 끝난다고 생각합니다. 가는 녹색선이 빨간색선, 파란색선, 검은색선 위에서 기준점선을 우상향으로 통과해서 올라가는 d지점이 PST이론상 하락추세가 하락보합에서 하락강화로 바뀌는 P1구간에서 매도진입시점이고, 추세의 기울기 a는 arctan30도 이상~arctan90도 미만이라고 생각합니다. 물론 주식 거래에서는 공매도를 제외하고 일반적인 매도진입을 할 수 없습니다. 매도진입을 한 후 가는 녹색선이 검은색선을 우하향으로 교차해서 내려오는 e지점에서 매도청산을 하면 녹색박스 A영역만큼 수익을 기대할 수 있습니다.

여기서 제가 여러분께 질문 하나를 드리겠습니다. 만약 여러분이 전날인 6월 16일부터 지지선(노란 점선)인 48,850원을 하루 종일 지지하다가 6월 17일 9시에 깨고 내려갈 때 매수진입을 하면 어떻게 되었을까요? 증권방송이나 지인을 통해서 오전에 추천종목이라고 들은 후 매수진입을 했다면 엄청난 손해를 보셨을 것입니다.

PST지표는 시초에 상승할 종목인지, 하락할 종목인지 바로 판단을 할 수 있습니다. 그리고 추세의 기울기가 빠르게 상승할 종목인지, 빠르게 하락할 종목인지도 여러분이 실전 거래하실 때 도움을 드릴 수 있습니다.

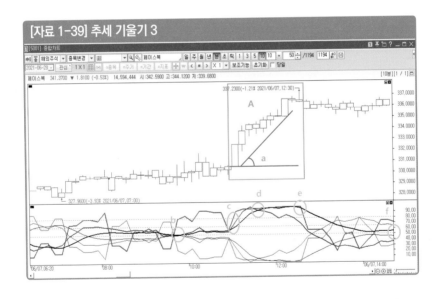

[자료 1-39]는 미국주식 거래에서 '페이스북' 종목으로 10분차트이고, 2021년 6월 7일 6시 20분부터 6월 7일 14시 30분까지 추세 흐름입니다. 추세 밑에 PST지표를 불러봤습니다.

여기 PST지표는 수업시간에 수강생들이 노벨상 지표라고 극찬을 해주신 지표입니다. 5가지 막강한 장점이 있기 때문이죠.

1. 추세의 기울기를 tan45도 이상~tan90도 미만까지 예측한다.
2. 추세의 속도가 매우 빠르기 때문에 매수진입시점을 알려준다.
3. 매수진입 후 1차 청산까지는 추세와 동일한 색깔인 빨간캔들(양봉)이 출현한다.
4. 1차 매수청산과 2차 매수청산시점을 분리해서 최고점 전에서 청산을 알려준다.
5. 재매수진입시점과 재매수청산시점을 정확히 알려준다.

추세 파악에서 가장 첫 번째로 할 것은 사이클의 시작과 끝을 찾는 것입니다. 여기 PST지표를 보면 굵은 검은색선이 가는 검은색선을 우상향으로 교차해서 올라가는 b지점부터 상승 사이클의 시작이고, f지점까지 굵은 검은색선이 가는 검은색 위에 위치하므로 계속 상승 사이클이 이어진다고 생각합니다. 상승 사이클 상태에서 굵은 빨간색선이 첫 번째 기준점선을 우상향으로 통과하고, 굵은 파란색선이 두 번째 기준점선을 우상향으로 통과하는 c지점에서 매수진입을 합니다. 1차 매수청산인 굵은 파란색선이 굵은 검은색선을 우하향으로 교차해서 내려가는 d지점까지는 매수진입 후 추세의 기울기는 45도 이상, 90도 미만이라고 알고, 다음 출현하는 색깔도 매수 추세와 동일한 빨간색 캔들이라고 알면서 편안히 실전 거래를 할 수 있습니다. 2차 매수청산은 굵은 빨간색선이 굵은 검은색선을 우하향으로 교차해서 내려가는 e지점에서 하면 녹색박스 A영역만큼 수익을 기대할 수 있습니다.

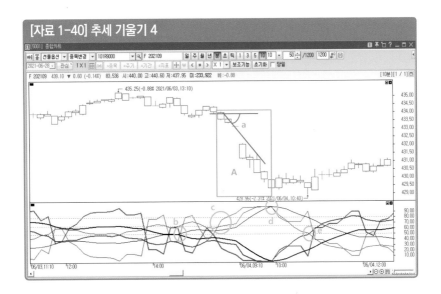

[자료 1-40] 추세 기울기 4

[자료 1-40]은 국내선물 거래에서 '코스피200 선물 9월물' 종목으로 10분차트이고, 2021년 6월 3일 11시 10분부터 6월 14일 12시 40분까지 추세 흐름입니다. 추세 밑에 PST지표를 불러봤습니다.

여기 PST지표는 매수 추세분석뿐만 아니라 매도 추세분석에서도 매우 유용하게 사용되고, 5가지 장점이 있습니다.

1. 추세의 기울기를 arctan 45도 이상~arctan90도 미만까지 예측한다.
2. 추세의 속도가 매우 빠르기 때문에 매도진입시점을 알려준다.
3. 매도진입 후 1차 청산까지는 추세와 동일한 색깔인 파란 캔들(음봉)이 출현한다.
4. 1차 매도청산과 2차 매도청산시점을 분리해서 최저점 전에서 청산을 알려준다.
5. 재매도진입시점과 재매도청산시점을 정확히 알려준다.

이 PST지표를 보면 가는 검은색선이 굵은 검은색선을 우상향으로 교차해서 올라가는 b지점부터 하락 사이클이 시작해서 가는 검은색선이 굵은 검은색선을 우하향으로 교차해서 내려가는 e지점에서 하락 사이클은 끝이 난다고 생각합니다.

하락 사이클 상태에서 가는 빨간색선이 첫 번째 기준점선을 우상향으로 통과하고, 가는 파란색선이 두 번째 기준점선을 우상향으로 통과하는 c지점에서 매도진입을 합니다. 1차 매도청산인 가는 파란색선이 가는 검은색선을 우하향으로 교차해서 내려가는 d지점까지는 매도진입 후 추세의 기울기는 45도 이상, 90도 미만이라고 알고 다음 출현하는 색깔도 매도 추세와 동일한 파란색 캔들이라고 알면서 편안히 실전 거래를 할 수 있습니다.

2차 매도청산은 가는 빨간색선이 가는 검은색선을 우하향으로 교차해서 내려가는 지점이 1차 매도청산과 동일한 d지점이기 때문에 이 경우는 1차 매도청산과 2차 매도청산으로 부분청산을 하면 안 되고 d지점에서 모두 매도청산을 해야 합니다. d지점에서 매도청산하면 녹색박스 A영역만큼 수익을 기대할 수 있습니다.

[자료 1-41]은 주식 거래에서 'CJ CGV' 종목으로 10분차트이고, 2021년 5월 25일 11시 10분부터 5월 26일 13시 10분까지 추세 흐름입니다. 추세 위와 아래에 PST지표를 불러봤습니다.

추세 위에 사용된 PST지표는 적분법으로 매수진입과 매수청산을 아주 정확하게 여러분께 알려드립니다. 더욱 놀라운 것은 추세의 위치(P1, P2, P3, P4)와 무관하게 수익을 낼 수 있습니다. PST이론상 P1구간과 P4구간에서 수익 내는 것이 바람직하지만, 적분법의 PST지표는 추세의

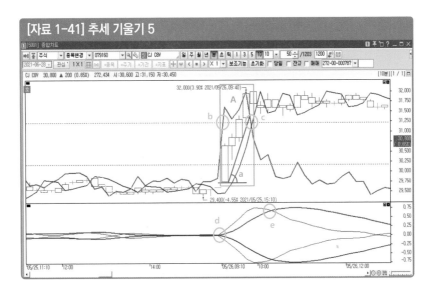

[자료 1-41] 추세 기울기 5

기울기를 tan60 이상~tan90도 미만까지 설정하기에 P2구간과 P3구간에서도 수익이 가능합니다. 추세 아래에 있는 PST지표는 추세의 위치를 알려주기 때문에 d지점이 상승추세의 P1구간 시작이고 e지점까지 변동성이 없는 P1구간임을 쉽게 알 수 있습니다.

매수진입은 빨간색선이 기준점선 중 상향가속선인 위의 빨간점선(ALU)을 우상향으로 통과하는 b지점에서 하고, 매수청산은 빨간색선이 상향가속선인 위의 빨간점선을 우하향으로 통과하는 c지점에서 하면 녹색박스 A영역만큼 수익을 기대할 수 있습니다.

[자료 1-42]는 국내선물 거래에서 '코스피200 선물 9월물' 종목으로 10분차트이고, 2021년 5월 20일 12시 30분부터 5월 21일 14시 20분까지 추세 흐름입니다. 추세 위와 아래에 PST지표를 불러봤습니다.

매도진입은 빨간색선이 기준점선 중 하향가속선인 아래의 빨간점선(ALD)을 우하향으로 통과하는 b지점에서 해야 합니다.

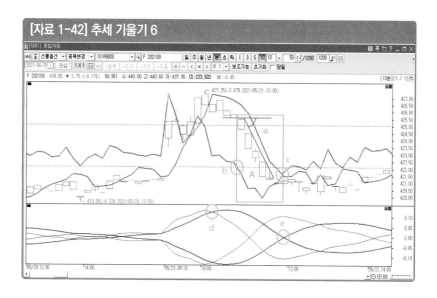

[자료 1-42] 추세 기울기 6

　　이때 아래 PST지표를 보면 가는 빨간색선이 굵은 빨간색선을 교차해서 내려오는 d지점과 굵은 파란색선이 굵은 빨간색선을 교차해서 올라가는 e지점 사이인 P2구간임을 알 수 있습니다. 상승 사이클은 e지점에서 끝이 나는데 상승 사이클이 끝나기 전인 b지점에서 매도진입을 했다는 것은 P2구간에서 사이클과 반대로 매도진입을 했다는 의미입니다. 이해가 되시나요? P2구간에서 반대방향으로 진입을 하는 경우는 위험하지만 진입할 때 추세의 기울기를 60도 이상으로 움직임을 알기 때문에 가능합니다. 그리고 더욱 중요한 것은 진입보다 청산입니다. 빨간색선이 하향가속선 아래를 통과해서 다시 우상향 중에 파란색선을 교차해서 올라오는 c지점에서 매도청산을 하면 녹색박스 A영역만큼 수익을 기대할 수 있습니다.

추세의 변동성_
Variability

여러분은 추세의 변동성에 대해서 들어보셨나요? 제가 PST이론을 만들면서 연구해서 만든 것 중에 또 하나가 '추세의 변동성(Variability)' 입니다. 여러분은 이미 추세의 의미부터 추세의 시작과 끝, 추세의 방향 결정, 추세의 종류, 추세의 지도, 추세의 속도 등 많은 것들을 저와 함께 공부했습니다. 그리고 또 하나 중요한 것이 추세의 변동성입니다.

제가 여러분께 하나 질문을 해보겠습니다. "만약 실전 거래에서 추세의 변동성이 일어나는 구간과 일어나지 않는 구간이 있다면 여러분은 어느 구간에서 거래를 하시겠습니까?" 당연히 추세의 변동성이 일어나지 않는 구간(가급적이면 변동성이 작게 일어나는 구간)에서 거래하셔야 합니다.

추세를 만드는 세력(마켓 메이커)이 있다고 가정해보겠습니다. 어느 기간 동안 a가격에서 b가격으로 오를 수도 있고, a가격에서 c가격으로 내릴 수도 있습니다. 첫 번째처럼 상승추세를 세력이 만들 때 반대 세

력인 매도자(주식 거래인 경우는 매수청산자, 선물 거래인 경우는 매도진입자)들이
많으면 상승추세는 변동성이 많이 일어나면서 상승할 것입니다. 두 번
째처럼 하락추세를 세력이 만들 때 반대 세력인 매수자(주식 거래인 경우
는 매수진입자, 선물 거래인 경우는 매수진입자)들이 많으면 하락추세는 변동성
이 많이 일어나면서 하락할 것입니다.

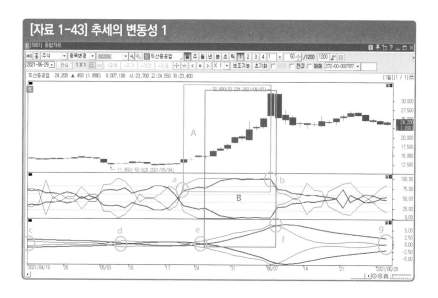

[자료 1-43]은 주식 거래에서 '두산중공업' 종목으로 일 차트이고,
2021년 4월 19일부터 6월 29일까지 추세 흐름입니다. 추세 밑에 PST
지표 두 개를 불러봤습니다.

첫 번째 PST지표는 추세의 의미를 파악하는 것이 목적입니다. 추세
를 일반적인 상승, 보합, 하락으로 생각하지 않고 상승강화, 상승보합,
횡보보합, 하락보합, 하락강화 5가지로 구분해서 생각합니다. 가는 빨
간색선이 첫 번째 기준선을 우상향으로 통과하고, 굵은 빨간색선이 두
번째 기준선을 우상향으로 통과하는 a지점에서 매수진입을 한 후 가는

빨간색선이 굵은 빨간색선을 우하향으로 통과하는 b지점에서 매수청산을 하면 녹색박스 A영역만큼 수익을 기대할 수 있습니다. 그런데 여기서 하나 문제가 있습니다. a지점에서 매수진입을 했을 때 변동성이 있는 구간에서 한 것입니다.

변동성이 있는 구간에서 매수진입을 했기 때문에 상승추세는 맞는데 a지점에서 매수진입 후 e지점까지 약간의 변동성이 있습니다. 그럼 변동성의 유무를 어떻게 알까요? 정답은 추세 밑에 있는 두 번째 PST지표에 있습니다.

이 지표에는 가는 빨간색선, 굵은 빨간색선, 가는 파란색선, 굵은 파란색선이 있습니다. 굵은 빨간색선과 굵은 파란색선이 교차할 때마다 사이클이 바뀐다고 PST이론은 생각합니다. c지점부터 d지점까지와 e지점부터 g지점까지의 구간에서는 굵은 빨간색선이 굵은 파란색선 위에 존재하므로 상승 사이클 구간이라고 생각하고, d지점부터 e지점까지의 구간에서는 굵은 파란색선이 굵은 빨간색선 위에 존재하므로 하락 사이클이라고 생각합니다. 이 중 상승 사이클에서 변동성이 있는 구간은 c지점부터 d지점까지와 f지점부터 g지점까지의 구간처럼 가는 빨간색선이 굵은 빨간색선 아래에 위치하는 경우입니다. 상승 사이클에서 변동성이 없는 구간은 e지점부터 f지점까지 가는 빨간색선이 굵은 빨간색선 위에 위치하는 경우로 회색박스 B만큼 수익을 기대할 수 있습니다. 실전 거래에서는 변동성이 없는 회색박스 B와 상승강화 구간으로 수익을 기대하는 녹색박스 A와의 교집합부분인 e지점에서 매수진입을 한 후 b지점에서 매수청산을 하는 것이 실전 거래에서 가장 최상의 방법입니다.

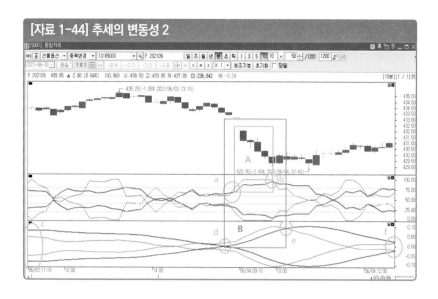

[자료 1-44] 추세의 변동성 2

[자료 1-44]는 선물 거래에서 '코스피 200 선물 9월물' 종목으로 10분차트이고, 2021년 6월 3일 11시 10분부터 6월 4일 12시 30분까지 추세 흐름입니다. 추세 밑에 PST지표 두 개를 불러봤습니다.

실전 거래에서는 가장 첫 번째로 생각할 것이 사이클의 시작과 끝을 찾아서 현재 진입하는 시점이 상승 사이클인지, 하락 사이클인지, 변동성이 있는 구간인지, 변동성이 없는 구간인지를 파악해야 합니다. 이 말은 추세 밑에 두 개의 PST지표가 있는데 두 번째 PST지표로 우선 사이클을 정확하게 파악해야 한다는 의미입니다.

추세 사이클을 구별하면,

c지점~d지점 : 상승 사이클(굵은 빨간색선 ≥ 굵은 파란색선)

d지점~f지점 : 하락 사이클(굵은 파란색선 ≥ 굵은 빨간색선)

하락 사이클 중에서

d지점~e지점 : 변동성이 없는 구간(가는 파란색선 ≥ 굵은 파란색선)

e지점~f지점 : 변동성이 있는 구간(굵은 파란색선 ≥ 가는 파란색선)

변동성이 없는 구간(d지점~e지점)에서 매도진입을 하면 회색박스 B만큼 수익을 기대할 수 있습니다. 그리고 첫 번째 PST지표를 사용해서 가는 파란색선이 첫 번째 기준선을 우상향으로 통과하면서 굵은 파란색선이 두 번째 기준선을 우상향으로 통과하는 a지점에서 매도진입을 한 후 가는 파란색선이 굵은 파란색선을 우하향으로 교차해서 내려가는 b지점에서 매도청산을 하면 녹색박스 A만큼 수익을 기대할 수 있습니다. 결론은 하락 사이클 중 변동성이 없는 구간에서 하락강화로 추세가 변하는 a지점에서 매도진입을 한 후 b지점에서 매도청산을 하는 것(회색박스 B영역 ∩ 녹색박스 A영역)이 가장 최상의 방법입니다.

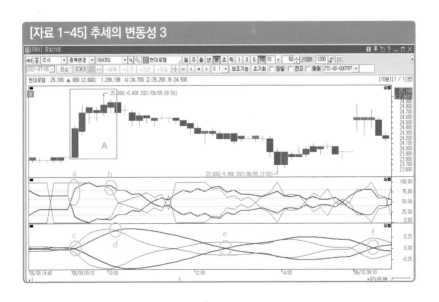

[자료 1-45] 추세의 변동성 3

[자료 1-45]는 주식 거래에서 '현대로템' 종목으로 10분차트이고, 2021년 6월 8일 14시 40분부터 6월 10일 9시 50분까지 추세 흐름입니다. 추세 밑에 PST지표 두 개를 불러봤습니다. 거래 종류에 따라서 기준차트가 다르다고 PST이론은 생각합니다.

수많은 테스트를 해본 결과 주식 거래는 60분차트가 기준차트(Standard Chart)이고, 해외선물 거래에서는 10분차트가 기준차트로 설정해서 PST지표를 사용하시면 효과적으로 거래를 하실 수 있습니다. 물론 PST이론상 기준차트를 더욱 큰 상위차트(예로 주식 거래는 일 차트, 해외선물 거래는 30분차트)로 설정해서 거래하시면 기대수익은 많아질 수 있으나 반대로 보유 시 변동성도 커질 수 있습니다. 이런 이유로 욕심(Greed)을 버리면 기준차트를 작게 설정하거나 혹은 크게 설정하거나 관계없이 변동성이 적은 구간을 찾아서 거래하셔야 합니다.

[자료 1-45]를 보시면 추세 밑에 두 번째 PST지표가 실시간으로 사이클의 시작과 끝, 변동성의 유무도 보여주고 있습니다. 굵은 빨간색선이 굵은 파란색선을 우상향으로 교차해서 올라가는 c지점에서 상승 사이클은 시작이 되고, 굵은 빨간색선이 굵은 파란색선을 우하향으로 교차해서 내려가는 e지점에서 상승 사이클이 끝이 납니다. e지점에서 상승 사이클이 끝이 나면 하락 사이클의 시작으로 생각하고, 굵은 파란색선이 굵은 빨간색선을 우하향으로 교차해서 내려가는 f지점에서 하락 사이클이 끝이 납니다. 상승 사이클 구간에서 변동성이 없는 경우는 가는 빨간색선이 굵은 빨간색선을 우상향으로 통과해서 올라가는 c지점부터 가는 빨간색선이 굵은 빨간색선을 우하향으로 통과해서 내려가는 d지점까지입니다. 변동성이 없는 c지점부터 d지점 사이에서 추세의 의미파악을 할 수 있는 첫 번째 PST지표를 활용하면 a지점에서 매수진입

을 하고 b지점과 d지점에서 매수청산을 고려하면 녹색박스 A영역만큼 수익을 기대할 수 있습니다. 매수진입 후 음봉은 한 개 출현했지만 변동성이 없는 상승강화 구간이므로 진입가격까지 내려오지 않으면 청산하지 말고 계속 보유해야 합니다. d지점 이후 하루 추세는 변동성을 보이면서 계속 하락을 했습니다. 6월 10일 장 개장인 9시에 갭 상승했지만 하락추세(P2구간)에서 상승했기 때문에 매수진입을 하면 안 되고 관망해야 합니다. 이후 추세는 하락을 했습니다.

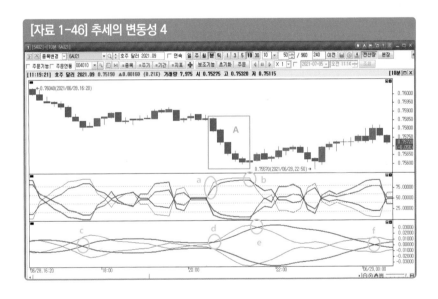

[자료 1-46] 추세의 변동성 4

　　[자료 1-46]은 해외선물 거래에서 '호주달러 9월물' 종목으로 10분차트이고, 2021년 6월 28일 16시 20분부터 6월 29일 0시 30분까지 추세 흐름입니다. 추세 밑에 PST지표 두 개를 불러봤습니다.

　　해외선물 거래에서는 기준차트를 10분차트로 생각하셔야 합니다. 물론 전략상 5분차트 혹은 30분차트로 하시는 수강생들도 많이 계십니다. 다른 기준차트를 사용하실 분은 수많은 경험을 하신 후 올바른 통계를 내신 후 본인만의 룰을 만드셔야 합니다. 하락 사이클에서 시작과 끝은 어디인가요? 이제 찾으실 수 있으시겠지요?

c지점에서 하락 사이클이 시작해서 f지점에서 끝이 납니다. 그런데 실전 거래에서 c지점에서 매도진입한 후 f지점에서 매도청산하면 생각만큼 수익이 나지 않았습니다.

효과직인 거래는 변농성이 없는 d지점부터 e지점 사이를 보고, a지점에서 매도진입을 한 후 b지점에서 매도청산을 하면 녹색박스 A영역만큼 수익을 기대할 수 있습니다.

PST이론은 실전 거래에서 효과적인 거래를 추구합니다.

추세의 최고점과 최저점_
Highest Point & Lowest Point

    여러분은 추세의 최고점과 최저점을 맞출 수 있다고 생각하세요? 제가 두 번째 출간한 《PST해외선물 투자 비법》에 보면 양자역학에서 말한 불확정성의 원리 때문에 일반적 현상에서는 위치와 운동량의 오차가 항상 존재한다고 말씀드렸습니다. 그래서 모든 트레이더들이 추세에서 최고점과 최저점을 맞추기는 불가능하다고 생각합니다.

    저도 처음에는 불가능하다고 생각했습니다. 그러나 저는 불가능이란 인간이 현실 세계에서 해결할 수 없는 것일 수도 있지만, 도전하고 연구해서 PST이론과 PST지표로 가능하게 만들었습니다. 이제는 저뿐만 아니라 많은 PST교육을 배운 많은 수강생들이 국내주식, 해외주식, 국내선물, 해외선물 거래에서 좋은 결과로 이를 증명하고 계십니다.

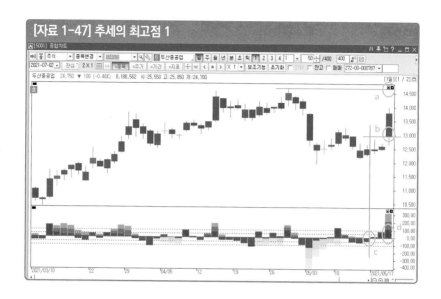

[자료 1-47] 추세의 최고점 1

[자료 1-47]은 주식 거래에서 '두산중공업' 종목으로 일 차트이고, 2021년 3월 10일 부터 5월 17일까지 추세 흐름입니다. 추세 밑에 PST 지표 한 개를 불러봤습니다.

여러분께 질문을 2가지 드리겠습니다. 첫 번째 질문은 "a지점에서 매수진입을 하면 될까요? 아니면 b지점에서 매수진입을 하면 될까요?" 입니다. 추세의 시작을 모르는 트레이더들은 4월 28일에 최고점이 나와서 최고점을 연결한 a지점을 가격이 돌파할 때 매수진입을 고려할 것입니다. 그러나 PST지표는 c지점에서 오실레이터의 색깔이 파란색에서 빨간색으로 바뀌기 때문에 여기서부터 상승 사이클이 시작되었다고 생각합니다. 상승강화 구간은 빨간색 계열의 색깔(빨간색, 분홍색, 옅은 분홍색)이 이 빨간 기준점선을 통과하는 d지점에서 해당하는 가격에 매수진입을 고려할 것입니다. 두 번째 질문은 "b지점에서 매수진입을 한 후 언제 매수청산을 해야 할까요?"입니다. 여러분과 저는 이 종목의 가격을 끌어올리는 마켓 메이커가 아니기 때문에 어느 가격이 최고점인지는 알 수가 없습니다. 그러나 PST지표는 최고점(혹은 최저점) 도착시간을 알기에 도착시간까지 보유하는 전략을 택합니다.

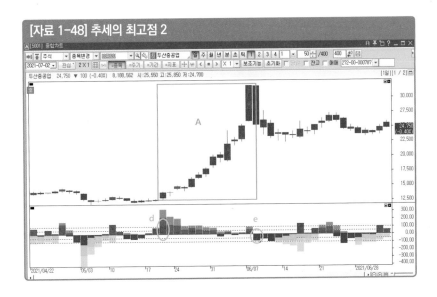

[자료 1-48]은 주식 거래에서 '두산중공업' 종목으로 일 차트이고, 2021년 4월 22일부터 7월 2일까지 추세 흐름입니다. 추세 밑에 PST지표 한 개를 불러봤습니다.

[자료 1-48]은 [자료 1-47]의 d지점에서 매수진입한 후 이후에 일 차트를 보여줍니다. 매수청산은 파란색 계열의 색깔(파란색, 하늘색, 엷은 하늘색)이 아래 파란 점선을 통과할 때 매수청산을 하면 녹색박스 A영역만큼 수익을 기대할 수 있습니다.

대단하다고 생각하지 않으세요?" 수많은 수강생들이 PST교육을 받으시고 이 PST지표는 "나올 수 없는 지표"라고 극찬을 하셨습니다. 그러나 PST이론과 PST지표를 연구하는 저로서는 이 PST지표는 추세를 2차원적으로 분석하는 지표로는 최고지만, 추세를 3차원적으로 분석하는 상위지표가 더욱 좋다고 생각합니다.

네 번째로 출간하는 이 책은 3차원 추세분석하는 PST지표를 소개하는 것과 PST교육하는 데 교재로 사용하기 위한 목적이 있습니다. 추세를 3차원으로 분석하는 PST이론과 PST지표는 추후에 설명드리겠습니다.

하나의 추세 사이클에서 추세의 위치는 P1, P2, P3, P4구간으로 분류가 되고, 안전하게 수익이 나는 구간은 P1구간과 P4구간이라고 사전에 말씀드렸습니다. 그러나 실전 거래에서는 반드시 P1구간부터 P4구간만 수익을 내는 구간이 아니라 추세가 시작되기 전인 P2구간부터 수익이 발생될 수도 있습니다. 물론 P2구간에서 진입했는데 P1구간으로 바뀌지 않고 그냥 P2구간으로 끝나면 손실을 볼 수도 있습니다.

일반적 수익구간 : P1구간~P4구간
예외적 수익구간 : P2구간~P1구간~P4구간

[자료 1-48]에서 사용된 PST지표는 PST교육할 때 고급반에서 배우는 지표입니다. 고급반 전까지는 일반적 수익구간에서 수익을 기대하면서 거래를 하지만, 고급반부터 이 지표를 사용하면 예외적 수익구간부터도 수익을 기대하면서 거래할 수 있습니다.

[자료 1-49]는 주식 거래에서 'LG디스플레이' 종목으로 일 차트이고, 2019년 11월 29일부터 2020년 2월 13일까지 추세 흐름입니다. 추세 밑에 PST지표 한 개를 불러봤습니다.

제가 여러분께 질문을 하나 드리겠습니다. "저항선을 그어서 캔들이

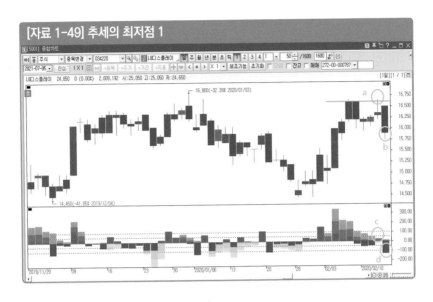

[자료 1-49] 추세의 최저점 1

저항선을 통과하는 a지점에서 매수진입을 하면 될까요?" 정답은 아닙니다. 이유는 그 당시 PST지표를 실시간으로 분석하니 빨간색 계열의 오실레이터가 이 빨간 점선을 통과해야 매수진입을 할 수 있는데 c지점을 보니 매수진입 조건이 되지 않아 관망해야 합니다. 그리고 d지점에서 반대로 파란색 계열의 오실레이터가 아래 빨간 점선을 통과하기에 매도진입 조건이 b가격에서 이루어집니다. 선물거래는 d지점에서 매도진입이 가능하지만 주식 거래는 d지점에서 관망해야 합니다. 만약 a가격에서 매수진입하고 홀딩하고 있다면 d지점에서 매수청산을 반드시 해야 합니다. 왜냐하면 매도진입구간에서 매수 홀딩을 하면 손실이 커질 수 있기 때문입니다.

[자료 1-50]은 주식 거래에서 'LG디스플레이' 종목으로 일 차트이고, 2019년 12월 18일부터 2020년 3월 3일까지 추세 흐름입니다. 추세 밑에 PST지표 한 개를 불러봤습니다.

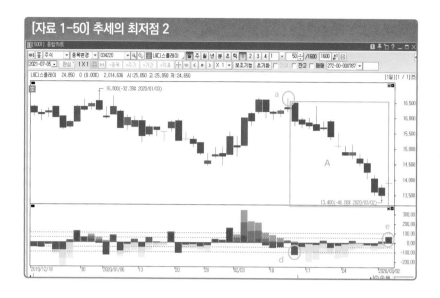

[자료 1-50] 추세의 최저점 2

PST지표로 실시간 추세를 분석하면 d지점처럼 파란색 계열의 오실레이터가 아래 빨간 점선을 통과할 때 매도진입을 한 후 e지점처럼 빨간색 계열의 오실레이터가 이 빨간 점선을 통과할 때 매도청산하면 녹색박스 A영역만큼 매도진입으로 수익을 기대할 수가 있습니다.

만약 [자료 1-49]처럼 a가격에 매수진입한 후 e지점까지 보유하면 너무 큰 손실을 보게 될 것입니다. 주식 거래인 경우는 상승 사이클에서만 수익을 낼 수 있기에 하락 사이클인 구간에서는 절대로 진입하면 안 되고 관망해야 합니다.

[자료 1-51]은 주식 거래에서 'LG디스플레이' 종목으로 일 차트이고, 2019년 12월 24일부터 2020년 3월 9일까지 추세 흐름입니다. 추세 밑에 PST지표 한 개를 불러봤습니다.

[자료 1-51]은 [자료 1-50]에서 며칠 후의 일 차트입니다. 제가 다

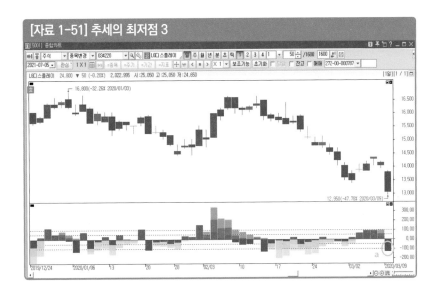

[자료 1-51] 추세의 최저점 3

시 질문을 하나 드리겠습니다. "만약 매도진입이 가능한 해외선물 차트
라면 a지점에서 매도진입 후 매도청산은 언제하면 되나요?" 이제 정답
을 아시겠죠?

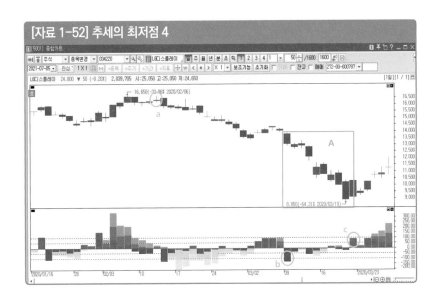

[자료 1-52] 추세의 최저점 4

[자료 1-52]는 주식 거래에서 'LG디스플레이' 종목으로 일 차트이고, 2020년 1월 16일부터 2020년 3월 26일까지 추세 흐름입니다. 추세 밑에 PST지표 한 개를 불러봤습니다.

[자료 1-52]는 [자료 1-51]에서 며칠 후의 일 차트입니다. b지점에서 매도진입한 추세는 PST지표에서 c지점처럼 빨간색 계열의 오실레이터가 위의 파란 점선을 통과할 때 매노청산을 하면 녹색박스 A영역만큼 수익을 기대할 수 있습니다.

녹색박스 A영역에서는 주식 거래는 관망을 해야 하고 만약 매수진입을 했다면 바로 매수청산을 해야 합니다. 만약 [자료 1-51]처럼 a지점에서 매수진입하고 c지점까지 보유를 하고 있었다면 46.8% 손해를 보셨을 것입니다.

여기에 사용된 PST지표는 추세의 시작과 끝을 찾는 것이 아니라 실전 거래에서 수익이 날 수 있는 구간의 시작과 끝을 실시간으로 찾아주기에 매우 유용한 지표입니다.

[자료 1-53]은 미국주식 거래에서 '아마존닷컴' 종목으로 일 차트이고, 2021년 4월 23일부터 2021년 7월 2일까지 추세 흐름입니다. 추세 밑에 PST지표 한 개를 불러봤습니다.

제가 만든 PST이론과 PST지표는 국내주식, 해외주식, 국내선물, 해외선물, 옵션, FX마진, 가상화폐 등 차트로 표현할 수 있는 거래는 모두 실시간으로 적용이 됩니다. 그러나 현재 오픈된 일반 보조지표들은 한 방향 거래상품과 양방향 거래상품에 모두 적용하기에는 오류가 있습니다. 10번 거래 중에 9번 이기고 1번 손실이 나면 운이 나쁜 것이 아니

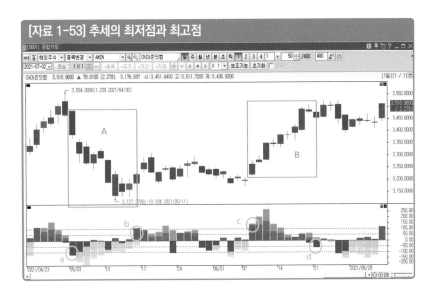

[자료 1-53] 추세의 최저점과 최고점

라 9번 수익이 난 거래처럼 운이 좋아서 이겼다고 생각하지 않으세요? PST이론과 PST지표는 10번 거래에서 10번 모두 수익이 나는 거래만 여러분께 보여드려 100% 이기는 거래만 하게끔 도와드립니다.

[자료 1-53]이 미국주식이라고 생각하지 않고 양방향 거래상품인 선물거래라고 생각하면 a지점에서 매도진입한 후 b지점에서 매도청산 하면 녹색박스 A영역만큼 수익을 기대할 수 있습니다. 그리고 c지점에서 매수진입을 한 후 d지점에서 매수청산을 하면 녹색박스 B영역만큼 수익을 기대할 수 있습니다. 물론 한 방향 거래상품인 주식 거래는 a지점부터 b지점까지는 절대로 매수진입하지 말고 관망해야 합니다.

[자료 1-54]는 해외선물 거래에서 '일본 엔 9월물' 종목으로 30분 차트이고, 2021년 7월 1일 5시부터 2021년 7월 2일 7시 30분까지 추세 흐름입니다. 추세 밑에 PST지표 한 개를 불러봤습니다.

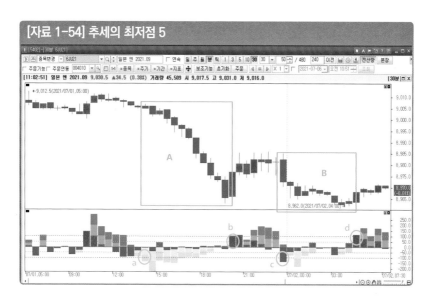

[자료 1-54] 추세의 최저점 5

해외선물 거래는 양방향 거래가 가능합니다. 양방향 거래가 한 방향 거래보다 진입기회는 많습니다만 자신만의 이기는 룰이 없다면 손실을 보는 기회도 많아질 수 있습니다. 자신만의 거래 룰은 진입, 보유, 청산의 3단계 전략으로 만들어야 합니다.

밀리지 않는 진입과 편안한 보유와 베스트 청산이죠. 진입 시 밀리지 않는 방법은 저항선을 통과할 때 각도(기울기)를 설정하면 되고, 편안한 보유 방법은 보유구간이 상승강화 구간이나 하락강화 구간이면 되고, 베스트 청산 방법은 최고점과 최저점을 파악해서 그전에서 하면 됩니다.

실전 거래할 때 필요충분조건이 있다고 PST이론은 생각합니다.
필요조건(Necessary Condition) : 수익이 날 수 있는 구간의 시작과 끝
충분조건(Sufficient Condition) : 진입, 보유, 청산

충분조건보다 필요조건이 앞서기에 [자료 1-54]에서 사용한 PST 지표는 실전 거래 시 다른 PST지표보다 가장 우선적으로 필요합니다. a지점에서 매도진입한 후 b지점에서 매도청산을 하면 녹색박스 A영역 만큼 수익을 기대할 수 있고, c지점에서 매도진입한 후 d지점에서 매도청산을 하면 녹색박스 B영역만큼 수익을 기대할 수 있습니다.

추세의 추종_
Following

　실전 거래에서 여러분과 저는 추세를 만드는 세력이 아니기 때문에 추세 추종(Trend Following)을 해야 합니다. 일반적으로 수익이 나지 않는 경우는 추세 추종 전략을 사용하지 않았기 때문입니다. 예를 들어 추세는 상승인데 추세를 보합이나 하락으로 생각했던지, 아니면 추세는 하락인데 추세를 보합이나 상승으로 생각했던지, 아니면 추세는 보합인데 추세를 상승추세나 하락추세가 잡혔다고 생각하는 경우입니다.

　"무릎에 사서 어깨에 팔아라"라는 말을 많이 들어보셨을 것입니다. 이 말도 일종의 추세 추종의 전략입니다. 그러나 "어디가 무릎이고 어디가 어깨일까요?" 또한 "추세의 방향은 정확하나요?" 하며 많은 고수 수강생들이 찾아와서 저한테 물어보는 것 중에 공통적인 질문이 "추세의 방향은 맞추겠는데 실전 거래에서 수익 내기가 쉽지 않다"라고 합니다. 왜 그럴까요? 여러 이유가 있겠지만 같이 생각해보겠습니다.

　제가 사전에 추세에 관해서 여러 가지를 설명해드렸습니다.

추세 의미

추세 시작과 끝

추세 방향결정

추세 구성

추세 종류

추세 지도

추세 속도

추세 변동성

추세 최고점과 최저점

이 추세에 관해 여러 가지 전술(Tactic)은 실전 거래에서 많은 도움이 되지만, 더욱 중요한 것이 전략(Strategy)입니다. 그럼 어떤 전략이 필요할까요? 전략을 바탕으로 한 추세 추종의 전술을 세워야 합니다.

추세 추종의 전략에는 반드시 타임 프레임 개념을 이해하셔야 합니다. 많은 분이 증권방송이나 리딩 방송에서 내일 올라갈 종목을 듣고 주식 거래를 하는데 내가 사면 하락하고 내가 팔면 다시 올라간다고 합니다. 이는 타임 프레임을 이해하지 못해서 그럴 수 있습니다.

"여러분은 주식 거래나 해외선물 거래를 하실 때 몇 분, 몇 시간, 며칠 차트를 기준차트(Standard Chart)로 보시나요?" 증권방송을 보니 대부분 일봉 차트를 열고 기간은 몇 개월 치를 보여주고 해외선물 방송을 보니 대부분 한 시간 차트를 열고 며칠 차트를 보여주면서 분석합니다. 과연 이 설정이 맞을까요? 많은 트레이더들이 이와 동일한 방법으로 실전 거래에서 손실을 본다면 자신의 거래 방법에서 잘못된 점이 없는지 살펴봐야 합니다.

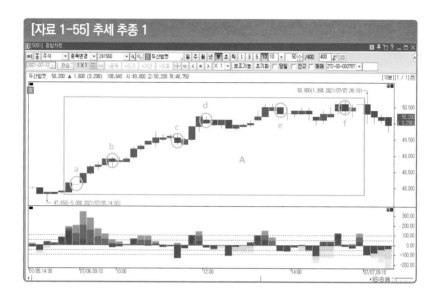

[자료 1-55] 추세 추종 1

　[자료 1-55]는 주식 거래에서 '두산밥캣' 종목으로 10분차트이고, 2021년 7월 5일 14시 30분부터 2021년 7월 7일 9시 40분까지 추세 흐름입니다. 추세 밑에 PST지표 한 개를 불러봤습니다.

　7월 6일 오전 9시에 장 개시일 때 매수진입을 했다고 가정하겠습니다. 이 당일 하루 추세는 결국 상승했지만 매수진입 이후 a지점, b지점, c지점, d지점, e지점, f지점에서 음봉이 나올 때마다 추세가 왜 계속 상승할까요? 정답은 10분보다 큰 타임 프레임의 상승 사이클이 계속 유지되고 있기 때문입니다.

　[자료 1-56]은 주식 거래에서 '두산밥캣' 종목으로 30분차트이고, 2021년 7월 2일 14시부터 2021년 7월 8일 10시까지 추세 흐름입니다. 추세 밑에 PST지표 한 개를 불러봤습니다.

　[자료 1-55]에서 10분차트로 매수진입 시 10분차트보다 타임 프레임이 큰 30분차트로 보면 녹색박스 A영역 동안은 계속 상승추세임을

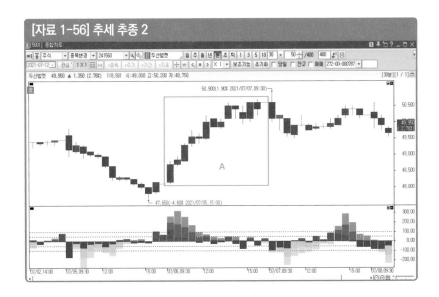

[자료 1-56] 추세 추종 2

알 수 있기 때문에 [자료 1-55]에서 10분차트 추세는 30분차트 추세
를 따라야 하는 것을 알 수 있습니다.

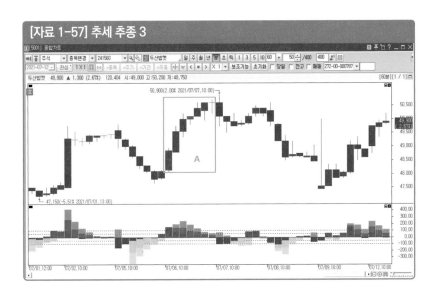

[자료 1-57] 추세 추종 3

[자료 1-57]은 주식 거래에서 '두산밥캣' 종목으로 60분차트이고, 2021년 7월 1일 12시부터 2021년 7월 12일 12시까지 추세 흐름입니다. 추세 밑에 PST지표 한 개를 불러봤습니다.

[자료 1-57]에서 60분차트로 매수진입 시 10분차트보다 타임 프레임이 큰 60분차트로 보면 녹색박스 A영역 동안은 계속 상승추세임을 알 수 있기 때문에 [자료 1-55]에서 10분차트의 추세는 60분차트의 추세를 따라야 하는 것을 알 수 있습니다.

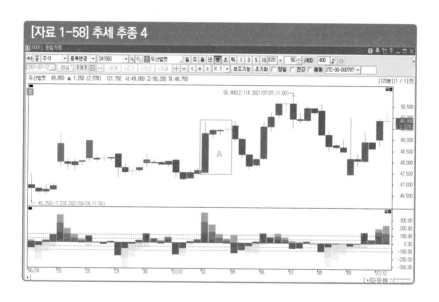

[자료 1-58]은 주식 거래에서 '두산밥캣' 종목으로 120분차트이고, 2021년 6월 24일 11시부터 2021년 7월 12일 12시까지 추세 흐름입니다. 추세 밑에 PST지표 한 개를 불러봤습니다.

[자료 1-58]에서 60분차트로 매수진입 시 10분차트보다 타임 프레임이 큰 120분차트로 보면 녹색박스 A영역 동안은 계속 상승추세임을 알 수 있기 때문에 [자료 1-55]에서 10분차트 추세는 120분차트 추세

를 따라야 하는 것을 알 수 있습니다.

[자료 1-59] 추세 추종 5

구분	1분	3분	5분	10분	30분	60분	120분	1일	전략
1번	상승	상승	상승	상승	상승	상승	상승	상승	3일~ 거래
2번	상승	상승	상승	상승	상승	상승	상승	하락	2일 거래
3번	상승	상승	상승	상승	상승	상승	하락	-	1일 거래
4번	상승	상승	상승	상승	상승	하락	-	-	관망
5번	상승	상승	상승	상승	하락	-	-	-	관망
6번	상승	상승	상승	하락	-	-	-	-	관망
7번	상승	상승	하락	-	-	-	-	-	관망
8번	상승	하락	-	-	-	-	-	-	관망

[자료 1-59]는 주식 거래 중 상승 사이클에 대한 각 타임 프레임에 대한 추세 추종 관계를 나타낸 테이블입니다. PST이론상 주식 거래인 경우는 기준차트를 60분차트로 생각합니다. 60분을 기준으로 하위차트는 1분, 3분, 5분, 10분, 30분차트가 있고 상위차트는 120분과 1일 차트가 있습니다. 1번 경우는 기준차트뿐만 아니라 하위차트와 상위차트에서 모두 상승추세인 경우를 뜻합니다. 상승추세라는 것은 PST지표를 활용해서 P1구간과 P4-1구간을 찾아서 모두 동시에 맞는 시점에서 매수진입을 하면 3일 이상 종목을 보유할 수 있다는 의미입니다. 2번 경우는 기준차트인 60분차트를 포함해서 하위차트는 모두 상승추세이면서 상위차트인 120분차트도 상승추세를 뜻합니다.

이 경우 1일차트는 하락추세여도 상관이 없지만 PST지표를 활용해서 P1구간과 P4-1구간을 찾아서 모두 동시에 맞는 시점에서 매수진입을 하면 2일 정도 종목을 보유할 수 있다는 의미입니다. 3번 경우는 기준차트인 60분차트를 포함해서 하위차트는 모두 상승추세면서 상위차트인 120분차트와 1일차트는 하락추세를 뜻합니다. 이 경우는 PST지표를 활용해서 P1구간과 P4-1구간을 찾아서 모두 동시에 맞는 시점에서 매수진입을 하면 하루 정도 종목을 보유할 수 있다는 의미입니다. 4번~8번 경우는 기준차트인 60분이 하락추세고 기준차트보다 작은 하위차트에서 하락추세가 발생한 경우로 실전 거래에서는 관망을 해야 합니다.

어떤 타임 프레임에서 추세를 여러분이 봤을 때 매수진입을 했다고 가정해보겠습니다. 매수진입 후 추세가 상승을 이어간다는 것은 그 타임 프레임보다 상위차트에서 상승추세가 아직 안 끝났다는 것(P1구간 혹은 P4-1구간)을 말하고 매수진입 후 추세가 상승으로 이어가지 않는 것은 그 타임 프레임보다 큰 상위차트에서 매수진입이 가능한 상승추세가 아니라고(P2구간, P4-2구간) 생각합니다.

PST교육을 할 때 많은 수강생들이 [자료 1-59]처럼 각 타임 프레임에 대한 추세 추종 관계를 말씀드리면 "실전 거래에서 이와 같지 않은 경우는 어떻게 합니까?"라고 많이 물어보십니다. 저는 "거래를 안 하시고 관망하시면 됩니다"라고 말씀드립니다. 저는 수없이 실전 테스트를 해본 결과 PST이론과 PST지표를 만들었습니다. 손실을 보는 수강생들은 관망해야 하는 구간에서 매수진입을 해서 이기는 방법을 물어보시는데 관망구간에서는 반드시 관망해야 합니다.

항상 말씀드리는 것처럼 저와 여러분은 추세를 만드는 세력이 아닙니다. 추세에 순응하고 추종해야 합니다. 여러분 본인이 생각하는 추세보다는 PST지표가 실시간 차트를 분석해서 알려주는 추세의 위치를

생각해서 매수진입 조건이 맞을 때 매수하시면 됩니다. 제가 주식 실
전 거래에서 하나의 팁을 드리면 하루 거래를 할 때 [자료 1-59]에서
1번 경우만 합니다. 이유는 1번, 2번, 3번 모두 하루 거래가 가능하지
만 1번 경우가 하루 거래에서 가장 많은 수익을 기대할 수 있기 때문입
니다.

1번 경우로 매수진입 후 수익이 1% 이상 난다면 2일 보유할 때도 있
습니다. 진입 후 보유와 청산 전략은 여러분이 개인 성향에 맞게 만드
시면 됩니다.

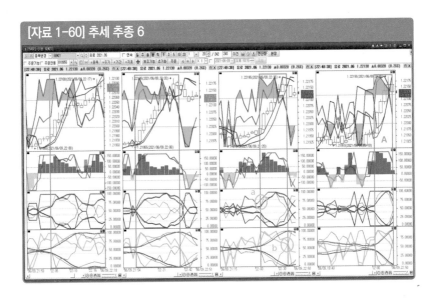

[자료 1-60] 추세 추종 6

[자료 1-60]은 해외선물 거래에서 '유로 6월물' 종목으로 좌측부터
1분, 3분, 5분, 10분차트이고, 2021년 6월 9일 22시경 추세 흐름입니다.
추세 위에 PST지표 한 개와 추세 밑에 PST지표 세 개를 불러봤습니다.

[자료 1-60]은 제가 실전 거래한 내용으로 '숭실대 주식, 외환 전문
가 모임' 다음 카페에 가서 'FX 비밀 271번' 자료를 보시면 자세한 내

용이 있으니 참고하시길 바랍니다. 여기에 사용된 PST지표는 PST교육 과정 중 마스터반에서 배우는 지표로 추세를 양자역학적이고, 3차원적으로 분석한 지표입니다. 이번 장에서는 추세 추종에 관해서 설명해드리고 지표에 대한 설명은 추후에 드리겠습니다.

"주식 거래에서 기준차트는 60분이라고 말씀드렸는데, 해외선물 거래에서는 기준차트가 무엇일까요?" 아무도 기준차트(Standard Chart)를 언급하지 않았고 대부분 책에서 1일차트를 보니까 1일차트를 사용하고 1시간 차트를 보니까 1시간 차트를 사용해왔습니다. 그러니까 손절(Stop)폭을 크게 잡고도 큰 손실을 보는 것입니다. 수많은 테스트를 거쳐서 레버리지가 큰 파생상품(해외선물 거래 포함)에서는 기준차트가 10분이 가장 좋다는 것을 찾아냈습니다. 그래서 해외선물 거래에서는 기준차트를 10분으로 생각하고 하위 타임 프레임을 1분, 3분, 5분과 상위 타임 프레임을 30분으로 생각합니다. [자료 1-60]에서 매수진입은 각 타임 프레임에서 a지점과 동일한 시점에서 하고 매수청산은 b지점에서 하면 녹색박스 A영역만큼을 기준차트인 10분에서 기대할 수 있습니다.

[자료 1-61] 추세 추종 7

구분	1분	3분	5분	10분	30분
1번	상승	상승	상승	상승	상승
2번	상승	상승	상승	상승	하락
3번	상승	상승	상승	하락	–
4번	상승	상승	하락	–	–
5번	상승	하락	–	–	–

[자료 1-61]은 해외선물 거래 중 상승 사이클에 대한 각 타임 프레임에 대한 추세 추종 관계를 나타낸 테이블입니다. 1번 경우는 기준차트 10분이 상승일 때 하위차트(1분, 3분, 5분)와 상위차트(30분)에서 모두 상승일 경우입니다.

일반적으로 기준차트의 최고점을 찾기 위해서는 기준차트로 P1구간에서 매수진입한 경우는 기준차트보다 한 단계 적은 차트인 5분에서 매수청산을 하시면 됩니다. 만약 5분에서 매수청산을 했는데도 추세가 계속 상승을 한다면 이유는 1번 경우처럼 30분도 상승추세 중이기 때문입니다. 2번 경우는 기준차트 10분이 상승일 때 하위차트(1분, 3분, 5분)는 상승이지만 상위차트인 30분은 하락인 경우입니다. [자료 1-60]처럼 실전 거래한 경우는 2번에 해당됩니다.

5분차트로 b지점에서 매수청산을 하면 10분차트로 최고점 근처에서 매수청산을 한 것으로 보이고 10분 추세는 더 이상 상승을 하지 않고 하락으로 보입니다.

그래서 일반적으로 기준차트인 10분차트로는 매수진입 조건이 무조건 맞아야 합니다. 이때 상위차트인 30분도 같은 상승추세이면 수익을 많이 기대할 수 있지만, 상위차트인 30분이 하락추세이면 수익을 많이 기대하시면 안 됩니다.

3번, 4번, 5번의 경우는 기준차트 10분이 매수진입 조건이 아닌 경우입니다. 일반적으로 4번과 5번의 경우는 매수진입하지 않고 관망만 하지만 3번인 경우는 추세의 움직임이 빠른 종목은 매수진입이 가능합니다. 3번인 경우는 10분 추세에 반대로 매수진입을 1분, 3분, 5분으로 했기 때문에 매수청산은 3분으로 해야 합니다.

물론 실전 거래에서는 여러분이 진입시점에 따라서 1분으로도 할 수도 있습니다.

　4번과 5번 경우는 추세 추종이론으로는 매수진입이 어려우나 PST클리닉반과 마스터반에서 배우는 PST지표로는 매수진입할 수 있습니다.

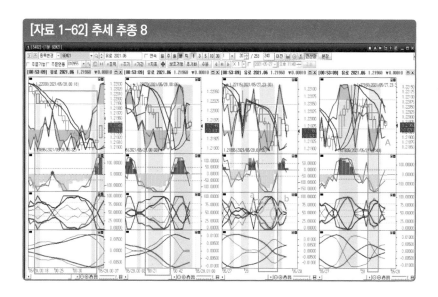

[자료 1-62] 추세 추종 8

　[자료 1-62]는 해외선물 거래에서 '유로 6월물' 종목으로 좌측부터 1분, 3분, 5분, 10분차트이고, 2021년 5월 28일 00시경 추세 흐름입니다. 추세 밑에 PST지표 한 개와 추세 밑에 PST지표 세 개를 불러봤습니다.

　[자료 1-62]는 제가 실전 거래한 내용으로 '숭실대 주식, 외환 전문가 모임' 다음 카페에서 'FX 비밀 268번' 자료를 보시면 자세한 내용이 있으니 참고하시길 바랍니다.

　제가 매도진입한 시점을 보면 1분차트는 하락추세 중에서 했고 3분, 5분, 10분차트는 상승추세 중에서 했습니다. 진입 시 추세가 상승추세 중인지, 하락추세 중인지는 [자료 1-62]에서 세 번째 PST지표에서 알 수 있습니다. 굵은 빨간색선이 굵은 파란색선 위에 있으면 추세는 상승 사이클 중이고, 굵은 파란색선이 굵은 빨간색선 위에 있으면 추세는 하락 사이클 중입니다. 해외선물 실전 거래에서도 가장 안전한 구간은 주식 거래처럼 기준차트인 10분을 포함해서 기준차트보다 작은 하위 타임 프레임인 1분, 3분, 5분차트가 10분차트와 동일한 방향으로 모두 상승 사이클의 P1구간과 P4-1구간이거나 모두 하락 사이클의 P1구간과 P4-1구간입니다. 그러나 해외선물 실전 거래에서는 1분, 3분, 5분, 10분차트가 모두 동일한 방향으로 나오면서 진입기회를 쉽게 주지 않습니다. [자료 1-62]는 매도진입을 했을 경우로 1분차트만 동일방향이고 3분, 5분, 10분차트는 사이클의 역방향(P2구간)으로 거래한 경우입니다. 실전 거래에서는 이런 경우가 많이 나옵니다. PST지표는 추세를 정확하게 분석한 후 여러분께 진입, 보유, 청산까지 정확하게 알려주기에 실전 거래에서 무척 도움이 많이 됩니다.

[자료 1-63] 추세 추종 9

구분	1분	3분	5분	10분	30분
1번	하락	하락	하락	하락	하락
2번	하락	하락	하락	하락	상승
3번	하락	하락	하락	상승	–
4번	하락	하락	상승	–	–
5번	하락	상승	–	–	–

[자료 1-63]에서 1번은 기준차트 10분이 하락일 때 하위차트(1분, 3분, 5분)와 이 차트(30분)에서 모두 하락일 경우입니다.

일반적으로 기준차트의 최저점을 찾기 위해서는 기준차트로 P1구간에서 매도진입한 경우는 기준차트보다 한 단계 적은 차트인 5분에서 매도청산을 하시면 됩니다.

만약 5분에서 매도청산을 했는데도 불구하고 추세가 계속 하락을 한다면 이유는 1번 경우처럼 30분도 하락추세 중이기 때문입니다. 2번 경우는 기준차트 10분이 하락일 때 하위차트(1분, 3분, 5분)는 하락이지만 상위차트인 30분에서는 상승인 경우입니다. 이 경우 5분차트 b지점에서 매도청산을 하면 10분차트로 최저점 근처에서 매도청산을 한 것으로 보이고 10분 추세는 더 이상 하락을 하지 않고 상승으로 보입니다. 그래서 일반적으로 기준차트인 10분차트로는 매도진입 조건이 무조건 맞아야 합니다. 이때 상위차트인 30분도 같은 하락추세이면 수익을 많이 기대할 수 있지만 상위차트에서 30분이 상승추세이면 수익을 많이 기대하시면 안 됩니다.

3번, 4번, 5번 경우는 기준차트 10분이 매도진입 조건이 아닌 경우입니다. 일반적으로 4번과 5번의 경우는 매도진입하지 않고 관망만 하지만, 3번인 경우는 추세의 움직임이 빠른 종목은 매도진입이 가능합니다. 3번인 경우는 10분 추세에 반대로 매도진입을 1분, 3분, 5분으로 했기 때문에 매도청산은 3분으로 해야 합니다. 물론 실전 거래에선 여러분이 진입시점에 따라서 1분으로 할 수도 있습니다. 4번과 5번 경우는 추세 추종 이론으로는 매도진입이 어려우나 PST클리닉반과 마스터반에서 배우는 PST지표로는 매도진입을 할 수 있습니다.

[자료 1-62]는 마스터반에서 배우는 PST지표를 이용해서 가장 어려운 5번 경우를 실전 거래로 한 결과로 녹색박스 A영역만큼을 기준차트인 10분에서 기대할 수 있습니다.

PART
02

신호 분석
Signal Analysis

가짜 신호_
Fake Signal

    여러분은 가짜 신호(Fake Signal)에 대해서 들어보셨나요? 주식 거래에서 여러분이 추세를 분석한 후 매수진입을 했는데 추세가 상승으로 이어지지 않고 하락으로 바뀐 경험이 있을 것입니다. 또는 해외선물 거래에서 매도진입을 했는데 추세가 하락으로 이어지지 않고 상승으로 바뀐 경험이 있을 것입니다. 저도 PST이론을 만들기 전에는 여러분처럼 저항선과 지지선, 상승추세선, 하락추세선을 나름대로 그은 다음 캔들이 저항선을 통과할 때마다 무작정 진입했더니 수익이 날 때도 있었고, 손실이 날 때도 있었습니다. 지금 생각하면 이와 같은 방법은 너무 비효율적인 방법이니 앞으로 사용하지 마시길 바랍니다. 물론 진입 후 이어지는 추세의 방향은 맞았어도 생각만큼 수익이 나지 않을 수도 있습니다. 한참을 지나서 진입한 구간이 보합 구간인 것을 알고 계실 것입니다.

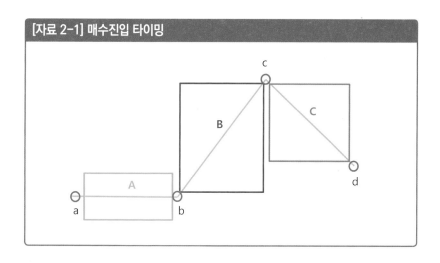

[자료 2-1] 매수진입 타이밍

[자료 2-1]은 상승추세를 a지점부터 d지점까지 보여줍니다. 제가 질문을 하나 드리겠습니다. 매수진입은 어느 구간에 하면 좋을까요? 정답은 b지점부터 c지점까지인 빨간박스 B영역입니다. 그런데 문제는 실전 거래에서는 빨간박스 B영역을 여러분이 못 찾는다는 것이지요. [자료 2-1]추세를 아래와 같이 정리할 수 있습니다.

a지점~b지점(녹색박스 A) - 보합추세 – 가짜 신호 존재
b지점~c지점(빨간박스 B) - 상승추세 – 진짜 신호 존재
c지점~d지점(파란박스 C) - 하락추세 – 가짜 신호 존재

여러분은 추세를 만드는 마켓 메이커가 아닙니다. 보합추세인 a지점부터 b지점 사이에서 매수진입을 하면 이어지는 추세가 상승이 맞더라도 생각만큼 큰 수익을 기대하기 어렵습니다. 또한 하락추세인 c지점부터 d지점 사이에서 매수진입을 해도 여러분의 계좌는 마이너스로 보일 것입니다.

그래서 PST이론상 매수진입은 상승추세에서 추세에 순응한 빨간박스 영역에서 해야지 수익을 기대할 수 있고, 보합추세인 녹색박스 영역과 하락추세인 파란박스 영역에서는 수익을 기대할 수 없습니다. 매수진입을 했는데 수익을 낸다면 그때 진입 신호는 진짜 신호이고 수익을 생각만큼 내지 못하고 손실을 본다면 그때 진입 신호는 가짜 신호라고 생각할 수 있습니다.

현존 일반 보조지표로는 여러분이 매수진입을 할 때 진짜 신호인지, 가짜 신호인지 구별하기가 어려우나 PST지표를 활용하시면 매수진입을 할 때 진짜 신호와 가짜 신호를 구별하기가 쉬워져서 실전 거래에 무척 도움이 되실 것입니다.

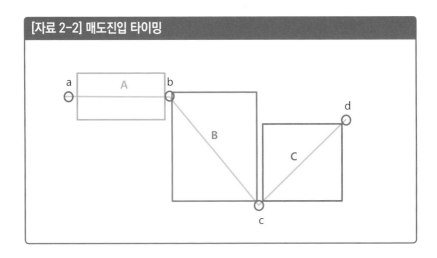

[자료 2-2] 매도진입 타이밍

[자료 2-2]는 하락추세를 a지점부터 d지점까지 보여줍니다. 제가 질문을 하나 드리겠습니다. 매도진입은 어느 구간에 하면 좋을까요? 정답은 b지점부터 c지점까지인 파란박스 B영역입니다. 그런데 문제는 실전 거래에서는 파란박스 B영역을 여러분이 못 찾는다는 거죠. [자료

2-2] 추세를 아래와 같이 정리할 수 있습니다.

a지점~b지점(녹색박스 A) – 보합추세 – 가짜 신호 존재

b지점~c지점(파란박스 B) – 하락추세 – 진짜 신호 존재

c지점~d지점(빨간박스 C) – 상승추세 – 가짜 신호 존재

여러분은 마켓 메이커가 아니기 때문에 보합추세인 a지점부터 b지점 사이에서 매도진입을 하면 이어지는 추세가 하락이 맞더라도 생각만큼 큰 수익을 기대하기 어렵습니다. 또한 상승추세인 c지점부터 d지점 사이에서 매도진입을 해도 여러분의 계좌는 마이너스로 보일 것입니다.

그래서 PST이론상 매도진입은 하락추세에서 추세에 순응한 파란박스 영역에서 해야 수익을 기대할 수 있고, 보합추세인 녹색박스 영역과 상승추세인 빨간박스 영역에서는 수익을 기대할 수 없습니다. 매도진입을 했는데 수익을 낸다면 그때 진입 신호는 진짜 신호이고 수익을 생각만큼 내지 못하고 손실을 본다면 그때 진입 신호는 가짜 신호라고 생각할 수 있습니다.

현존 일반 보조 지표로는 여러분이 매도진입할 때 진짜 신호인지, 가짜 신호인지 구별하기가 어려우나 PST지표를 활용하시면 매도진입할 때 진짜 신호와 가짜 신호를 구별하기가 쉬워져서 실전 거래에 무척 도움이 되실 것입니다.

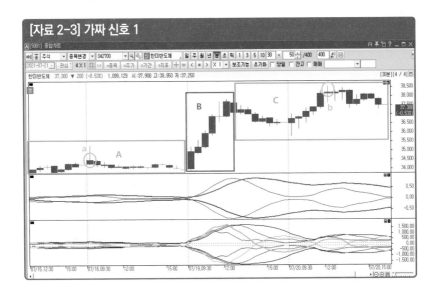

[자료 2-3] 가짜 신호 1

[자료 2-3]은 주식 거래에서 '한미반도체' 종목으로 30분차트이고, 2021년 7월 15일 12시 30분부터 2021년 7월 20일 16시까지 추세 흐름입니다. 추세 밑에 PST지표 두 개를 불러봤습니다.

여러분은 언제 매수진입을 하면 좋다고 생각하시나요? 그 매수진입 신호가 진짜 신호일까요? 가짜 신호일까요?

물론 [자료 2-3]처럼 시간이 흘러서 지나간 추세를 보면 진짜 신호, 가짜 신호를 쉽게 구별할 수 있습니다. 다만 실전 거래에서 실시간으로 여러분이 매수진입 시 진짜 신호인지, 가짜 신호인지 구별하지 못하면 아직은 실전 거래를 하지 마시길 바랍니다.

추세 밑에 있는 첫 번째 PST지표를 보면 4일 동안의 추세는 굵은 빨간색선이 굵은 파란색선 위에 존재하므로 상승 사이클 구간임을 쉽게 알 수 있습니다.

일전에 PST이론 중에 하나의 사이클 구간에서는 하위 타임 프레임의 추세는 상위 타임 프레임의 추세를 추종한다는 것을 말씀드렸습니다. 그래서 4일 동안 진입은 매수진입으로만 고려해야 합니다. 물론 주식 거래는 매도진입은 못하지만 참고로 말씀드린 것입니다.

"그럼 a지점과 b지점에서 저항선을 통과할 때 매수진입 신호가 나와서 매수진입이 맞을까요?" 결과는 큰 수익을 내지 못했습니다. 왜 그럴까요?

이유는 추세 밑에 있는 두 번째 PST지표를 보면 주기를 의미하는 굵은 녹색선이 추세를 의미하는 검은색선 위에 존재하지 않고 아래에 존재하기 때문입니다. PST지표에 대한 자세한 설명은 기존 출간 저서를 참고하시길 바랍니다.

a지점과 b지점에서 추세 밑에 첫 번째 PST지표를 보면 가는 빨간색선이 굵은 빨간색선 밑에 존재하므로 이때는 P4-2구간으로 매수진입보다는 관망이 맞습니다. [자료 2-3]을 PST이론상 추세를 분석하면 녹색박스 A영역과 녹색박스 C영역은 상승보합 구간이므로 관망을 해야합니다. 빨간박스 B영역은 노이즈가 적은 재상승구간(P4-1구간)이기 때문에 매수진입이 가능합니다.

녹색박스 A	관망	가짜 매수진입 신호 존재
빨간박스 B	매수진입 가능	진짜 매수진입 신호 존재
녹색박스 C	관망	가짜 매수진입 신호 존재

'혹시 녹색박스 A영역 시작에서 매수진입해서 녹색박스 C영역 끝에서 매수청산을 하면 수익이 날 수도 있지 않을까?'라고 생각하시는 분이 계실지도 모르겠습니다.

그러나 만약 빨간박스 B영역 시작에서 매수진입해서 B영역 끝에서 매수청산을 한다면 이 방법이 더 효율적인 방법이지 않을까요? PST지표는 후자의 방법을 제시해드리니 걱정하지 않으셔도 됩니다.

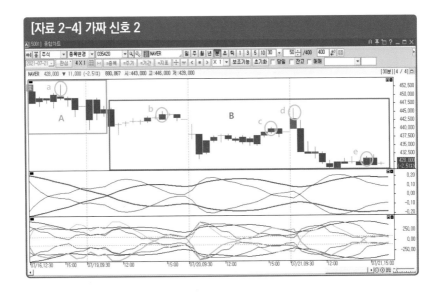

[자료 2-4]는 주식 거래에서 'NAVER' 종목으로 30분차트이고, 2021년 7월 16일 12시 30분부터 2021년 7월 21일 16시까지 추세 흐름입니다. 추세 밑에 PST지표 두 개를 불러봤습니다.

질문을 먼저 드리겠습니다. "a지점, b지점, c지점, d지점, e지점에서 매수진입 신호가 나왔다고 가정하면 어느 지점의 매수진입 신호가 진짜일까요?" 정답은 "하나도 없습니다. 모두 진입하면 안 되는 가짜 신호입니다."

항상 말씀드리듯이 실전 거래에서 옆에 아무도 없이 여러분 혼자서 결정을 내고 하셔야 합니다. 만약 증권방송을 보다가 유명한 애널리스트가 이 종목을 4일 내내 추천했다고 가정해볼까요? 그럼 여러분은 추세가 저항선을 통과하는 빨간 캔들만 나오면 계속 매수진입을 할 수도 있습니다. 4일 동안 결과가 어떻게 되었나요? 해외선물 거래라면 매도진입이라고 해서 수익을 낼 수 있었겠지만, 주식 거래에서 매수진입을 했으면 큰 손실을 봤을 것입니다.

추세 밑에 있는 첫 번째 PST지표만 봐도 매수진입을 고려해야 할지, 관망해야 할지 바로 알 수가 있습니다. 녹색박스 A영역은 굵은 빨간색선이 굵은 파란색선 위에 존재하지만, X축으로 시간이 갈수록 우하향으로 보이면서 가는 파란색선이 가는 빨간색선 위에 존재하는 매수이익 실현구간(P2구간)으로 매수진입을 고려하면 안 되고 관망해야 합니다. 파란박스 B영역은 굵은 파란색선이 굵은 빨간색선 위에 존재하므로 추세 자체가 하락 사이클 구간이므로 매수진입을 절대로 하면 안 되고 관망을 해야 합니다. 만약 파란박스 B영역에서 매수진입 신호가 나왔다면 모두 가짜 신호라고 생각해야 합니다.

| 녹색박스 A | 관망 | 가짜 매수진입 신호 존재 |
| 파란박스 B | 관망 | 가짜 매수진입 신호 존재 |

항상 말씀드리듯이 실전 거래에서 가장 먼저 해야 할 것이 여러분이 매수진입할 때 그 시점에 추세가 상승 사이클이 유지되고 있어야 합니다.

[자료 2-5]는 주식 거래에서 'LG헬로비전' 종목으로 30분차트이고, 2021년 7월 16일 12시 30분부터 2021년 7월 21일 16시까지 추세 흐름입니다. 추세 밑에 PST지표 두 개를 불러봤습니다.

추세 밑에 첫 번째 PST지표를 보면 굵은 파란색선이 굵은 빨간색선 위에 존재하므로 4일 동안 계속 하락 사이클이 유지되고 있음을 쉽게 알 수 있습니다. 하락 사이클 구간에서는 매도진입만 고려해야지 매수

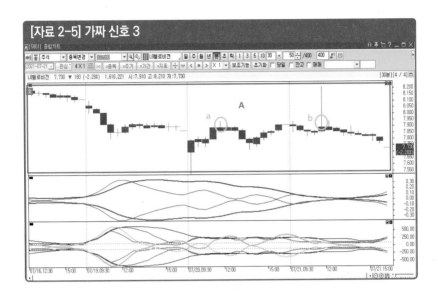

[자료 2-5] 가짜 신호 3

진입을 하면 안 되고 관망을 해야 합니다. 만약 a지점과 b지점에서 매수진입 신호가 나왔다면 그것은 가짜 신호입니다.

파란박스 A	관망	가짜 매수진입 신호 존재

증권방송에서 유명한 전문가가 나오셔서 종종 캔들 분석과 패턴 분석을 하는 것을 볼 수 있습니다. PST이론은 캔들 분석과 패턴 분석은 아무 의미가 없는데 여러분은 이제 어떻게 생각하시나요?

[자료 2-6]은 해외선물 거래에서 '유로 9월물' 종목으로 10분차트이고, 2021년 7월 16일 6시부터 2021년 7월 16일 15시 10분까지 추세 흐름입니다. 추세 밑에 PST지표 두 개를 불러봤습니다.

주식 거래는 한 방향 거래로 매수진입으로만 수익을 낼 수 있지만, 해외선물 거래는 양방향 거래로 매수진입과 매도진입으로 수익을 낼

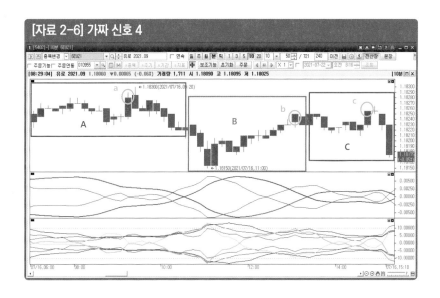

[자료 2-6] 가짜 신호 4

수 있습니다. 추세의 흐름만 보면서 단순하게 저항선만 긋고 캔들이 양

봉으로 저항선을 통과할 때 a지점, b지점, c지점에서 각각 매수진입을

했다면 결과는 손실을 봤을 것입니다. b지점과 c지점에서 캔들 모양

은 망치형으로 양봉이 나와서 다음 출현하는 캔들은 계속 양봉이 나올

것 같다고 여러분은 예상하겠지만 결과는 어떻게 되었나요? b지점 이

후에 추세는 보합으로 이어지고 c지점 이후에 추세는 하락으로 전환이

되었습니다.

추세를 제발 캔들 모양이나 패턴 모양을 분석하시면서 거래를 하지

마시길 바랍니다. 항상 제가 말씀드리지만 10번 거래 중에 9번 맞고

1번 틀리면 1번 틀린 것은 운이 나쁜 것이 아니라 룰이 틀린 것입니다.

그리고 9번 맞는 것에는 운이 좋아서 수익이 난 것도 포함됩니다. PST

이론상 욕심을 버리고 룰에 맞게 진입, 보유, 청산을 한다면 10번 거래

중 10번 모두 이겨야 올바른 룰을 가졌다고 생각합니다.

실전 거래에서 매수진입 후 수익이 나지 않는 첫 번째 이유는 그 진

입한 시점이 상승 사이클이 아니라 하락 사이클 구간이고, 두 번째 이유는 그 진입한 시점이 상승 사이클 구간이래도 P4-2구간이기 때문입니다. 한번 확인해보겠습니다.

추세 밑에 있는 첫 번째 PST지표를 보면 b지점에서 매수진입은 추세가 하락 사이클 중에서 했기 때문에 바로 잘못된 것인 줄 알 수 있습니다. 파란박스 B영역을 보면 굵은 파란색선이 굵은 빨간색 선 위에서 존재하기에 하락 사이클이기 때문이지요. a지점과 c지점에서 매수진입은 P4-2구간이기 때문에 변동이 있는 구간으로 매수진입으로 쉽게 수익을 내기가 어렵습니다. 추세 밑에 있는 첫 번째 PST지표를 보면 매수진입시점에서 가는 빨간색선이 굵은 빨간색선 밑에 존재하기에 P4-2구간임을 쉽게 알 수 있습니다. 결국은 매수진입시점에서 나온 신호는 모두 가짜입니다.

그리고 추세 밑에 있는 두 번째 PST지표를 보면 녹색선, 빨간색선, 파란색선, 검은색선 모두 기준점선 안에 존재하면서 변화량도 없기에 어떤 추세가 시작되어도 이어지는 추세는 보합 구간임을 알 수 있습니다.

빨간박스 A	관망	가짜 매수진입 신호 존재
파란박스 B	관망	가짜 매수진입 신호 존재
빨간박스 C	관망	가짜 매수진입 신호 존재

[자료 2-7]은 해외선물 거래에서 '유로 9월물' 종목으로 10분차트이고, 2021년 7월 21일 0시부터 2021년 7월 21일 9시 10분까지 추세 흐름입니다. 추세 밑에 PST지표 두 개를 불러봤습니다.

a지점, b지점, c지점에서 매수진입 신호가 나왔다면 진짜 신호였을까요? 가짜 신호였을까요? 정답은 모두 가짜 신호입니다.

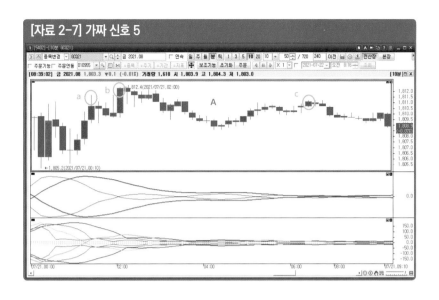

[자료 2-7] 가짜 신호 5

a지점에서는 전고점을 그어보면 여러분은 "양봉으로 돌파되는 시점으로 매수진입이 맞는 것 같다"라고 생각하실 수도 있습니다. 그리고 b지점에서도 역시 전고점을 그어보면 "양봉으로 돌파되는 시점에서 다시 매수진입을 하면 수익이 나지 않을까?" 하고 생각하는 분도 계실 것입니다.

무엇이 문제일까요? 추세 밑에 있는 첫 번째 PST지표를 보면 굵은 파란색선이 굵은 빨간색선 위에 존재하기에 하락 사이클이 계속 이어져 있다는 것을 확인할 수 있습니다. 추세가 하락 사이클 중이기 때문에 매수진입을 고려하시면 안 되고 관망해야 합니다. 여러분이 각 지점에서 매수진입을 하지 않고 PST지표를 보면 관망해야 하는데, 문제는 각 지점에서 매수진입을 한 후 여러분이 추세를 만들려고 주관적으로 합리화한다는 것입니다. 여러분과 저는 추세를 만드는 마켓 메이커가 아니기 때문에 추세를 추종해야 한다고 끊임없이 말씀드렸습니다.

파란박스 A	관망	가짜 매수진입 신호 존재

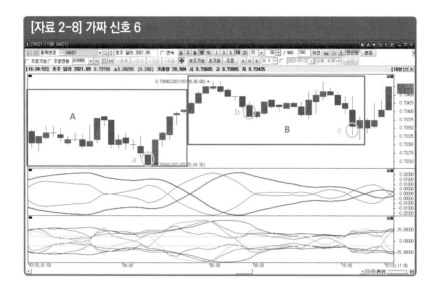

[자료 2-8] 가짜 신호 6

[자료 2-8]은 해외선물 거래에서 '호주달러 9월물' 종목으로 10분 차트이고, 2021년 7월 20일 1시 50분부터 2021년 7월 20일 11시까지 추세 흐름입니다. 추세 밑에 PST지표 두 개를 불러봤습니다.

저항선을 이어서 그은 후 음봉들이 저항선을 돌파해서 하락하는 a지점, b지점, c지점 중 매도진입을 해서 수익을 낼 수 있는 지점은 어디일까요? 정답은 아무 곳도 없습니다.

많은 분들이 본인이 매수진입하면 추세는 하락하고 매도진입하면 추세는 상승한다고 하십니다. 그래서 주위 분들한테 본인 매매와 반대로 하면 수익이 날 수 있다고 농담도 하십니다. 듣는 분은 농담이지만 손실이 나는 본인은 얼마나 답답하시겠습니까? 이유를 같이 찾아볼까요?

a지점은 파란박스 A영역에 있습니다. 파란박스 A영역은 추세 밑에 있는 첫 번째 PST지표를 보니 굵은 파란색선이 굵은 빨간색선 위에 존재

하므로 추세는 하락 사이클 중임을 알 수 있습니다. 하락 사이클 중에서 매도진입을 했는데 왜 추세가 반전이 되어 상승으로 바뀌었을까요?

물론 근본적인 이유는 매수 세력이 매도 세력보다 크기 때문이라고 생각하시겠지만, PST이론은 근본적인 이유 외에도 매도 세력이 이익실현으로 매도청산을 해도 추세는 반전되어 상승으로 갈 수 있다고 생각합니다. 이해되시나요?

a지점은 추세 자체가 하락 사이클 중이기 때문에 후자 이유가 맞습니다. 그리고 a지점에 해당하는 위치에서 첫 번째 PST지표를 보면 가는 파란색선이 굵은 파란색선 아래에 위치하기에 P4-2구간임을 알 수 있습니다. PST이론은 재상승 혹은 재하락 구간을 P4구간이라고 정의하고 변동성이 없는 구간을 P4-1구간으로 안전하기에 진입이 가능한 구간이라고 생각합니다. 반대로 변동성이 있는 구간을 P4-2구간으로 위험하기에 진입하지 말고 관망이라고 생각합니다. 그러므로 a지점은 하락 사이클 중에 재하락 지점으로 매도진입을 하고 싶은 욕망이 생겨도 관망을 하셔야 합니다. 실전 거래에서 진입보다 관망이 더욱 어렵습니다. 욕심을 버려야 하거든요.

진짜 신호_
Real Signal

여러분은 진짜 신호(Real Signal)에 대해서 들어보셨나요? 여러분이 실전 거래에서 수익을 낼 수 있는 진입 신호가 진짜 신호입니다. 그럼 누가 진짜 신호를 만들고 만들기 위한 조건이 무엇일까요?

추세(Trend)는 단위 시간 동안 매수자(Buyer)와 매도자(Seller)가 하나의 가격에 대해서 체결되는 흐름이라고 PST이론은 생각합니다. 여러분은 매수자도 될 수 있고 매도자도 될 수 있습니다. 또한 추세를 다른 각도에서 생각하면 추세의 방향을 만드는 세력(Maker)이 있고 추세를 추종하는 세력(Follower)이 있습니다. 여기서 하나의 문제점을 발견합니다. 여러분은 절대로 추세를 만드는 세력이 될 수 없고 추세를 추종하는 세력이 운명적으로 정해졌다는 것입니다. 여러분이 추세를 만드는 세력을 이기기 위해서 더 많은 정보와 더 많은 운용자금이 필요한데 이것은 불가능합니다. 그래서 일반적으로 개미라고 불리는 투자자(=마켓 추종자)가 외국인이나 기관이라고 불리는 투자자(=마켓 메이커)를 이기기가 어렵습니다.

그럼 진짜 신호를 누가 만들까요? 추세를 만드는 마켓 메이커가 만드는 것을 알 수가 있는데 여러분은 진짜 신호를 알 수가 있으신가요? 당연히 마켓 메이커가 아니기 때문에 알 수가 없습니다. 마켓 메이커가 일정 기간에 매수량과 매도량을 흡수한 후 보합을 만들다가 어떤 경제적인 이벤트가 뉴스로 나오기 전에 본격적으로 거래(= 진짜 신호 출현)를 해서 그들이 원하는 기간과 가격까지 상승이나 하락으로 추세를 만듭니다. 손실을 보는 일반 투자자는 뒤늦게 이 추세를 발견해서 따라서 거래하기 시작하면 마켓 메이커는 청산해서 이익을 보고 일반 투자자는 손실을 보게 되는 것이 일반적입니다.

그럼 실전 거래에서 수익을 내기 위한 방법이 무엇일까요? 답은 간단합니다. 마켓 메이커가 본격적으로 가격을 그들이 원하는 방향대로 움직이는 진짜 신호를 포착하면 됩니다. 일반 오픈된 보조지표는 찾을 수가 없지만 PST지표는 여러분께 아주 쉽게 실시간으로 제공해드립니다.

[자료 2-9]는 주식 거래에서 'POSCO' 종목으로 30분차트이고, 2022년 2월 7일부터 2월 10일까지 추세 흐름입니다. 추세 밑에 PST지표 한 개를 불러봤습니다.

제가 질문을 하나 드려보겠습니다. 2월 8일 첫 캔들인 a지점과 2월 9일 첫 캔들인 b지점과 2월 10일 첫 캔들인 c지점에서 매수 진짜 신호는 어디일까요?

추세 아래에 있는 PST지표를 가지고 a, b, c지점에서 매수 진짜 신

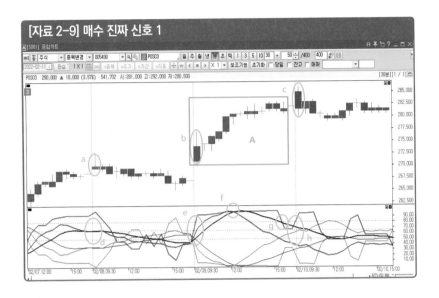

[자료 2-9] 매수 진짜 신호 1

호인지 확인해보겠습니다. 매수진입을 할 때 보는 방법은 굵은 빨간색선이 첫 번째 기준점선을 우상향으로 통과하고, 굵은 파란색선이 두 번째 기준점선을 우상향으로 통과하고, 굵은 검은색선이 세 번째 기준점선을 우상향으로 통과할 때 매수진입이 가능합니다. 이 방법으로 추세를 해석하면 a지점과 c지점은 조건이 만족하지 않아 매수진입을 하지 않고 관망을 해야 합니다. 매수진입을 했으면 그 해당일 날 종가는 시가보다 하락해서 손실을 봤을 것입니다. b지점에 해당하는 e지점을 보니 매수진입 조건이 되니 이 시점이 매수 진짜 신호라고 PST지표는 여러분께 알려드립니다. 물론 진입 시에는 타임 프레임(Time Frame)을 반드시 맞추어야 합니다. 타임 프레임과 여기에 사용된 PST지표에 관한 설명은 기존 저서를 참고하시길 바랍니다. 매수 진짜 신호에 따라서 진입을 하면 만족할 만한 수익을 기대할 수가 있을까요? 진입보다 중요한 것이 보유고, 보유보다 중요한 것이 청산입니다. f지점까지는 편안한 보유가 가능해서 1차 청산을 고려하면 되고 g지점에서는 2차 청산시점으로 나머지 보유분을 청산하면 녹색박스 A영역만큼 수익을 기대할 수 있습니다.

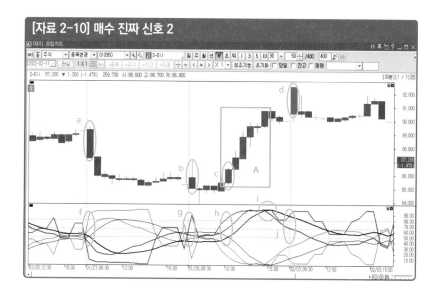

[자료 2-10]은 주식 거래에서 'S-oil'종목으로 30분차트이고, 2022년 1월 26일부터 2월 3일까지 추세 흐름입니다. 추세 밑에 PST지표 한 개를 불러봤습니다.

제가 질문을 하나 드려보겠습니다. 1월 27일 첫 캔들인 a지점과 1월 28일 첫 캔들인 b지점과 2월 3일 첫 캔들인 d지점에서 매수 진짜 신호는 어디일까요? 정답은 모두 매수진입하면 안 됩니다. 이유는 각 지점에 해당되는 f지점, g지점, j지점에서 PST지표를 확인하는 진짜 매수진입 신호가 안 나왔기 때문입니다.

매수 진짜 신호는 h지점을 보니 굵은 빨간색선이 첫 번째 기준 점선을 우상향으로 통과하고, 굵은 파란색선이 두 번째 기준점선을 우상향으로 통과하고, 굵은 검은색선이 세 번째 기준점선을 우상향으로 통과할 때 c지점에서 매수진입을 하면 됩니다. 여기에서 사용된 PST지표는 진입 후 기울기가 tan45도 이상~tan90도 미만으로 움직이기에 매우 빠르게 진행되는 것을 알 수 있습니다. 매수진입 후 청산은 굵은 파란 색선이 굵은 검은색선을 우하향해서 통과할 때 1차 매수청산을 고려합니다. 굵은 빨간색선이 굵은 검은색선을 우하향해서 통과할 때 2차 매수청산을 모두 하면 녹색박스 A만큼 수익을 기대할 수 있습니다.

주식 거래인 경우는 대부분 오전 9시~10시 사이에 상승보합에서 상승강화로 바뀌는 P1구간이 나타나 매수 진짜 신호를 보여줍니다. 그러나 가끔 [자료 2-10]처럼 오전 9시~10시가 아닌 다른 시간에서 마켓메이커가 본격적으로 매수진입을 하는 매수 진짜 신호가 나타날 때도 있습니다. 이론상 장 초에 바로 움직이지 않고 장 중이나 장 마감에 마켓 메이커가 추세의 기울기를 높이며 매집하는 경우는 관리종목이나 특정 뉴스가 나오기 전에 매집한다고 생각하면 됩니다.

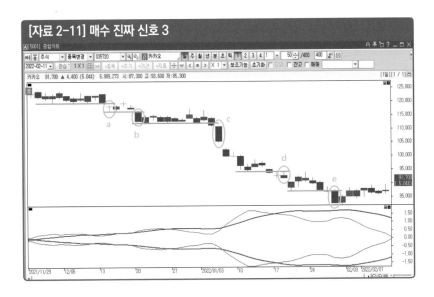

[자료 2-11] 매수 진짜 신호 3

[자료 2-11]은 주식 거래에서 '카카오' 종목으로 일 차트이고, 2021년 11월 29일부터 2022년 2월 10일까지 추세 흐름입니다. 추세 밑에 PST지표 한 개를 불러봤습니다.

고점 대비 32%가 하락한 결과를 보여줍니다. 만약 전저점을 깨는 a, b, c, d, e지점에서 계속 매수진입하면 매수 단가는 낮아지지만 계속 추가 손실을 보고 말았습니다. 여러분은 무엇이 문제라고 생각하시나요? 여러 가지 문제가 있겠지만 하나씩 같이 생각해보겠습니다.

한 종목에서 가격이 고점 대비 많이 하락하면 일반적으로 손실을 보는 트레이더들은 저점 가격에서 매수진입 신호가 나오면 저점 매수를 한 후 가격이 오르길 기대합니다. 항상 말씀드리지만 손실을 보는 트레이더들은 저점 가격에서 다시 추세를 상승으로 올릴 수 있는 마켓 메이커가 아니라는 것입니다. 저점 가격에서 추세가 상승할지, 하락할지 어떻게 알 수 있냐고 저한테 반문하실 수도 있겠지만 추세 아래에 있는 PST지표를 보면 굵은 파란색선이 굵은 빨간색선 위에서 존재해 계속 하락 사이클임을 알 수 있기에 저는 절대로 매수진입을 하지 않고 관망을 합니다. 현재 추세를 제대로 파악하지 않으면 절대로 원하는 수익을 얻을 수 없습니다.

만약 매수진입 후 추세가 하락해서 여러분이 정한 손실 폭 이상 손해를 보면 매수청산을 해야 합니다. 저는 항상 교육할 때마다 매수진입 후 상승하다 매수진입 가격까지 다시 하락하면 청산을 고려하라고 말씀을 드립니다. PST지표가 하락추세를 알려주는데도 이른바 '물타기'라는 어리석은 저점 추가매수 전략을 택하지 않으시길 바랍니다.

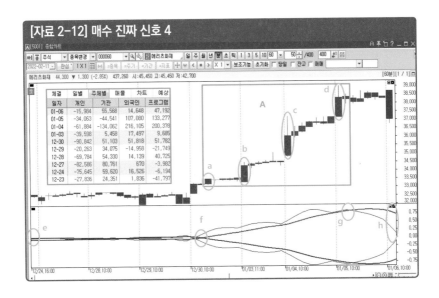

[자료 2-12] 매수 진짜 신호 4

[자료 2-12]는 주식 거래에서 '메리츠화재' 종목으로 60분차트이고, 2021년 12월 23일부터 2022년 1월 6일까지 추세 흐름입니다. 추세 밑에 PST지표 한 개를 불러봤습니다.

만약 제가 여러분께 "이 종목이 마켓 메이커 역할을 하는 기관과 외국인이 [자료 2-12]처럼 추세를 만든다고 가정할 때 언제 매수진입을 할 수 있을까요?"라고 물으면 어떻게 답변을 하시겠습니까? 마켓 메이커처럼 막대한 자본금을 투자해서 10일 동안 계속 매수를 하는 것이 과연 좋은 방법일까요? 가장 최선의 방법은 추세를 만드는 마켓 메이커의 움직임을 실시간으로 분석해서 짧은 보유시간 동안 가장 큰 수익을 내는 것입니다. 동의하시나요? PST이론과 PST지표는 가장 최선의 방법을 추구합니다.

추세 밑에 있는 PST지표는 추세의 위치를 정확하게 파악합니다. 현재 추세가 상승 사이클인지, 하락 사이클인지 말이죠. e지점부터 f지점까지는 굵은 파란색선이 굵은 빨간색선 위에 존재하기에 하락 사이클로 생각해서 매수진입을 하지 않고 관망을 합니다. 하락 사이클에서 기관과 외국인이 아무리 매수를 해서 매도물량을 잡는다고 해도 절대로 매수진입을 하면 안 됩니다. 만약 하락 사이클에서 매수진입 신호가 나왔다면 모두 매수 가짜 신호입니다. f지점에서 h지점까지는 굵은 빨간색선이 굵은 파란색선 위에 존재하기 때문에 상승 사이클이라고 생각합니다. 상승 사이클 중 f지점에서 g지점까지는 가는 빨간색선이 굵은 빨간색선 위에 존재하기 때문에 되돌림이 적은 P1구간과 P4구간이 나와서 a지점, b지점, c지점, d지점 모두 매수진입이 가능한 매수 진짜 신호가 나올 수 있습니다.

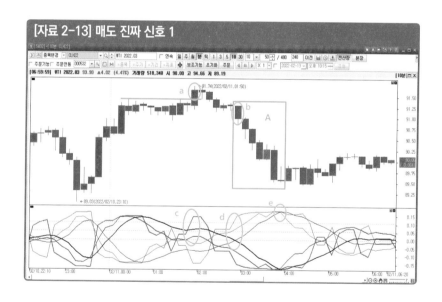

[자료 2-13]은 해외선물 거래에서 'WTI 3월물' 종목으로 10분차트이고, 2022년 2월 10일 22시 10분부터 2월 11일 6시 20분까지 추세흐름입니다. 추세 밑에 PST지표 한 개를 불러봤습니다.

주식 거래는 매수진입으로만 수익을 낼 수 있지만 해외선물 거래에서는 매수진입과 매도진입으로 수익을 낼 수 있습니다. a지점에서 저항선을 녹색선처럼 그은 다음 저항선을 통과할 때 매수진입을 하면 매수 진짜 신호가 맞았을까요? 물론 최고가격 $91.74 전에 매수청산을 하면 조금이라도 수익을 낼 수 있었겠지만 스탑(=손실 폭)을 걸지 않고 계속 홀딩했으면 많은 손실을 봤을 것입니다. 그럼 a지점에서 매수진입 신호가 가짜 신호라는 것을 어떻게 알 수 있을까요? a지점에 해당하는 추세를 PST지표로 해석한 c지점을 보니 굵은 빨간색선 ≥ 굵은 검은색선 ≥ 굵은 파란색선이 순서대로 있기에 P4-2구간임을 알 수 있습니다. P4-2구간은 PST이론상 약간의 추가 상승은 기대할 수 있지만 변동성도 심하고 조만간 추세가 반전해서 하락할 수 있기 때문에 관망을 해야 합니다.

그러나 d지점을 보니 가는 빨간색선 ≥ 가는 파란색선 ≥ 가는 검은색선이 각각 자기 기준선을 우상향으로 통과해서 b지점에서 매도진입이 가능한 매도 진짜 신호를 보여줍니다. 매도진입 후 가는 파란색선이 가는 검은색선을 우하향으로 통과하는 e지점에서 매도청산을 하면 녹색박스 A영역만큼 수익을 기대할 수 있습니다.

[자료 2-14]는 해외선물 거래에서 '호주달러 3월물' 종목으로 10분 차트이고, 2022년 2월 8일 10시 40분부터 2월 8일 18시 50분까지 추세 흐름입니다. 추세 밑에 PST지표 한 개를 불러봤습니다.

질문을 드리겠습니다. a지점, b지점, c지점에서 매도진입을 했다고 가정할 때 수익은 어느 지점에서 신호가 매도 진짜 신호일까요? 정답은 a지점에서 매도진입이 매도 진짜 신호이고, b지점과 c지점에서 매도진입은 매도 가짜 신호입니다.

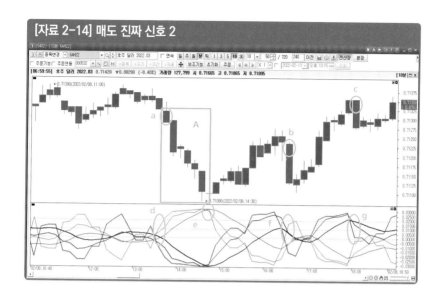

[자료 2-14] 매도 진짜 신호 2

현존하는 오픈된 모든 보조지표는 매도 진짜 신호와 매도 가짜 신호를 구별할 수가 없고 오직 제가 만든 PST지표만 실시간으로 구별이 가능합니다.

a지점에서 추세를 PST지표로 분석하니 가는 빨간색선 ≥ 가는 파란색선 ≥ 가는 검은색선이 각각 자기 기준선을 우상향으로 통과해서 d지점에서 매도진입이 가능한 진짜 매도진입 신호를 보여줍니다. 매도진입 후 가는 파란색선이 가는 검은색선을 우하향으로 통과해서 내려오는 e지점에서 매도청산을 하면 녹색박스 A영역만큼 수익을 기대할 수 있습니다.

b지점을 PST지표로 분석한 f지점과 c지점을 PST지표로 분석한 g지점을 보면 매도진입 조건이 맞지 않기 때문에 관망해야 합니다. 만약 이때 [자료 2-14]에서 사용한 PST지표보다 상위 PST지표를 사용하면 어렵지만 매도진입으로 조금이라도 수익을 낼 수 있습니다. 트레이더마다 스타일이 모두 다르고 여러분도 욕심이 있다는 것을 인정해야 합

니다. 아무리 PST지표가 작은 수익도 찾아낼 수 있다고 하더라도 본인이 욕심을 낸다고 인정하시면 관망 전략을 추천해드립니다.

③

예비 신호_
Pre Signal

여러분은 예비 신호(Pre Signal)에 대해서 들어보셨나요? 예비 신호와 잠재 신호(Potential Signal), 양자 신호(Quantum Signal)는 제가 만든 용어입니다.

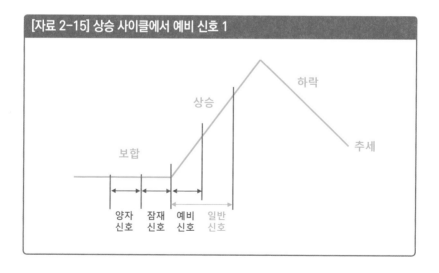

[자료 2-15] 상승 사이클에서 예비 신호 1

보합 상승 하락 추세

양자 잠재 예비 일반
신호 신호 신호 신호

[자료 2-15]는 상승 사이클에서 매수 예비 신호의 위치를 보여줍니다. 추세는 기관이나 외국인 투자자처럼 마켓 메이커 역할을 하는 세력이 만듭니다. 매수 예비 신호는 여러분이 매수진입하는 일반 신호와 같거나 보다 빠르게 알려줍니다.

매수 예비 신호는 PST이론상 상승보합에서 상승강화로 바뀌는 P1 구간에서 기울기를 설정(tan30도, tan45도, tan60도)을 하고 매수진입을 할 수 있습니다. 세력들이 보합 구간에서 매도물량을 다 소화한 후 일반적으로 특정 이벤트(뉴스)가 나오기 전에 급격한 상승을 합니다. 이때 여러분이 뉴스나 신문에서 보고 진입하는 일반 신호보다는 매수 예비 신호가 항상 먼저 PST지표로 알려주기 때문에 실전 거래에서는 뉴스나 신문을 굳이 보실 필요는 없습니다. 혹시 뉴스나 신문에서 호재 뉴스가 나왔을 때 PST지표가 매수청산 신호를 주면 매수청산을 고려하셔야 합니다. 세력들이 개인들한테 매수물량을 넘기면서 팔고 나갈 수 있기 때문입니다.

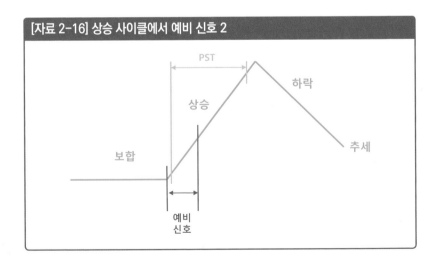

[자료 2-16] 상승 사이클에서 예비 신호 2

[자료 2-16]은 상승 사이클에서 PST지표를 활용해서 수익이 날 수 있는 구간을 보여줍니다. 가장 최상의 거래는 마켓 메이커의 추세 흐름을 정확히 파악해서 보합 때는 관망하다가 매수 예비 신호가 발생했을 때 매수진입을 한 후 마켓 메이커가 상승추세의 최고점을 만들기 전에 매수청산을 하는 것입니다. 동의하시나요? PST이론과 PST지표를 활용하면 가능합니다.

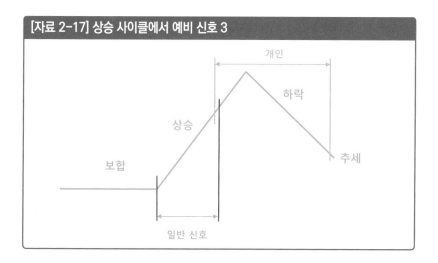

[자료 2-17] 상승 사이클에서 예비 신호 3

[자료 2-17]은 상승 사이클에서 개인들이 손실이 날 수 있는 구간을 보여줍니다. 손실이 나는 개인 투자자들은 일반적으로 상승추세의 마지막 부분에서 매수진입을 한 후 조금 상승하다 매수가격까지 내려온 후 손실이 시작되어도 욕심 때문에 더욱 손실을 볼 수 있습니다. 그러다가 손실이 커지면 저점매수를 계속해서 단가를 낮추는 어리석은 전략을 택해서 본의 아니게 장기간 마음이 불편해집니다.

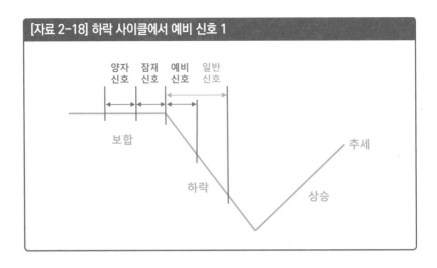

[자료 2-18] 하락 사이클에서 예비 신호 1

[자료 2-18]은 하락 사이클에서 매도 예비 신호의 위치를 보여줍니다. 추세는 기관이나 외국인 투자자처럼 마켓 메이커 역할을 하는 세력이 만듭니다. 매도 예비 신호는 여러분이 매도진입하는 일반 신호와 같거나, 더 빠르게 알려줍니다.

매도 예비 신호는 PST이론상 하락보합에서 하락강화로 바뀌는 P1구간에서 기울기를 설정(Arctan30도, Arctan45도, Arctan60도)을 하고 매도진입을 할 수 있습니다. 세력들이 보합 구간에서 매수물량을 다 소화한 후 일반적으로 특정 이벤트(뉴스)가 나오기 전에 급격한 하락을 합니다. 이때 여러분이 뉴스나 신문에서 보고 진입하는 일반 신호보다는 매도 예비 신호가 항상 먼저 PST지표로 알려주기 때문에 실전 거래에서는 뉴스나 신문을 굳이 보실 필요는 없습니다. 혹시 뉴스나 신문에서 악재 뉴스가 나왔을 때 PST지표가 매도청산 신호를 주면 매도청산을 고려하셔야 합니다. 세력들이 개인들한테 매도물량을 넘기면서 팔고 나갈 수 있기 때문입니다.

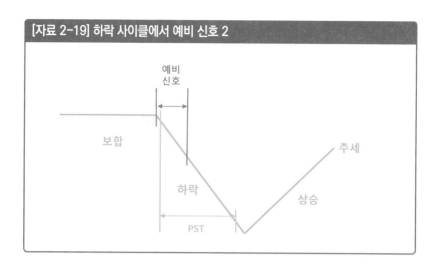

[자료 2-19] 하락 사이클에서 예비 신호 2

예비
신호

보합

추세

하락

상승

PST

[자료 2-19]는 하락 사이클에서 PST지표를 활용해서 수익이 날 수 있는 구간을 보여줍니다. 가장 최상의 거래는 마켓 메이커의 추세 흐름을 정확히 파악해서 보합 때는 관망하다가 매도 예비 신호가 발생했을 때 매도진입을 한 후 마켓 메이커가 하락추세의 최저점을 만들기 전에 매도청산을 하는 것입니다. 동의하시나요? PST이론과 PST지표를 활용하면 가능합니다.

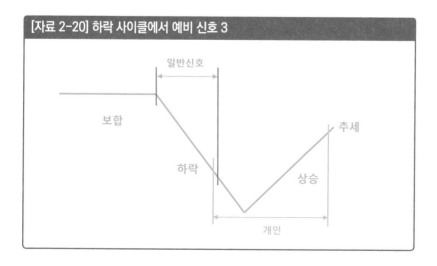

[자료 2-20] 하락 사이클에서 예비 신호 3

일반신호

보합

추세

하락

상승

개인

[자료 2-20]은 하락 사이클에서 개인들이 손실이 날 수 있는 구간을 보여줍니다. 손실이 나는 개인 투자자들은 일반적으로 하락추세의 마지막 부분에서 매도진입을 한 후 조금 하락하다 매도가격까지 내려온 후 손실이 시작되어도 욕심 때문에 더욱 손실을 볼 수 있습니다. 그러다가 손실이 커지면 저점매도를 계속해서 단가를 높이는 어리석은 전략을 택해서 본의 아니게 장기간 마음이 불편해집니다.

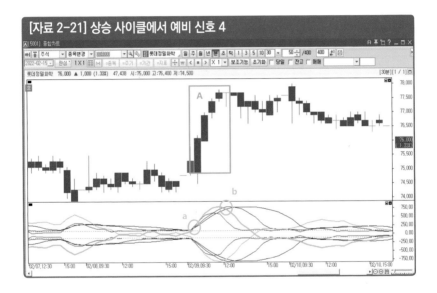

[자료 2-21] 상승 사이클에서 예비 신호 4

[자료 2-21]은 주식 거래에서 '롯데정밀화학' 종목으로 30분차트이고, 2022년 2월 7일부터 2월 10일까지 추세 흐름입니다. 추세 밑에 PST지표 한 개를 불러봤습니다.

여기서 사용한 PST지표는 주기의 변화량과 추세 변화량의 관계를 이용해서 매수진입 후 추세의 기울기가 tan30도 이상~tan90도 미만까지 기대할 수 있습니다. 굵은 녹색선이 기준점선 위에서 빨간색선, 파란색선, 검은색선 위를 모두 우상향으로 통과하는 a지점에서 매수진입을 한 후 굵은 녹색선이 검정색선을 우하향으로 통과하는 b지점에서 매수청산을 하면 녹색박스 A영역만큼 수익을 기대할 수 있습니다.

a지점에서 매수진입할 때 보이는 신호가 매수 예비 신호로 생각할 수 있고, 나머지 영역에서는 매수 예비 신호가 하나도 없기에 모두 관망해야 합니다.

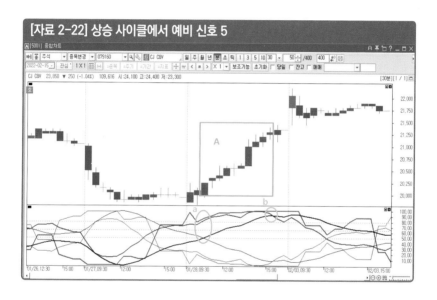

[자료 2-22]는 주식 거래에서 'CJ CGV' 종목으로 30분차트이고, 2022년 1월 26일부터 2월 3일까지 추세 흐름입니다. 추세 밑에 PST지표 한 개를 불러봤습니다.

여기서 사용한 PST지표는 추세의 가중치 관계를 이용해서 매수진입 후 추세의 기울기가 tan45도 이상~tan90도 미만까지 기대할 수 있습니다.

굵은 빨간색선이 첫 번째 기준점선을 우상향으로 통과하고, 굵은 파란색선이 두 번째 기준점선을 우상향으로 통과하고, 굵은 검은색선이

세 번째 기준점선을 우상향으로 통과할 때 모두 조건이 맞는 a지점에서 매수 예비 신호가 나와서 매수진입을 합니다.

[자료 2-22]에서 사용된 PST지표는 수강생들이 노벨상을 받아야 한다고 할 정도로 극찬을 한 지표입니다. 매수진입 후 굵은 파란색선이 굵은 검은색선을 우하향으로 통과하기 전까지는 매수진입 후 출현하는 캔들의 색깔이 모두 빨간색으로 동일하게 나타나서 보유가 매우 편합니다. 그리고 최고점인 b지점도 미리 알려주기에 매수청산도 정확해서 녹색박스 A영역만큼 많은 수익을 기대할 수 있습니다.

tan45도 이상 매수진입이 tan30도 이상 매수진입보다 많은 수익을 기대할 수 있지만 늦게 매수진입해서 손실을 볼 수 있기 때문에 많은 연습을 하시길 바랍니다.

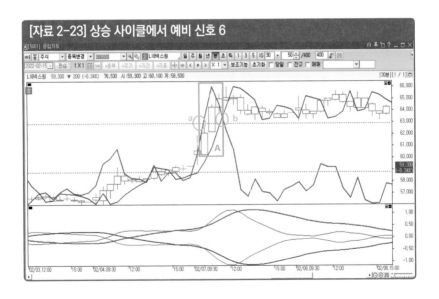

[자료 2-23] 상승 사이클에서 예비 신호 6

[자료 2-23]은 주식 거래에서 'LIG넥스원' 종목으로 30분차트이고, 2022년 2월 3일부터 2월 8일까지 추세 흐름입니다. 추세 위에 PST지

표 한 개와 추세 아래에 PST지표 한 개를 불러봤습니다.

추세 위에 사용한 PST지표는 추세의 적분법을 이용해서 매수진입 후 추세의 기울기가 tan60도 이상~tan90도 미만까지 기대할 수 있습니다.

굵은 빨간색선이 기준 점선(ALU)을 우상향으로 통과하는 a지점에서 매수 예비 신호가 나와서 매수진입을 합니다. tan60도 이상 움직이는 기울기는 속도가 매우 빠르기 때문에 하위 타임 프레임과 반드시 일치되는 조건에서 매수진입을 해야 합니다. 매수청산은 빨간색선이 기준 점선 위에서 파란색선을 우하향으로 통과해서 내려오는 b지점에서 하면 녹색박스 A영역만큼 수익을 기대할 수 있습니다.

b지점 이후에는 추세 아래에 있는 PST지표를 보면 추세는 상승 사이클이 계속 유지되고 있는 것을 알 수 있지만 추세 위에 있는 PST지표를 보면 매도면적을 보여주는 적분법이기 때문에 추세는 상승보합으로 관망해야 함을 알 수 있습니다.

tan60도 이상 매수진입이 tan30도 이상과 tan45도 이상 매수진입보다 많은 수익을 기대할 수 있지만 늦게 매수진입해서 손실을 볼 수 있기 때문에 많은 연습을 하시길 바랍니다.

[자료 2-24]는 해외선물 거래에서 '캐나다 달러 3월물' 종목으로 10분차트이고, 2022년 2월 14일 13시부터 2월 14일 21시 10분까지 추세 흐름입니다. 추세 밑에 PST지표 한 개를 불러봤습니다.

여기서 사용한 PST지표는 주기의 변화량과 추세 변화량의 관계를 이용해서 매도진입 후 추세의 기울기가 arctan30도 이상~arctan90도 미만까지 기대할 수 있습니다. 가는 녹색선이 기준점선 위에서 빨간색

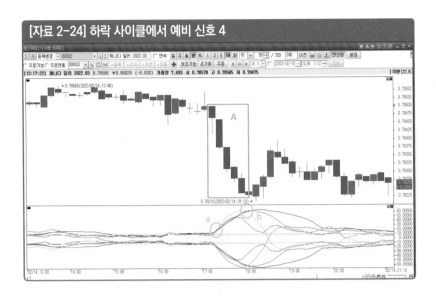

[자료 2-24] 하락 사이클에서 예비 신호 4

선, 파란색선, 검은색선 위를 모두 우상향으로 통과하는 a지점에서 매도진입을 한 후 가는 녹색선이 검정색선을 우하향으로 통과하는 b지점에서 매수청산을 하면 녹색박스 A영역만큼 수익을 기대할 수 있습니다.

a지점에서 매도진입할 때 보이는 신호가 매도 예비 신호로 생각할 수 있고, 나머지 영역에서는 매도 예비 신호가 하나도 없기에 모두 관망해야 합니다.

[자료 2-25]는 해외선물 거래에서 '미니 S&P 500 3월물' 종목으로 10분차트이고, 2022년 2월 14일 13시 20분부터 2월 14일 21시 30분까지 추세 흐름입니다. 추세 밑에 PST지표 한 개를 불러봤습니다.

여기서 사용한 PST지표는 추세의 가중치 관계를 이용해서 매수진입 후 추세의 기울기가 arctan45도 이상~arctan90도 미만까지 기대할 수 있습니다.

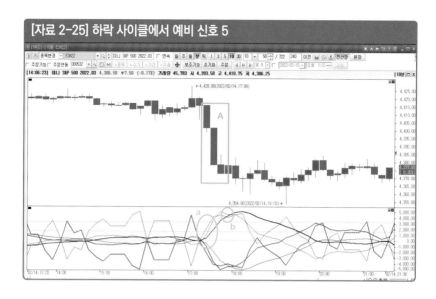

[자료 2-25] 하락 사이클에서 예비 신호 5

가는 빨간색선이 첫 번째 기준점선을 우상향으로 통과하고, 가는 파란색선이 두 번째 기준점선을 우상향으로 통과하고, 가는 검은색선이 세 번째 기준점선을 우상향으로 통과할 때 모두 조건이 맞는 a지점에서 매도 예비 신호가 나와서 매수진입을 합니다.

[자료 2-25]에서 사용된 PST지표를 수강생들이 노벨상을 받아야 한다고 할 정도로 극찬을 한 지표입니다. 매도진입 후 가는 빨간색선이 가는 검은색선을 우하향으로 통과하기 전까지는 매도진입 후 출현하는 캔들의 색깔이 모두 파란색으로 동일하게 나타나서 보유가 매우 편합니다. 그리고 최저점인 b지점도 미리 알려주기에 매도청산도 정확해서 녹색박스 A영역만큼 많은 수익을 기대할 수 있습니다.

arctan45도 이상 매도진입이 arctan30도 이상 매도진입보다 많은 수익을 기대할 수 있지만 늦게 매도진입해서 손실을 볼 수 있기 때문에 많은 연습을 하시길 바랍니다.

[자료 2-26]은 해외선물 거래에서 '은 3월물' 종목으로 10분차트이

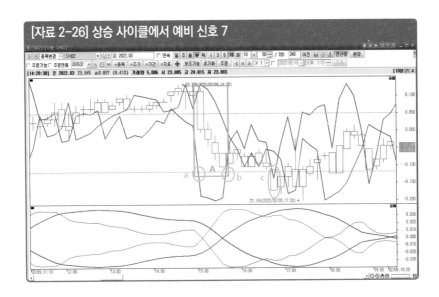

[자료 2-26] 상승 사이클에서 예비 신호 7

고, 2022년 2월 9일 11시 10분부터 2월 9일 19시 20분까지 추세 흐름입니다. 추세 위에 PST지표 한 개와 추세 아래에 PST지표 한 개를 불러봤습니다.

추세 위에 사용한 PST지표는 추세의 적분법을 이용해서 매도진입 후 추세의 기울기가 arctan60도 이상~arctan90도 미만까지 기대할 수 있습니다.

a지점에서 하락하는 추세는 하락추세 같지만 추세 아래에 있는 PST 지표를 보면 굵은 빨간색선이 굵은 파란색선 위에서 작아지는 형태이기 때문에 정확한 추세 의미는 상승 이익 실현 구간으로 생각해야 하고 하락 사이클은 아닙니다.

굵은 빨간색선이 기준 점선(ALD)을 우하향으로 통과하는 a지점에서 매도 예비 신호가 나와서 매도진입을 합니다. arctan60도 이상 움직이는 기울기는 속도가 매우 빠르기 때문에 하위 타임 프레임과 반드시 일치되는 조건에서 매도진입을 해야 합니다. 매도청산은 빨간색선이 기준점선 아래에서 우상향으로 통과해서 올라가는 b지점에서 하면 녹색 박스 A영역만큼 수익을 기대할 수 있습니다.

　c지점에서 매도 예비 신호가 나와서 매도진입을 고려할 수 있지만 캔들이 녹색박스 A영역처럼 매도 영역 안에 위치하지 않고 영역 밖에 위치하기 때문에 관망해야 합니다. 캔들이 적분법으로 계산을 할 때 영역 밖에 위치하면 실전 거래에서는 변동성이 크기 때문에 조심하셔야 합니다.

　arctan60도 이상 매도진입이 arctan30도 이상과 arctan45도 이상 매도진입보다 많은 수익을 기대할 수 있지만 늦게 매도진입을 해서 손실을 볼 수 있기 때문에 많은 연습을 하시길 바랍니다.

잠재 신호.
Potential Signal

여러분은 잠재 신호(Potential Signal)에 대해서 들어보셨나요? 잠재 신호는 예비 신호와 일반 신호가 나오기 전에 진입이 가능한 신호입니다.

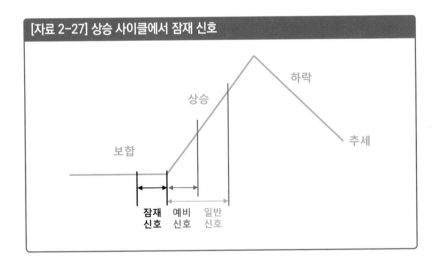

[자료 2-27] 상승 사이클에서 잠재 신호

[자료 2-27]은 상승 사이클에서 매수 잠재 신호의 위치를 보여줍니다. 추세는 기관이나 외국인 투자자처럼 마켓 메이커 역할을 하는 세력

이 만듭니다. 매수 잠재 신호는 매수 예비 신호와 여러분이 매수진입을 하는 일반 신호보다 빠르게 알려줍니다.

매수 잠재 신호는 PST이론상 상승보합에서 상승강화로 바뀌기 전에 알려주기에 매수 예비 신호로 기울기가 급하게 움직이기 전에 매수진입을 할 수 있습니다.

상승보합 구간에 매수 잠재 신호는 기울기가 아직 없기 때문에 약간의 노이즈는 생길 수 있습니다. 노이즈 없이 매수진입을 하기 위해서는 기울기를 사용해서 매수진입이 가능한 다른 PST지표와 병행해서 사용하시길 바랍니다.

매수 잠재 신호는 반드시 기준차트(주식 거래는 60분, 해외선물 거래는 10분)를 중심으로 하위 타임 프레임도 모두 매수 잠재 신호가 나와야 매수진입이 가능합니다.

일반적으로 매수 잠재 신호가 여러분께 나타날 때는 기울기가 붙는 매수 예비 신호가 나오기 전이기 때문에 매수진입 준비에 도움이 됩니다.

조건이 맞는 매수 잠재 신호가 나타나 매수진입 후 매수청산 신호가 나와도 수익구간 중이라면 기준차트보다 상위 타임 프레임에서 매수청산 신호가 나오지 않으면 보유도 고려할 수 있습니다. 거래할 때 필요충분조건이 있다고 제가 말씀드렸는데 필요조건을 매수 잠재 신호로 생각하고 충분조건을 매수 예비 신호로 생각하면 실전 거래에서 도움이 되실 것입니다.

[자료 2-28]은 하락 사이클에서 매도 잠재 신호의 위치를 보여줍니다. 추세는 기관이나 외국인 투자자처럼 마켓 메이커 역할을 하는 세력

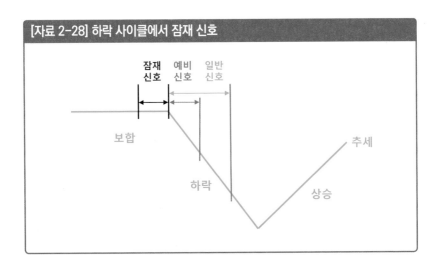

[자료 2-28] 하락 사이클에서 잠재 신호

이 만듭니다. 매도 잠재 신호는 매도 예비 신호와 여러분이 매도진입하는 일반 신호보다 빠르게 알려줍니다.

매도 잠재 신호는 PST이론상 하락보합에서 하락강화로 바뀌기 전에 알려주기에 매도 예비 신호로 기울기가 급하게 움직이기 전에 매도진입을 할 수 있습니다.

하락보합 구간에 매도 잠재 신호는 기울기가 아직 없기 때문에 약간의 노이즈는 생길 수 있습니다. 노이즈 없이 매도진입을 하기 위해서 기울기를 사용해서 매도진입이 가능한 다른 PST지표와 병행하시길 바랍니다.

매도 잠재 신호는 반드시 기준차트(주식 거래는 60분, 해외선물 거래는 10분)를 중심으로 하위 타임 프레임도 모두 매도잠재 신호가 나와야 매도진입이 가능합니다.

일반적으로 매도 잠재 신호가 여러분께 나타날 때는 기울기가 붙는 매도 예비 신호가 나오기 전이기 때문에 매도진입 준비에 도움이 됩니다.

조건이 맞는 매도 잠재 신호가 나타나 매도진입 후 매도청산 신호가 나와도 수익구간 중이라면 기준차트보다 상위 타임 프레임에서 매도 청산 신호가 나오지 않으면 보유도 고려할 수 있습니다. 거래할 때 필요충분조건이 있다고 제가 말씀드렸는데 필요조건을 매도 잠재 신호로 생각하고 충분조건을 매도 예비 신호로 생각하면 실전 거래에서 도움이 되실 것입니다.

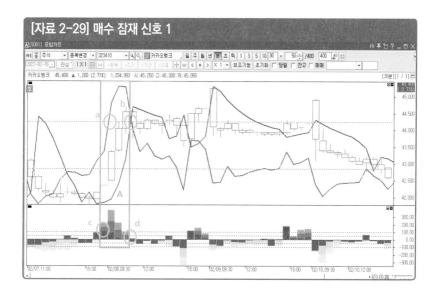

[자료 2-29] 매수 잠재 신호 1

[자료 2-29]는 주식 거래에서 '카카오뱅크' 종목으로 30분차트이고, 2022년 2월 7일부터 2월 10일까지 추세 흐름입니다. 추세 위에 PST지표 한 개와 추세 아래에 PST지표 한 개를 불러봤습니다.

추세 위에 있는 PST지표는 매수 예비 신호를 보여주고, 추세 밑에 있는 PST지표는 매수 잠재 신호를 보여주고 있습니다.

PST지표를 활용해서 빨간색선이 상향 가속선(Acceleration Line Up)인 위에 빨간 기준점선을 우상향으로 통과하는 a지점에서 매수진입을 할 수 있습니다. 그런데 문제가 하나 있습니다. 빨간색선이 상향 가속선을 우상향으로 통과할 때 추세의 기울기는 tan60 이상~tan90 미만이 되어 속도가 매우 빠르다는 것입니다. 추세 속도가 매우 빨라 연습 부족으로 매수진입을 못할 수도 있습니다.

그러나 추세 아래에 있는 PST지표를 활용하면 문제를 해결할 수 있습니다. 추세 아래에 있는 PST지표는 추세의 위치가 P1, P2, P3, P4 아무 구간에서도 수익을 낼 수 있는 필요조건을 찾아냅니다. 매수 잠재 신호일 경우는 빨간색 오실레이터(빨간색, 분홍색, 엷은 분홍색)가 위의 빨간 점선을 위로 통과하는 c지점에서 매수진입이 가능하고 빨간색 오실레이터가 없어지는 d지점에서 매수청산을 할 수 있습니다.

결과적으로 c지점에서 매수 잠재 신호를 이용해서 매수진입을 준비한 후 a지점에서 매수 예비 신호를 이용해서 매수진입을 하면 정확한 매수진입시점이 되고, 매수청산은 b지점과 d지점에서 부분청산을 하면 효과적인 전략이 됩니다.

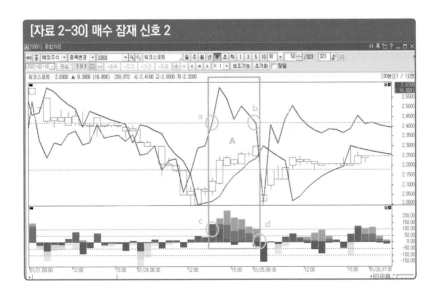

[자료 2-30] 매수 잠재 신호 2

[자료 2-30]은 미국주식 거래에서 '워크스포트' 종목으로 30분차트이고, 2022년 1월 21일부터 1월 26일까지 추세 흐름입니다. 추세 위에 PST지표 한 개와 추세 아래에 PST지표 한 개를 불러봤습니다.

추세 위에 있는 PST지표는 매수 예비 신호를 보여주고, 추세 밑에 있는 PST지표는 매수 잠재 신호를 보여주고 있습니다.

유진투자증권 HTS에서 화면번호 [5001]종합차트를 열고 거래 종류를 '해외주식'으로 바꾸면 해외주식을 거래할 수 있고 PST지표를 활용할 수 있습니다. 주의할 점은 반드시 화면번호 [5001]종합차트만 가능하니 주의하시길 바랍니다.

미국주식 거래는 일반적으로 국내주식처럼 P1구간은 장 시작(한국에서 오후 11시 30분에 미국주식 개장)후 2시간 안에 나옵니다. 그러나 추세 아래에 있는 PST지표는 추세의 위치와 관계없이 매수진입으로 수익을 낼 수 있는 구간을 필요조건으로 찾아주기에 매우 편리하죠.

거래에서 필요조건인 매수 잠재 신호는 c지점에서 매수진입이 가능해서 d지점에서 매수청산을 보여줍니다. 거래에서 충분조건인 매수 예비 신호는 a지점에서 매수진입을 한 후 b지점에서 매수청산을 하라고 합니다.

그럼 어떤 매수전략이 좋을까요? 저는 c지점에서 매수 준비를 하다가 c지점과 a지점 사이에서 매수진입을 한 후 b지점과 d지점에서 부분청산을 하라고 교육할 때 가르칩니다. 물론 실전 거래에서는 자신의 성향에 맞게 매수진입, 보유, 매수청산 3단계의 룰을 찾으시면 됩니다.

[자료 2-31]은 국내선물 거래에서 '코스피 3월물' 종목으로 30분차트이고, 2022년 1월 26일부터 2월 4일까지 추세 흐름입니다. 추세 위

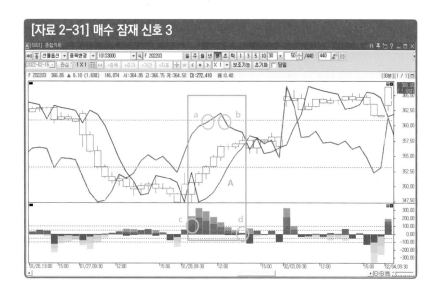

[자료 2-31] 매수 잠재 신호 3

에 PST지표 한 개와 추세 아래에 PST지표 한 개를 불러봤습니다.

추세 위에 있는 PST지표는 매수 예비 신호를 보여주고, 추세 밑에 있는 PST지표는 매수 잠재 신호를 보여주고 있습니다.

유진투자증권 HTS에서 화면번호 [5001]종합차트를 열고 거래 종류를 '선물옵션'으로 바꾸면 국내선물을 거래할 수 있고 PST지표를 활용할 수 있습니다. 주의할 점은 반드시 화면번호 [5001]종합차트만 가능하니 주의하시길 바랍니다.

[자료 2-31]을 보시면 매수 예비 신호 a지점보다 매수 잠재 신호 c지점이 빠르게 보이는 것을 알 수 있습니다. a지점이 오지 않은 상태인 c지점에서 매수진입을 하시려면 반드시 기준차트보다 작은 하위 타임 프레임의 매수 잠재 신호 조건도 맞추어야 합니다. 조건을 맞추면 매수진입 후 밀리지 않으나 언제 큰 기울기로 상승하기는 맞출 수가 없는 단점도 있습니다.

매수 잠재 신호로 매수진입을 할 것인지, 매수 예비 신호로 매수진입을 할 것인지, 매수 잠재 신호와 매수 예비 신호 사이에서 매수진입을 할 것인지는 여러분이 많은 연습을 통한 통계를 내셔서 자기만의 룰을 만드셔야 합니다.

매수청산은 d지점까지 유효하지만 중간에 파란색 오실레이터가 출현하면(빨간색 오실레이터 - 파란색 오실레이터가 0보다 크면) 보유가 유효합니다. 매수청산은 본인 욕심에 상관관계가 높으니 욕심을 버리시면 마음이 편해집니다.

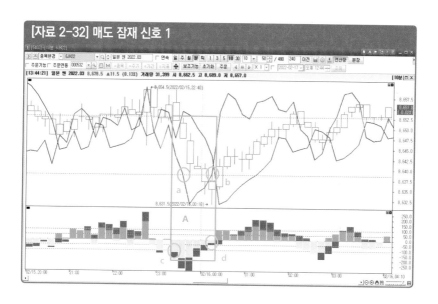

[자료 2-32]는 해외선물 거래에서 '엔 3월물' 종목으로 10분차트이고, 2022년 2월 15일 20시부터 2월 16일 4시 10분까지 추세 흐름입니다. 추세 위에 PST지표 한 개와 추세 아래에 PST지표 한 개를 불러봤습니다.

PST지표를 활용해서 빨간색선이 하향 가속선(Acceleration Line Down)인 아래에 빨간 기준점선을 우하향으로 통과하는 a지점에서 매도진입을 할 수 있습니다. 그런데 문제가 하나 있습니다. 빨간색선이 하향 가속선을 우하향으로 통과할 때 추세의 기울기는 arctan60도 이상 ~arctan90도 미만이 되어 속도가 매우 빠르다는 것입니다.

추세 속도가 매우 빨라서 연습 부족으로 매도진입을 못할 수도 있습니다. 그러나 추세 아래에 있는 PST지표를 활용하면 문제를 해결할 수 있습니다. 추세 아래에 있는 PST지표는 추세의 위치가 P1, P2, P3, P4 아무 구간에서도 수익을 낼 수 있는 필요조건을 찾아냅니다. 매도 잠재 신호일 경우는 파란색 오실레이터(파란색, 하늘색, 엷은 하늘색)가 아래의 빨간 점선을 아래로 통과하는 c지점에서 매도진입이 가능하고, 파란색 오실레이터가 없어지는 d지점에서 매도청산을 할 수 있습니다.

결과적으로 c지점에서 매도 잠재 신호를 이용해서 매도진입을 준비한 후 a지점에서 매도 예비 신호를 이용해서 매도진입을 하면 정확한 매도진입시점이 되고, 매도청산은 b지점과 d지점에서 부분청산을 하면 효과적인 전략이 됩니다.

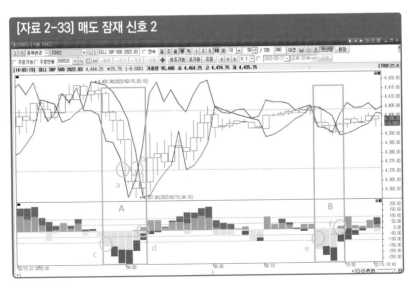

[자료 2-33] 매도 잠재 신호 2

[자료 2-33]은 해외선물 거래에서 '미니 S&P 500 3월물' 종목으로 10분차트이고, 2022년 2월 15일 1시 30분부터 2월 15일 10시 40분까지 추세 흐름입니다. 추세 위에 PST지표 한 개와 추세 아래에 PST지표 한 개를 불러봤습니다.

추세 아래에 있는 PST지표를 보면 매도 잠재 신호를 c지점과 e지점에서 보여줍니다. 두 지점 모두 모두 진입이 가능하지만 수익은 녹색박스 A영역이 녹색박스 B영역보다 많은 것을 알 수 있습니다. 차이점이 무엇일까요?

매도진입을 할 때 매도 잠재 신호만 보고 할지, 아니면 매도 잠재 신호를 참고해서 매도 예비 신호로 할지 결정을 해야 합니다. 녹색박스 A영역에서는 빨간색선이 아래 기준점선인 ALD에 우하향으로 통과하는 a지점과 다시 빨간색선이 아래 기준점선인 ALD를 우상향으로 통과하는 b지점이 나와서 매도진입과 매도청산을 고려할 수 있습니다. 그러나 녹색박스 B영역에서는 빨간색선이 ALD를 우하향으로 통과하지 않기 때문에 매도진입이 어렵습니다.

손실을 보는 수강생들은 시간이 지나가면 PST지표에서 무엇이 문제인지 알지만, 손실을 보는 그 당시는 무엇이 문제인지 모르겠다고 합니다. 그러나 수익이 나는 수강생들은 항상 같은 PST지표 환경에서 거래하기에 항상 수익이 난다고 말씀하십니다. 결국은 똑같은 PST지표를 사용해도 수익이 날 수 있고 손실을 볼 수 있습니다. 처음부터 잘하시는 분은 없습니다. 모두 PST이론과 PST지표는 처음입니다. PST교육을 받으시고 많은 연습을 하신 후 본인만의 이기는 룰을 찾으셔야 실전 거래에서 수익을 기대할 수 있습니다.

5

양자 신호_
Quantum Signal

여러분은 양자 신호(Quantum Signal)에 대해서 들어보셨나요?

양자 신호는 양자역학적인 신호로 진입한 후 가장 편안한 보유를 통해서 최고점 혹은 최저점 직전에 청산이 이미 운명(Destiny)적으로 결정되었다고 알려줍니다.

양자 신호는 잠재 신호, 예비 신호, 일반 신호가 나오기 전에 나올 수도 있고, 안 나올 수도 있기 때문에 나올 때만 양자 신호를 통한 청산을 할 수 있습니다.

[자료 2-34]는 상승 사이클에서 매수 양자 신호의 위치를 보여줍니다. 추세는 기관이나 외국인 투자자처럼 마켓 메이커 역할을 하는 세력이 만듭니다. 매수 양자 신호는 매수 잠재 신호, 매수 예비 신호와 여러분이 매수진입하는 일반 신호보다 빠르게 알려줍니다.

매수 양자 신호는 PST이론상 상승보합에서 상승강화로 바뀌기 전에 알려주기에 매수 예비 신호로 기울기가 급하게 움직이기 전에 매수진

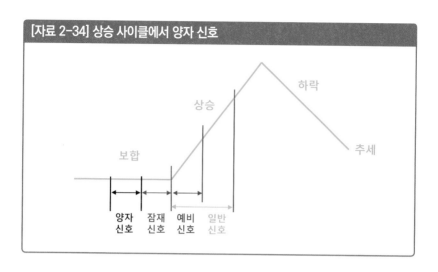

[자료 2-34] 상승 사이클에서 양자 신호

하락

상승

추세

보합

양자   잠재   예비   일반
신호   신호   신호   신호

입을 할 수 있습니다.

상승보합 구간에 매수 양자 신호는 기울기가 아직 없기 때문에 약간의 노이즈는 생길 수 있습니다. 노이즈 없이 매수진입을 하기 위해서 기울기를 사용해서 매수진입이 가능한 다른 PST지표와 병행해서 사용하시길 바랍니다.

매수 양자 신호는 반드시 기준차트(주식 거래는 60분, 해외선물 거래는 10분)를 중심으로 하위 타임 프레임도 모두 매수 양자 신호가 나와야 매수진입이 가능합니다.

일반적으로 매수 양자 신호가 여러분께 나타날 때는 기울기가 붙는 매수 예비 신호가 나오기 전이기 때문에 매수진입 준비에 도움이 됩니다.

조건이 맞는 매수 양자 신호가 나타나 매수진입 후 매수청산 신호가 나와도 수익구간 중이라면 기준차트보다 상위 타임 프레임에서 매수청산 신호가 나오지 않으면 보유도 고려할 수 있습니다. 거래할 때 필요충분조건이 있다고 제가 말씀드렸는데, 필요조건을 매수 양자 신호로

생각하고 충분조건을 매수 예비 신호로 생각하면 실전 거래에서 도움
이 되실 것입니다.

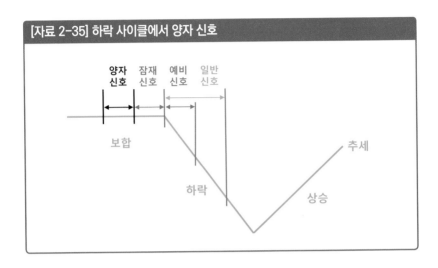

[자료 2-35]는 하락 사이클에서 매도 양자 신호의 위치를 보여줍니
다. 추세는 기관이나 외국인 투자자처럼 마켓 메이커 역할을 하는 세력
이 만듭니다. 매도 양자 신호는 매도 잠재 신호, 매도 예비 신호와 여러
분이 매도진입하는 일반 신호보다 빠르게 알려줍니다.

매도 양자 신호는 PST이론상 상승보합에서 하락강화로 바뀌기 전에
알려주기에 매도 예비 신호로 기울기가 급하게 움직이기 전에 매도진
입을 할 수 있습니다.

하락보합 구간에 매도 양자 신호는 기울기가 아직 없기 때문에 약간
의 노이즈는 생길 수 있습니다. 노이즈 없이 매도진입을 하기 위해서
기울기를 사용해서 매도진입이 가능한 다른 PST지표와 병행해서 사용
하시길 바랍니다.

매도 양자 신호는 반드시 기준차트(주식 거래는 60분, 해외선물 거래는 10분)

를 중심으로 하위 타임 프레임도 모두 매도 양자 신호가 나와야 매도진
입이 가능합니다.

일반적으로 매도 양자 신호가 여러분께 나타날 때는 기울기가 붙는
매도 예비 신호가 나오기 전이기 때문에 매도진입 준비에 도움이 됩
니다.

조건이 맞는 매도 양자 신호가 나타나 매도진입 후 매도청산 신호가
나와도 수익구간 중이라면 기준차트보다 상위 타임 프레임에서 매도청
산 신호가 나오지 않으면 보유도 고려할 수 있습니다.

거래할 때 필요충분조건이 있다고 제가 말씀드렸는데 필요조건을 매
도 양자 신호로 생각하고 충분조건을 매도 예비 신호로 생각하면 실전
거래에서 도움이 되실 것입니다.

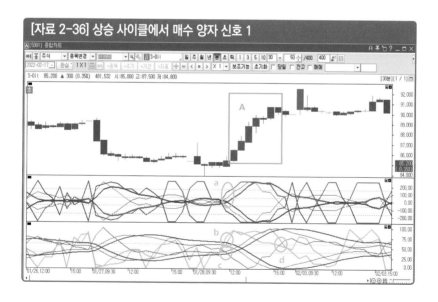

[자료 2-36] 상승 사이클에서 매수 양자 신호 1

[자료 2-36]은 주식 거래에서 'S-oil' 종목으로 30분차트이고, 2022
년 1월 26일부터 2월 3일까지 추세 흐름입니다. 추세 아래에 PST지표

두 개를 불러봤습니다.

첫 번째 PST지표는 매수 잠재 신호를 보여주고, 두 번째 PST지표는 매수 양자 신호를 보여주고 있습니다.

매수진입은 예비 매수 신호로 진입하는 것이 기본이지만, 추후에 설명할 3차원 추세분석을 사용한 매수 잠재 신호에서도 매수진입이 가능합니다.

첫 번째 PST지표에서 굵기1 빨간색선이 두 번째 기준점선을 우상향으로 통과하고, 굵기2 빨간색선이 첫 번째 기준점선을 우상향으로 통과하고, 굵기3 빨간색선이 굵기3 파란색선과 교차해서 우상향으로 통과하는 a지점에서 매수진입을 합니다.

매수진입할 때 두 번째 PST지표를 보면 가는 빨간색선이 굵은 빨간색선 위에서 녹색선 두 개가 굵은 파란색선 위에 존재하는 b지점과 회색선이 굵은 빨간색선 아래에 존재하는 c지점이 존재하기에 매수 양자 신호는 동작이 되었습니다.

매수진입 후 매수청산은 첫 번째 녹색선이 회색선을 우하향으로 통과하는 지점에서 1차 청산을 하고, 두 번째 녹색선이 회색선을 우하향으로 통과하는 지점에서 2차 청산을 하면 됩니다. [자료 2-36]에서는 녹색선 두 개가 회색선을 동시에 d지점에서 우하향으로 통과하기에 모두 청산을 하면 녹색박스 A영역만큼 수익을 기대할 수 있습니다.

여기서 사용한 매수진입과 매수청산을 위한 PST지표는 추후 자세히 설명을 해드리겠습니다.

[자료 2-37]은 해외주식 거래에서 '보잉' 종목으로 30분차트이고, 2022년 2월 8일부터 2월 11일까지 추세 흐름입니다. 추세 아래에 PST

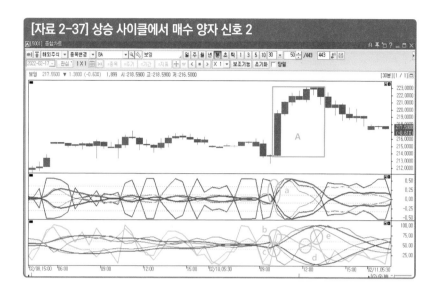

[자료 2-37] 상승 사이클에서 매수 양자 신호 2

지표 두 개를 불러봤습니다.

첫 번째 PST지표는 매수 잠재 신호를 보여주고, 두 번째 PST지표는 매수 양자 신호를 보여주고 있습니다.

PST지표를 두 개 이상 동시에 사용할 때는 우선순위(Priority)를 정해야 합니다.

제가 출간한 3번째 책까지 나오는 PST지표(PST1~PST84)는 2차원(Two Dimensions) 추세분석이고, 이 책에 나오는 PST지표(PST99~PST124)는 3차원(Three Dimensions) 추세분석으로 만든 지표입니다. 3차원 추세분석은 2차원 추세분석보다 더욱 정교하게 노이즈 없는 진입과 가장 편안한 보유와 최적의 베스트 청산을 할 수 있습니다. 3차원 추세분석에 관한 PST지표에 관한 설명은 추후 자세히 하겠습니다.

[자료 2-37]에서 사용한 두 개의 PST지표 중 우선적으로 살펴봐야 할 것은 첫 번째 PST지표입니다. 첫 번째에 사용한 PST지표를 사용해서 a지점에서 매수 잠재 신호를 보고 매수진입을 할 수 있습니다. 이

때 조건이 양자역학적으로 두 번째 PST지표를 보니 b지점과 c지점에서 AC1 ≥ AC2 ≥ T1 ≥ T2 ≥ AC3 매수 조건이 완벽하게 맞기 때문에 d지점까지는 무조건 매수청산으로 수익을 1차적으로 기대할 수 있습니다. 또 하나의 전략은 1차 매수청산을 한 후 부분 매수청산으로 e지점까지 2차 매수청산을 하면 녹색박스 A영역만큼 수익을 기대할 수 있습니다.

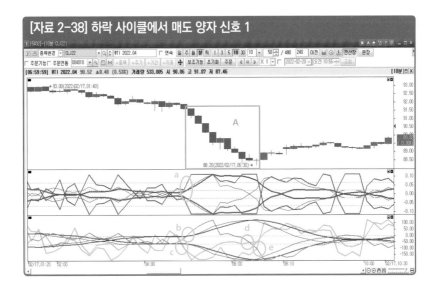

[자료 2-38] 하락 사이클에서 매도 양자 신호 1

[자료 2-38]은 주식 거래에서 'WTI 3월물' 종목으로 10분차트이고, 2022년 2월 17일 1시 20분부터 10시 30분까지 추세 흐름입니다. 추세 아래에 PST지표 두 개를 불러봤습니다.

첫 번째 PST지표는 매도 잠재 신호를 보여주고, 두 번째 PST지표는 매도 양자 신호를 보여주고 있습니다.

매도진입은 예비 매도 신호로 진입하는 것이 기본이지만, 추후에 설명할 3차원 추세분석을 사용한 매도 잠재 신호에서는 매도진입이 가능합니다.

첫 번째 PST지표에서 굵기1 파란색선이 두 번째 기준점선을 우상향으로 통과하고, 굵기2 파란색선이 첫 번째 기준점선을 우상향으로 통과하고, 굵기3 파란색선이 굵기3 빨간색선과 교차해서 우상향으로 통과하는 a지점에서 매도진입을 합니다.

매도진입할 때 두 번째 PST지표를 보면 가는 파란색선이 굵은 파란색선 위에 회색선과 가는 파란색선 존재하는 b지점과 녹색선 두 개가 가는 빨간색선과 굵은 빨간색선 아래에 존재하는 c지점이 존재하기에 매도 양자 신호는 동작이 되었습니다. 매도진입 후 매도청산은 첫 번째 녹색선이 회색선을 우상향으로 통과하는 d지점에서 1차 청산을 하고 두 번째 녹색선이 회색선을 우상향으로 통과하는 e지점에서 2차 청산을 하면 녹색박스 A영역만큼 수익을 기대할 수 있습니다. 녹색박스 A영역에서 양봉출현은 실질적인 매수가 아니라 매도 이익실현 중인 P2구간으로 보유해야 합니다.

[자료 2-38]에서 사용한 매도진입과 매도청산을 위한 PST지표는 추후 자세히 설명을 해드리겠습니다.

[자료 2-39]는 해외선물 거래에서 '마이크로 미니 NASDAQ 3월물' 종목으로 10분차트이고, 2022년 2월 16일 19시 50분부터 2월 17일 4시까지 추세 흐름입니다. 추세 아래에 PST지표 두 개를 불러봤습니다.

첫 번째 PST지표는 매도 잠재 신호를 보여주고, 두 번째 PST지표는 매도 양자 신호를 보여주고 있습니다.

첫 번째에 사용한 PST지표를 사용해서 a지점에서 매도 잠재 신호를 보고 매도진입을 할 수 있습니다. 이때 조건이 양자역학적으로 두 번

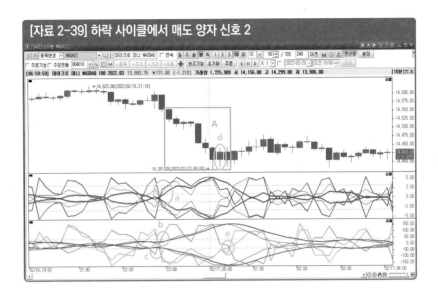

째 PST지표를 보니 b지점과 c지점에서 AC3 ≥ T1 ≥ T2 ≥ AC1 ≥ AC2 매도진입 조건이 완벽하게 맞기에 때문에 e지점까지는 무조건 매도청산으로 수익을 녹색박스 A영역만큼 수익을 기대할 수 있습니다. 매도청산 하는 e지점을 보니 양자 신호인 회색선 AC3가 녹색선 AC1과 AC2를 동시에 우하향으로 통과하기에 1차 매도청산과 2차 매도청산이 따로 존재하지 않고 모두 매도청산을 해야 합니다.

실전 거래할 때 자신만의 3단계(진입, 보유, 청산)를 만들어야 합니다. 진입보다 중요한 것이 보유이고 보유보다 중요한 것이 청산입니다. 청산은 욕심을 버려야 가능하기 때문입니다. 녹색박스 A영역 안에 빨간 캔들 두 개가 출현합니다. 첫 번째 빨간 캔들은 되돌림이 적어서 보유가 가능합니다. 두 번째 빨간 캔들이 d지점에서 많은 되돌림이 생긴다면 매도청산인 d지점이 나오기 전에 매도청산을 하는 전략도 매도청산할 때 좋은 전략입니다.

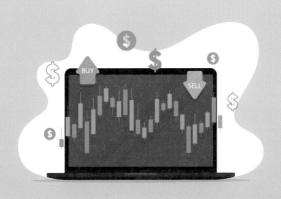

PART

03

차원 분석

Dimension Analysis

1차원 거래

여러분은 물리학에서 1차원, 2차원, 3차원이란 단어를 들어보셨지요? 저는 PST이론과 PST지표를 연구하다가 '차원(Dimension)' 개념을 도입해봤습니다.

물리학에서 1차원은 일반적으로 직선을 말합니다. 하나의 직선 위에서 원점을 지정한 다음 방향을 정하고 단위의 길이를 지정한 후 직선의 점의 좌표를 하나의 실수로 나타낼 수 있습니다. 저는 여기서 말한 하나의 직선을 X축으로 생각해봤는데요. 원점을 기준으로 오른쪽을 플러스(+)라고 생각하고 왼쪽을 마이너스(-)라고 생각해보면 1차원에서도 직선에서 위치를 생각할 수 있습니다.

[자료 3-1]은 X축에서 1차원적으로 표시를 해봤습니다. 물리학에서 1차원 운동이란 물체의 운동 경로가 1차원 직선에 한정되는 경우를 의미합니다. 이 조건을 만족하기 위해서는 힘의 방향이 운동의 방향과 일치하거나 반대이어야 하지요. 물체를 진행방향으로 힘을 가해 가속시

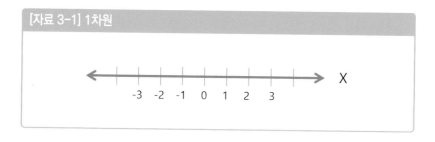

[자료 3-1] 1차원

키거나 정지시킬 때 1차원 운동이 일어났다고 생각할 수 있습니다.

이런 물리학에서 말한 1차원 개념을 주식 거래에 적용하면 어떻게 생각할 수 있을까요? 실전 거래에서 1차원 거래는 추세를 1차원적으로 생각한 거래입니다.

PST이론에서 1차원에서 X축은 시간으로 생각하고, 2차원에서는 X 축을 시간으로 Y축을 가격이라고 생각합니다. 1차원은 Y축인 가격을 고려하지 않고 거래를 하기 때문에 간접 투자, 신문이나 뉴스를 보고 하는 투자, 증권방송, 리딩방송을 따라 하기 등으로 거래 방식을 생각 할 수 있습니다.

여러분은 어떤 거래 방식을 택하시나요? 혹시 1차원적인 거래를 하지 않으시나요? 제 생각에는 1차원적인 거래 방식은 실전 거래에서 좋지 않은 방식이라고 생각합니다. 주식이나 부동산 등 어떤 상품에 투자할 때는 반드시 그 상품에 관해 최소한의 공부는 하고 투자하셔야 합니다.

저도 과거에 은행에서 적금 만기가 될 때 베트남 해외펀드 상품을 권유받았습니다. 향후 전망이 좋다면서 말이지요. 저는 은행 담당자와 친분이 있어서 별 고민 없이 만기 적금 금액 1억 원을 모두 베트남 펀드에 가입했습니다. 그런데 6개월 후 원금의 30%를 손해 보고 해약했습니다. 은행에서는 해약하지 말고 계속 유지하라고 권유를 받았지만, 그 베트남 펀드는 원금의 50% 이상 하락하다가 개시일을 기준으로 10년

이 지날 때쯤 다시 원금이 되었습니다. 투자 안 하신 분은 우스갯소리처럼 들리겠지만 저한테는 고통의 시간이었습니다. 그럼 무엇이 잘못되었을까요? 그 상품을 공부하지 않고 그냥 1차원적인 투자를 한 것이 잘못입니다.

또한 많은 분들이 뉴스나 신문을 보고 투자를 많이 하십니다. 저도 과거에는 그렇게 투자를 했습니다만 좋은 결과를 얻지 못했지요. 물론 주식 시장이 활황기에는 뉴스나 신문을 보고 장기 투자가 옳은 투자 방법이 될 수 있지만 주식 시장이 불황기에는 장기 투자가 잘못된 투자 방법이 될 수도 있습니다.

2020년 1월 17일 〈뉴데일리경제〉에 '4조+a… LIG넥스원 천궁-Ⅱ 대박'이라는 제목으로 기사가 실렸습니다.

LIG넥스원이 개발한 한국형 패트리어트 '천궁-Ⅱ'가 마침내 UAE에 수출된다면서 계약금액만 4조 원이 넘는 단일 품목 기준 역대 최대 규모라고 합니다. 업체별로는 LIG넥스원이 2조 6,000억 원, 한화시스템이 1조 2,000억 원, 그리고 한화디펜스가 4,000억원 수준이고, 이들 세 개 사는 전날 UAE 국방부와 각각 계약을 체결했는데 가장 큰 수혜를 입을 곳은 LIG넥스원이라고 보도했습니다. 향후 미사일과 사격 통제, 체계 종합 부문에서 큰 폭의 수주가 예상된다면서 주가는 17일 장 시작과 함께 9시 30분 현재 7.41% 오른 7만 6,800원에 거래되고 있고, 지난 1년 새 164% 올라 1조 6,896억 원에 이르렀다고 합니다. 수출 비중은 10% 이상 확대되고 올해 매출도 2조 원에 육박할 전망이며 LIG넥스원의 올해 예상 매출액은 1조 9,930억 원, 영업이익은 1,176억 원이라고 전했습니다.

이와 관련된 뉴스나 기사를 보고 여러분은 어떻게 거래를 하시겠어요? 일반적으로 손실을 보는 투자자는 아침 시초가에 'LIG넥스원' 종목을 매수할 것입니다. 한번 이날 당일 차트를 살펴볼까요?

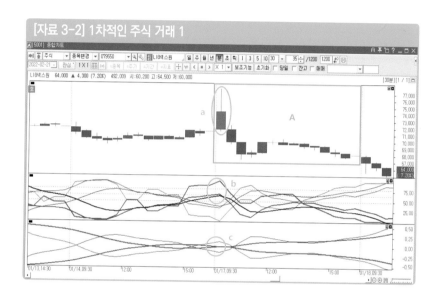

[자료 3-2] 1차적인 주식 거래 1

[자료 3-2]는 주식 거래에서 'LIG넥스원' 종목으로 30분차트이고, 2022년 1월 13일부터 1월 18일까지 추세 흐름입니다. 추세 아래에 PST지표 두 개를 불러봤습니다.

첫 번째 PST지표는 매수진입 신호를 보여주고, 두 번째 PST지표는 현재 추세의 위치를 보여주고 있습니다.

a지점에서 캔들 시초가는 74,400원이고 최고가는 77,700원이고 종가는 71,800원입니다. 그리고 1월 17일 최고가는 77,700원이고 종가는 68,100원입니다. 만약 최고가에서 매수진입하고 종가에서 매수청산을 하면 손실 폭이 12.36%입니다. 여러분은 대부분 이렇게 거래를 안 하겠다고 생각하시지만, 누군가는 최고점인 a지점에서 매수진입한

후 이날 장 마감에 −12.36% 손절매를 하신 분도 계실 것입니다.

그럼 무엇이 실패의 원인이었을까요? PST이론상 1차원 거래를 하셨기 때문입니다. 제가 수업시간에 뉴스나 신문에서 호재라는 보도만 보고 절대로 매수진입을 하지 말라고 말씀드립니다. 이유는 일반적으로 매수 세력인 마켓 메이커가 추세를 상승으로 만들고 호재 뉴스나 기사를 낸 후 일반 투자자가 뒤늦게 고점에서 매수진입을 할 때 마켓 메이커는 매수청산을 하기 때문입니다.

추세 아래 있는 두 번째 PST지표를 보면 추세가 안전한 상승추세가 아니기 때문에 관망해도 좋은 전략입니다. 추세 아래 있는 첫 번째 PST지표를 보면 시초가에 진입한 후 b지점에서 매수청산 신호가 나왔기에 빠른 매수청산을 하면 조금이라도 수익을 기대할 수 있었습니다. 만약 이날 매수청산을 안 하고 계속 보유 전략을 세우면 어떻게 되었을까요?

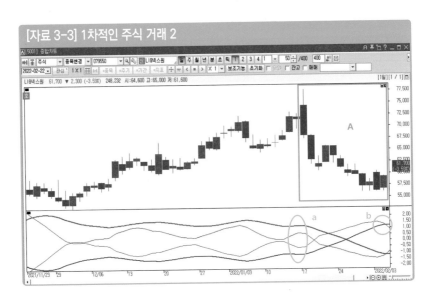

[자료 3-3] 1차적인 주식 거래 2

[자료 3-3]은 주식 거래에서 'LIG넥스원' 종목으로 일 차트이고, 2021년 11월 23일부터 2022년 2월 4일까지 추세 흐름입니다. 추세 아래에 PST지표를 불러봤습니다.

녹색박스 A영역처럼 [자료 3-2]에서 1월 17일 고점에서 매수진입 해서 2월 4일까지 보유하면 27.5%의 큰 손실을 보고 말았을 것입니다. 손실을 보는 입장에서는 1월 17일 당일에 손실을 볼 때 손절매를 하는 것이 좋았을 것 같습니다.

1월 17일에 해당되는 a지점에서 PST지표를 보면 재상승 구간이지만 변동성이 있는 P4-2구간임을 알 수 있습니다. PST이론상 P4-2구간은 진입을 하지 않고 관망하던가, 아니면 짧은 수익만 내고 청산하는 전략을 택해야 합니다.

그리고 1월 24일부터 b지점까지는 추세가 하락 사이클로 바뀌었기 때문에 매수진입 후 보유 전략은 매우 위험한 전략임을 알 수 있습니다.

저희 수강생 중에 증권회사에 근무하는 펀드매니저가 저한테 한 말이 기억나네요. "교수님, PST지표는 뉴스와 신문 기사를 안 보고 거래를 하니까 너무 좋네요" 하고 말이지요.

뉴스와 신문기사는 참고만 하셔야지 절대적으로 믿고 거래하는 1차원적인 거래는 하지 마시길 바랍니다.

2022년 2월 7일 〈머니투데이〉에 실린 해외펀드에 관한 기사를 함께 보겠습니다. 헤드라인은 '157% 수익률에 홀렸다…돈나무언니 펀드 추락'이었습니다. 돈나무언니 캐시우드가 이끄는 아크인베스트가 반토막 난 아크 이노베이션 펀드의 수익률로 주목받고 있다면서 그날 미국 투자 전문지 〈배런스(Barron's)〉에 게재된 캐시우드가 이끄는 '아크(Ark)의

급등과 급락에서 배우는 4가지 교훈(4 Lessons From ARK's Rapid Rise and Fall)'이라는 기사를 소개했습니다. 기사에 따르면 아크인베스트의 대표 펀드인 아크 이노베이션 펀드는 지난해 2월 최고점을 기록한 후 1년여 만에 주가가 52% 하락했습니다.

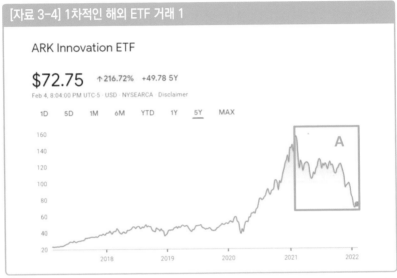

[자료 3-4] 1차적인 해외 ETF 거래 1

출처 : 구글 파이낸스

기사에서는 아크 인베스트가 운영하는 아홉 개 아크 상장지수펀드 (ETF)는 총운용자산이 230억 달러(약 27조 4,000억 원)에 달하며 모두 캐시우드의 운용 철학대로 운영되고 있다면서 "사람들이 생활하고 일하는 방식을 뒤바꿀 수 있는 파괴적 혁신기술을 가진 기업을 사라!"라고 했습니다. 관련 기업으로는 테슬라(전기차), 스퀘어(디지털결제), 텔라독(원격헬스케어 플랫폼) 등을 소개했습니다.

[자료 3-5] 1차적인 해외 ETF 거래 2

아크 ETF 수익률

ETF명	관리자산	2020년 수익률	2021년 수익률
아크 이노베이션	129.60억달러	157.2%	-24.9%
아크 게놈 레벌루션	40.92억달러	180.2%	-35.6%
아크 넥스트 제너레이션 인터넷	26.93억달러	157.1%	-17.3%
아크 자율주행&로보틱스	16.40억달러	106.6%	2.3%
아크 핀테크 이노베이션	16.02억달러	107.4%	-17.9%

출처 : 구글 파이낸스

캐시우드 아크인베스트 최고경영자(CEO)는 이들 기업이 기하급수적으로 성장할 것이라며 계속해서 높은 목표 가격을 설정했고 주가가 떨어지면 오히려 매수 수량을 늘렸다고 합니다. 코로나19가 전 세계를 강타한 2020년, 디지털전환이 가속화되면서 아크인베스트가 관리하는 다섯 개 ETF는 평균 142% 급등했고, 200억 달러(약 23조 8,000억 원)에 달하는 자금이 쏟아져 들어왔다고 합니다. 2021년 1~2월에도 170억 달러(약 20조 2,300억 원)나 되는 자금이 아크인베스트로 유입되었지만, 2020년 157% 급등했던 아크 이노베이션은 급등하는 인플레이션과 미 연준(Fed)의 금리 인상 우려로 인해 2021년 24.9% 하락했습니다.

21세기에 들어서서 인터넷 발달과 HTS 발달로 주식 투자를 국내 말고 해외에 투자하는 투자자도 많아졌습니다. 이런 투자자를 '서학개미'라고도 부릅니다. 해외거래도 해외주식, 해외선물처럼 투자 종목도 다양해졌습니다. 또한 해외주식에서 종목선정이 어려우면 ETF 상품에 투자하는 편리함도 생기게 되었습니다.

이 기사를 보시면서 여러분은 어떤 생각을 하셨나요?

[자료 3-4]를 보면 2021년 초까지는 꾸준한 수익을 거두다가 녹색 박스 A영역에서 1년 만에 52% 손실을 봤습니다. 많은 1차원적인 투자를 하신 분들은 2021년까지 꾸준한 수익 결과를 보고, 녹색박스 A영역 시작에서 투자를 하신 분들은 큰 손실을 봤을 것이고, 청산을 하지 않은 분들은 거의 포기 상태에 이를 수도 있습니다.

한 펀드가 올해 큰 수익을 거두었다고 다음 해에도 큰 수익을 반드시 거둔다는 생각은 하지 마시길 바랍니다. 단기간에 높은 수익률을 올린 펀드는 대체적으로 소수 종목에 집중 투자를 하고 있기 때문에 마켓 메이커에 의해서 시장의 추세가 전환되었을 때 하락폭도 커질 수 있습니다.

'한 종목에 집중 투자하지 말고 분산 투자하라'라는 주식 격언을 들어보셨나요? PST이론은 한 종목에서 반드시 수익이 나기에 '분산 투자하지 말고 한 종목에 집중 투자하라' 하고 가르칩니다.

[자료 3-5]를 보면 아크 ETF에서 다섯 개의 종목으로 분산 투자를 했는데 거의 다 손실을 본 것을 알 수 있습니다.

최근에 유명한 전문가가 TV에 나오셔서 주식은 단기 투자 상품이 아니라 장기 투자 상품이라고 말하면서 성장성이 좋은 회사에 주식 투자하는 것은 단기적으로 손실을 보더라도 장기적으로 기다리면서 계속 보유하면 언젠가는 수익이 난다고 말하는 것을 종종 듣습니다. 여러분은 어떻게 생각하시나요? 설득력이 있다고 생각하세요?

수많은 수강생 중에서 펀드 매니저도 많이 계시는데 PST교육을 받고 생각이 바뀌셨습니다. PST이론은 주식 거래든, 선물 거래든 실전 거래에서 손실이 나면 바로 청산한다고 하십니다. 반드시 수익이 난다는 보장이 없기 때문에 단기적으로 최고의 수익을 거두고 청산을 합니다. 한 종목이 반드시 수익이 나는 것을 알기 때문에 분산 투자를 절대로 하지 않고 한 종목에 집중 투자를 합니다.

저도 은행에 정기예금과 정기적금을 붓고 있습니다. 장기적 보유로 반드시 수익이 나는 것은 주식, 선물 거래가 아니라 은행 예금과 적금 뿐입니다.

2 2차원 거래

PST이론상 2차원(Two Dimension) 거래는 추세를 2차원적으로 분석해서 거래하는 것을 말합니다. 그럼 2차원 추세분석은 무엇일까요? 일단 2차원 의미부터 한번 살펴보겠습니다.

[자료 3-6] 2차원 1

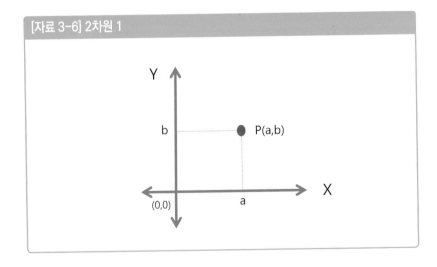

[자료 3-6]은 2차원 그래프를 보여줍니다. 기준점(0,0)에서 좌우로 X축이 존재하고 상하로 Y축이 존재합니다. 좌표평면에서 P지점의 위치는 (a,b)로 표시할 수 있고 a는 X축상에 존재하는 지점이고 b는 Y축상에 존재하는 지점입니다.

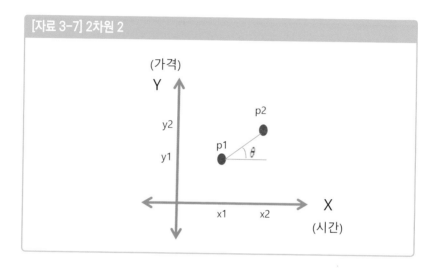

[자료 3-7] 2차원 2

[자료 3-7]은 PST이론을 적용해서 추세를 2차원 그래프에 옮겨봤습니다.

추세를 2차원 PST이론에 적용시키기 위해서는 다음과 같이 몇 가지 전제조건을 먼저 생각해봐야 합니다.

1. 시간은 X축으로 생각하고 가격, 주가, 환율 등은 Y축으로 생각합니다.
2. 현재 시점에서 추세는 시간의 흐름에 따라 시간은 X축에서 우측으로만 생각하고 가격의 흐름은 Y축에서 위아래에 모두 표시 가능합니다.

3. 추세는 사이클 안에서 존재하고 사이클은 시작과 끝이 존재합니다. 예를 들어 상승 사이클에서는 상승추세만 존재하고 하락 사이클에서는 하락추세만 존재합니다.

4. 한 방향 거래인 주식 거래에서 수익이 나기 위해서는 반드시 매수진입 가격보다 매수청산 가격이 높아야 합니다. 양방향 거래인 선물 거래에서 수익이 나기 위해서는 추세의 방향에 따라 매수진입 가격보다 매수청산 가격이 높아야 할 때도 있고, 매도진입 가격보다 매도청산 가격이 낮아야 할 때도 있습니다.

5. 수익과 손실이 나기 위해서는 시간이 X축으로 흐름에 따라 Y축에 나타나는 가격은 반드시 기울기가 존재합니다.

[자료 3-7]을 보시면 X축에서 두 점 x1과 x2가 있습니다. x1에 해당하는 가격은 y1이고 x2에 해당하는 가격은 y2입니다. 주식 거래에서 수익이 나기 위해서는 x1에서 매수진입을 하고 x2에서 매수청산을 해야 합니다. 그럼 수익(y)은 y2-y1가 되지요. 그리고 기울기는 (y2-y1)/(x2-x1)이 됩니다. 이해되시지요?

PST이론을 바탕으로 PST지표를 제가 만들었는데, PST지표는 추세를 2차원적으로 계산해서 실시간으로 거래가능 시간과 기울기를 응용해서 가장 효과적인 거래를 추구합니다.

하나의 타임 프레임을 미분해서 하위 타임 프레임과 상위 타임 프레임의 상관관계를 찾아내었고, 수익가능 구간에서 기울기를 접목해서 적분으로 획기적으로 쉽게 거래를 할 수 있게 만들었습니다. 수학적으로 미분과 적분을 응용한 PST지표에 관한 설명은 기존 저서를 참고하시길 바랍니다.

시간에 흐름에 따라 하나의 가격에서 단위 시간 동안 매수자와 매도자가 만나서 체결되는 결과를 보여주는 것이 캔들이라고 생각하고 캔들이 최소한 세 개가 모여야 하나의 추세가 이루어진다고 PST이론은 생각합니다.

마켓 메이커가 본인들 마음대로 시장에 흐름에 순응해서 추세를 만들 수도 있고, 시장의 흐름과 관계없이 추세를 만들 수도 있습니다. 그래서 저나 여러분이나 추세를 분석한 보조지표를 참고로 거래합니다만, 여러분은 현재 HTS에 오픈에 일반 보조지표를 보고 하고, 저와 수강생들은 제가 만든 PST지표를 보고 합니다.

결과는 어떻게 될까요? 일반 보조지표와 PST지표의 차이점은 다음과 같습니다.

[자료 3-8] 일반지표와 PST지표 차이점

2차원 추세분석	일반지표	PST지표
추세의 시작, 끝	×	○
추세의 기울기	×	○
추세의 최고점, 최저점	×	○
추세의 변동성 유무	×	○
재진입시점	×	○

[자료 3-8]은 일반지표와 PST지표의 차이점을 보여줍니다. 여러분이 사용하고 있는 현재 HTS에 오픈된 일반지표로는 2차원 추세분석 방법입니다. 물론 제가 만든 PST지표도 2차원 추세분석지표도 있고, 3차원 추세분석지표도 있습니다. 먼저 같은 2차원 추세분석 방법에서도 차이점을 살펴보겠습니다.

첫 번째는 추세의 시작점과 끝점을 찾는 것입니다. 일반지표는 추세의 시작점과 끝점을 알 수가 없지만 PST지표는 알 수가 있습니다. 상승 사이클과 하락 사이클은 반복됩니다. 상승 사이클의 시작점과 끝점이 있으면 상승 사이클의 끝점이 하락 사이클의 시작점이 됩니다. 역시 하락 사이클의 시작점과 끝점이 있으면 하락 사이클의 끝점이 상승 사이클의 시작점이 된다고 PST이론은 생각합니다. 그리고 상승 사이클 구간 내에서 상승추세가 존재하고 하락 사이클 구간 내에서 하락추세가 존재합니다. 상승추세에서는 매수진입만 고려해야 수익을 기대할 수 있지, 매도진입을 하면 수익을 기대하기가 어렵습니다. 역시 하락추세는 매도진입만 고려해야 수익을 기대할 수 있지, 매수진입을 하면 수익을 기대하기가 어렵지요. 그러니 여러분이 현재 진입할 때 추세의 상태가 상승추세인지, 하락추세인지를 반드시 구별해야 합니다. 물론 상승추세를 확인하고 매수진입을 할 때와 하락추세를 확인하고 매도진입을 할 때 무조건 수익이 나지는 않습니다만, 수익을 기대할 수 있고 혹은 손실을 최소화할 수 있습니다.

두 번째는 추세의 기울기 유무입니다. 일반지표는 추세의 기울기를 알 수가 없지만 PST지표는 알 수가 있습니다. 추세의 기울기는 추세의 속도에 비례합니다.

추세의 기울기를 모르고 진입을 하면 같은 보유 기간에 많은 수익을 기대하기가 어렵습니다. PST지표는 진입할 때 기울기를 30도, 45도, 60도로 결정하고 진입을 할 수가 있습니다. PST지표로 주식 거래를 하는 경우는 tan30, tan45, tan60도를 구별할 수가 있고, 해외선물 거래를 하는 경우는 tan30, tan45, tan60, tan90도와 arctan30, arctan45, arctan60, arctan90도를 구별할 수 있습니다. 기울기가 클수록 추세의 속도는 매우 빠르므로 많은 연습이 필요합니다.

세 번째는 추세의 최고점과 최저점을 파악하는 것입니다. 일반지표는 추세의 최고점과 최저점을 알 수가 없지만 PST지표는 알 수가 있습니다. 만약 여러분이 주식 거래의 최고점 및 해외선물 거래의 최고점과 최저점을 알 수 있다면 어떻게 생각하세요? 많은 손실을 보는 투자자들의 공통점은 여러 가지가 있겠지만 제 생각에는 욕심이라고 생각합니다. 욕심은 실패의 시작입니다. 그러면 왜 욕심을 낼까요?

한 종목이 10,000원에서 11,000원까지 상승하다가 10,000원으로 다시 하락하고 5,000원이 되었다고 가정해보겠습니다. 투자자 A는 10,000원에 매수진입해서 최고점 11,000원 근처에서 청산하지 않고 욕심내고 보유하다가 다시 진입가격인 10,000원으로 내려왔는데 "다시 상승할 거야"라고 자기 최면을 걸고 다시 보유하다가 5,000원으로 내려오면 그때는 원금이라도 찾겠다는 심정으로 장기 보유자가 됩니다.

그러나 투자자 B는 10,000원에 매수진입한 후 최고점이 11,000원이라는 것을 알기에 11,000 근처에서 청산을 합니다. 누가 효과적인 거래를 했는지 여러분은 알 수 있습니다. 물론 PST이론상 최고점과 최저점은 여러분이 기준차트를 어떤 것으로 정했느냐에 따라서 달라집니다.

예를 들어 주식 거래인 경우는 기준차트를 60분차트로 보기 때문에 60분차트에서 최고점을 찾고, 해외선물 거래인 경우는 기준차트를 10분차트로 보기 때문에 10분차트에서 최고점과 최저점을 찾습니다. PST교육을 받은 후 응용을 하면 종목과 상품에 따라서 기준차트 설정을 바꿀 수도 있습니다.

네 번째는 추세의 변동성 유무를 파악하는 것입니다. 일반지표는 추세의 변동성의 유무를 알 수가 없지만 PST지표는 알 수가 있습니다. 주식 거래인 경우는 레버리지가 x1이지만 해외선물은 레버리지가 x30~x50입니다. 레버리지가 크다는 것은 소액 투자로 큰 수익을 기대할 수도 있지만, 반대로 큰 손실을 가질 수 있기에 무척 위험하다는 것을 알 수 있습니다. 제가 매월 숭실대학교 글로벌 미래교육원에서 주식, 외환 무료 공개강좌를 하는데 어느 분이 오셔서 저한테 하신 말씀이 기억납니다.

"교수님, 제가 주식 거래에서 돈을 벌어서 해외선물 거래를 했는데 손실을 봤습니다. 해외선물 거래에서 추세 방향은 맞출 수 있는데 왜 손실을 볼까요?"라고 질문하셔서 저는 "해외선물 거래에서 추세의 방향을 맞추는 것보다 더욱 중요한 것이 추세 변동성의 유무 파악입니다. 추세의 변동성이 없을 때 거래하면 수익을 기대할 수 있지만, 변동성이 있을 때 거래하면 수익을 기대하기가 쉽지 않습니다"라고 답변을 드렸습니다. 많은 손실을 보는 투자자분들의 공통점 중 또 하나는 진입할 때 되돌림이 있을까 봐 투자금액의 10%만 진입금액에 사용하고 나머지 90%는 되돌림을 위해서 사용하지 않는다는 것이지요. 이것은 잘못된 거래 방법입니다. PST이론상 변동성이 없는 구간에서 진입하면 투자금의 90%를 사용하셔도 됩니다.

다섯 번째는 추세의 재진입을 파악하는 것입니다. 일반지표는 추세의 재진입시점을 알 수가 없지만 PST지표는 알 수가 있습니다. 손실

보는 투자자들의 공통점이 본인이 거래하려고 하니 진입시점이 지나갔다고 합니다. 거래하면 최고점 혹은 최저점을 찍고 추세가 반전이 되어 손실을 보고 거래를 안 하면 같은 추세 방향으로 계속 움직인다고 하지요. 그럼 어떤 전략을 택하면 좋을까요?

여러분이 원하는 진입시점이 지나가면 거래하지 않고 관망하셔도 좋습니다. 그리고 다른 종목에서 진입시점이 나오는지를 찾으시면 됩니다. 아니면 원하는 종목이 아직도 수익구간인지 먼저 확인해야 합니다. 수익구간이 남았다는 것은 추세가 아직 최고점과 최저점에 도착하지 않았다는 것을 의미합니다. 만약 수익구간이 남았다면 재진입시점을 정확히 찾으셔서 진입하시면 됩니다. 재진입구간을 PST이론상 P4구간이라고 부릅니다. 문제는 P4구간에서 되돌림이 없는 P4-1구간과 되돌림이 있는 P4-2구간이 존재한다는 것입니다. P4-1구간에서는 재진입이 가능하나 P4-2구간에서는 재진입을 하지 않고 관망해야 합니다.

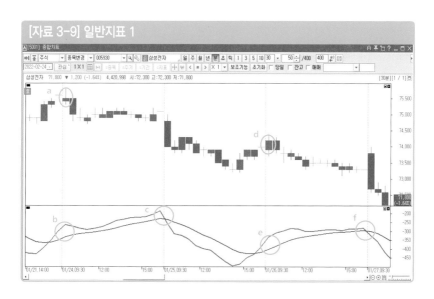

[자료 3-9] 일반지표 1

[자료 3-9]는 주식 거래에서 '삼성전자' 종목으로 30분차트이고, 2022년 1월 21일부터 1월 27일까지 추세 흐름입니다. 추세 아래에 일반지표 한 개를 불러봤습니다.

여기에 사용된 일반지표는 'MACD(Moving Average Convergence and Divergence)'입니다. 주가의 단기 이동평균선과 장기 이동평균선의 수렴과 확산을 나타내는 지표입니다. 단기 이동평균선과 장기 이동평균선이 주가의 변동으로 인해 수렴과 확산을 반복한다는 원리에 기반을 두고 두 이동평균선의 차이가 가장 큰 시점을 찾아내 추세 변화의 신호로 삼는 지표입니다. MACD는 빨간색선으로 표시된 MACD선과 파란색선으로 표시된 시그널선으로 구성이 됩니다.

MACD선과 시그널선이 교차하는 시점이 단기 이동평균과 장기 이동평균 간의 차이가 가장 큰 것으로 간주됩니다. 그래서 MACD선이 시그널 위에 올라가게 되면 매수진입이 가능한 골드크로스라고 부르고, MACD선이 시그널 아래로 내려가게 되면 매도진입이 가능한 데드크로스라고 부릅니다.

그럼 [자료 3-9]에서 매수진입이 가능한 골드크로스 구간은 어디일까요? b지점부터 c지점인 1월 24일과 e지점부터 f지점인 1월 26일인 것을 알 수 있습니다. 문제는 일반지표인 MACD를 믿고 1월 24일에 장 시작시점인 a지점에서 매수진입을 하면 당일 종가는 진입가격보다 하락해서 손실을 봤다는 것입니다. 또 1월 26일 장 시작시점인 d지점에서 매수진입을 하면 당일 종가는 진입가격보다 하락해서 손실을 봤습니다.

어떻게 생각하시나요? 오픈된 일반지표 중 MACD는 매우 유명하고 좋은 지표임은 저도 인정합니다. 그러나 어떤 추세에서는 맞고 어떤 추세에서는 맞지 않는다면 무조건 맞는다는 생각은 하지 마시길 바랍니다. MACD는 사이클의 시작을 고려하지 않기 때문에 현재 시점에서 과거 데이터를 가지고 와서 계산을 하기 때문에 진입 시 왜곡이 생길 수 있습니다. 그러나 PST지표는 현재 시점에서 현재 데이터만 가지고 와서 계산을 하기 때문에 진입할 때 왜곡이 생기지 않습니다.

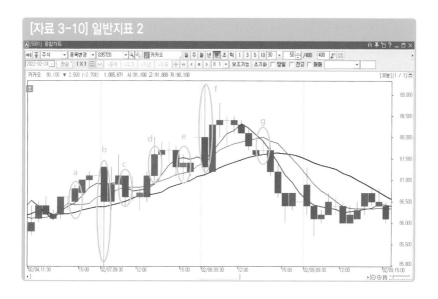

[자료 3-10] 일반지표 2

[자료 3-10]은 주식 거래에서 '카카오' 종목으로 30분차트이고, 2022년 2월 4일부터 2월 9일까지 추세 흐름입니다. 추세 위에 일반지표 한 개를 불러왔습니다.

여기에 사용된 일반지표는 '이동평균선'이라는 지표입니다. 이동평균선은 일정 기간의 주가를 산술 평균한 값인 주가 이동평균을 차례로 연결해 만든 선입니다.

주식 시장에서 주가와 거래량 및 거래대금은 매일 변하지만, 특정 기간을 놓고 보면 일정한 방향성을 갖게 됩니다. 이를 수치화한 것이 이동평균선으로 5일, 20일은 단기 이동평균선, 60일은 중기 이동평균선, 120일은 장기 이동평균선으로 생각합니다. 상승추세에서 단기, 중기, 장기 이동평균선 순서대로 우상향 정배열이 되어 매수진입을 하면 수익을 기대할 수 있고, 하락추세에서 단기, 중기, 장기 이동평균선 순서대로 우하향 정배열이 되어 매도진입을 하면 수익을 기대할 수 있습니다.

[자료 3-10]에서 2월 7일 장 시작 때인 b지점을 보면 a지점부터 이동평균선이 정배열이 되어 있어서 매수진입이 가능하다고 생각해서 매수진입을 하면 변동폭이 크게 움직이면서 c지점에서 매수가격까지 내려온 것을 알 수 있습니다. 그리고 장 중에 정배열이 계속 유지되어 있어서 d지점에서 매수진입을 해도 역시 e지점에서 매수진입가격까지 내려와서 큰 수익을 기대하기가 어려웠네요. 2월 8일 장 시작 때인 f지점을 보면 이동평균선이 정배열이 되어 있어서 매수진입이 가능하다고 생각해서 매수진입을 하면 변동폭이 크게 움직이면서 g지점에서 매수가격까지 내려온 것을 알 수 있습니다. PST이론상 상승추세에서 매수진입 후 매수진입까지 다시 내려오면 효과적인 거래방법이 아닙니다. 오픈된 일반지표 중 이동평균선은 추세의 흐름을 파악하는 데는 용이하나 실전 거래에서는 너무 후행성으로 나타내어 제가 교육할 때는 이동평균선은 참고만 해야지 절대적으로 믿으면 안 된다고 말씀드립니다.

[자료 3-11]은 주식 거래에서 '현대차' 종목으로 30분차트이고, 2022년 1월 19일부터 1월 25일까지 추세 흐름입니다. 추세 위에 일반지표 한 개를 불러봤습니다.

여기에 사용된 일반지표는 '볼린저밴드'라는 지표입니다. 볼린저밴

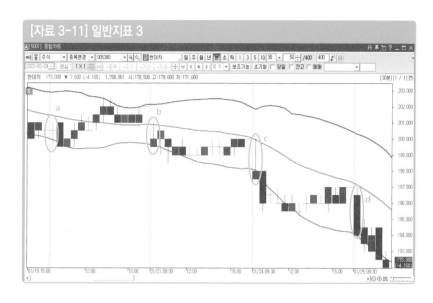

[자료 3-11] 일반지표 3

드는 존 볼린저(John A. Bollinger)라는 투자 전문가가 고안해낸 지표입니다. 주가의 변동이 표준정규분포 함수에 따른다고 가정하고 주가를 따라 위아래로 폭이 같이 움직이는 밴드를 만들어 주가를 그 밴드를 기준선으로 판단하고자 고안했습니다. 볼린저밴드는 주가가 상한선과 하한선을 경계로 등락을 거듭하는 경향이 있다는 전제에서 출발합니다. 이에 따라 주식 가격의 움직임을 포착할 수 있도록 설계된 중간의 이동평균선과 상한선과 하한선으로 구성됩니다. 가격 변동폭이 이전보다 상대적으로 크거나 큰 상태에서 줄어드는 경우 볼린저밴드를 매도와 매수가 과도하게 집중된 상황을 반영하는 지표로 활용할 수 있습니다. 주식 거래에서 매수진입은 주가가 밴드폭이 큰 상태에서 하한선을 이탈해서 내려갈 때 가능하다고 합니다.

그럼 [자료 3-11]에서 볼린저밴드 이론대로 매수진입을 하면 어떻게 되는지 살펴볼까요? 1월 20일 장 시작 때인 a지점에서 매수진입을 하면 심한 변동성이 나타나고 약간은 상승을 보였지만 장 마감 때를 비교하면 매수진입가와 별 차이가 없습니다. 1월 21일 장 시작 때인 b지점, 1월 24일 장 시작 때인 c지점, 1월 25일 장 시작 때인 d지점에서 매수진입을 하면 모두 장 마감 때 종가 가격이 매수진입 가격보다 낮기 때문에 모두 손실을 보는 결과를 보여줍니다.

여러분은 유명한 볼린저밴드가 틀리다고 생각하시나요? 저도 처음에는 오픈된 일반지표들은 유명하고 많은 투자자들이 사용하니 당연히 실전 거래에 맞는 줄 알았습니다. 그러나 PST이론과 PST지표를 만들다 보니 실시간 거래에서 볼린저밴드 역시 맞을 수도 있고, 틀릴 수도 있다는 것을 찾았습니다. 시중 책에서는 일반지표를 설명할 때 거래한 끝난 추세에다 일반지표들이 맞는 그림을 보여주면서 설명을 하기 때문에 구독자들은 모두 맞는 줄 착각합니다. 문제는 실시간 거래에 적용해서 틀리면 일반지표는 맞는데 운이 나빴다고 자기합리화를 하죠. 일반지표가 틀리면 왜 틀리는지를 한번 생각해보시길 바랍니다.

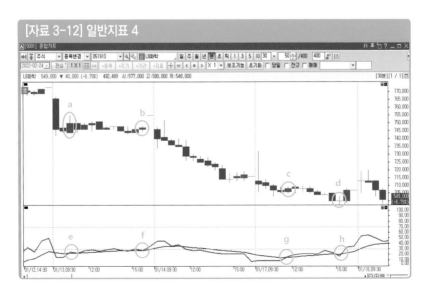

[자료 3-12] 일반지표 4

[자료 3-12]는 주식 거래에서 'LG화학' 종목으로 30분차트이고, 2022년 1월 12일부터 1월 18일까지 추세 흐름입니다. 추세 밑에 일반지표 한 개를 불러봤습니다. 여기에 사용된 일반지표는 'RSI'라는 지표입니다.

RSI는 윌레스 와일더(J. Welles Wilder Jr.)가 개발한 지표로 가격의 상승압력과 하락압력 간의 상대적인 강도를 나타냅니다. 일정기간 주가가 전일 가격에 비해 상승한 변화량과 하락한 변화량의 평균값을 구해서 상승한 변화량이 크면 과매수로 하락한 변화량이 크면 과매도로 판단하는 방식입니다. 주식 거래에서 매수진입은 과매도 영역(RSI ≤ 30)에서 빨간색선인 RSI선이 파란색선인 RSI_SIGNAL선을 우상향으로 통과할 때입니다. 그럼 [자료 3-12]에서 RSI 이론대로 매수진입을 하면 어떻게 되는지 살펴볼까요?

1월 13일 장 중에 RSI로 e지점을 보니 a지점에서 매수진입이 가능하고 장 마감에 RSI로 f지점을 보니 b지점에서 매수진입이 가능하다고 알려줍니다. 그런데 만약 매수진입을 했어도 수익은 거의 없고, 추세는 큰 상승 없이 계속 보합으로 보여줬습니다. 1월 17일 장 중에 RSI로 g지점을 보니 c지점에서 매수진입이 가능하고 장 마감에 RSI로 h지점을 보니 d지점에서 매수진입이 가능하다고 알려줍니다. 이때도 역시 만약 매수진입을 했어도 수익은 거의 없이 추세는 반대로 하락했습니다. 그럼 일반지표 중 RSI를 무조건 사용하시겠습니까? PST이론상 추세는 주기와 힘의 합이라고 생각합니다. RSI는 PST이론상 힘에 해당하므로 주기 없이 단독으로 사용하기에 한계가 있다고 생각합니다.

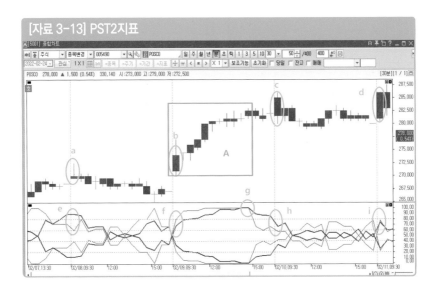

[자료 3-13] PST2지표

[자료 3-13]은 주식 거래에서 'POSCO' 종목으로 30분차트이고, 2022년 2월 7일부터 2월 11일까지 추세 흐름입니다. 추세 밑에 PST 지표 한 개를 불러봤습니다.

여기에 사용된 PST지표는 PST2지표입니다. PST지표는 제가 독창적으로 개발한 지표입니다. 개인적으로 개발한 지표가 증권사 HTS에 탑재되어 있는 것은 국내에서 제가 처음이라고 합니다. 수년 전부터 유진투자증권 HTS에 탑재되어 국내주식, 국내선물, 해외주식 거래에 도움을 주고, 브이아이 금융투자 HTS에 탑재되어 해외선물 거래에 도움을 주고 있습니다. PST지표는 트레이더들의 거래 시 문제점을 해결하기 위해 노력을 해왔습니다. 그 결과로 문제점을 해결할 때마다 PST를 연구 및 개발해서 번호를 매기게 되었습니다.

PST2지표를 만든 목적은 캔들의 의미파악입니다. PST이론상 캔들은 작은 추세로 생각할 수 있습니다. 그럼 각 캔들마다 작은 추세의 상태를 파악하는 것입니다.

추세는 상승강화, 상승보합, 횡보보합, 하락보합, 하락강화로 구분해서 주식 거래인 경우는 반드시 상승강화 때만 매수진입을 해야 수익이 날 수 있다고 생각합니다. 상승강화 때는 가는 빨간색선이 굵은 빨간색선을 우상향으로 통과를 해야 합니다. 그리고 가는 빨간색선은 첫 번째 기준점선을 우상향으로 통과해야 하고, 굵은 빨간색선은 두 번째 기준점선을 우상향으로 통과해야 합니다. 이런 매수진입 조건을 적용하면 2월 9일 장 시작 때인 f를 보니 b지점에서 매수진입을 할 수 있고, 가는 빨간색선이 굵은 빨간색선을 우하향으로 통과하는 g지점에서 매수청산을 하면 녹색박스 A영역만큼 수익을 기대할 수 있습니다. e, h, i지점을 PST2지표로 보니까 매수진입 조건이 해당하지 않아 각각 해당하는 a, c, d지점에서는 관망해야 합니다.

[자료 3-14] PST6지표

[자료 3-14]는 주식 거래에서 '우리금융지주' 종목으로 30분차트이고, 2022년 1월 28일부터 2월 8일까지 추세 흐름입니다. 추세 밑에

PST지표 한 개를 불러봤습니다.

여기에 사용된 PST지표는 PST6지표입니다. PST6지표를 만든 목적은 저항선을 통과 후 기울기가 tan30도 이상~tan90도 미만을 찾는 것입니다. '저항선을 통과 후 기울기가 일정 각도(30도) 이상으로 이루어졌다'라는 의미는 추세가 되돌림이 없다는 것입니다. 그리고 되돌림이 없다는 의미는 변동성이 있다가 변동성이 없는 구간으로 시작되었다는 것입니다. 결국 PST6지표는 거래할 때와 거래하지 않을 때는 구별하는 지표가 되어 실전 거래할 때 매우 유용하게 사용됩니다.

매수진입은 굵은 녹색선이 기준점선 위에서 빨간색선, 파란색선, 검은색선을 우상향으로 통과할 때인 h지점이고, 매수청산은 굵은 녹색선이 검은색선을 우하향으로 통과하는 i지점입니다.

[자료 3-14]에서 2월 3일 시초가인 a지점과 2월 4일 시초가인 b지점과 2월 7일 시초가인 d지점과 2월 8일 시초가인 e지점은 모두 해당 지점에서 PST6지표를 보니 각각 f, g, j, k지점이 모두 매수진입 조건이 아니기 때문에 관망해야 합니다. 2월 4일 장 중인 12시에 h지점에서 매수진입을 한 후 i지점에서 매수청산을 하면 녹색박스 A영역만큼 수익을 기대할 수 있습니다.

녹색선은 주기를 의미합니다. 굵은 녹색선이 가는 녹색선 위에 존재하면 플러스(+) 주기이고 반대로 가는 녹색선이 굵은 녹색선 위에 존재하면 마이너스(-) 주기를 의미합니다.

[자료 3-15]는 주식 거래에서 '기아' 종목으로 30분차트이고, 2022년 2월 22일부터 2월 25일까지 추세 흐름입니다. 추세 밑에 PST지표

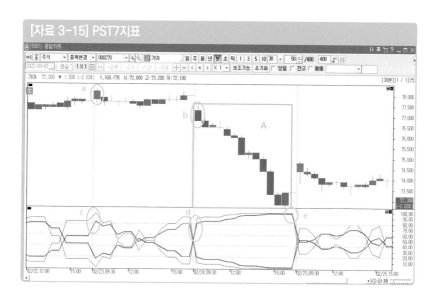

[자료 3-15] PST7지표

한 개를 불러봤습니다.

여기에 사용된 PST지표는 PST7지표입니다. PST7지표를 만든 목적은 추세의 의미 파악입니다. PST2지표를 말한 캔들의 의미 파악에서 캔들은 타임 프레임 개념으로 미분하면 작은 추세로 생각할 수 있고 PST7지표에서 말한 추세는 캔들을 타임 프레임 개념으로 적분하면 큰 추세라고 생각할 수 있습니다. PST7지표가 PST2지표보다 광의의 개념으로 보시면 됩니다. PST7지표의 또 다른 특징은 한 추세(P1구간, P4구간)에서 최고점 혹은 최저점을 찾을 수 있다는 것입니다.

매수진입은 가는 빨간색선이 굵은 빨간색선 위를 우상향인 상태에서 첫 번째 기준점선을 통과하고 굵은 빨간색선이 두 번째 기준점선을 통과하는 c지점 같은 위치입니다. c지점에 해당하는 2월 23일 시초가인 a지점에서는 추세가 하락으로 보이기 때문에 관망을 해야 합니다. 이번에는 d지점에서 매도진입을 생각해보겠습니다. 물론 주식 거래는 한 방향 거래이므로 매수진입만 가능하고 매도진입은 할 수가 없지만, 선물 거래는 양방향 거래이므로 매수진입과 매도진입이 가능합니다. 주식 거래에서 PST7지표로 매도진입을 못하지만 d지점에 선물 거래라고 생각하고 매도진입을 하면 어디가 최저점인가를 생각해볼 수 있습니다.

매도진입은 매수진입과 반대로 가는 파란색선이 굵은 파란색선 위를 우상향인 상태에서 첫 번째 기준점선을 통과하고 굵은 파란색선이 두 번째 기준점선을 통과하는 d지점에서 가능하고 매도청산은 가는 파란색선이 굵은 파란색선을 우하향으로 통과하는 e지점입니다. 결국 주식 거래는 녹색박스 A영역에서 관망해야겠습니다.

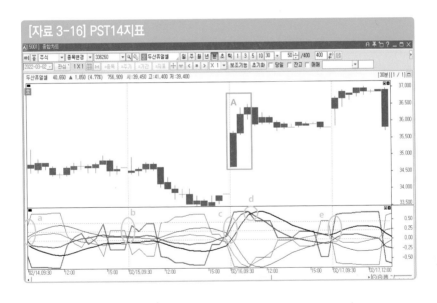

[자료 3-16] PST14지표

[자료 3-16]은 주식 거래에서 '두산퓨얼셀' 종목으로 30분차트이고, 2022년 2월 14일부터 2월 17일까지 추세 흐름입니다. 추세 밑에 PST 지표 한 개를 불러봤습니다.

여기에 사용된 PST지표는 PST14지표입니다. PST14지표는 해외선물에서 PST13지표와 동일하게 적용됩니다. PST14지표는 수강생들이 노벨상감이라고 극찬한 지표입니다. PST14지표를 만든 목적은 우선 저항선 통과 후 기울기가 tan 45도 이상~tan90도 미만을 찾는 것입니다. 기울기가 클수록 추세가 움직이는 속도는 커지게 됩니다. 충분한 연습을 한 후 실전 거래를 하셔야만 합니다. 늦게 진입하면 추격 매수진입이나 추격 매도진입이 될 수도 있습니다. 진입 후 나오는 캔들의 색깔이 동일하게 나와서 편안하게 보유를 할 수 있습니다. 역시 최고점과 최저점을 알 수 있고 청산시점을 1차 청산과 2차 청산으로 해서 청산시점을 놓치지 않는 특징이 있습니다.

[자료 3-16]에서 매수진입시점은 굵은 빨간색선이 첫 번째 기준점선을 우상향으로 통과하고 굵은 파란색선이 두 번째 기준점선을 우상향으로 통과하고 굵은 검은색선이 세 번째 기준점선을 우상향으로 통과하는 교집합인 c지점입니다. 매수청산은 굵은 파란색선이 굵은 검은색선을 우하향으로 통과할 때 1차 청산을 하고, 굵은 빨간색선이 굵은 검은색선을 우하향으로 통과할 때 2차 청산을 하는 것이 일반적입니다.

그러나 예외적으로 2차 청산이 1차청산보다 먼저 나오는 d지점에서는 전체 청산하면 녹색박스 A영역만큼 수익을 기대할 수 있습니다. a, b, e지점은 매수진입 조건이 맞지 않으므로 관망해야겠지요?

[자료 3-17]은 주식 거래에서 '덴티움' 종목으로 30분차트이고, 2022년 2월 8일부터 2월 11일까지 추세 흐름입니다. 추세 위에 PST지표 한 개를 불러왔습니다.

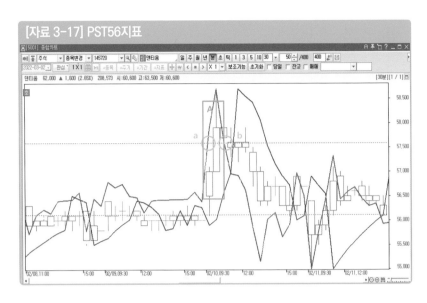

[자료 3-17] PST56지표

여기에 사용된 PST지표는 PST56지표입니다. PST56지표는 해외선물에서 PST55지표와 동일하게 적용됩니다. 이 지표는 제가 개인적으로 매우 애착이 가는 지표입니다. 이유는 그전까지의 PST지표는 미분 개념으로 만든 지표라면 이번 지표부터는 적분 개념으로 만들었기 때문입니다. 거래할 때 3요소인 '진입, 보유, 청산을 가장 쉽고 편하게 만들 수 없을까?'를 고민하다가 만들었습니다.

PST55 이상 지표는 추세의 위치(P1, P2, P3, P4)와 관계없이 아무 구간에서도 수익을 기대할 수 있습니다. 추세의 기울기를 tan60도 이상~tan90도 미만까지를 예측하기 때문에 짧은 시간 동안 수익을 극대화할 수 있죠. 급하게 상승하는 종목은 급하게 하락할 수도 있는데 청산 시점 또한 정확하게 한다면 금상첨화 아닐까요?

PST55지표는 적분법으로 추세선을 나타내는 빨간색선과 거래가능 시간을 나타내는 파란색선으로 매수면적과 매도면적을 실시간으로 보여줍니다. 매수진입시점은 빨간색선이 위의 기준점선(ALU, 상향가속선)을 우상향으로 통과하는 a지점에서 하고, 매수청산은 빨간색선이 다시 위의 기준점선을 우하향으로 통과하는 b지점에서 하면 녹색박스 A영역만큼 수익을 기대할 수 있습니다. a지점에서 캔들을 보면 아랫부분에 꼬리가 있는 것을 보실 수 있습니다. 꼬리가 왜 생겼을까요? 꼬리는 타임 프레임이 다르기 때문에 생깁니다. 그래서 주식 거래인 경우는 기준 차트를 60분차트로 보고 하위 타임 프레임(1분, 3분, 5분, 10분, 30분)도 동일하게 매수진입 조건일 때 거래하시면 되돌림 없이 수익을 기대할 수 있습니다.

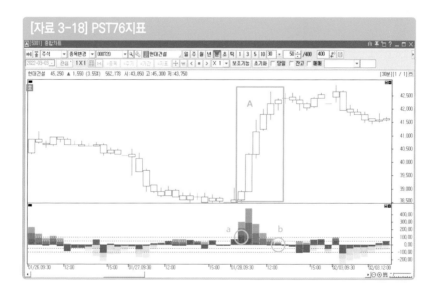

[자료 3-18] PST76지표

[자료 3-18]은 주식 거래에서 '현대건설' 종목으로 30분차트이고, 2022년 1월 26일부터 2월 3일까지 추세 흐름입니다. 추세 아래에 PST지표 한 개를 불러봤습니다.

여기에 사용된 PST지표는 PST76지표입니다. PST76지표는 해외선물 거래에서 PST75지표와 동일하게 적용됩니다. PST76지표는 많은 고수 수강생들이 저한테 와서 "한 추세에서 최저점부터 최고점까지 수익을 낼 수 있는 지표가 없을까요"라고 물어보셔서 제가 해답을 찾은 지표입니다. 그전까지의 PST이론은 매수진입은 상승강화 구간에서 진입을 해야 하고, 매도진입은 하락강화 구간에서 진입을 해야 수익이 난다고 정의했습니다. 그러나 PST이론을 연구하다 보니 [자료 3-18]처럼 최저점에서 매수진입을 하고 최고점에서 매수청산을 할 수 있다는 것을 찾았습니다. 많은 수강생들이 더 이상의 상위지표는 나올 수 없다면서 극찬을 한 지표입니다.

PST76지표는 추세를 이루는 구성원에 가중치를 계산해서 만든 지표이고 시각적으로 알아보기 쉽게 오실레이터로 표시를 해봤습니다. 매수진입은 빨간색 계통의 색(빨간색, 분홍색, 엷은 분홍색)이 기준선인 위에 빨간 점선을 위로 통과할 때인 a지점에 해당되는 캔들입니다. 매수청산은 빨간색 계통의 색이 기준선 0보다 작아지는 b지점에서 하면 녹색박스 A영역만큼 수익을 기대할 수 있습니다.

실전 거래할 때 필요충분조건이 있습니다. 필요조건은 추세의 구간에 관계없이 수익낼 수 있는 구간의 시작과 끝을 말하고, 충분조건은 진입과 청산을 의미합니다.

충분조건보다 필요조건을 먼저 생각해야 하지요. PST76지표가 거래할 때 필요조건에 해당하니 무척 중요하다는 것을 이해하시겠지요?

3차원 거래

PST이론상 3차원(Three Dimension) 거래는 추세를 3차원적으로 분석해서 거래하는 것을 말합니다. 그럼 3차원 추세분석은 무엇일까요? 일단 3차원 의미부터 한번 살펴보겠습니다.

[자료 3-19] 3차원 1

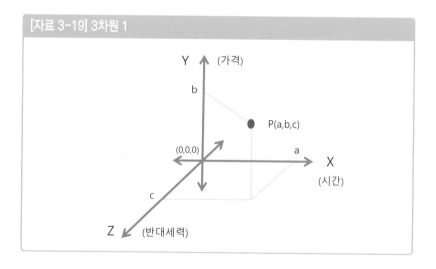

[자료 3-19]는 3차원 그래프를 보여줍니다. 기준점(0,0,0)에서 X축, Y축, Z축이 존재합니다. 좌표평면에서 P지점의 위치는 (a,b,c)로 표시할 수 있고, a는 X축상에 존재하는 지점이고, b는 Y축상에 존재하는 지점이고, c는 Z축상에 존재하는 지점입니다. 현재 오픈된 일반지표와 그전에 발표한 PST84지표까지는 X축과 Y축만 고려한 2차원 지표입니다. 그러나 이번에 여러분께 소개할 PST99 이상 지표는 X축, Y축, Z축을 고려한 3차원 지표입니다.

X축은 시간으로 생각합니다. 추세가 계속 나타난다면 시간은 X축 왼쪽(과거)에서 오른쪽(미래)으로 흘러가야 합니다. 추세란 단위 시간 동안 시가, 고가, 저가, 종가로 표시되는 캔들의 흐름을 각각의 타임 프레임에 따라서 여러분께 보여드립니다.

어느 한 시각에서 본다는 의미는 미래로 흘러가는 추세의 일정 부분을 본다는 것을 의미합니다.

Y축은 가격을 의미합니다. 가격이란 2차원적 계산법으로 먼저 생각해볼까요? 어느 한 종목의 현재 가격(y)이 10,000원이고 매수 세력(y1)이 현재 가격에서 5,000원만큼 움직이고 매도 세력(y2)이 현재 가격에서 2,000원만큼 움직일 때 최종 종가(Y)는 얼마가 될까요?

최종 가격 = 현재 가격 + 매수 세력 − 매도 세력
$$= y + y1 - y2$$
$$= 10,000원 + 5,000원 - 2,000원 = 13,000원$$

최종 가격은 13,000원이 되는 것을 알 수 있습니다. 당연한 것을 왜 물어보는지 궁금하신 분이 계실 것입니다. 이것을 2차원적 좌표평면에서 생각해보겠습니다.

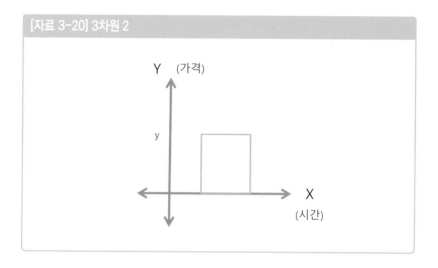

[자료 3-20] 3차원 2

[자료 3-20]은 시간 X축상에서 현재 가격(y)이 10,000원인 것을 보여줍니다. 캔들은 시가(Open), 종가(Close), 고가(High), 저가(Low)로 하나의 타임 프레임에서 보입니다. 참고로 인공지능으로 프로그램을 만들 때 현재가(Current Value)는 종가로 생각해서 만들어야 합니다. 이유는 하나의 캔들에서 종가가 되기 전까지는 캔들이 현재 가격을 계속 보여주면서 움직이기 때문입니다.

[자료 3-21]은 가격 Y축상에서 최종가격(Y) 변동을 보여줍니다. 이전 현재 가격(y)인 10,000원에서 매수 세력(y1)인 5,000원이 추가되어 가격은 10,000원+5,000원=15,000원으로 상승($Y = y + y1$)되었습니다. 시간인 X축상에서 하나의 캔들에서 가격의 변화는 타임 프레임 입장에서 생각하면 아직 종가가 안 끝났다는 것을 의미합니다.

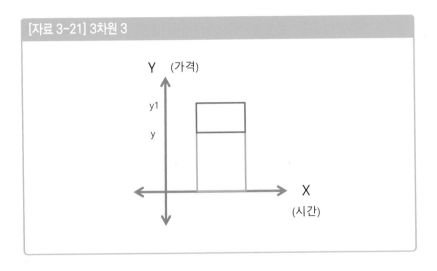

[자료 3-21] 3차원 3

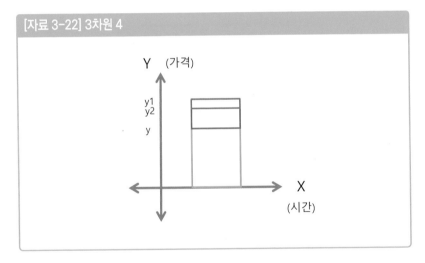

[자료 3-22] 3차원 4

[자료 3-22]는 가격 Y축상에서 최종 가격(Y) 변동을 보여줍니다. 이전 현재 가격(y)인 15,000원에서 매도 세력(y2)인 2,000원이 추가되어 가격은 15,000원 - 2,000원 = 13,000원으로 하락(Y = y + y1 - y2)되었습니다. 역시 시간인 X축상에서 하나의 캔들에서 가격의 변화는 타임 프레임 입장에서 생각하면 아직 종가가 안 끝났다는 것을 의미합니다.

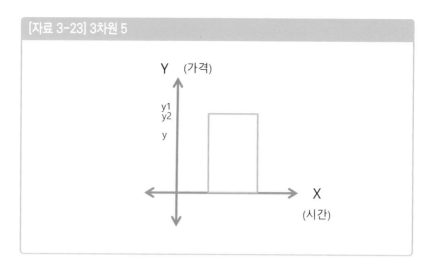

[자료 3-23] 3차원 5

Y (가격)

y1
y2

y

X
(시간)

[자료 3-23]은 가격 Y축상에서 최종 가격(Y) 변동을 보여줍니다.

최종 가격 = 현재 가격 + 매수 세력 − 매도 세력 = y + y1 − y2

현재 가격에서 추세가 상승이 지속될 것이라고 생각해서 현재 가격
이 조금 지난 후 매수진입을 하면 수익을 기대할 수 있지만, 최고가인
y1에서 매수진입을 하면 수익을 기대하기가 어렵습니다. 결국 2차원적
으로 추세를 생각하면 가격은 X축 시간의 흐름에 따라 Y축으로 상하
로만 움직이는 것을 보실 수 있습니다.

가격의 변화가 매수 세력(y1)과 매도 세력(y2)의 합으로 Y축으로 표
시된다는 것은 너무 큰 변동성을 내포하고 있다는 것을 PST이론으로
발견했습니다.

물론 주식 거래처럼 한 방향 거래만으로 수익이 나는 상품을 거래할
때는 2차원 지표를 활용해도 수익은 낼 수 있습니다. 매수 세력과 매도
세력이 동일인이기 때문입니다. 매수진입할 때 매수 세력이 존재하고

매수청산을 할 때 매도 세력이 존재합니다. 그러나 레버리지가 큰 양방향 거래인 선물 거래에서는 매수 세력과 청산 세력 외에 진짜로 매도 세력이 존재하기 때문에 변동성이 무척 클 수밖에 없습니다.

변동성이 엄청 큰 선물 거래에서는 2차원적으로 분석한 지표로 활용하기에는 한계가 있습니다. 그래서 저는 3차원적으로 분석한 PST지표를 독창적으로 만들었습니다.

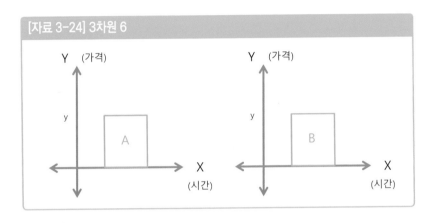

[자료 3-24] 3차원 6

[자료 3-24]는 시간 X축상에서 최종 가격(Y) 변동을 보여줍니다. 여러분은 Y축이 시작할 때 매수진입을 했다면 왼쪽 A와 오른쪽 B의 최종가격은 모두 y로 동일하다는 것을 알 수 있습니다. 그렇지만 오른쪽 B 그래프를 3차원적으로 보면 어떨까요?

[자료 3-25]는 [자료 3-24]의 오른쪽 B 그래프를 3차원적으로 보여줍니다.

2차원적으로 표시될 때는 X축 시간에 따라서 Y축 면적으로 보이지만 3차원적으로 표시될 때는 Z축이 추가되어 부피처럼 보입니다. 이해

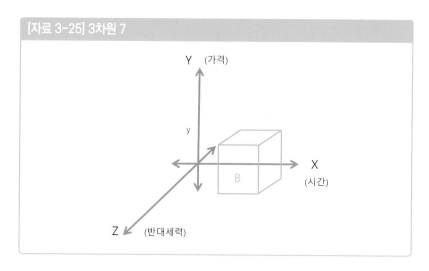

[자료 3-25] 3차원 7

되시나요?

PST이론은 Z축을 반대 세력이라고 생각해봤습니다. 2차원적으로 가격이 Y축에서 상하로 움직이는 것보다 3차원으로 반대 세력이 유무를 파악해서 보다 정확하게 진입, 보유, 청산할 수가 있습니다.

[자료 3-26] 3차원 8

2차원 추세분석	2차원 지표	3차원 지표
추세의 시작, 끝	○	○ ○
추세의 기울기	○	○ ○
추세의 최고점, 최저점	○	○ ○
추세의 변동성 유무	○	○ ○
재진입시점	○	○ ○
양자 신호	×	○

[자료 3-26]은 PST지표 중 2차원 지표와 3차원 지표의 차이점을 비교해봤습니다. 2차원 PST지표도 현재 오픈된 일반 보조지표보다도 실전 거래에서 매우 좋은 결과를 보여줍니다. 그러나 3차원 PST지표는 2차원 PST지표보다도 보다 더욱 정교하게 진입을 하고, 보다 마음 편히 보유하며 수익 또한 더욱 극대화할 수 있습니다. 3차원 PST지표는 2차원 PST지표의 장점을 더욱 보강했고 양자역학 이론을 응용해서 양자 신호를 보유합니다. 양자 신호를 이용한 거래 방법은 현존하는 PST지표 중 가장 최고 버전(해외선물 PST124지표, 주식 PST125지표)입니다. 지표에 대한 설명은 추후 자세히 해드리겠습니다.

추세를 3차원 PST이론에 적용시키기 위해서는 다음과 같이 몇 가지 전제조건을 먼저 생각해봐야 합니다.

1. 시간은 X축으로 생각하고 가격, 주가, 환율 등은 Y축으로 생각하고, 반대 세력은 Z축으로 생각합니다.
2. 현재 시점에서 추세는 시간에 흐름에 따라 시간은 X축에서 우측으로만 생각하고 가격의 흐름으로 Y축에서 위아래에 모두 표시 가능하고, 반대세력이 유무에 따라 부피 개념이 수익과 손실로 계산됩니다.
3. 추세는 사이클 안에서 존재하고 사이클은 시작과 끝이 존재합니다. 예로 상승 사이클에서는 상승추세만 존재하고 하락 사이클에서는 하락추세만 존재합니다. 사이클은 X축-Y축, X축-Z축, X축-Y축-Z축 모두 존재합니다.
4. 한 방향 거래인 주식 거래에서는 수익이 나기 위해서는 반드시 매

수진입 가격보다 매수청산 가격이 높아야 합니다. 양방향 거래인 선물 거래에서 수익이 나기 위해서는 추세의 방향에 따라 매수진 입 가격보다 매수청산 가격이 높아야 할 때도 있고, 매도진입 가 격보다 매도청산 가격이 낮아야 할 때도 있습니다.

5. 수익과 손실이 나기 위해서는 시간이 X축으로 흐름에 따라 Y축에 해당하는 기울기가 반드시 존재하고, 시간이 X축으로 흐름에 따 라 Z축에 나타나는 기울기도 반드시 존재합니다.

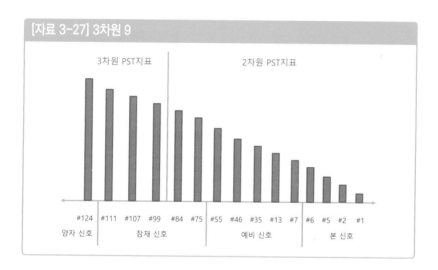

[자료 3-27] 3차원 9

[자료 3-27]은 신호에 따른 PST지표 분류입니다. 신호는 일반 신 호(Normal Signal), 본 신호(Main Signal), 예비 신호(Pre-Signal), 잠재 신호 (Potential Signal), 양자 신호(Quantum Signal)가 있습니다.

일반지표는 여러분들이 오픈된 일반 보조지표에 나타나는 지표입니 다. PST지표에서 본 신호는 PST1지표, 2지표, 5지표, 6지표에 해당되 고 일반 신호보다 빠르게 진입시점을 보여줍니다. PST지표에서 예비 신호는 PST7지표, PST13지표, PST35지표, PST46지표, PST55지표에 해당되고 본 신호보다 빠르게 진입시점을 보여줍니다. PST지표에서 잠재 신호는 PST75지표, PST84지표, PST99지표, PST107지표, PST111지표에 해당되고 예비 신호보다 빠르게 진입시점을 보여줍니다. PST지표에서 양자 신호는 PST124지표에 해당되고 잠재 신호보다 빠르게 진입시점을 보여줍니다.

그리고 PST1지표~PST84지표는 2차원적 PST지표이고 PST99지표 이상부터는 3차원적 PST지표로 구성됩니다. 각 지표에 대한 자세한 설명은 기존 저서를 참고하시길 바랍니다. 이번 책에서는 기존에 설명이 안 되었고, 새로 보여드리는 3차원 PST지표에 대해서 추후 자세히 설명해드리겠습니다.

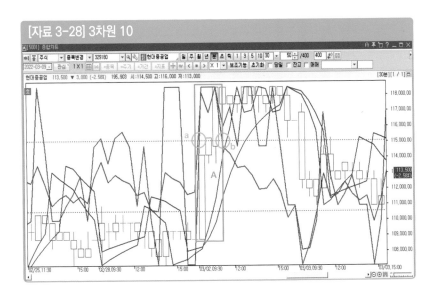

[자료 3-28]은 주식 거래에서 '현대중공업' 종목으로 30분차트이고, 2022년 2월 25일부터 3월 3일까지 추세 흐름입니다. 추세 위에 PST지표 한 개를 불러봤습니다.

여기서 사용된 지표는 PST100지표(= 해외선물에서는 PST99지표)입니다. PST100지표는 추세를 3차원적으로 생각해서 적분을 두 번 한 이중 적분법을 이용합니다. 추세를 2차원적으로 생각해서 적분을 한 번 한 PST56지표(해외선물에서는 PST55지표)보다도 더욱 정교하게 진입과 청산을 할 수 있습니다.

시간 X축에 대해서 Y축으로 한 번 적분을 하고, 시간 X축에 대해서 Z축으로 적분을 한 번 더 합니다. 기준 점선은 ALU(acceleration line up, 상향 가속선)와 ALD(acceleration line down, 하향 가속선)으로 이루어지는데 주식 거래는 매수진입만 고려하기에 ALU만 보시면 됩니다.

매수진입은 추세를 나타내는 빨간색선(MSPR) 두 개가 모두 ALU를 동시에 우상향으로 통과하는 a지점입니다. 이때 주의할 점은 PST100 지표는 추세의 기울기를 tan60도 이상~tan90도 미만까지를 예측하기에 매수진입을 늦게 할 경우 정확한 진입시점보다 높은 매수 가격으로 진입할 수 있기 때문에 매수진입을 못 하신 경우에는 추격 매수를 하지 마시고 관망을 하셔야 합니다. 매수청산은 빨간색선 두 개 중 한 개의 빨간색선이 다시 ALU를 우하향으로 통과하는 b지점에서 하시면 녹색 박스 A영역만큼 수익을 기대할 수 있습니다. PST100지표에 대한 자세한 설명은 추후 해드리겠습니다.

[자료 3-29]는 주식 거래에서 'HMM' 종목으로 30분차트이고, 2022년 3월 2일부터 3월 7일까지 추세 흐름입니다. 추세 아래에 PST지표 한 개를 불러봤습니다.

여기서 사용된 지표는 PST108지표(= 해외선물에서는 PST107지표)입니다. PST108지표는 거래할 때 수익이 날 수 있는 구간의 시작과 끝을 알려

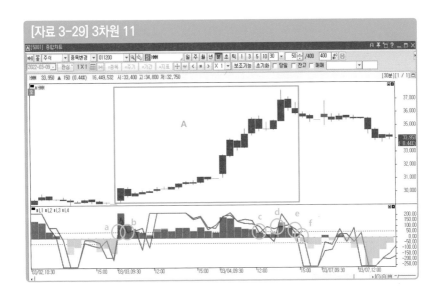

[자료 3-29] 3차원 11

주는 지표입니다.

PST이론상 2차원적으로 추세의 위치를 분석하면 P1, P2, P3, P4구
간으로 분류하고, 주식 거래인 경우는 P1구간과 P4-1구간에서만 수익
을 기대할 수 있다고 기존 저서에서 설명해드렸습니다. 그러나 추세를
3차원으로 분석한 PST지표에서는 현재 추세의 위치가 2차원적 분석방
법으로 보이는 P1, P2, P3, P4구간과 관계없이 수익이 날 수 있는 구간
을 찾아낼 수 있습니다.

PST108지표는 X축-Y축과 X축-Y축-Z축에서 각각 수익이 날 수 있
는 구간을 표시했습니다. 매수진입으로 수익이 날 경우는 빨간색 계열
(분홍색, 엷은 분홍색)의 오실레이터가 시작하는 a지점부터 끝이 나는 파란
색 계열(하늘색, 엷은 하늘색)의 오실레이터가 시작하는 f지점까지입니다.

매수진입은 잠재 신호를 나타내는 녹색선1과 녹색선2가 위의 빨간
기준 점선을 빨간색 계열의 오실레이터와 같이 우상향으로 통과하는
a지점입니다.

매수청산은 녹색선1 혹은 녹색선2 중 한 개의 선이 다시 빨간 기준 점선을 우하향으로 통과하는 b지점 혹은 c지점이 될 수 있습니다. 다시 d지점에서 매수진입 후 e지점에서 매수청산도 가능합니다. a지점에서 매수진입 후 f지점에서 매수청산을 하면 녹색박스 A영역만큼 수익을 기대할 수 있습니다.

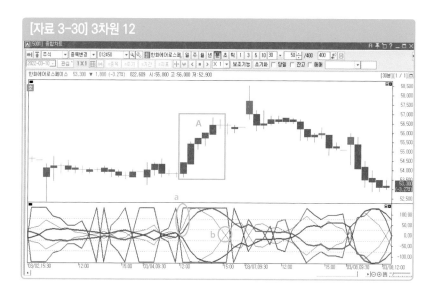

[자료 3-30]은 주식 거래에서 '한화에어로스페이스' 종목으로 30분 차트이고, 2022년 3월 2일부터 3월 8일까지 추세 흐름입니다. 추세 아래에 PST지표 한 개를 불러봤습니다.

여기서 사용된 지표는 PST112지표(= 해외선물에서는 PST111지표)입니다. PST112지표는 잠재 진입을 보여주는 PST지표 중에서 가장 최상 버전입니다.

PST112지표 또한 추세를 3차원적으로 계산했기 때문에 현재 추세의 위치가 2차원적 분석방법으로 보이는 P1, P2, P3, P4구간에 관계없이 수익이 날 수 있는 구간을 찾아낼 수 있습니다. 또한 장 시작, 장 중, 장 마감 시간과 관계없이 언제든지 매수진입시점을 너무 쉽게 여러분께 제공합니다. 그리고 매수진입 후 일반적인 매수청산은 매수진입한 기준차트보다 한 단계 낮은 하위 타임 프레임으로 청산해야 하지만 PST112지표에서는 동일 차트에서 매수청산도 가능합니다.

또 하나의 장점은 매수진입 후 청산시점을 1단계, 2단계, 3단계로 분류하는데 1단계에서 매수청산을 하면 무조건 수익을 낼 수 있습니다.

PST112지표는 추세의 상태를 X축 - Z축, X축 - Y축, X축 - Y축 - Z축으로 각각 계산해서 만들어봤습니다. [자료 3-30]을 보면 빨간색선을 굵기1, 굵기2, 굵기3으로 표시를 했습니다. 매수진입시점은 굵기1선이 두 번째 기준 점선을, 굵기2선이 첫 번째 기준점선을, 굵기3선이 세 번째 기준점선을 우상향으로 통과하는 a지점이고, 매수청산시점은 굵기1선 빨간색선과 굵기1 파란색선이 만나는 b지점입니다. PST112지표에 대한 자세한 설명은 추후에 하겠습니다.

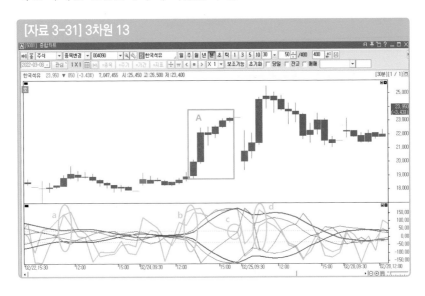
[자료 3-31] 3차원 13

[자료 3-31]은 주식 거래에서 '한국석유' 종목으로 30분차트이고 2022년 2월 22일부터 2월 28일까지 추세 흐름입니다. 추세 아래에 PST지표 한 개를 불러봤습니다.

여기서 사용된 지표는 PST125지표(= 해외선물 거래에서는 PST124지표)입니다. PST125지표는 추세를 3차원적으로 분석한 후 양자 신호를 보여주는 PST지표입니다. 추세를 이루는 구성원을 2차원적으로 생각했을 때는 주기와 힘이 있다고 생각했습니다. 그러나 주기와 힘보다 더 작은 개념의 미시적 세계가 있다고 가정하고 X축, Y축, Z축을 양자역학적으로 생각해서 만든 지표가 PST125지표입니다.

우선 3차원적 추세의 사이클을 타임 프레임으로 분류해서 두 개를 만든 후 주기, 힘보다 작은 새로운 개념의 절대 상수(Absolute Constant)를 만들어봤습니다. 시간이 X축에 따라 우측으로 흘러가면서 추세가 만들어집니다. 추세가 만들어질 때 절대 상수가 추세의 사이클이 탄생하기 전에 이미 존재한다고 가정합니다. 그래서 양자역학적으로 가장 안정된 상태가 녹색선 두 개가 추세선인 가는 빨간색선과 굵은 빨간색선 위에 존재하고, 회색선이 가는 파란색선 아래에 존재하면서, 절대상수를 나타내는 녹색선과 회색선이 기준점선을 통과하는 b지점이 매수진입시점입니다. 양자역학적으로 추세는 녹색선 한 개가 회색선을 우하향으로 통과하는 b지점에서 매수청산을 하면 무조건 녹색박스 A영역만큼 수익을 기대할 수 있습니다. a지점과 d지점은 양자 매수진입조건이 아니므로 관망해야 합니다.

PART
04

PST지표 이해

PST75지표
설명 및 예제

    [자료 4-1]은 상승 사이클 안에서 매수진입 신호가 나타나는 순서를 보여줍니다. PST이론상 양자 매수진입 신호와 잠재 매수진입 신호는 상승보합 구간에서 보여주고, 예비 매수진입 신호와 일반 매수진입 신호는 상승강화 구간에서 보여줍니다.

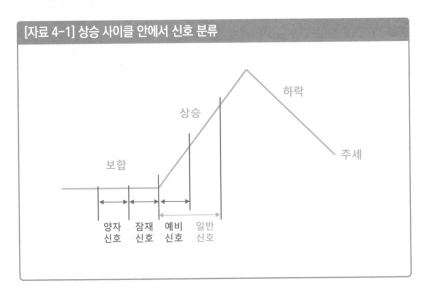

[자료 4-1] 상승 사이클 안에서 신호 분류

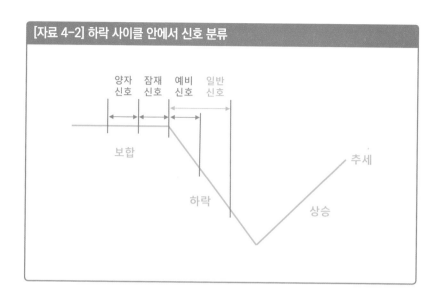

[자료 4-2] 하락 사이클 안에서 신호 분류

양자 신호   잠재 신호   예비 신호   일반 신호

보합

추세

하락

상승

[자료 4-2]는 하락 사이클 안에서 매도진입 신호가 나타나는 순서를 보여줍니다. PST이론상 양자 매도진입 신호와 잠재 매도진입 신호는 하락보합 구간에서 보여주고, 예비 매도진입 신호와 일반 매도진입 신호는 하락강화 구간에서 보여줍니다.

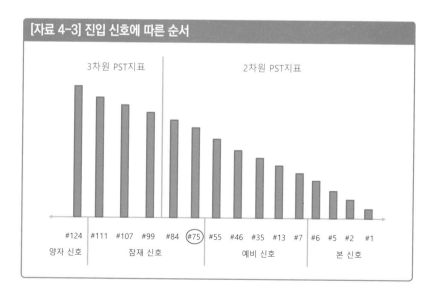

[자료 4-3] 진입 신호에 따른 순서

3차원 PST지표

2차원 PST지표

#124 #111 #107 #99 #84 (#75)   #55 #46 #35 #13 #7   #6 #5 #2 #1

양자 신호   잠재 신호   예비 신호   본 신호

[자료 4-3]은 진입 신호가 나타나는 순서를 보여줍니다. 여기서 말한 진입 신호는 매수진입 신호와 매도진입 신호가 모두 포함된 것입니다. 저는 [자료 4-1]처럼 한 방향 거래만 수익이 가능한 주식 거래뿐만 아니라 [자료 4-2]처럼 양방향 거래가 가능한 선물 거래까지 포함해서 모든 실전 거래에서 유용한 지표를 만들고 싶었습니다. PST이론을 바탕으로 해서 만든 PST지표는 국내주식, 해외주식, 국내선물, 해외선물, FX마진, 가상화폐 거래까지 모두 실시간 적용이 가능합니다.

기존에 발간된 책에서 예비 신호와 본 신호에 관련된 PST지표를 설명해드렸으니 참고하시고, 이번 책에서는 양자 신호와 잠재 신호를 중심으로 설명을 하려고 합니다.

PST75지표(=주식 거래 PST76지표)를 만든 목적은 'P2구간에서 진입해서 추세가 바뀌어 P1구간을 포함한 P4구간까지 수익을 극대화'하는 것입니다. 물론 P1구간에서 진입할 수도 있고, P4구간에서도 진입할 수 있습니다. 처음에 제가 PST이론과 PST지표를 만들어서 수업할 때는 P1구간 혹은 P4구간에서 진입하라고 했고, 절대로 P2구간에서는 진입하지 말고 관망하라고 가르쳤습니다. 이유는 일반적으로 P2구간은 상승 사이클에서는 하락을 뜻하고, 하락 사이클에서는 상승을 뜻하기 때문입니다.

PST이론상 진입은 저항선을 통과하는 돌파 매매(Breakout Trading)이지 지지선부터 진입하는 거래방법이 아닙니다. 그런데 많은 수강생들이 저한테 와서 지지선부터 거래를 할 수 없는지를 문의해주셔서 저는 지지선부터 매매하는 것은 돌파 매매가 아니기 때문에 PST이론과 안 맞는다고 하면서 불가능이라고 말을 했습니다. 그러나 지금은 불가능이었던 이 숙제를 PST75지표로 해결을 했습니다.

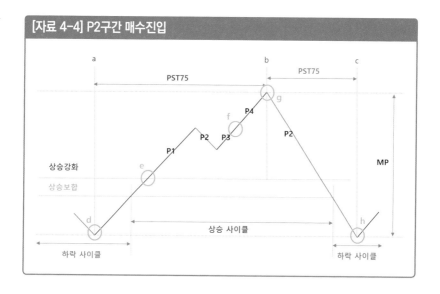

[자료 4-4] P2구간 매수진입

[자료 4-4]는 P2구간에서 PST75지표를 이용해서 매수진입을 보여 주고 있습니다. 이전에 만든 PST지표를 사용해서 매수진입을 하면 e지 점에서 매수진입을 해서 P1구간부터 수익을 기대할 수 있고, f지점에서 매수진입을 해서 P4구간부터 수익을 기대할 수 있었습니다. 상승보합에서 상승강화로 바뀌는 P1구간과 상승보합에서 재상승강화로 바뀌는 P4구간에서만 거래할 수 있었습니다.

질문을 하나 드리겠습니다. "만약 d지점에서 매수진입을 했다면 매수진입 시 어떤 구간일까요?" 정답은 "P2구간"입니다. P2구간은 사이클에서 반대로 진입할 때를 말합니다. d지점에서는 추세는 상승처럼 보이나 사이클 자체는 하락 사이클이 아직 안 끝났기 때문에 PST이론상 P2구간이 맞습니다. 만약 d지점에서 매수진입을 시작해서 g지점에서 매수청산을 하면 수익이 극대화(Maximum Profit) 됩니다. 이해되시나요? 그리고 상승 사이클 안에 있는 g지점에서 매도진입을 하고, h지점에서 매도청산을 해도 수익은 극대화(MP)가 될 수 있습니다.

결과적으로 PST75지표를 활용해서 수익을 극대화하면 하나의 사이클 내에서 추세의 최저점부터 최고점까지 수익을 기대할 수 있습니다. [자료 4-4]에서 상승 사이클 내에서도 P2구간에서 매도진입으로 수익이 났다면 추세를 잘못 본 것은 아닙니다. 추세는 트레이더 각자마다 보는 시점에 따라서 추세가 상승일 수도 있고, 하락일 수도 있고, 보합일 수도 있습니다. 크게 보면 상승추세 같지만 상승추세 안에서 P1구간이 끝나고 P2구간이 시작되는 지점에서 추세의 시작이라고 생각하는 트레이더는 매도진입을 할 수도 있습니다. 물론 오래 보유하면 손실이 날 수도 있습니다. 그래서 일반적으로 P2구간에서 진입은 무조건 큰 수익을 기대하면 안 됩니다. PST75지표를 사용하면 매수진입 후 매수청산까지의 보유시간을 알 수 있기 때문에 큰 수익이 날지, 작은 수익이 날지는 걱정하실 필요가 없습니다. PST이론은 매수진입 후 가격이 얼마까지(How Much) 가는지는 알 수가 없지만, 언제(Until When)까지 보유할지는 알 수 있습니다. 다시 말해서 Y축(가격)으로 청산을 하는 것이 아니라 X축(시간)으로 청산을 하는 방법을 택합니다.

기존 저서에서 추세의 위치를 설명할 때는 PST31지표를 가지고 P1, P2-1, P2-2, P3, P4-1, P4-2구간을 분류했습니다. PST이론상 P1, P4-1, P2-1구간만 진입을 고려하고 P2-2, P3, P4-2구간은 매수진입과 매도진입을 하지 말고 관망하라고 했습니다. 이유는 P2-2, P3, P4-2구간은 모두 되돌림이 발생할 수 있어서 수익이 나기가 어려운 구간이기 때문입니다.

그러나 PST75지표가 있으면 수익이 나기 어려운 구간과 쉬운 구간에 관계없이 PST이론상 수익이 날 수 있는 구간의 시작과 끝을 알려줍니다. 실전 거래할 때 필요충분 조건이 있습니다. PST75지표가 필요조건에 해당되는 지표이고, 충분조건은 PST지표 중 기울기 설정이 가능한 지표(예 : PST6지표, PST13지표, PST55지표)가 해당합니다. 기울기 설정이 가능한 지표를 선택할 때 중요한 점은 매수진입하는 시점이 e지점처럼 P1구간이나 f지점처럼 P4구간이면 기울기 설정이 가능한 아무 PST지표를 사용해도 괜찮습니다. 그러나 P2-2구간인 d지점에서 매수진입일 때는 tan60도 이상 설정을 할 수 있는 PST지표가 필요하고, g지점에서 매도진입일 때는 기울기가 arctan60도 이상 설정을 할 수 있는 PST지표가 필요하므로 PST55지표 혹은 PST99지표를 선택해야 합니다.

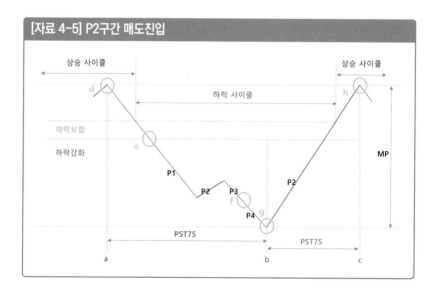

[자료 4-5] P2구간 매도진입

[자료 4-5]는 P2구간에서 PST75지표를 이용해서 매도진입을 보여주고 있습니다. 전에 만든 PST지표를 사용해서 매도진입을 하면 e지점에서 매도진입을 해서 P1구간부터 수익을 기대할 수 있고, f지점에서 매도진입을 해서 P4구간부터 수익을 기대할 수 있었습니다. 하락보합에서 하락강화로 바뀌는 P1구간과 하락보합에서 재하락강화로 바뀌는 P4구간에서만 거래할 수 있었습니다.

질문 하나를 드리겠습니다. "만약 d지점에서 매도진입을 했다면 매도진입 시 어떤 구간일까요?" 정답은 "P2구간"입니다. P2구간은 사이클에서 반대로 진입할 때를 말합니다. d지점에서는 추세는 하락처럼 보이나 사이클 자체는 상승 사이클이 아직 안 끝났기 때문에 PST이론상 P2구간이 맞습니다. 만약 d지점에서 매도진입을 시작해서 g지점에서 매도청산을 하면 수익이 극대화됩니다. 이해되시나요? 그리고 하락 사이클 안에 있는 g지점에서 매수진입을 하고, h지점에서 매수청산을 해도 수익은 극대화(MP)가 될 수 있습니다.

결과적으로 PST75지표를 활용해서 수익을 극대화하면 하나의 사이클 내에서 추세의 최고점부터 최저점까지 수익을 기대할 수 있습니다.

[자료 4-5]에서 하락 사이클 내에서도 P2구간에서 매수진입으로 수익이 났다면 추세를 잘못 본 것은 아닙니다. 추세는 트레이더 각자마다 보는 시점에 따라서 추세가 상승일 수도 있고, 하락일 수도 있고, 보합일 수도 있습니다. 크게 보면 하락추세 같지만 하락추세 안에서 P1구간이 끝나고 P2구간이 시작되는 지점에서 추세의 시작이라고 생각하는 트레이더는 매수진입을 할 수도 있습니다. 물론 오래 보유하면 손실이 날수도 있습니다. 그래서 일반적으로 P2구간에서 진입은 무조건 큰

수익을 기대하면 안 됩니다. PST75지표를 사용하면 매도진입 후 매도 청산까지 보유시간을 알 수 있기 때문에 큰 수익이 날지, 작은 수익이 날지는 걱정하실 필요가 없습니다. PST이론은 매수진입 후 가격이 얼마까지 가는지는 알 수가 없고 언제까지 보유할지 알 수 있습니다. 다시 말해서 Y축(가격)으로 청산을 하는 것이 아니라 X축(시간)으로 청산을 하는 방법을 택합니다.

기존 저서에서 추세의 위치를 설명할 때는 PST31지표를 가지고 P1, P2-1, P2-2, P3, P4-1, P4-2구간을 분류했습니다. PST이론상 P1, P4-1, P2-1구간만 진입을 고려하고 P2-2, P3, P4-2구간은 매수진입과 매도진입을 하지 말고 관망하라고 했습니다. 이유는 P2-2, P3, P4-2구간은 모두 되돌림이 발생할 수 있어서 수익 나기가 어려운 구간이기 때문입니다.

그러나 PST75지표가 있으면 수익이 나기 어려운 구간과 쉬운 구간에 관계없이 PST이론상 수익이 날 수 있는 구간의 시작과 끝을 알려줍니다. 실전 거래할 때 필요충분 조건이 있습니다. PST75지표가 필요조건에 해당되는 지표이고, 충분조건은 PST지표 중 기울기 설정이 가능한 지표(예: PST6지표, PST13지표, PST55지표)가 해당합니다. 기울기 설정이 가능한 지표를 선택할 때 중요한 점은 매도진입하는 시점이 e지점처럼 P1구간이나 f지점처럼 P4구간이면 기울기 설정이 가능한 아무 PST지표를 사용해도 괜찮습니다. 그러나 P2-2구간인 d지점에서 매도진입일 때는 arctan60도 이상 설정을 할 수 있는 PST지표가 필요하고, g지점에서 매수진입일 때는 기울기가 tan60도 이상 설정을 할 수 있는 PST지표가 필요하므로 PST55지표 혹은 PST99지표를 선택해야 합니다.

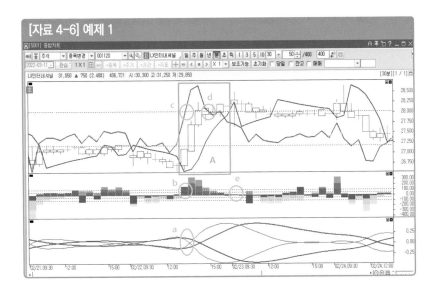

[자료 4-6]은 주식 거래에서 'LX인터내셔널' 종목으로 30분차트이고, 2022년 2월 21일부터 2월 24일까지 추세 흐름입니다. 추세 위에 PST56지표와 추세 밑에 PST76지표와 PST32지표를 사용했습니다.

PST32지표(= 해외선물 PST31지표)와 PST56지표(= 해외선물 PST55지표)는 예비 신호를 알려주고, PST76지표(= 해외선물 PST75지표)는 잠재 신호를 알려줍니다. 질문을 먼저 해볼까요? a지점에서 추세는 최저점에서 양봉을 만들면서 상승하려고 합니다. a지점은 상승 사이클 구간일까요? 하락 사이클 구간일까요?

추세가 상승 사이클 구간인지, 하락 사이클 구간인지 구별은 추세 밑에 있는 두 번째 지표인 PST32지표를 보고 판단하면 쉽습니다. a지점을 보니 굵은 파란색선이 굵은 빨간색선 위에 존재하기 때문에 하락 사이클 구간이 맞습니다.

그럼 하락 사이클 구간(P2구간)인 a지점에서 매수진입이 가능할까요? 이때는 추세 밑에 있는 첫 번째 지표인 PST76지표를 보고 판단하면 쉽습니다. b지점을 보니 빨간색 계열의 오실레이터가 첫 번째 빨간 기준 선 위를 통과하기에 추세의 위치에 관계없이 수익을 낼 수 있는 매수진 입이 가능한 시작시점입니다.

PST76지표는 수익이 날 수 있는 구간의 시작과 끝을 잡을 수 있지 만 진입 후 기울기는 계산하지 못하기 때문에 추세 위에 있는 PST56지 표를 활용하면 더욱 좋습니다. PST56지표로 c지점에서 매수진입을 한 후 d지점에서 매수청산을 하면 하락 사이클에서 매수로 진입해서 녹색 박스 A영역만큼 수익을 기대할 수 있습니다.

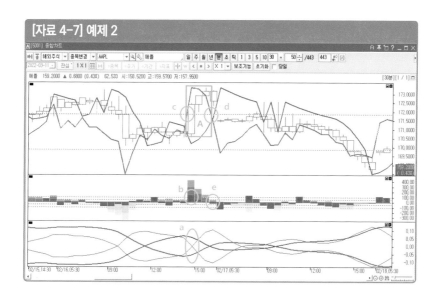

[자료 4-7] 예제 2

[자료 4-7]은 미국주식 거래에서 '애플(AAPL)' 종목으로 30분차트이 고, 2022년 2월 15일부터 2월 18일까지 추세 흐름입니다. 추세 위에 PST56지표와 추세 밑에 PST76지표와 PST32지표를 사용했습니다.

미국주식 시장은 미국 현지 시간으로 9시 30분에 시작해서 16시에 마감을 합니다. 한국시간으로는 23시 30분부터 6시에 해당하죠. 서머

타임(Summer Time)이 끝나면 1시간 당겨지니 참고하시길 바랍니다. 직장인 트레이더분들이 오전에 한국주식 거래를 출근해서 못하기 때문에 미국주식 거래를 하는 분들이 많이 생기셨습니다. 제가 실제로 미국주식을 거래해보니 한국주식과 비슷하게 개장 후 약 2시간 정도만 P1구간이 존재합니다.

[자료 4-7]에 표시된 시간은 미국 현지 시간을 의미합니다. 실전 거래에서 가장 안전한 진입은 P1구간과 P4-1구간이고 나머지 구간은 진입할 때 조심하셔야 합니다. PST이론상 P1구간과 P4-1구간을 제외한 나머지 구간에서는 변동성이 있기 때문입니다.

PST지표를 몇 가지 같이 사용할 때는 항상 우선순서(Priority)를 정해야 합니다. [자료 4-7]에서 사용한 PST지표에서 우선순서는 어떻게 될까요?

추세의 위치 파악을 먼저 해야 하기 때문에 PST32지표를 먼저 확인해야 합니다. a지점을 보니 추세의 위치는 하락 사이클임을 먼저 파악합니다. 그다음에 수익이 날 수 있는 구간을 b지점에서 PST75지표로 확인을 합니다. 마지막으로 매수진입시점을 c지점에서 합니다. 물론 매수진입할 때는 하위 타임 프레임도 동일 매수진입 조건이 되어야 합니다. 매수청산은 d지점, 혹은 e지점에서 하면 녹색박스 A영역만큼 수익을 기대할 수 있습니다.

[자료 4-8]은 해외선물 거래에서 '금 4월물' 종목으로 10분차트이고, 2022년 3월 9일 6시 10분부터 15시 20분까지 추세 흐름입니다. 추세 위에 PST55지표와 추세 밑에 PST75지표와 PST31지표를 사용

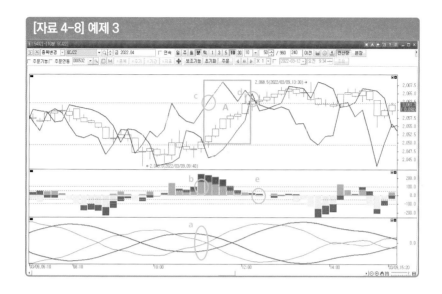

[자료 4-8] 예제 3

했습니다.

PST31지표(=주식 PST32지표)와 PST55지표(=주식 PST56지표)는 예비 신호를 알려주고, PST75지표(=주식 PST76지표)는 잠재 신호를 알려줍니다.

PST지표의 장점 중에 또 다른 하나는 확장성입니다. PST지표는 국내주식 거래뿐만 아니라 해외주식 거래, 국내선물, 해외선물, FX마진, 가상화폐 거래 등 차트로 표시되는 모든 거래는 실시간 적용이 가능합니다. 국내주식, 해외주식, 국내선물 거래는 유진투자증권 HTS를 오픈 후 화면번호 [5001] 화면에서 PST지표를 활용하면 되고, 해외선물 거래는 브이아이금융투자 HTS를 오픈 후 화면번호 [5402] 화면에서 PST지표를 활용하면 됩니다.

하락 사이클에서 매수진입은 추세의 위치 중 어디에 해당될까요? 정답은 P2구간입니다. P2구간에서 진입했다는 것은 추세의 반대 방향으로 진입했다는 것을 뜻합니다. P2구간은 동일 사이클 내에도 존재하고 동일 사이클 외에도 존재합니다.

a지점에서 매수진입은 하락 사이클에서 매수진입을 뜻하니 동일 사이클 외에서 진입하는 P2구간입니다. 이해가 되시나요? 일반적으로 가장 많은 수익이 나는 경우가 [자료 4-8]처럼 동일 사이클 외에서 진입을 하고 보유기간 동안 추세가 동일 사이클로 바뀌는 경우입니다. 매수진입은 b지점을 확인한 후 c지점에서 하면 되고, 매수청산은 PST75지표를 보고 e지점에 해도 되지만, 욕심 안 내고 PST55지표를 보고 d지점에서 하면 녹색박스 A영역만큼 수익을 기대할 수 있습니다.

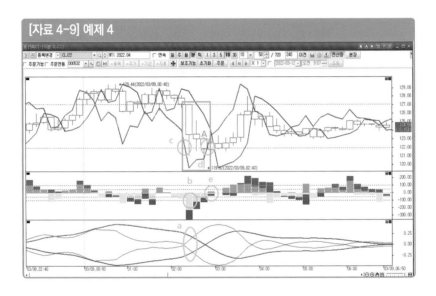

[자료 4-9] 예제 4

[자료 4-9]는 해외선물 거래에서 'WTI 4월물' 종목으로 10분차트이고, 2022년 3월 8일 22시 40분부터 3월 9일 6시 50분까지 추세 흐름입니다. 추세 위에 PST55지표와 추세 밑에 PST75지표와 PST31지표를 사용했습니다.

최근 우크라이나 전쟁 때문에 유가, 금, 밀, 천연가스, 팔라듐, 니켈, 구리 등 원자재 가격이 급등한다는 뉴스가 많이 나오고 있습니다. 많은 수강생들이 "이런 전쟁 기간 동안에 원자재 가격 상승이 보이기 때문에 매수진입을 하고 기다리면 수익이 나지 않을까?" 하고 궁금해하십니다. 결과적으로 일정 기간에는 추세가 상승할 수 있지만, 여러분은 추세를 만드는 마켓 메이커가 아니기 때문에 장기간 보유는 의미가 없습니다. 그럼 추세가 상승한다고 가정할 때 매수진입을 하면 수익이 날까요?

물론 수익 날 확률이 높지만 변동성이 크고 레버리지가 큰 해외선물 거래에서는 꼭 그렇지는 않습니다. a지점은 어떤 사이클 구간일까요? 추세 밑에 있는 두 번째 지표인 PST31지표를 보니 굵은 빨간색선이 굵은 파란색선 위에 존재하므로 아직도 상승 사이클 구간임을 알 수 있습니다. 만약 a지점에서 매도진입을 한다면 P2구간에서 하는 의미입니다. P2구간에서 수익을 내기 위해서는 반드시 추세 밑에 있는 첫 번째 지표인 PST75지표를 보고 진입 필요조건이 되는지 확인해야 합니다. 매도진입은 b지점처럼 파란색 계열의 오실레이터가 아래 빨간 점선을 통과하면 매도진입 조건이 성립됩니다. 매도진입은 추세 위에 있는 PST55지표를 보고 c지점에서 빨간색선이 ALD(하향가속라인)를 통과할 때입니다. 매도청산은 d지점이나 e지점에서 하면 녹색박스 A영역만큼 수익을 기대할 수 있습니다.

PST84지표
설명 및 예제

[자료 4-10]처럼 PST84지표는 잠재 신호에 속하고 2차원 PST지표 중 최고 상위 버전 지표입니다. 네 번째로 출간하는 이 책은 3차원 PST 지표를 소개하는 목적으로 썼지만 이전까지는 PST84지표가 PST교육 할 때 고급반 마지막 지표로 사용될 만큼 중요했습니다.

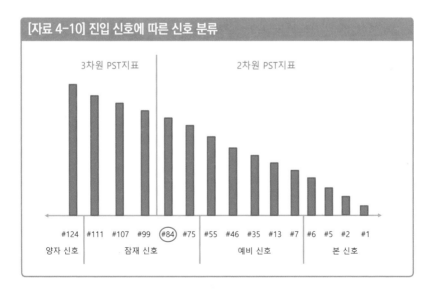

[자료 4-10] 진입 신호에 따른 신호 분류

거래할 때 매수진입이든, 매도진입이든 본 신호가 나타납니다. '본 신호보다 빠르게 나타나는 것이 없을까?'를 연구하다 찾아낸 것이 예비 신호이고, '예비 신호보다 빠르게 나타나는 것이 없을까?'를 연구하다 찾아낸 것이 잠재 신호이지요.

그럼 잠재 신호에서 PST75지표도 있는데, 왜 PST84지표를 또 연구해서 만들었을까요? 물론 지금 보면 PST84지표보다 더욱 상위 버전 지표들도 많이 만들었습니다만 그 당시는 PST75지표를 만든 후 수강생들이 좋은 결과를 보여주어서 더 이상 버전의 지표는 저도 못 만들 줄 알았습니다. 그러나 연구를 좋아하는 저는 PST75지표의 단점을 보완하면서 다른 각도로 생각해서 PST84지표를 탄생시키게 되었습니다.

PST75지표는 추세의 위치에 관계없이 수익이 날 수 있는 구간의 시작과 끝을 찾아낸다고 일전에 말씀드렸습니다. 그런데 PST75지표 한 개만 보고 진입하기에는 어렵습니다. 그래서 PST75지표는 기울기 설정이 가능한 다른 PST지표와 같이 보면 효과적이라고 말씀드렸지요. 문제는 기울기 설정을 가장 효과적인 PST55지표를 사용하면 기울기가 tan60도 이상~90도 미만 혹은 arctan60도 이상~90도 미만으로 추세의 움직이는 속도가 매우 빠르기 때문에 연습이 부족한 상태에서는 추격 매수진입이나 추격 매도진입을 할 수가 없습니다. 그래서 생각한 것이 '기울기 설정이 가능한 PST지표를 사용하지 않고 PST75지표와 잠재 신호를 보여주는 또 다른 지표를 만들면 어떨까?'라는 것이었습니다.

PST84지표는 PST75지표보다 진입 신호가 빠르거나 거의 같습니다. PST84지표에서 매수진입 신호 혹은 매도진입 신호가 나오면 기울기는 몰라도 손해를 보는 경우는 없습니다. 그리고 진입을 하면 1차 청산시점과 2차 청산시점을 X축을 보면 찾아낼 수 있습니다.

[자료 4-11] 진입구간 분류

구분	1분	3분	5분	10분
A	○	○	○	○
B	○	○	○	△
C	○	○	○	×

[자료 4-11]은 타임 프레임에 따라 진입구간 분류를 나타내었습니다. A경우는 1분, 3분, 5분, 10분 타임 프레임이 모두 P1구간 혹은 P4-1구간인 경우입니다. B경우는 1분, 3분, 5분 타임 프레임만 P1구간 혹은 P4-1구간인 경우이고 10분은 P4-2구간인 경우입니다. C경우는 1분, 3분, 5분 타임 프레임만 P1구간 혹은 P4-1구간인 경우이고, 10분은 P2구간인 경우입니다.

제가 PST교육할 때는 제일 안전한 경우는 A경우이고, 조심해야 할 경우는 B경우이고, 거래하지 않고 관망하는 경우는 C경우라고 말씀드립니다.

물론 지금은 3차원 추세분석과 PST지표를 만들어서 A, B, C 모든 경우에 진입을 해서 수익을 낼 수 있습니다만, 이전에는 A와 B경우만 거래하라고 가르쳤습니다. PST연구를 하다가 2차원 추세분석으로 A, B, C 모든 경우에 진입해서 수익이 나는 지표를 만든 것이 PST84지표입니다.

[자료 4-11]은 기준차트를 모두 10분으로 설정합니다. 그래서 10분 차트의 추세의 위치에 따라 A, B, C가 분류되죠. 기준차트를 10분으로 설정할 때는 상위차트인 30분차트를 보지 않습니다. 이와 같은 생각으로 만약 기준차트를 5분차트로 보면 어떨까요? 상위차트인 10분차트

의 추세 위치를 고려하지 않아도 되지 않을까요? 그래서 PST84지표는 기준차트를 5분으로 설정합니다.

PST84지표는 잠재 신호를 세 개 만들어서 잠재 신호 세 개가 진입 조건이 되면 매수진입이나 매도진입을 할 수 있고, 기준차트를 5분차 트로 설정하기에 주식 거래에는 적용하기가 어렵고 해외선물 거래에서 만 적용합니다.

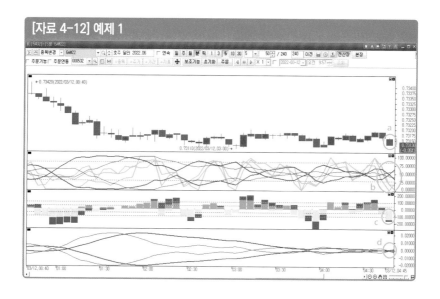

[자료 4-12] 예제 1

[자료 4-12]는 해외선물 거래에서 '호주달러 6월물' 종목으로 5분 차트이고, 2022년 3월 12일 0시 40분부터 4시 45분까지 추세 흐름입 니다. 추세 아래에 순서대로 PST84지표, PST75지표, PST31지표를 사 용했습니다.

원칙적으로 PST84지표와 PST75지표는 잠재 신호를 보여주기에 추 세의 위치를 알려주는 PST31지표는 필요하지 않지만 진입 시 순방향 인지, 역방향인지 확인하기 위해서 설정을 해봤습니다. 이유는 일반적으로 청산시점이 순방향일 때는 수익을 많이 기대할 수 있지만, 역방향일 때는 수익을 많이 기대하시면 안 됩니다.

a지점에서 매도진입을 하려고 d지점을 보니 하락 사이클 구간이기 때문에 수익을 많이 기대해도 좋을 것 같습니다. 매도진입은 PST75지표를 보니 파란색 계열의 오실레이터가 아래 빨간 점선을 우하향으로 통과하기에 조건에 만족합니다. 이때 PST84지표를 b지점에서 보니까 잠재 신호를 나타내는 녹색선 세 개가 모두 아래 기준 점선을 우하향으로 통과하기에 조건에 만족하니 매도진입시점이 맞습니다.

그럼 매도청산은 언제일까요? 물론 매도청산을 PST75지표를 보아도 좋습니다만 PST84지표로 맞게 매도진입을 했기 때문에 PST84지표로 매도청산을 하면 무척 쉽습니다. PST84지표는 시작할 때 진입조건이 되면 청산할 때 시점을 1차와 2차로 보여줍니다. 여기서는 순방향으로 진입했기 때문에 2차 청산시점으로 고려해보겠습니다.

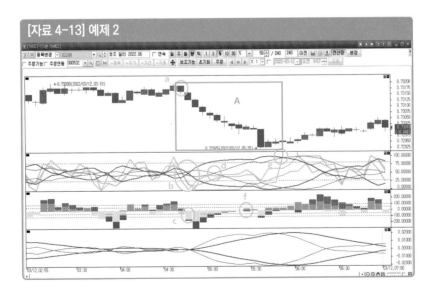

[자료 4-13] 예제 2

[자료 4-13]은 해외선물 거래에서 '호주달러 6월물' 종목으로 5분차트이고, 2022년 3월 12일 2시 55분부터 7시까지 추세 흐름입니다. 추세 아래에 순서대로 PST84지표, PST75지표, PST31지표를 사용했습니다.

[자료 4-13]은 [자료 4-12]의 a지점에서 매도진입 이후에 5분차트입니다. PST84지표를 보면 1차 매도청산은 d지점에서 하면 되고, 2차 매도청산은 e지점에서 하면 됩니다. 참고로 1차 매도청산은 가는 파란색선이 가는 빨간색선을 우하향으로 통과하는 지점이고, 2차 매도청산은 굵은 파란색선이 가는 빨간색선을 우하향으로 통과하는 지점입니다.

이번 경우는 1차 청산시점에서 하는 것이 맞을까요? 2차 청산시점에서 하는 것이 맞을까요? 매도진입 시 순방향(하락 사이클에서 매도진입한 경우)이기 때문에 2차 청산을 하는 것이 맞습니다. 물론 PST75지표를 보고 f지점에서 매도청산을 고려해도 하나의 방법입니다. 그러나 일반적으로 PST84지표와 PST75의 진입조건이 모두 맞고 순방향인 경우에는 PST75지표의 청산시점보다 PST84지표의 청산시점이 더 많은 수익을 기대할 수 있습니다.

[자료 4-13]에서는 a지점에서 매도진입한 후 e지점에서 매도청산을 해서 녹색박스 A영역만큼 수익을 기대할 수 있습니다.

[자료 4-14]는 해외선물 거래에서 '미니 S&P 500 6월물' 종목으로 5분차트이고, 2022년 3월 11일 17시 45분부터 21시 50분까지 추세 흐름입니다. 추세 아래에 순서대로 PST84지표, PST75지표, PST31지표를 사용했습니다.

많은 수강생들이 PST이론과 PST지표를 좋아하신 것이 진입시점과

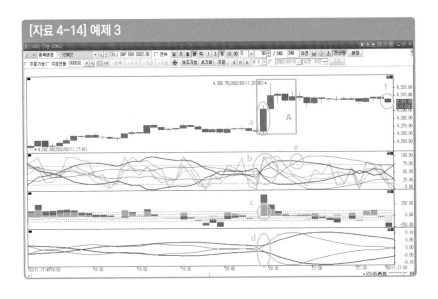

[자료 4-14] 예제 3

청산시점을 정확하게 알려준다는 것입니다. 유명한 강사님이 강의하신 것과 베스트셀러 책을 봐도 진입시점과 청산시점을 애매하게 알려주고 있습니다. 예로 '무릎에 사서 어깨에 팔아라'라고 말하는데 어디가 무릎이고 어디가 어깨인지는 아무도 모르는데 말이지요. '달리는 말에 올라 타라'라고 말하는데 어느 말이 달리는 말인지 말하는 분도 모르고 그런 말을 하십니다. 하지만 PST84지표를 보면 한 번에 해결됩니다.

PST84지표로 매수진입할 때는 녹색선인 잠재 신호 세 개가 두 개의 상승 사이클이 된 상태에서 순서와 관계없이 이 기준점선을 통과할 때입니다. a지점에서 매수진입을 하면 어디에서 매수청산을 할까요? 정답은 e지점입니다. a지점에 해당하는 곳을 PST31지표에서 보니 d지점으로 추세는 상승 사이클 중임을 알 수 있습니다. 상승 사이클 중에서 매수진입을 하니 청산은 PST84지표에서 2차 매수청산인 굵은 빨간색 선이 가는 파란색선을 우하향으로 통과하는 e지점을 처음부터 예상할 수 있습니다. 물론 매수진입할 때 PST75지표를 보니 매우 안전하다는 것도 도움이 됩니다. 매수진입을 하고 PST84지표로 2차 청산까지 보유하면 녹색박스 A영역만큼 수익을 기대할 수 있습니다.

그럼 [자료 4-14]에서 f지점에서 매도진입을 하면 언제 매도청산을 할 수 있을까요?

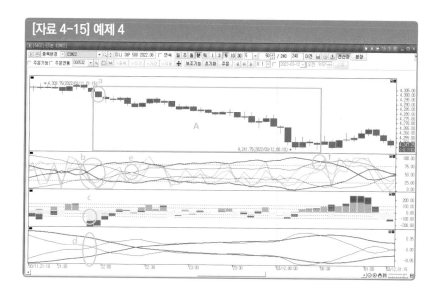

[자료 4-15]는 해외선물 거래에서 '미니 S&P 500 6월물' 종목으로 5분차트이고, 2022년 3월 11일 21시 10분부터 3월 12일 1시 15분까지 추세 흐름입니다. 추세 아래에 순서대로 PST84지표, PST75지표, PST31지표를 사용했습니다.

[자료 4-15]는 a지점에서 매도진입 이후의 추세를 보여줍니다. PST 교육할 때 항상 강조한 것이 진입시점에서 추세의 위치가 무엇인지와 청산시점에서 추세의 위치가 무엇인지입니다. 왜냐하면 추세의 위치에 따라서 보유 시간이 다르기 때문입니다. 보유 시간은 다음과 같이 생각할 수 있습니다.

첫 번째로 진입할 때 P1구간과 P4구간에서 진입을 하면 PST84지표에서 2차 청산시점까지 보유할 수 있습니다. 두 번째로 진입할 때 P2구간이고 청산시점 때도 P2구간이면 PST84지표에서 1차 청산시점까지만 보유할 수 있습니다. 세 번째로 진입할 때 P2구간인데 청산시점 때 P1구간이나 P4구간으로 바뀌면 PST84지표에서 2차 청산시점까지 보유할 수 있습니다. 이해되시나요?

PST이론상 청산시점은 2차원 추세분석에서는 X축인 시간으로 결정하지, Y축인 가격으로 결정하지 않습니다. Y축의 가격으로 결정하는 것은 마켓 메이커만 알 수 있습니다. a지점에서 매도진입할 때 PST31지표를 보니 추세가 상승 사이클 구간이 안 끝났기 때문에 P2구간임을 알 수 있습니다. 매도진입 시 PST84지표와 PST75지표도 매도진입 조건이 되니 편안히 매도진입을 하죠. 매도청산은 1차 청산인 e지점까지는 사이클이 안 바뀌었으나 2차 청산하기 전에 상승 사이클로 바뀌었기 때문에 2차 청산시점인 f지점까지 보유를 할 수 있습니다.

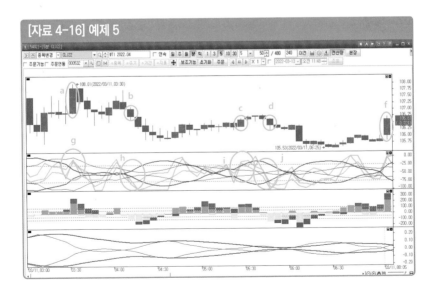

[자료 4-16] 예제 5

[자료 4-16]은 해외선물 거래에서 'WTI 4월물' 종목으로 5분차트이고, 2022년 3월 11일 3시부터 8시 5분까지 추세 흐름입니다. 추세 아래에 순서대로 PST84지표, PST75지표, PST31지표를 사용했습니다.

먼저 질문을 하나 드리겠습니다. "a지점에서 매수진입, b지점에서 매도진입, c지점에서 매수진입, d지점에서 매도진입을 하면 좋을까요?" 정답은 "아닙니다"입니다.

PST84지표로 하나씩 확인해보겠습니다. a지점에 해당하는 PST84지표의 g지점을 보니 잠재 신호인 녹색선 세 개는 이 기준점선을 우상향으로 통과를 하지만 큰 사이클은 하락 사이클을 보이고 작은 사이클은 상승 사이클이 보여서 사이클이 다르기 때문에 관망해야 합니다. b지점에 해당하는 PST84지표의 h지점을 보니 잠재 신호인 녹색선 세 개는 아래의 기준점선을 우하향으로 통과를 하지만 큰 사이클은 하락 사이클을 보이고 작은 사이클은 상승 사이클이 보여서 사이클이 다르기 때문에 관망해야 합니다. c지점에 해당하는 PST84지표의 i지점을 보니 사이클 두 개는 모두 상승 사이클로 같지만 잠재 신호인 녹색선 세 개 중 두 개만 우상향으로 통과하기에 관망해야 합니다. d지점에 해당하는 PST84지표의 j지점을 보니 잠재 신호인 녹색선 세 개는 아래의 기준점선을 우하향으로 통과를 하지만 큰 사이클은 상승 사이클을 보이고 작은 사이클은 하락 사이클이 보여서 사이클이 다르기 때문에 관망해야 합니다. 이해되시나요?

각 진입시점에서 PST75지표는 진입조건이 되어도 PST84지표의 진입조건이 안 되면 진입하지 말고 관망하셔야 합니다. f지점에서 매수진입을 하면 어떻게 될까요?

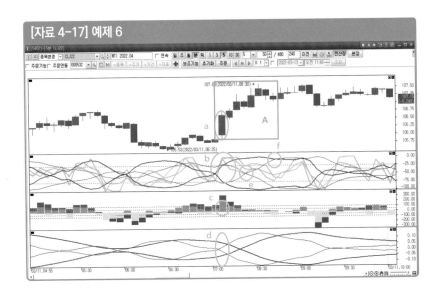

[자료 4-17]은 해외선물 거래에서 'WTI 4월물' 종목으로 5분차트이고, 2022년 3월 11일 4시 55분부터 10시까지 추세 흐름입니다. 추세 아래에 순서대로 PST84지표, PST75지표, PST31지표를 사용했습니다.

[자료 4-17]은 a지점에서 매수진입 이후의 추세를 보여줍니다. a지점에 해당하는 PST31지표를 보면 d지점에서 사이클은 굵은 파란색선이 굵은 빨간색선 위에 존재하므로 하락 사이클임을 알 수 있습니다. 하락 사이클에서 매수진입을 하니까 P2구간에 진입한다고 말할 수 있습니다. 또한 PST75지표로 c지점을 보니 빨간색 계통의 오실레이터가 위의 빨간 기준점선을 위로 통과하기에 매수진입이 수익이 날 수 있는 구간임을 보여줍니다. 마지막으로 PST84지표를 볼까요?

b지점에서 매수진입할 때는 두 개의 상승 사이클이 모두 맞은 상태에서 잠재 신호인 녹색선 세 개가 모두 위의 기준점선을 우상향으로 통과했습니다. 그러나 조금 후 한 개의 녹색선이 기준점선으로 내려왔네

요. 보이시나요? 이때는 매수진입을 했는데 어떻게 해야 할까요? 여러 가지 규칙을 정해야 합니다. 수업시간에 제가 항상 말씀드리는 것 중에 하나가 거래할 때는 진입, 보유, 청산의 3가지 경우를 모두 계획해야 하고 청산은 계획1, 계획2, 계획3 등을 미리 세워야 한다고 말씀드립니다. 만약 a지점에서 늦게 매수진입을 했으면 두 번째 양봉의 최저점이 진입가보다 내려와서 마이너스가 되면 청산을 해야 합니다. 진입 후 약간의 되돌림이 있어도 진입가격까지 내려오지 않으면 나머지 녹색 신호 두 개가 굵은 빨간색선 아래로 우하향되지 않으면 보유해야 합니다. 매수청산은 f지점에서 하시면 맞습니다.

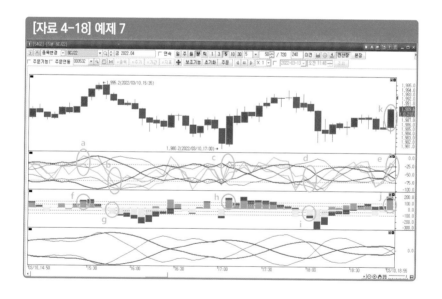

[자료 4-18]은 해외선물 거래에서 '금 4월물' 종목으로 5분차트이고, 2022년 3월 10일 14시 50분부터 18시 55분까지 추세 흐름입니다. 추세 아래에 순서대로 PST84지표, PST75지표, PST31지표를 사용했습니다.

PST지표를 여러 개 불러서 사용할 때에는 PST지표의 특징을 알고 우선순위를 정해서 보여야 합니다. PST31지표는 추세의 위치 파악이 목적입니다. 현재 여러분이 어느 지점에서 매수진입 혹은 매도진입을 했을 때 추세의 위치에 따라서 순방향 진입인지 혹은 역방향 진입인지 결정이 되고 거기에 따라 청산의 시간도 다르게 정해집니다. 그래서 PST31지표로 추세의 위치의 파악이 가장 먼저 선행되어야 하지만 마지막으로 진입 버튼을 누를 때는 PST31지표를 보고 누르면 안 됩니다. PST75지표를 보고 f지점과 h지점에서 빨간색 계열의 오실레이터가 이 기준점선을 위로 통과해서 매수진입 조건이 되고 g지점과 i지점에서 파란색 계열의 오실레이터가 아래 기준점선을 아래로 통과해서 매도진입 조건이 되어서 진입이 가능할까요? 정답은 아닙니다. PST75지표는 거래할 때 수익이 날 수 있는 구간의 시작과 끝을 알려주지만 진입 시 기울기 설정을 못해서 PST55지표나 PST84지표 등 다른 지표와 같이 사용하는 것이 효과적입니다.

PST75지표에서 f지점, g지점, h지점, i지점에 각각 해당하는 지점을 PST84지표로 확인하면 모두 사이클 상태가 다르거나 혹은 잠재 신호 진입 조건이 맞지 않아서 관망해야 하는 것을 알 수 있습니다.

그러나 PST75지표에서 j지점과 PST84지표에서 e지점에서 매수진입 조건이 맞아서 k지점에서 매수진입을 하면 어떻게 될까요?

[자료 4-19]는 해외선물 거래에서 '금 4월물' 종목으로 5분차트이고, 2022년 3월 10일 17시 45분부터 21시 50분까지 추세 흐름입니다. 추세 아래에 순서대로 PST84지표, PST75지표, PST31지표를 사용했습니다.

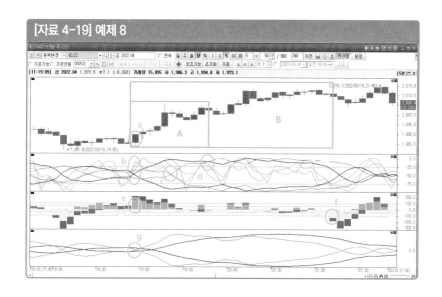

[자료 4-19] 예제 8

[자료 4-19]는 a지점에서 매수진입 이후의 추세를 보여줍니다. 그럼 매수청산은 어디일까요? PST84지표에서 장점 중에 하나가 청산을 1차 청산과 2차 청산으로 나눌 수 있다는 것입니다. 1차 매수청산은 가는 빨간색선이 가는 파란색선을 우하향으로 통과하는 c지점입니다. c지점은 PST이론상 큰 상승 사이클 내에서 작은 상승 사이클이 끝나고 작은 하락 사이클로 바뀌는 지점입니다.

2차 매수청산은 굵은 빨간색선이 가는 파란색선을 우하향으로 통과하는 d지점이고 녹색박스 A영역만큼 수익을 기대할 수 있습니다.

그런데 매수청산을 하고 보니 추세는 f지점까지 계속 상승했습니다. 어떻게 알 수 있을까요? 2가지 경우로 생각할 수 있습니다.

첫 번째 경우는 매수청산 지점은 매도진입 지점과 동일하게 생각할 수 있습니다. 그럼 매도진입은 어디일까요? PST75지표의 f지점입니다. 파란색 계열의 오실레이터가 아래 기준점선을 통과할 때이기 때문에 매수 포지션이 있기 때문에 매수청산을 하면 녹색박스 B영역만큼 수익을 기대할 수 있습니다.

두 번째 경우는 청산 기준차트를 상위차트로 하는 방법입니다. [자료 4-19]는 5분차트로 기준차트를 했기 때문에 상위차트인 10분차트로 1차 청산과 2차 청산을 하면 5분차트로 청산하는 것보다 좀 더 많은 수익을 기대할 수 있습니다.

PST99지표
설명 및 예제

[자료 4-20]처럼 PST99지표는 잠재 신호에 속하고 3차원 추세분석의 시작인 PST지표입니다. 2차원 PST지표 중에서 제가 개인적으로 제일 애착이 가는 지표는 PST55지표입니다. PST55지표는 추세의 위치와 관계없이 추세를 적분법으로 계산해서 진입시점과 최저점, 최고점

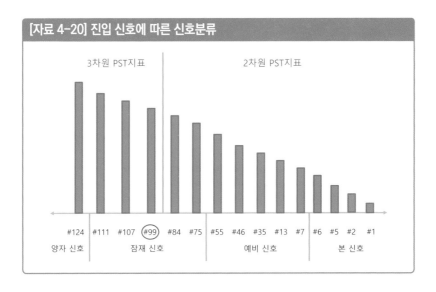

[자료 4-20] 진입 신호에 따른 신호분류

3차원 PST지표   2차원 PST지표

#124   #111   #107   (#99)   #84   #75   #55   #46   #35   #13   #7   #6   #5   #2   #1

양자 신호   잠재 신호   예비 신호   본 신호

을 찾아내는 혁신적인 지표였는데, PST99지표는 PST55지표를 한층
발전시킨 것입니다.

[자료 4-21] 추세의 위치, 기울기, 지표 상관관계

구분	P1	P4-1	P4-2	P2-1	P2-2	기울기	차원
PST6지표	○	○	×	×	×	30~90도	2차원
PST13지표	○	○	○	○	×	45~90도	2차원
PST55지표	○	○	○	○	○	60~90도	2차원
PST99지표	○	○	○	○	○	60~90도	3차원

[자료 4-21]은 추세의 위치와 추세의 기울에 따른 PST지표의 상관
관계를 나타냅니다. PST55지표가 나오기 전에 초창기 때 진입시점은
기울기 설정이 30도 이상~90도 미만이 가능한 PST6지표로 했습니다.
이때는 추세의 위치가 P1구간, P4-1구간만 적용이 가능했습니다. 이후
에 진입시점은 기울기 설정이 45도 이상~90도 미만이 가능한 PST13
지표로 했습니다. 이때는 추세의 위치가 P1구간, P4-1구간, P4-2구간,
P2-1구간에 적용이 가능했습니다. 그리고 PST55지표가 탄생되어 기
울기 설정이 60도 이상~90도 미만이 가능해서 추세의 위치가 P1구간,
P4-1구간, P4-2구간, P2-1구간, P2-2구간(P3구간은 P4구간이 나오지 않으
면 P2구간과 동일), 즉 모든 구간에 적용이 가능한 새로운 개념의 지표였습
니다.

그럼 PST55지표에 만족해야 하는데 왜 PST99지표가 등장했을까요?
PST지표의 연구를 계속하다 보니까 PST55지표에서 수익은 분명히 나
는데 수익 나는 구간에서 추세의 흐름이 궁금했습니다. 이 궁금증은 추
세를 2차원 분석으로는 찾지를 못했지만 추세를 3차원적 분석으로 했

더니 궁금증을 해결했습니다.

PST55지표를 잠깐 살펴보고 PST99지표를 설명하겠습니다. PST55
지표를 만든 목적은 '적분(Integration)법'으로 쉽게 진입과 보유와 청산
을 하자는 것입니다.

PST이론상 캔들이란 단위 시간 동안 매수자와 매도자가 하나의 가
격에서 거래하는 결과를 시가, 종가, 고가, 저가로 표현하는 것이고 추
세란 캔들의 합산이라고 생각합니다.

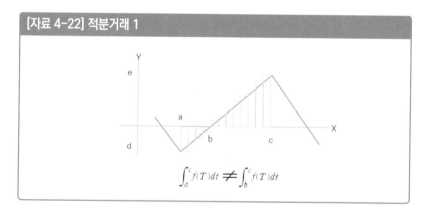

[자료 4-22] 적분거래 1

[자료 4-22]는 2차원적 추세분석에서 적분거래를 보여줍니다. 시간
을 X축으로 생각하고 가격을 Y축으로 가정하겠습니다. 시간은 X축 안
에 a지점에서 매수진입을 하고 c지점에서 매수청산을 하면 수익은 Y
축 안에 (e-d)만큼 얻을 수 있습니다.

동의하시나요? 그런데 문제가 하나 있습니다. 실전 거래에서 X축이
0인 b지점 이전인 a지점부터 b지점까지는 실전 거래에서 변동성이 클
수도 있는 구간을 포함합니다.

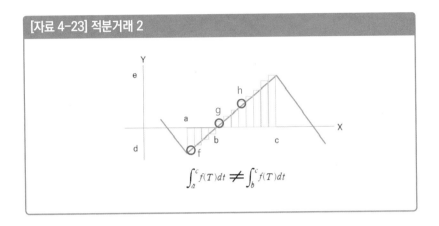

[자료 4-23] 적분거래 2

$$\int_{a}^{c} f(T)dt \neq \int_{b}^{c} f(T)dt$$

[자료 4-23]은 시간 X축에 따른 매수진입시점을 보여줍니다. 여러분은 f지점, g지점, h지점 중 어느 곳에서 매수진입이 가장 좋다고 생각하시나요? f지점은 변동성이 있을 수도 있고 없을 수도 있는 구간이므로 f보다는 g지점이나 h지점이 좋을 것 같습니다. 물론 PST55지표도 f지점에서 매수진입이 가능하지만 변동성이 있는 구간이 있으면 수익이 작을 수도 있습니다. 그런데 변동성이 매우 작다면 수익이 발생할 수도 있겠지요. 그러나 추후 설명할 PST99지표는 똑같은 f지점에서 매수진입할지, 안 할지가 변동성이 있는지, 없는지를 사전에 알 수 있기에 거래할 때 매우 유용하게 사용될 수 있습니다.

g지점에서 매수진입이 당연히 h지점에서 매수진입하는 것보다는 많은 수익을 기대할 수 있습니다. 그래서 수익은 적분법으로 표현할 수 있습니다. 추세선을 이차함수로 생각하고 매수거래가능 시간(tt) 동안만 적분하면 매수면적이 수익이 됩니다.

여기서 중요한 것은 거래 시간을 나타내는 PST지표가 있는데 반드시 매수거래 가능시간만 적분으로 계산해야지, 매수거래 가능시간이 끝나고 매도거래 가능시간에 적분으로 계산하면 정확한 매수면적이 안 나오니 주의하셔야 합니다.

그런데 g지점에서 기울기가 적으면 어떻게 될까요? 적분법으로 계산을 하면 수익은 Y축에서 e만큼 수익이 나지만 시간에 대비해서 많은 수익을 기대할 수가 없습니다.

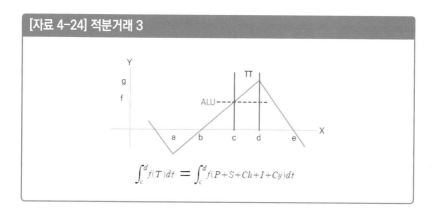

[자료 4-24] 적분거래 3

$$\int_c^d f(T)\,dt \;=\; \int_c^d f(P+S+Ch+I+Cy)\,dt$$

[자료 4-24]는 [자료 4-23]에 ALU(상향가속선)를 추가했습니다. ALU는 추세선이 우상향으로 통과하는 시점부터 기울기를 tan60도 이상 ~tan90도 미만을 설정을 할 수 있습니다. 동일 추세선이라도 b지점과 c지점에서의 기울기(tan)가 작으면 매수진입을 하지 않고 관망을 하고, c지점과 d지점에서 기울기가 크면 매수진입을 합니다. 매수거래 가능 시간은 X축에서 c지점부터 d지점까지고 이 구간에서만 매수거래를 하면 빠른 속도로 매수면적이 최대가 되어 Y축에서 (g-f)만큼 수익을 기대할 수 있습니다.

PST이론상 추세는 주기(Period), 힘(Strength), 변화량(Change), 강도(Intensity), 사이클(Cycle)로 구성되어 있다고 생각합니다. 그래서 다섯 개 구성원 각각의 매수면적을 적분한 값과 추세의 전체면적을 적분한 값과 동일한 결과를 보여줍니다.

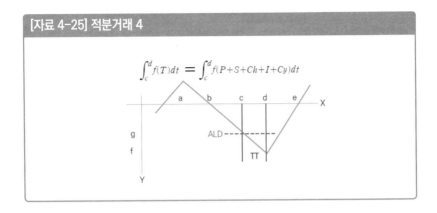

[자료 4-25]는 2차 평면에 추세와 ALD(하향가속선)를 표현했습니다. 시간이 흘러서 녹색인 추세선이 1사분면과 4사분면을 왕복하면서 상승 사이클과 하락 사이클을 반복합니다. 현재 추세가 상승 사이클인지, 하락 사이클인지 오픈된 현재 일반 보조지표로는 알 수가 없지만 PST 지표를 이용하면 한눈에 알 수 있습니다. 추세를 나타내는 녹색선이 우하향으로 b지점부터 d지점까지 적분계산을 할 수도 있지만 기울기 (arctan)가 작은 경우도 있기 때문에 기울기가 arctan60도~arctan90도 미만으로 생기는 추세만 고려합니다. 그래서 추세선이 ALD(하향 가속선)를 통과하는 c지점부터 d지점까지만 적분계산을 해서 매도진입과 청산을 찾아낼 수 있습니다.

매도거래 가능시간은 X축에서 c지점부터 d지점까지고 이 구간에서만 매도거래를 하면 빠른 속도로 매도면적이 최대가 되어 Y축에서 (g-f)만큼 수익을 기대할 수 있습니다.

PST이론상 추세는 주기, 힘, 변화량, 강도, 사이클로 구성되어 있다고 생각합니다. 그래서 다섯 개의 구성원이 각각 매도면적을 적분한 값과 추세의 전체면적을 적분한 값이 동일한 결과를 보여줍니다.

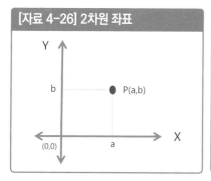

[자료 4-26] 2차원 좌표

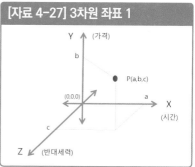

[자료 4-27] 3차원 좌표 1

[자료 4-26]은 가격의 좌표를 2차원적으로 표시했고 [자료 4-27]은 3차원적으로 표시했습니다. 다르게 표현하면 가격의 좌표 흐름이 추세이므로 추세분석을 2차원과 3차원으로 생각해본 것입니다. 시간인 X축에 따라서 추세가 움직인다고 가정하고 PST55지표에서는 2차원적으로 적분을 하고, PST99에서는 3차원적으로 적분해서 더 정밀하게 진입과 보유와 청산이 가능하게 되었습니다.

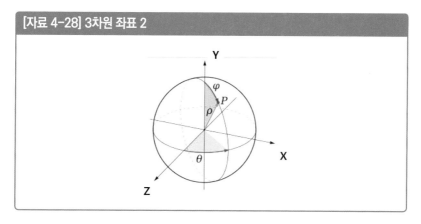

[자료 4-28] 3차원 좌표 2

[자료 4-28]은 추세의 좌표를 3차원적으로 다르게 표시해봤습니다. PST99지표를 이해하기 위해서는 다음과 같은 전제 조건이 있어야 합니다.

1. 추세는 시간을 나타내는 X축과 가격을 나타내는 Y축과 반대세력을 나타내는 Z축 안에서 표현할 수 있는 3차원적 좌표의 흐름입니다.
2. 현재 시점에서 추세는 시간에 흐름에 따라 시간은 X축에서 우측으로만 생각하고 가격의 흐름으로 Y축에서 위아래에 모두 표시 가능하고 반대세력은 Z축에서 있을 수도 있고, 없을 수도 있습니다.
3. 추세는 사이클 안에서 존재하고 사이클은 시작과 끝이 존재합니다. 예로 상승 사이클에서는 상승추세만 존재하고 하락 사이클에서는 하락추세만 존재합니다.
4. 한 방향 거래인 주식 거래에서는 수익이 나기 위해서는 반드시 매수진입 가격보다 매수청산 가격이 높아야 합니다. 양방향 거래인 선물 거래에서 수익이 나기 위해서는 추세의 방향에 따라 매수진입 가격보다 매수청산 가격이 높아야 할 때도 있고, 매도진입 가격보다 매도청산 가격이 낮아야 할 때도 있습니다.
5. 수익과 손실이 나기 위해서는 시간이 X축으로 흐름에 따라 Y축에 나타나는 가격과 Z축에 나타나는 반대세력에 대한 기울기는 반드시 존재합니다.

PST99지표는 PST55지표를 연구해서 발전시킨 지표라고 생각해도 됩니다. PST55지표는 X축에 대해서 한 번만 적분 계산을 하지만 PST99지표는 X축에 대해서 두 번을 적분 계산해서 진입, 보유, 청산에 대한 정확도를 한층 더 높일 수 있습니다.

$$PST55지표 : \int_b^a f(T)dt$$

$$PST99지표 : \int_b^a [\int_d^c f(T)dt]dt$$

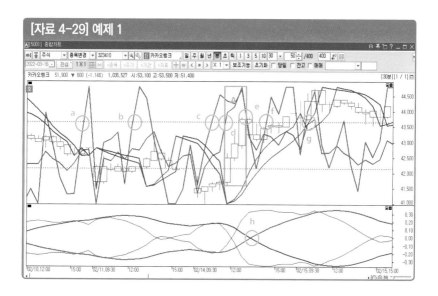

[자료 4-29] 예제 1

　　[자료 4-29]는 주식 거래에서 '카카오뱅크' 종목으로 30분차트이고, 2022년 2월 10일부터 2월 15일까지 추세 흐름입니다. 추세 위에 PST100지표(= 해외선물 PST99지표)와 추세 밑에 PST32지표(= 해외선물 PST31지표)를 사용했습니다.

　　PST100지표는 추세를 3차원적으로 분석해서 적분을 2번(이중 적분)을 해서 선의 구성원이 빨간색선 두 개와 파란색선 두 개와 기준점선 두 개로 구성이 됩니다. 빨간색선은 추세선(MSPR)을 의미하고, 파란색선은 거래가능시간(TT)을 의미하고, 기준점선은 위의 기준점선이 상향가속선(ALU)이고, 아래의 기준점선이 하향가속선(ALD)입니다. 진입과 청산 방법은 PST56지표(= 해외선물 PST55지표)와 비슷하지만, PST100지표를 사용해서 진입과 청산을 하면 보다 세밀하고 정확하게 할 수가 있습니다.

매수진입은 빨간색선 두 개가 모두 상향 가속선을 우상향으로 통과하는 시점입니다. 3차원 추세분석부터 PST지표는 추세의 위치와 상관없이 진입이 가능합니다.

매수진입 시 반드시 MSPR선은 추세 위에 있어야 하고, TT선은 추세 아래에 존재해야 합니다. 왜냐하면 TT선이 추세 아래 있으면 매수 가능시간을 의미하고, TT선이 추세 위에 있으면 매도 가능시간을 의미하기 때문입니다. a지점, b지점, f지점은 빨간색선이 ALU를 한 개밖에 우상향으로 통과하기에 관망해야 하고, g지점 역시 MSPR선이 TT 아래 있기 때문에 관망해야 합니다. 매수진입은 MSPR선 두 개가 모두 ALU를 우상향 통과하는 d지점(h지점 이전이기 때문에 하락 사이클 중)입니다. 매수청산은 MSPR선 두 개가 모두 ALU를 우하향으로 통과하는 e지점에서 모두 청산을 하면 녹색박스 A영역만큼 수익을 기대할 수 있습니다.

[자료 4-30]은 해외선물 거래에서 'WTI 4월물' 종목으로 10분차트이고, 2022년 3월 10일 8시 40분부터 16시 50분까지 추세 흐름입니다. 추세 위에 PST99지표와 추세 밑에 PST31지표를 사용했습니다.

PST99지표로 매도진입은 빨간색선(MSPR) 두 개 모두 아래 기준점선인 하향가속선(ALD)를 모두 통과해야 합니다. 물론 기준차트 10분을 중심으로 하위 타임 프레임인 1분, 3분, 5분도 동일 진입조건이 되어야만 합니다.

a지점은 MSPR선이 한 개만 ALD를 우하향으로 통과하기에 매도

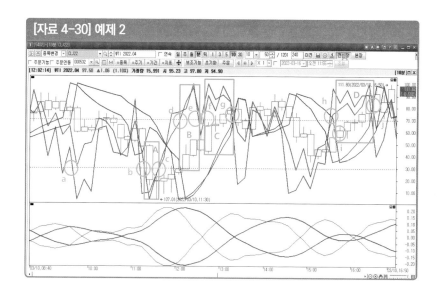

[자료 4-30] 예제 2

진입 조건이 안 되어 관망해야 합니다. b지점에서는 MSPR선이 두 개 모두 우하향으로 통과하기에 매도진입이 가능하고 매도청산은 다시 MSPR선이 한 개라도 ALD선을 우상향으로 통과하면 청산을 해야 하니 c지점에 청산을 하면 녹색박스 A영역만큼 수익을 기대할 수 있습니다. 이때 추세 아래에 있는 PST31지표를 보면 하락 사이클 중에 매도진입 으로 수익이 난 것을 알 수 있습니다.

녹색박스 B영역과 녹색박스 C영역을 보면 하락 사이클 중에 상승추 세처럼 보이고 중간에 빨간 양봉이 존재합니다. 이 구간을 PST99지표 를 이용하면 d지점에서 매수진입을 한 후 e지점에서 매수청산을 하고 다시 f지점에서 매수진입을 한 후 g지점에서 매수청산을 하면 하락 사 이클(P2구간)에서 매수진입으로 수익이 난 경우입니다. 어떠세요? 이렇 게 PST99지표는 핀셋처럼 골라서 진입과 청산을 할 수 있습니다. h지 점은 매수진입처럼 보이지만 캔들이 TT선 아래에 있기 때문에 i지점에 서 매수진입을 한 후 j지점에서 매수청산을 하면 녹색박스 D영역만큼

P2구간에서 수익을 기대할 수 있습니다.

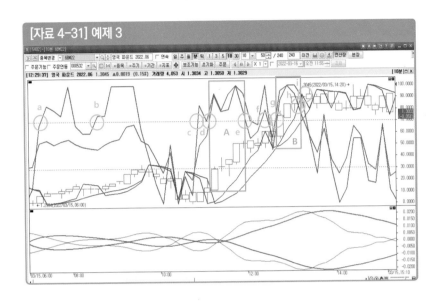

[자료 4-31] 예제 3

[자료 4-31]은 해외선물 거래에서 '영국 파운드 6월물' 종목으로 10
분차트이고, 2022년 3월 15일 6시부터 15시 10분까지 추세 흐름입
니다. 추세 위에 PST99지표와 추세 밑에 PST31지표를 사용했습니다.
PST99지표로 매수진입은 빨간색선(MSPR) 두개 모두 위 기준점선인 상
향가속선(ALU)을 모두 통과해야 합니다. MSPR선이 두 개가 모두 ALU
를 통과한다는 의미는 추세를 3차원으로 분석한 후 X축에 대한 Y의 기
울기와 X축에 대한 Z축의 기울기가 모두 tan60도 이상~tan90도 미만
이므로 추세의 속도의 무척 빨리 진행됨을 예상할 수 있습니다. 그래서
PST99지표는 반드시 모의연습을 많이 하신 후 실전 거래에 사용하시
길 바랍니다. a지점과 b지점은 매수진입 조건에 해당되지 않으니 관망
해야 합니다. 일반적으로 MSPR선 두 개가 ALU나 ALD를 모두 통과하
기 위해서는 한 선이 통과한 후 나머지 한 선이 통과하는 경우가 있고

한꺼번에 통과하는 경우가 있습니다. 한 선씩 통과할 때에는 한 선 통과하고 진입준비하고 나머지 한 선이 통과할 때 진입하면 됩니다. c지점에서 한 개의 MSPR선이 ALU를 통과하니 기다렸다가 d지점에서 나머지 MSPR선이 ALU를 통과할 때 매수진입하고, 한 개의 MSPR선이 다시 ALU를 우하향 통과하는 e지점에서 매수청산을 하면 녹색박스 A 영역만큼 수익을 기대할 수 있습니다. f지점과 g지점은 MSPR선이 모두 동시에 ALU를 우상향 통과하기에 매수진입할 수 있습니다. f지점은 진입 후 바로 진입가격을 내려왔기 때문에 매수청산을 해야 하고, g지점은 MSPR선과 TT선이 만나는 h지점에서 1차 매수청산을 i지점에서 2차 매수청산을 하면 녹색박스 B영역만큼 수익을 기대할 수 있습니다.

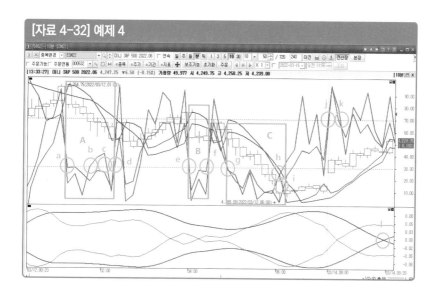

[자료 4-32] 예제 4

[자료 4-32]는 해외선물 거래에서 '미니 S&P 500 6월물' 종목으로 10분차트이고, 2022년 3월 12일 0시 20분부터 9시 20분까지 추세 흐름입니다. 추세 위에 PST99지표와 추세 밑에 PST31지표를 사용했습

니다.

PST99지표는 추세를 3차원 분석한 지표로 추세의 위치(P1구간, P2-1 구간, P2-2구간, P4-1구간, P4-2구간, P3구간 = P2구간)에 관계없이 아무 곳에서 나 진입시점이 나오면 진입할 수 있는 장점이 있습니다.

l지점까지 추세는 계속 하락 사이클임을 알 수 있습니다. 하락 사이 클에서 매도진입으로 했을 때는 청산을 1차 청산보다도 2차 청산까지 해도 좋은 전략입니다.

a지점에서 MSPR선 두 개가 모두 ALD선을 우하향 통과하므로 매 도진입이 가능합니다. 이후 매도청산은 b지점에서 MSPR선이 한 개 가 ALD선을 우상향 통과할 때 고려해도 되지만, 하락 사이클에서 매도 진입했으므로 청산을 2차 청산지점인 d지점에서 하면 녹색박스 A영 역만큼 수익을 기대할 수 있습니다. e지점에서는 MSPR선 두 개가 모 두 ALD선을 우하향 통과하므로 매도진입을 합니다. 이후 f지점에서 MSPR선 두 개가 모두 ALD선을 우상향 통과하므로 매도청산을 하면 녹색박스 B영역만큼 수익을 기대할 수 있습니다. g지점에서 MSPR선 2개가 모두 ALD선을 우하향 통과하므로 매도진입이 가능합니다. 이후 매도청산은 ALD선 아래에서 MSPR선과 TT선이 교차하는 h지점에서 1차 청산을, i지점에서 2차 청산을 하면 녹색박스 C영역만큼 수익을 기 대할 수 있습니다. 그리고 하락 사이클에서 매수진입을 j지점에서 하면 P2구간에서 진입이므로 수익을 작게 예상하시면서 k지점에서 청산하시 면 됩니다.

4

PST107지표
설명 및 예제

[자료 4-33]처럼 PST107지표(=주식 PST108지표)는 잠재 신호에 속하고 3차원으로 추세분석한 PST지표입니다. 2차원 추세분석 지표 중에서 추세의 위치에 관계없이 수익이 날 수 있는 구간의 시작과 끝을 알려주는 지표는 PST75지표(=주식 PST76지표)입니다. PST75지표는 그동

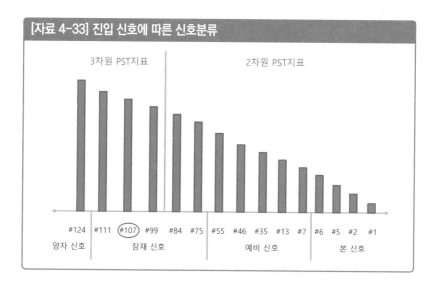

[자료 4-33] 진입 신호에 따른 신호분류

3차원 PST지표

2차원 PST지표

#124 #111 (#107) #99 #84 #75 #55 #46 #35 #13 #7 #6 #5 #2 #1

양자 신호   잠재 신호   예비 신호   본 신호

안 많은 수강생들이 2차원 PST지표에서 "가장 최고의 지표는 무엇입니까?"라고 물으면 망설임 없이 PST75지표를 선택할 정도로 매우 훌륭한 지표입니다. PST107지표는 PST75지표를 한 단계 발전시킨 지표라고 이해하시면 쉬울 것 같습니다.

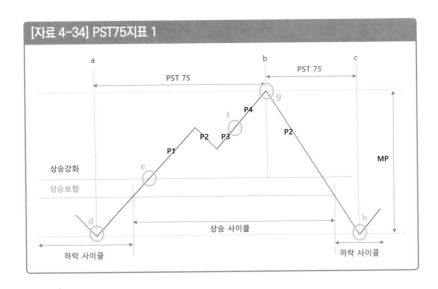

[자료 4-34] PST75지표 1

　　[자료 4-34]는 PST75지표를 활용해서 매수진입 후 수익이 나는 구간을 보여줍니다. 제가 처음으로 PST이론을 만들었을 때 매수진입은 무조건 상승 사이클 구간에서 상승보합 구간이 끝나고 상승강화 구간이 시작되는 e지점이라고 생각했습니다. 이후 PST이론을 발전시켜 재상승 구간인 f지점에서도 매수진입이 가능하다고 했지요. 그런데 PST이론을 계속 연구하다 보니 '하락 사이클 구간인 d지점부터 매수진입을 하면 어떨까?' 하고 생각해봤고 그 답을 찾은 것이 PST75지표입니다. 지금은 PST이론과 PST지표가 확립이 되어 d지점에서 매수진입을 할 수 있지만, 처음에는 하락 사이클에서 매수진입은 P2구간에서 진입하는 것이므

로 PST이론에 상반된다고 생각했습니다. 그러나 연구가 거듭되고 PST 지표도 계속 발전이 되어 지금은 최저점인 d지점에서 매수진입을 한 후 최고점인 g지점에서 매수청산해서 최대수익을 기대할 수 있습니다.

또한 PST75지표로 최고점인 g지점에서 매도진입한 후 최저점인 h 지점에서 매도청산을 하면 역시 최대수익을 기대할 수 있습니다.

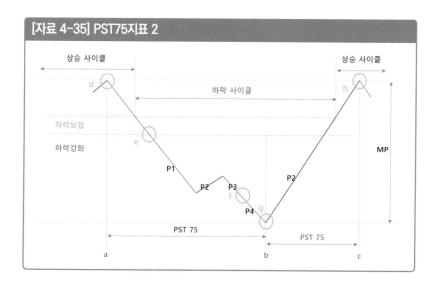

[자료 4-35] PST75지표 2

[자료 4-35]는 PST75지표를 활용해서 매도진입 후 수익이 나는 구간을 보여줍니다. 제가 처음으로 PST이론을 만들었을 때 매도진입은 무조건 하락 사이클 구간에서 하락보합 구간이 끝나고 하락강화 구간이 시작되는 e지점이라고 생각했습니다. 이후 PST이론을 발전시켜 재하락 구간인 f지점에서도 매도진입이 가능하다고 했지요. 그런데 PST 이론을 계속 연구하다 보니 '상승 사이클 구간인 d지점부터 매도진입을 하면 어떨까?' 하고 생각을 해봤고 그 답을 찾은 것이 PST75지표입니다. 지금은 PST이론과 PST지표가 확립이 되어 d지점에서 매도진입

을 할 수 있지만 처음에는 상승 사이클에서 매수진입은 P2구간에서 진입하는 것이므로 PST이론에 상반된다고 생각했습니다. 그러나 연구가 거듭되고 PST지표도 계속 발전이 되어 지금은 최고점인 d지점에서 매도진입을 한 후 최저점인 g지점에서 매도청산을 해서 최대수익을 기대할 수 있습니다.

또한 PST75지표로 최저점인 g지점에서 매수진입한 후 최고점인 h지점에서 매수청산을 하면 역시 최대수익을 기대할 수 있습니다.

추세를 이루는 구성요소를 주기, 힘, 변화량, 강도, 사이클이 있다고 가정합니다. 하나의 캔들 하나마다 작은 주기와 작은 힘은 존재합니다. 최소 세 개의 캔들이 연속해서 동일 방향으로 움직이면 여러분은 추세가 상승이나 하락이라고 생각하실 것입니다. 여기에 변화량이 추가가 되면 추세의 기울기가 생기고 기울기에 비례하는 속도도 느끼게 될 수 있습니다. 추세의 기울기가 생겨서 상승보합 구간에서 상승강화 구간으로 혹은 하락보합 구간에서 하락강화 구간으로 변화하게 됩니다. 상승강화 구간 혹은 하락강화 구간에서 강도까지 받쳐주면 동일 캔들 색깔로 이어지는 추세를 보게 될 것입니다. 이 모든 과정은 하나의 동일 사이클에서 일어난다고 PST이론은 생각을 합니다.

PST75지표는 추세를 구성하는 요소 중 변화량, 강도, 사이클에 가중치(Weight Value)를 주어 계산을 합니다. 변화량은 가중치 x1, 강도는 가중치 x2, 사이클은 가중치 x3을 주어 매수진입으로 수익이 날 수 있는 구간을 빨간색 계열(빨간색, 분홍색, 엷은 분홍색)의 오실레이터와 매도진입으로 수익이 날 수 있는 구간을 파란색 계열(파란색, 하늘색, 엷은 하늘색)의 오실레이터로 표현을 해봤습니다.

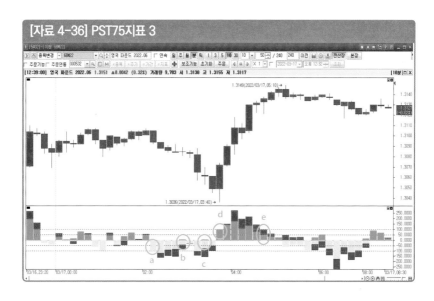

[자료 4-36] PST75지표 3

[자료 4-36]은 해외선물 거래에서 '영국 파운드 6월물' 종목으로 10분차트이고, 2022년 3월 16일 23시 20분부터 3월 17일 8시 30분까지 추세 흐름입니다. 추세 아래에 PST75지표를 사용했습니다.

PST75지표를 사용하면 a지점에서 파란색 계열의 오실레이터가 아래 빨간 기준점선을 통과하므로 이때 매도진입으로 수익이 날 수 있는 구간임을 알 수 있습니다. 그러나 b지점과 c지점을 보니 파란색 계열의 오실레이터와 빨간색 계열의 오실레이터가 동시에 존재합니다. 과거 수업시간에는 매도진입 후 파란색 계열의 오실레이터 길이에서 빨간색 계열의 오실레이터 길이를 빼서 파란색 계열의 오실레이터가 존재하면 계속 보유하라고 가르쳤습니다. 그러나 PST107지표에서는 3차원적으로 분석해서 실시간 매도길이를 자동으로 계산을 합니다. 또한 d지점에서 빨간색 계열의 오실레이터가 위 빨간 기준점선을 통과하므로 이때 매수진입으로 수익이 날 수 있는 구간임을 알 수 있습니다. 그러나 e지점을 보니 빨간색 계열의 오실레이터와 파란색 계열의 오실레이터가 동시에 존재합니다. 과거 수업시간에는 매수진입 후 빨간색 계열의 오실레이터 길이에서 파란색 계열의 오실레이터 길이를 빼서 빨간색 계열의 오실레이터가 존재하면 계속 보유하라고 가르쳤습니다. 그러나 PST107지표에서는 3차원적으로 분석해서 실시간 매수길이를 자동으로 계산을 합니다. PST75지표는 수익이 날 수 있는 구간을 알 수가 있지만 어디서 매수진입이나 매도진입을 해야 하는지 모르기 때문에 기울기 설정이 가능한 다른 PST지표와 같이 사용해야 합니다. 그러나 PST107지표는 진입시점도 알려드립니다.

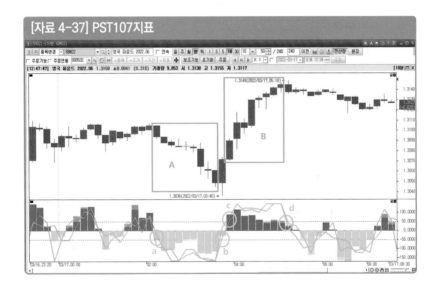

[자료 4-37] PST107지표

[자료 4-37]은 [자료 4-36]과 동일 시간대 추세입니다. 추세 아래에 PST107지표를 사용했습니다. PST75지표, PST107지표의 차이점이 보이시나요?

PST107지표는 분홍색(분홍색, 엷은 분홍색) 계열의 오실레이터와 하늘색(하늘색, 엷은 하늘색) 계열의 오실레이터와 잠재 신호인 녹색선 두 개로 구성됩니다.

PST107지표는 3차원적으로 추세를 분석해서 보다 안전하게 수익이 날 수 있는 구간의 시작과 끝을 알려줍니다.

매도진입은 하늘색 계열의 오실레이터가 아래 빨간 기준점선을 우하향으로 통과하고 잠재 신호인 녹색선 두 개도 동시에 아래 빨간 기준점선을 우하향으로 통과하는 a지점입니다. 매수청산은 잠재 신호인 녹색선 두 개 중 한 개가 다시 아래 빨간 기준점선을 우상향으로 통과하는 b지점입니다. a지점에서 매도진입 후 b지점에서 매도청산을 하면 녹색박스 A영역만큼 수익을 기대할 수 있습니다. PST107지표는 PST75지표와 달리 매도진입 후 매도청산까지 오실레이터가 동시에 나오지 않고 한 가지 색깔의 오실레이터만 보입니다.

매수진입은 분홍색 계열의 오실레이터가 위의 빨간 기준점선을 우상향으로 통과하고 잠재 신호인 녹색선 두 개도 동시에 위의 빨간 기준점선을 우상향으로 통과하는 c지점입니다. c지점에서 매수진입 후 d지점에서 매수청산을 하면 녹색박스 B영역만큼 수익을 기대할 수 있습니다. 매수청산은 잠재 신호인 녹색선 두 개 중 한 개가 다시 위의 빨간 기준점선을 우하향으로 통과하는 d지점입니다. PST107지표는 PST75지표와 달리 매수진입 후 매수청산까지 두 색깔의 오실레이터가 동시에 나오지 않고 한 색깔의 오실레이터만 보입니다.

[자료 4-38]은 주식 거래에서 '현대건설' 종목으로 30분차트이고, 2022년 2월 7일부터 2월 11일까지 추세 흐름입니다. 추세 위에 PST100지표(=해외선물 PST99지표)와 추세 밑에 PST108지표(=해외선물 PST107지표)를 사용했습니다.

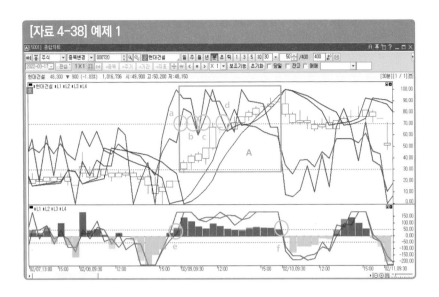

[자료 4-38] 예제 1

제가 수업시간에 거래할 때 필요충분조건이 있다고 말씀드립니다. 필요조건(Necessary Condition)은 수익을 낼 수 있는 구간의 시작과 끝을 말하고 충분조건(Sufficient Condition)은 진입과 청산을 의미합니다.

2차원 PST지표에서는 필요조건이 PST75지표이고 충분조건이 PST55지표이지만, 3차원 PST지표에서는 필요조건이 PST107지표이고, 충분조건이 PST99지표입니다.

일반적으로 PST107지표의 시작점은 PST99지표의 진입시점보다 빠르거나 같습니다. [자료 4-38]처럼 PST100지표에서는 a지점에서 매수진입을 해야 하지만 추세 아래에 있는 PST108지표를 보면 a지점보다 빠른 e지점에서 수익이 날 수 있는 구간의 시작을 먼저 알려줍니다. PST100지표만 보고 거래를 한다고 가정하면 a지점에서 매수진입후 b지점에서 매수청산을 하고 다시 c지점에서 매수진입 후 d지점에서 매수청산을 해야 합니다. 그리고 d지점 매수청산은 이후 추세는 계속 상승을 보이지만 PST100지표로는 추가로 매수진입시점을 주지 않기 때문에 관망해야 합니다. 그러나 a지점에서 매수진입 후 매수청산을 PST100지표로 하지 않고 PST108지표를 보고 f지점에서 매수청산을 하면 녹색박스 A영역만큼 수익을 기대할 수 있습니다.

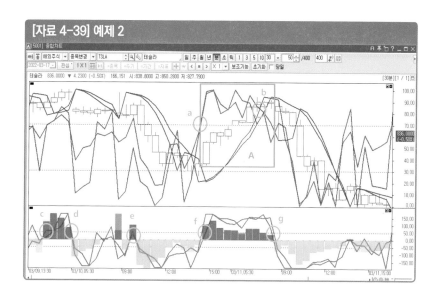

[자료 4-39] 예제 2

[자료 4-39]는 미국주식 거래에서 '테슬라' 종목으로 30분차트이고, 2022년 3월 9일부터 3월 11일까지 추세 흐름입니다. 추세 위에 PST100지표(=해외선물 PST99지표)와 추세 밑에 PST108지표(=해외선물 PST107지표)를 사용했습니다.

미국주식 시장 시간은 3월 둘째 주부터 11월 첫째 주까지 서머타임이 적용되어 1시간 일찍 시작해서 한국 시간으로 오후 10시 30분부터 새벽 5시까지 진행됩니다.

[자료 4-39]에서 매수진입은 어디일까요? 각각의 PST지표로 확인해보겠습니다. PST100지표로는 a지점만 있고 PST108지표로는 c지점, e지점, f지점이 있습니다.

PST108지표로 c지점에서 매수진입한 후 d지점에서 매수청산을 하면 수익이 별로 나지 않는 것을 알 수 있습니다. 왜 그럴까요? 거래하는데 필요조건은 충족하지만 충분조건이 충족하지 않아서 그렇습니다. a지점에 해당하는 곳을 PST100지표로 확인하면 매수면적이 나오지 않아서 매수 적분이 안 된다는 것을 알 수 있습니다. e지점 역시 매수진입할 때 수익이 적은 것은 e지점에 해당하는 곳을 PST100지표로 확인하니 매도면적 구간이라 매수진입하면 안 된다는 것을 알 수 있습니다. 이해되시나요?

PST100지표로 a지점에서 매수진입보다 PST108지표로 f지점에서 수익을 낼 수 있는 구간의 시작임을 먼저 알 수 있습니다. a지점에서 매수진입 후 매수청산은 PST100지표로 b지점에서 할 수 있지만 PST108지표로 g지점에서 하면 녹색박스 A영역만큼 수익을 기대할 수 있습니다.

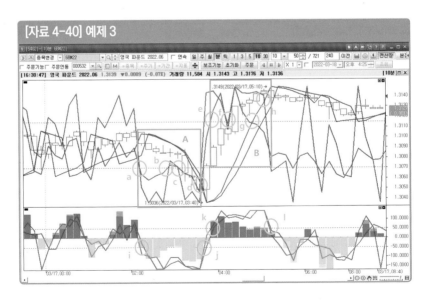

[자료 4-40] 예제 3

[자료 4-40]은 해외선물 거래에서 '영국 파운드 6월물' 종목으로 10분차트이고, 2022년 3월 16일 23시 30분부터 3월 17일 8시 40분까지 추세 흐름입니다. 추세 위에 PST99지표와 추세 밑에 PST107지표를 사용했습니다. 2차원 추세분석을 한 PST지표를 사용할 때는 반드시 추세의 위치를 확인하는 PST31지표를 같이 사용해야 합니다. 이유는 여러분이 진입한 위치가 추세에 따라서 청산이 정해지기 때문입니다. 청산이 정해진다는 의미는 수익구간이 어떨지도 이미 결정이 난다는 것입니다. 예로 P1구간과 P4-1구간에 진입하면 수익구간을 좀 길게 예상할 수도 있지만 P2구간에 진입하면 수익을 짧게 예상해야 합니다. 그러나 3차원 추세분석한 PST지표는 추세의 위치를 파악하는 PST31지표가 굳이 필요하지 않습니다. 왜냐하면 3차원 추세분석한 PST지표는 추세의 위치 중 아무 구간에서도 진입시점이 나오면 진입하고 청산시점이 나올 때까지 보유하다가 청산시점이 나오면 청산하면 되기 때문입니다. 이때도 물론 수익구간이 길 수도 있고 짧을 수도 있지만 분명한 것은 수익이 난다는 것입니다.

[자료 4-40]에서 PST99지표를 이용하면 a지점에서 매도진입한 후 b지점에서 매도청산을 하고, c지점에서 다시 매도진입을 한 후 d지점에서 매도청산을 하면 녹색박스 A영역에서 음봉 캔들만 골라서 수익을 낼 수 있습니다. 그러나 i지점에서 매도진입으로 수익이 날 수 있는 구간의 시작을 알려준 상태에서 a지점에서 매수진입을 한 후 j지점에서 매도청산을 하면 PST99지표로 여러 번 진입과 청산을 반복하지 않고 한 번만 거래하는 장점이 있습니다. 녹색박스 B영역도 동일하니 매수진입으로 수익을 내기 위해서는 어떤 전략을 세울지 여러분이 잘 생각해보십시오.

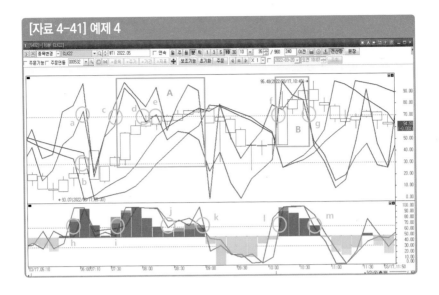

[자료 4-41] 예제 4

[자료 4-41]은 해외선물 거래에서 'WTI 5월물' 종목으로 10분차트이고, 2022년 3월 17일 5시 10분부터 11시 50분까지 추세 흐름입니다. 추세 위에 PST99지표와 추세 밑에 PST107지표를 사용했습니다.

PST107지표로 확인하니 h지점에서 매수진입 조건이 되고 PST99지표로 확인하니 a지점에서 매수진입 조건이 되는 것을 알 수 있습니다. 그럼 이때 해당하는 양봉 캔들인 b지점에서 매수진입을 하면 맞나요? 정답은 아닙니다. 이유는 PST99지표에서 파란색선(매수거래 가능시간) 아래에 양봉 캔들이 위치해서 매수면적 조건이 되지 않아서 관망해야 합니다.

PST107지표로 확인하니 i지점에서 매수진입 조건이 되고 PST99지표로 확인하니 c지점에서 매수진입 조건이 되는 것을 알 수 있습니다. 이때 매수진입 시 파란색선 두 개 모두 양봉 캔들 아래에 위치해서 매수면적 조건도 이루고 있네요. 매수청산은 원칙적으로 PST99지표를 이용해서 d지점에서 하고 다시 재진입 역시 PST99지표를 이용해서 e

지점에서 한 후 매수진입시점보다 가격이 내려오면 매수청산을 하면 됩니다. 그러나 만약 c지점에서 매수진입 후 상위 타임 프레임인 30분 차트에서 1차 매수청산시점이 나오지 않으면 j지점에서 1차 매수청산을 고려하고 k지점에서 2차 매수청산을 고려해도 좋습니다. 하위 타임 프레임에서 매수청산을 했는데 상승추세가 계속 이어진다는 것은 상위 타임 프레임에서는 아직 매수청산시점이 나오지 않았다는 것을 의미합니다. 이해되시나요?

녹색박스 B영역에서 매수청산은 g지점에서 MSPR선이 모두 ALU를 우하향으로 통과하니 모두 매수청산해야 합니다.

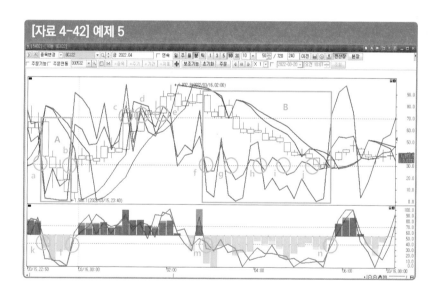

[자료 4-42] 예제 5

[자료 4-42]는 해외선물 거래에서 '금 4월물' 종목으로 10분차트이고, 2022년 3월 15일 22시 50분부터 3월 16일 8시까지 추세 흐름입니다. 추세 위에 PST99지표와 추세 밑에 PST107지표를 사용했습니다.

여러분은 이제 3차원 추세분석 PST지표인 PST99지표와 PST107지표를 이용해서 녹색박스 A영역만큼 수익을 내는 것은 아시겠죠? 그럼 c지점, d지점, e지점에서 PST107지표는 분홍색 오실레이터가 매수진입 조건이 되는데 왜 생각만큼 수익이 안 날까요? 이유를 하나씩 확인해보겠습니다. c지점은 장대양봉이 갑자기 생겼다가 다시 장대음봉으로 줄어드는 것이 보이시나요? 저는 수업시간에 PST107지표를 활용할 때는 반드시 오실레이터가 시작되는 부분에서 진입을 고려하라고 말씀드립니다. 오실레이터가 진행되는 중간에서 진입은 P4-1구간 아니면 P4-2구간이기 때문에 조심해야 합니다. d지점도 오실레이터가 진행되는 중간에서 MSPR선이 갑자기 ALU를 우상향하기 때문에 매수진입이 가능하다가 다시 MSPR선이 갑자기 ALU를 우하향하기 때문에 매수청산해야 합니다. 만약 진입 시 스탑 가격 이상으로 현재 가격이 상승하면 추격매수하지 마세요. PST107지표를 보면 m지점에서 매도진입으로 수익이 날 수 있는 구간이 시작이고 n지점이 끝인 것을 알 수 있습니다. 이 매도 수익구간 중 PST99지표를 이용해서 f지점, g지점, h지점, i지점, j지점에서 계속 매도진입을 하고 매도청산을 한다면 녹색박스 B영역에서 음봉 캔들만 골라서 수익을 낼 수 있습니다. 효과적인 거래는 f지점에서 매도진입 후 n지점에서 매도청산하면 녹색박스 B영역만큼 수익을 기대할 수 있습니다.

PST111지표
설명 및 예제

[자료 4-43]처럼 PST111지표(=주식 PST112지표)는 잠재 신호에 속하고 3차원으로 추세분석한 PST지표입니다. PST111지표는 잠재 신호를 알려주는 PST지표 중에서 가장 상위 버전 지표입니다. '추세의 위치와 관계없이 첫 진입을 하고 만약 컴퓨터를 켜고 차트를 확인했는데 첫 진

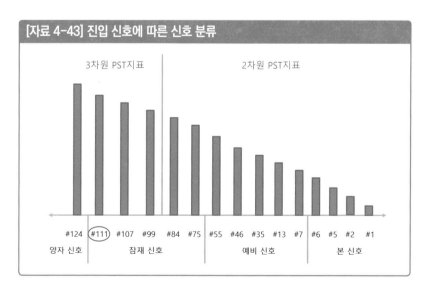

[자료 4-43] 진입 신호에 따른 신호 분류

3차원 PST지표   2차원 PST지표

#124   #111   #107   #99   #84   #75   #55   #46   #35   #13   #7   #6   #5   #2   #1

양자 신호   잠재 신호   예비 신호   본 신호

입시점이 지나가면 중간에 진입하는 방법이 없을까?' 하는 고민을 연구했습니다. 또한 'PST107지표도 훌륭하지만 PST99지표와 같이 보면 효과가 있는데 하나의 지표로 모두 해결하면 좋지 않을까? 진입 후 수익이 남은 구간이 유효한지, 안 한지 알 수 있으면 좋지 않을까?' 하는 여러 의구심이 생겼는데 이 의구심을 모두 해결한 지표가 PST111지표입니다.

제가 PST111지표를 만들고 지표 번호를 선택할 때 카드게임에서 1~10, J, K, Q 카드 중 왕(J, K, Q) 카드를 이기는 카드가 숫자 1이고 숫자 1이 에이스(A)와 같은 의미로 표현하기에 제가 A, A, A 의미로 111을 선택했습니다.

지난번 3번째 출간한 책까지 PST지표 중 가장 애착이 가는 PST지표를 뽑으라면 PST55지표였습니다. 그러다가 PST55지표를 발전시킨 것이 PST99지표입니다. 그러나 지금 저한테 가장 우수한 지표를 뽑으라면 망설임 없이 PST111지표라고 말씀드립니다. PST111지표부터는 PST교육과정 마스터반에서 배우는 지표입니다. PST111지표는 국내주식, 해외주식, 국내선물, 해외선물 거래 등 모든 실전 거래에서 좋은 결과로 성능을 입증했습니다.

[자료 4-44]는 3차원적으로 추세를 분석해봤습니다. X축을 시간으로 생각하고 Y축을 가격으로 생각하고 Z축을 반대 세력으로 생각했습니다. 그러면 시간이 갈수록 단위 시간에 그려지는 추세의 좌표 P(a,b,c)의 위치도 변화하게 될 것입니다. PST111지표에서는 추세를 시간 X축에 대한 교집합으로 여러 경우로 생각해봤습니다. 그러면 이전의 2차원적 추세분석과는 다른 차원의 결과를 발견하게 됩니다.

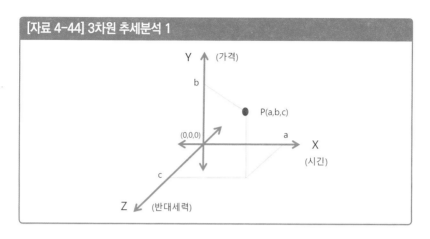

[자료 4-44] 3차원 추세분석 1

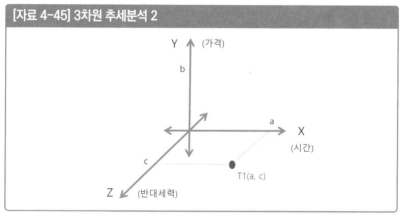

[자료 4-45] 3차원 추세분석 2

[자료 4-45]에서는 [자료 4-44]에서 시간 X축에 따른 반대 세력 Z 축의 변화인 추세를 'T1'이라고 생각하고 여기서 나오는 추세를 분석해서 의미를 파악했습니다.

[자료 4-46]에서는 [자료 4-44]에서 시간 X축에 따른 가격 Y축의 변화인 추세를 'T2'라고 보고 추세분석의 의미를 파악했습니다.

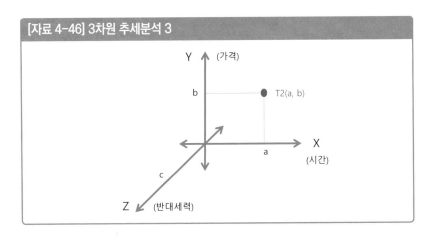

[자료 4-46] 3차원 추세분석 3

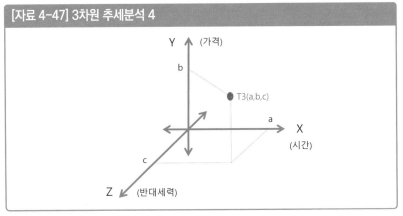

[자료 4-47] 3차원 추세분석 4

[자료 4-47]에서는 [자료 4-44]에서 시간 X축에 따른 가격 Y축과 반대 세력 Z축의 변화인 추세를 'T3'이라고 생각하고 여기서 나오는 추세를 분석해서 의미를 파악했습니다.

PST111지표는 추세를 3차원적으로 분석한 후 시간 X축을 기준으로 나올 수 있는 경우의 추세를 모두 생각해봤습니다. 이해되시지요?

여기다가 추세를 PST이론은 5가지(상승강화, 상승보합, 횡보보합, 하락보합, 하락강화) 구간으로 분류를 해서 상관관계로 정리하면 다음과 같습니다.

T1 : X축 - Z축 ≥ 상승보합 혹은 ≥ 하락보합

T2 : X축 - Y축 ≥ 상승강화 혹은 ≥ 하락강화

T3 : X축 - Y축 - Z축 ≥ 상승 사이클 혹은 ≥ 하락 사이클

제가 PST교육을 할 때 중급반까지는 PST31지표를 활용해서 추세의 위치(P1, P2, P3, P4구간)를 파악해서 P1구간과 P4-1구간만 진입하라고 말씀드립니다. P3구간은 P4구간이 나오기 전까지 P2구간과 동일합니다.

그리고 고급반까지는 PST75지표를 활용해서 추세의 위치가 P1구간, P4-1구간을 포함해서 P2-1구간과 P2-2구간을 모두 진입이 가능하다고 말씀드립니다.

그러나 마스터반의 PST111지표부터는 PST31지표와 PST75지표도 필요가 없습니다. 이유는 당연히 추세를 3차원적으로 분석하니 추세의 위치와는 무관하게 진입할 수 있고 청산도 1차 청산, 2차 청산, 3차 청산을 구별하니 안전하게 청산할 수 있기 때문입니다.

실전 거래에서는 원하는 목표수익이 1차 청산 내에 나오면 1차 청산하시고 원하는 목표수익이 1차 청산에 아직 도달하지 않으면 2차 청산하셔도 됩니다.

이론상은 3차원적 추세의 사이클이 3차 청산 때 바뀌기 때문에 3차 청산 이전에는 청산해야 합니다. 이유는 2차 청산과 3차 청산 사이는 노이즈가 발생하기 때문에 보유가 쉽지 않기 때문입니다.

[자료 4-48]은 주식 거래에서 '포스코케미칼' 종목으로 30분차트이고, 2022년 3월 15일부터 3월 18일까지 추세 흐름입니다. 추세 위에 PST100지표(= 해외선물 PST99지표)와 추세 밑에 PST108지표(= 해외

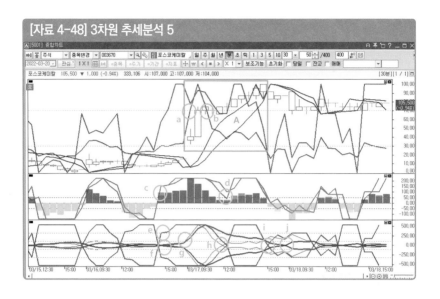

[자료 4-48] 3차원 추세분석 5

선물 PST107지표)와 PST112지표(=해외선물 PST111지표)를 사용했습니다. PST108지표를 활용하면 매수진입으로 수익을 낼 수 있는 구간은 c지점부터 d지점임을 알 수 있고 이 사이에서 PST100지표를 활용하면 a지점에서 매수진입을 한 후 b지점에서 매수청산을 할 수 있습니다. 물론 PST100지표와 PST108지표도 단독으로 사용할 수 있지만 보다 효과적으로 거래하기 위해서는 두 개를 병행해서 사용하는 것이 좋습니다.

이번에는 단독으로 PST111지표를 사용해볼까요? PST111지표는 빨간색선 세 개와 파란색선 세 개로 구성되고 Y축을 0~100으로 생각한 상태에서 5가지 형태로 분류합니다. 각각의 색선에다 굵기1, 굵기2, 굵기3의 가중치를 두어 차이점을 확인합니다. 굵기1선을 T1, 굵기2선을 T2, 굵기3선을 T3로 각각 생각하면 진입조건을 맞출 수 있습니다. 매수진입일 때는 빨간색선 T1이 g지점처럼 두 번째 기준점선(60)을 우상향으로 통과해야 하고, 빨간색선 T2는 e지점처럼 첫 번째 기준점선(80)을 우상향으로 통과해야 하며, 빨간색선 T3는 f지점처럼 세 번째 기준점선(50)을 우상향으로 통과해야 합니다. 이때 교집합 조건으로 모두 만족하는 g지점에서 매수진입을 한 후 T1끼리의 교차지점인 h지점에서 1차 매수청산을 고려하고 T2끼리의 교차 지점인 i지점에서 2차 매수청산을 하면 녹색박스 A영역만큼 수익을 기대할 수 있습니다. 실전 거래에서는 P2구간이 나오니 3차 청산까지 기다리지 마세요.

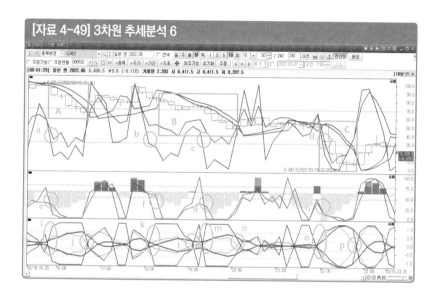

[자료 4-49]는 해외선물 거래에서 '일본 엔 6월물' 종목으로 10분 차트이고, 2022년 3월 18일 15시 20분부터 23시 30분까지 추세 흐름입니다. 추세 위에 PST99지표와 추세 밑에 PST107지표와 PST111지표를 사용했습니다.

PST107지표를 활용하면 매도진입으로 수익이 날 수 있는 구간의 시작은 e지점, f지점, g지점, h지점인 것을 알 수 있습니다. 여기 해당하는 지점에서 PST99지표를 활용하면 매도진입을 하기 위해서는 빨간색 선(MSPR) 두 개가 모두 아래 빨간 기준점선(ALD)을 우하향으로 통과해야 합니다. 그럼 a지점, b지점, c지점은 모두 MSPR선이 한 개만 우하향으로 통과하기에 매도진입을 하면 안 되고 d지점은 매도진입 조건에 만족하기에 가능합니다.

이번에는 PST111지표를 활용해서 매도진입을 찾아보겠습니다. PST111지표로 매도진입 조건은 굵기1 파란색선이 60을 우상향으로 통과해야 하고, 굵기2 파란색선이 80을 우상향으로 통과해야 하고, 굵기3 파란색선이 우상향으로 50을 통과하면 됩니다.

그럼 i지점, k지점, m지점, o지점에서 모두 매도진입이 가능합니다. 어떠세요?

PST107지표를 활용할 때는 가능한 오실레이터 색깔이 바뀔 때 진입을 고려하라고 말씀을 드렸습니다. 오실레이터 중간에 진입할 때는 P4-2구간일 수 있기 때문입니다. 그러나 i지점은 하늘색 오실레이터 중간에서 매도진입을 한 경우입니다.

매도청산은 T1끼리의 교차지점인 j지점, l지점, p지점에서 해도 되고 T2끼리의 교차인 n지점에서 하면 녹색박스 B영역만큼 수익을 기대할 수 있습니다.

[자료 4-50]은 주식 거래에서 '현대건설' 종목으로 30분차트이고, 2022년 2월 28일부터 3월 4일까지 추세 흐름입니다. 추세 밑에 PST112지표(=해외선물 PST111지표)와 PST32지표(=해외선물 PST31지표)를 사용했습니다.

추세를 3차원 분석한 PST112지표는 단독으로 사용해도 되지만 얼마나 좋은지를 추세를 2차원 분석한 PST32지표를 가지고 비교해보겠습니다.

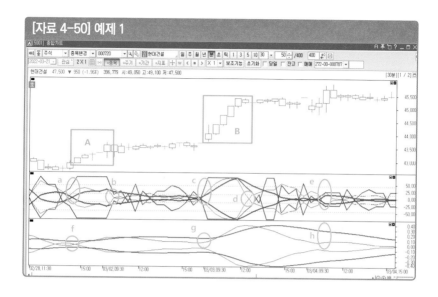

[자료 4-50] 예제 1

PST32지표를 가지고 추세의 위치를 분석하면 가는 빨간색선이 굵은 빨간색선 아래에 있고 추세는 상승하므로 f지점, g지점, h지점 모두 P4-2구간입니다.

일반적으로 2차원 추세분석 방법에서는 P4-2구간은 재상승 혹은 재하락 구간에서 다이버전스 현상이 나와서 실전 거래에서 위험할 수도 있으니 관망하라고 했습니다.

그러나 3차원 추세분석 방법을 이용한 PST지표에서는 P4-2구간도 다이버전스 유무에 관계없이 진입조건이 되면 거래를 할 수 있는 장점이 있습니다.

f지점에 해당하는 곳을 PST111지표로 a지점을 확인하니 매수진입 조건이 되어 매수진입을 한 후 b지점에서 매수청산을 하면 녹색박스 A영역만큼 수익을 기대할 수 있습니다. 또한 g지점에 해당하는 곳을 PST111지표로 c지점을 확인하니 매수진입 조건이 되어 매수진입을 한 후 d지점에서 매수청산을 하면 녹색박스 B영역만큼 수익을 기대할

수 있습니다. 그러나 h지점에 해당하는 e지점을 보니 T1과 T3는 매수 진입 조건이 되나 T2가 첫 번째 기준점선을 우상향하지 못하므로 매수 진입하면 안 되고 관망해야 합니다.

2월 28일부터 3월 4일까지 Y축의 상승 높이는 결국 녹색박스 A영역과 녹색박스 B영역을 합한 높이와 거의 같음을 알 수가 있습니다.

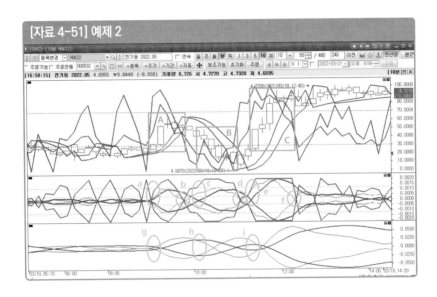

[자료 4-51] 예제 2

[자료 4-51]은 해외선물 거래에서 '구리 5월물' 종목으로 10분차트이고, 2022년 3월 18일 5시 10분부터 14시 20분까지 추세 흐름입니다. 추세 위에 PST99지표와 추세 밑에 PST111지표와 PST31지표를 사용했습니다.

주식 거래에서 수익을 내신 일반 트레이더들이 해외선물 거래에 도전했다가 손실을 보는 경우를 주위에서 쉽게 볼 수 있는데, 왜 그럴까요? 제 생각에는 여러 가지 이유가 있겠으나 PST이론으로 접근해보면 주식 거래는 안전한 추세의 위치인 P1구간과 P4-1구간이 자주 나오지만 해외선물 거래는 P1구간과 P4-1구간보다는 변동성이 큰 그 이외의 구간이 많이 나오기 때문에 수익 내기가 쉽지 않다고 생각합니다.

추세를 2차원 분석한 PST31지표로 g지점에서 매수진입을 하고 h지점에서 매도진입을 하고 i지점에서 매수진입을 한다면 모두 P2구간에서 역방향으로 진입한 것입니다. 추세를 3차원 분석한 PST지표를 사용할 때는 추세의 위치에서 P1, P2-1, P2-2, P3, P4-1, P4-2구간을 특별히 구분하지 않고 진입해서 수익을 낼 수 있기 때문에 순방향과 역방향으로 크게 생각합니다.

녹색박스 A영역을 보면 PST99지표를 사용해서 매수진입하는 것보다 PST111지표를 사용해서 a지점에서 매수진입하는 것이 한 박자 빠른 것을 볼 수 있습니다. 녹색박스 B영역과 C영역을 보면 PST99지표를 사용해서 매수청산을 하는 것보다 PST111지표를 사용해서 d지점과 f지점에서 하는 것이 더 많은 수익을 얻는 것을 볼 수가 있습니다. 어떠세요? PST111지표를 잘 활용해보시길 바랍니다.

[자료 4-52]는 해외선물 거래에서 '캐나다 달러 6월물' 종목으로 10분차트이고, 2022년 3월 18일 10시 20분부터 18시 30분까지 추세 흐름입니다. 추세 위에 PST99지표와 추세 밑에 PST107지표와 PST111지표를 사용했습니다.

PST99지표와 PST107지표를 사용해서 수익을 기대할 수 있는 것은 녹색박스 B영역과 C영역, D영역, E영역, F영역입니다.

추세를 3차원으로 분석한 PST지표만 사용하기 때문에 추세의 위치를 알려주는 PST31지표를 굳이 볼 필요가 없습니다. 녹색박스 A영역은 PST99지표에서 매도면적 조건도 안 맞아 관망해야 합니다. 그러나

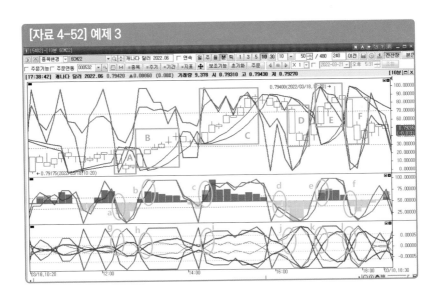

[자료 4-52] 예제 3

g지점에서 PST111지표를 보면 매도진입할 수가 있습니다.

여러분은 녹색박스 B영역과 C영역에서 매수진입을 할 때 PST111 지표의 차이점을 발견할 수 있으세요? 매수진입을 할 때 PST111지표에서 매우 중요한 점이 있습니다. PST111지표는 빨간색선 굵기1을 T1, 빨간색선 굵기2를 T2, 빨간색선 굵기3을 T3라고 했을 때 진입조건이 T1 ≥ 60, T2 ≥ 80, T3 ≥ 50이 되어야 합니다. 여기서 이 조건이 맞는 순서의 경우는 여러 가지가 있는데 가장 좋은 경우는 T1 ≥ T2 ≥ T3가 되는 경우이고, 두 번째로 좋은 경우는 T2 ≥ T1 ≥ T3이고, 세 번째로 좋은 경우는 T2 ≥ T3 ≥ T1입니다. T1의 위치에 따라 경우가 달라집니다.

h지점에서 매수진입은 두 번째로 좋은 경우이고, i지점에서 매수진입은 세 번째로 좋은 경우입니다. 이해가 되시나요? 추세를 2차원으로 분석한 PST지표를 사용할 때 청산은 하위 타임 프레임으로 해야 하지만 추세를 3차원 분석한 PST지표를 사용할 때는 현재 타임 프레임에

서 T1 교차 시 청산을 해도 수익을 기대할 수 있습니다.

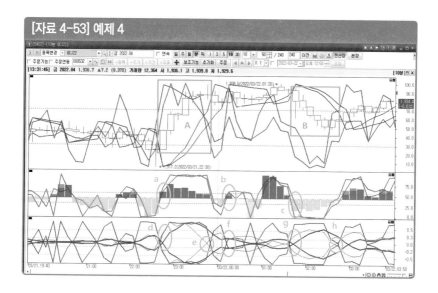

[자료 4-53]은 해외선물 거래에서 '금 4월물' 종목으로 10분차트이고, 2022년 3월 21일 19시 40분부터 3월 22일 3시 50분까지 추세 흐름입니다. 추세 위에 PST99지표와 추세 밑에 PST107지표와 PST111 지표를 사용했습니다.

여러분은 이제 PST107지표를 사용해서 수익이 날 수 있는 구간의 시작을 a지점, b지점, c지점이라는 것을 쉽게 찾으리라 믿습니다. 그리고 각각의 지점에서 PST99지표를 사용하면 a지점은 MSPR선 두 개가 모두 ALU를 우상향으로 통과하니까 매수진입을 한 후 매수청산은 MSPR선 두 개가 모두 ALU를 우하향으로 통과하는 지점보다 PST107 지표로 잠재 신호인 녹색선 한 개가 위의 기준점선을 우하향으로 통과하는 지점에서 하면 녹색박스 A영역만큼 수익을 기대할 수 있습니다.

PST이론상 진입은 여러 진입조건을 모두 충족한 상태에서 해야 하지만 청산은 한 개 이상 청산조건이 되었을 때 청산을 고려해야 합니다. 그럼 PST99지표와 PST107지표만 사용했을 때는 어느 청산이 맞는지 고민될 수도 있겠지요. 그러나 이때 PST111지표를 사용하면 d지점에서 매수진입을 하고, e지점에서 매수청산을 하면 고민이 해결됩니다. b지점에서 PST107지표가 매수진입할 수 있다고 신호를 주어도 f지점을 보니 PST111지표는 매수진입 조건이 되지를 않으니 관망하면 좋습니다. c지점을 PST99지표를 보면 MSPR선이 두 개가 모두 ALD를 우하향으로 통과해서 매도진입을 하면 녹색박스 B영역보다 작게 수익이 납니다.

그러나 PST111지표를 사용해서 g지점에서 매도진입을 한 후 h지점에서 매도청산하면 녹색박스 B영역만큼 수익을 기대할 수 있습니다. PST111지표로 청산은 욕심내지 마시고 동일한 차트에서는 T1교차인 1차 청산하시길 바랍니다.

PST124지표
설명 및 예제

[자료 4-54]처럼 PST124지표(=주식 PST125지표)는 3차원 PST지표 중에서 양자 신호에 속하는 지표입니다. 양자 신호는 본 신호, 예비 신호, 잠재 신호보다 더 빠른 진입과 더 편안한 보유와 보다 정확한 청산을 여러분께 알려줍니다.

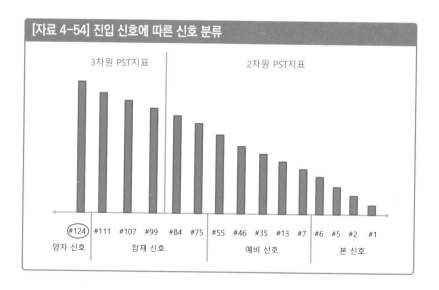

[자료 4-54] 진입 신호에 따른 신호 분류

PST124지표는 3차원 추세분석과 양자역학 이론을 도입한 PST지표입니다. 이 지표를 이해하기 위해서는 먼저 양자역학 이론을 이해하셔야 합니다.

양자역학(Quantum Mechanics)은 원자나 분자 등 미시적인 물질세계를 설명하는 현대 물리학의 기본 이론입니다. 양자역학 이전의 물리학은 고전 물리학이라고 부르고, 일상생활에서 느끼는 규모의 거시적 물질세계를 설명하는 데 유용하지요.

양자역학 결과를 거시적인 규모로 해석할 때 고전 물리학 결과의 대부분을 유도할 수 있습니다. 그래서 양자역학이 정확한 이론이라고 한다면 고전 물리학은 잘못된 이론이 아니라 근사적인 이론이라고 볼 수 있습니다.

'양자'라는 단어는 라틴어에서 나온 단어로 '얼마나 큰지'라는 의미이며, 양자역학에서 그것은 원자의 에너지와 같은 물리적 특성의 불연속 단위를 가리킵니다. 양자역학이 고전 물리학과 다른 특징적인 요소는 3가지로 요약될 수 있습니다.

첫째는 양자화(Quantization)로서 에너지, 운동량 등의 성질들이 특정 값들에 제한되어 있습니다. 둘째는 파동과 입자의 이중성(Wave-particle Duality)으로서 미시적인 현상에서는 파동의 특성과 입자의 특성이 동시에 관찰되는데 이를 파동-입자 이중성이라고 합니다. 셋째는 불확정성의 원리(Uncertainly Principle)로서 물질의 어떤 특성들은 동시에 정확하게 측정하는 데 한계가 있다는 것입니다.

양자역학은 1900년에 플랑크(Planck)가 흑체 복사 스펙트럼을 설명하는 식에서 양자 개념을 최초로 도입했고, 이후 1905년에 아인슈타인(Einstein)이 광전효과를 설명하는 데 파동의 입자성과 플랑크의 양자 개

넘을 사용했습니다. 이후 1926년에 슈뢰딩거(Schrodinger)의 파동 방정식을 통하고 1927년에 하이젠베르크(Heisenberg)의 불확정성의 원리를 통해 양자역학은 발전되었습니다. 이런 양자역학은 오늘날 반도체 기본 원리를 밝히고 첨단기술로 불리는 나노기술에 응용도 되며 양자계산의 개념과 이론적인 논의를 토대로 양자컴퓨터를 실험적으로 구현하려는 노력이 활발하게 진행되고 있습니다.

양자역학은 이제 명실공히 물리학의 가장 중요한 부분이 되었고, 물리학뿐만 아니라 문학과 예술 분야에 이르기까지 광범위하게 퍼져나가고 있습니다.

PST이론과 PST지표를 만든 저는 양자역학을 연구하면서 '왜 양자역학의 발전이 1927년 하이젠베르크의 불확정성의 원리에서 멈추었을까?' 하는 생각을 했습니다. '양자역학적으로 추세를 분석할 수 없을까? 양자역학적으로 실전 거래를 할 수 없을까?'라고 생각을 하고 연구 끝에 탄생한 지표가 PST124지표입니다.

양자역학의 3가지 특징을 PST124지표로 다시 생각해봤습니다.

1. 특정 값에 제한되어 있음 → 3차원 분석으로 Y축 범위가 100%로 제한되어 있음

2. 파동과 입자의 이중성이 있음 → 절대 상수 AC1, AC2, AC3의 삼중성이 있음

3. 불확정성 원리 존재함 → 불확정성 원리가 존재할 수도 있고 안 할 수도 있음

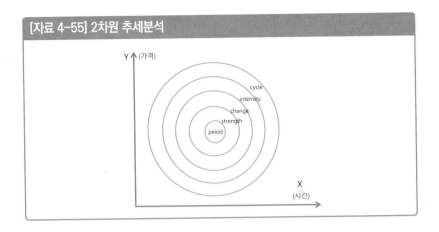

[자료 4-55] 2차원 추세분석

[자료 4-55]는 2차원적으로 추세를 분석해봤습니다. 추세를 이루는 요소는 주기(Period), 힘(Strength), 변화량(Change), 강도(Intensity), 사이클(Cycle)이 있습니다. 이 5가지 요소로 추세(Trend)가 만들어지고 추세는 X축인 시간이 흘러감에 따라 Y축인 가격의 결과의 흐름으로 나타납니다.

$$\text{Trend} = \text{Period} + \text{Strength} + \text{Change} + \text{Intensity} + \text{Cycle}$$

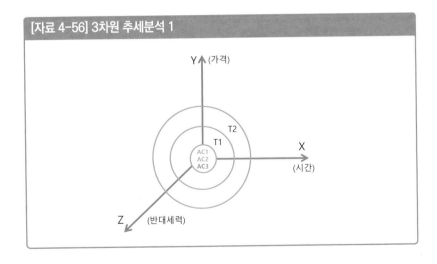

[자료 4-56] 3차원 추세분석 1

[자료 4-56]에서는 3차원적으로 추세를 분석해봤습니다. 추세를 이루는 요소 중 미시적인 물질세계가 있다고 가정하고 여기에는 절대 상수가 AC1, AC2, AC3가 존재하고 추세보다 먼저 존재합니다. PST이론으로 시간에 흐름에 따라 변하는 변수(Variable)도 있고, 변하지 않는 상수(Constant)가 있다고 생각합니다. 또한 상수 중에서 절대적으로 변하지 않는 상수를 절대 상수라고 정의하고, 이 절대 상수가 PST124지표에서 양자 신호에 해당됩니다.

AC1과 AC2는 X축-Y축에서 추세를 이루는 최소 단위인 주기와 힘에서 절대 상수를 생각한 것이고, AC3는 X축-Z축에서 반대 세력에서 절대 상수를 생각한 것입니다. 그리고 X축-Y축-Z축을 고려한 추세인 작은 추세 T1과 큰 추세 T2가 있습니다. 그럼 양자역학적으로 매수진입 양자 신호와 매도진입 양자 신호 때의 상태를 다음과 같이 생각해볼 수 있죠. 이해가 되시나요?

매수진입 양자 신호 : $AC1 \geq AC2 \geq T1 \geq T2 \geq AC3$
매도진입 양자 신호 : $AC3 \geq T1 \geq T2 \geq AC2 \geq AC1$

PST이론상 매수진입 양자 신호가 나와서 매수진입한 경우는 $AC1 \leq AC3$에서 1차 매수청산을 하고, $AC2 \leq AC3$에서 2차 매수청산을 할 때까지는 무조건 수익을 낼 수 있다는 것입니다. 그리고 매도진입 양자 신호가 나와서 매도진입을 한 경우는 $AC1 \geq AC3$에서 1차 매도청산을 하고, $AC2 \geq AC3$에서 2차 매도청산을 할 때까지는 무조건 수익을 낼 수 있다는 것입니다. 놀라운 사실은 수익이 나는 동안은 양자역학적으로 불확정성의 원리가 존재하지 않습니다.

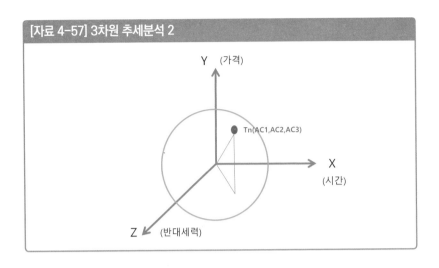

[자료 4-57] 3차원 추세분석 2

Y (가격)

Tn(AC1,AC2,AC3)

X

(시간)

Z (반대세력)

[자료 4-57]에서는 [자료 4-56]에서 양자 신호를 이루는 AC1, AC2, AC3가 N번째 추세에서 추세보다 나중에 존재하는 상태를 나타냅니다. 이 경우는 양자역학적으로 진입 신호가 아니기 때문에 관망을 해도 좋은 전략입니다.

$$매수진입\ 관망 : T1 \geq AC1 \geq AC2 \geq AC3 \geq T2$$
$$매도진입\ 관망 : T1 \geq AC3 \geq AC2 \geq AC1 \geq T2$$

이 구간은 양자역학적으로 불확정성의 원리가 존재합니다.

[자료 4-58]은 주식 거래에서 '현대제철' 종목으로 30분차트이고, 2022년 3월 21일부터 3월 24일까지 추세 흐름입니다. 추세 아래에 PST125지표(= 해외선물 PST124지표)를 사용했습니다.

PST124지표는 녹색선 AC1, AC2와 회색선 AC3와 추세선 T1과 T2로 보입니다. 여기서 양자 신호는 AC1, AC2, AC3입니다. 양자 신호로

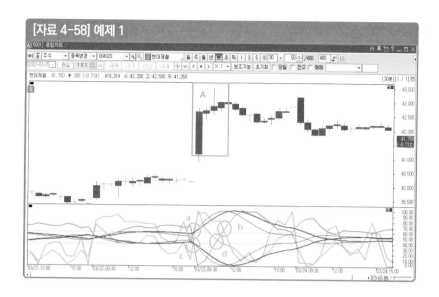

[자료 4-58] 예제 1

매수진입은 a지점처럼 녹색선인 AC1과 AC2가 상승추세선인 가는 빨간색선인 T1과 상승추세선인 굵은 빨간색선 T2를 첫번째 기준점선 위에서 우상향으로 통과해야 하고, c지점처럼 회색선인 AC3가 추세선 하락추세인 굵은 파란색선 T2를 두 번째 기준점선 아래에서 우하향으로 통과해야 합니다. 추세선인 T1과 T2는 대칭으로 보입니다.

매수진입일 때는 반드시 가는 빨간색선인 T1이 굵은 빨간색선 T2 위에 존재하면서 둘 다 우상향으로 진행되어야 합니다.

3월 23일 시초에 제가 휴대폰으로 증권방송을 통해 '현대제철' 종목에 관심을 가지라고 말씀을 드렸고 종가는 6.72% 상승으로 마감되었습니다. 저는 수년 전부터 매일 오전 9시부터 10시까지 수강생들에게 휴대폰으로 증권방송을 보내드리는데 어떻게 상승종목을 예상할 수 있을까요? PST124지표를 사용해서 매수 양자 신호가 나오면 관심종목으로 말씀을 드립니다. 그럼 매수청산은 언제 할까요? 양자 신호를 이용해서 매수진입하면 매수청산 또한 양자역학적으로 정해집니다. AC1

≤ AC3에서 1차 매수청산을 고려하고, AC2 ≤ AC3에서 2차 매수청산을 하면 녹색박스 A영역만큼 수익을 기대할 수 있습니다. 실전 거래에서는 욕심내지 마시고 1차 청산부터 부분적으로 청산을 시작해서 2차 청산 때 모두 청산하시길 바랍니다.

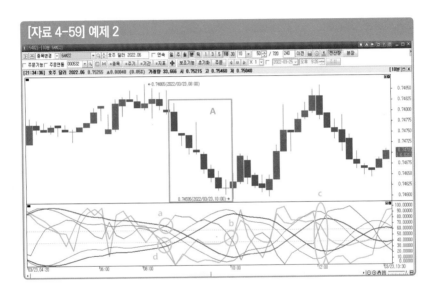

[자료 4-59] 예제 2

[자료 4-59]는 해외선물 거래에서 '호주달러 6월물' 종목으로 10분 차트이고, 2022년 3월 23일 4시 20분부터 13시 30분까지 추세 흐름입니다. 추세 아래에 PST124지표를 사용했습니다.

PST124지표는 3차원적으로 추세를 분석하고 양자 신호를 여러분께 제공합니다. 일전에 언급한 대로 3차원적으로 추세분석한 PST지표는 추세의 위치(P1, P2-1, P2-2, P3, P4-1, P4-2구간)를 구별하지 않고 수익을 낼 수가 있습니다. 그리고 PST124지표에서 보이는 추세 T1과 T2는 X축-Y축-Z축을 계산해서 만든 추세입니다.

양자 신호로 매도진입은 a지점처럼 회색선인 AC3가 굵은 빨간색선인 위에서 우상향으로 통과해야 하고 가는 파란색선인 T1과 굵은 파란색선인 T2를 첫번째 기준점선 위에서 우상향으로 통과해야 합니다. 그리고 d지점에서 녹색선인 AC1과 AC2가 굵은 파란색선인 T2를 두번째 기준점선을 우하향으로 통과해야 합니다. AC3 ≥ T1 ≥ T2 ≥ AC2 ≥ AC1 이런 조건일 때 매도진입이 가능하죠.

매도청산은 회색선인 AC3가 녹색선인 AC1을 우하향으로 통과하는 지점에서 1차 매도청산을 하고 AC3가 녹색선인 AC2를 우하향으로 통과하는 지점에서 2차 매도청산을 하면 됩니다. 그런데 b지점에서 AC3가 AC1과 AC2를 모두 우하향으로 통과하기 때문에 모두 청산을 해야 합니다. 그러면 녹색박스 A영역만큼 수익을 기대할 수 있습니다.

c지점을 보면 PST124지표로 매도진입을 할 수 있을까요? 정답은 아닙니다. 매도진입일 때는 반드시 T1 ≥ T2부터 조건이 맞는지 확인해 보세요.

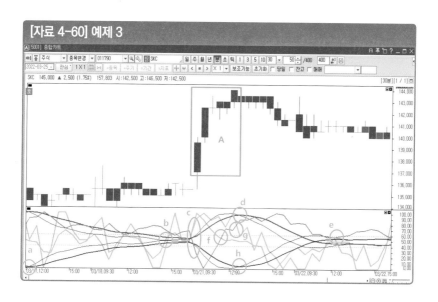

[자료 4-60] 예제 3

[자료 4-60]은 주식 거래에서 'SKC' 종목으로 30분차트이고, 2022년 3월 17일부터 3월 22일까지 추세 흐름입니다. 추세 아래에 PST125지표(= 해외선물 PST124지표)를 사용했습니다.

　해외선물 거래는 양방향 거래로 수익을 내기 위해서는 매수진입도 할 수 있고 매도진입도 할 수 있지만 주식 거래는 한 방향 거래로 수익을 내기 위해서는 매수진입만 가능합니다. 그럼 PST125지표를 사용해서 주식 거래에서 수익이 나기 위해서는 양자 신호가 $AC1 \geq AC2 \geq T1 \geq T2 \geq AC3$의 순서가 되어야 합니다.

　그런데 실전 거래에서 이런 조건을 일일이 적용하면서 거래하기 위해서는 많은 연습이 필요합니다. 쉬운 방법은 먼저 $T1 \geq T2$를 확인하면 됩니다. 확인해볼까요?

　중요한 것은 굵은 빨간색선과 굵은 파란색선의 T2 위치를 보면서 추세를 생각하면 안 되고 반드시 $T1 \geq T2$를 맞추고 매수진입을 할 것인지, 매도진입을 할 것인지 결정해야 합니다.

　a지점~b지점은 파란색의 $T1 \geq T2$이므로 매도진입만 고려해야 하고, c지점~d지점은 빨간색의 $T1 \geq T2$이므로 매수진입만 고려해야 하고, h지점~e지점은 파란색의 $T1 \geq T2$이므로 매도진입만 고려해야 합니다. 이해되시지요?

　a지점~b지점은 굵은 빨간색선이 굵은 파란색선 위에 있기 때문에 상승 사이클은 맞지만 파란색의 $T1 \geq T2$이므로 상승추세는 나오지 않습니다. c지점에서 양자 신호가 $AC1 \geq AC2 \geq T1 \geq T2 \geq AC3$의 순서가 되어 매수진입을 한 후 f지점에서 1차 매수청산을 부분적으로 시작해서 g지점에서 2차 매수청산을 모두 하면 녹색박스 A영역만큼 수익을 기대할 수 있습니다.

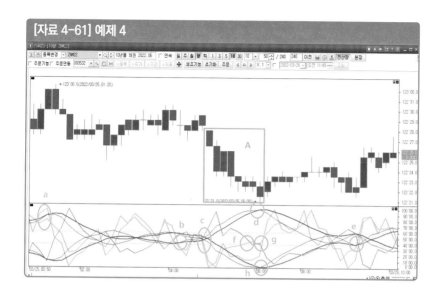

[자료 4-61] 예제 4

　[자료 4-61]은 해외선물 거래에서 '10년물 채권 6월물' 종목으로 10분차트이고, 2022년 3월 25일 0시 50분부터 10시까지 추세 흐름입니다. 추세 아래에 PST124지표를 사용했습니다. 우선 경제 상식을 좀 공부하고 지표를 해석해보겠습니다.

　최근 뉴스를 보면 미국연방제도 제롬 파월(Jerome Powell) 의장이 인플레이션 위험을 차단하기 위해서 기준금리를 일반적인 0.25%포인트 인상이 아닌 한 번에 0.5%포인트씩 올릴 수 있다는 소식을 접할 수 있습니다. 또한 우크라이나 전쟁 등으로 세계 경제 침체 우려가 커지고 있지만 40년 만에 최고치로 치솟은 미 소비자물가급등을 차단하는 것이 우선임을 강조하면서 최소 올해 남은 6차례의 FOMC에서 매회 0.25%포인트 금리를 올린다고 했습니다. 기준금리가 오르면 예금금리, 채권금리, 대출금리가 모두 비례해서 상승합니다. 자산가들은 예금금리가 오르면 좋고 외국인 등 투자자들은 채권금리가 올라서 좋지만 대출자들은 대출금리가 올라서 싫어하겠죠.

앞서 말한 10년 채권은 채권가격을 말합니다. 그리고 채권가격과 채권금리는 반비례 성격이 있어서 채권금리가 상승하면 채권가격은 하락을 합니다.

a지점은 T1 ≤ T2가 되어 관망을 해야 합니다. b지점~d지점은 파란색의 T1 ≥ T2이므로 매도진입만 고려해야 하고, h지점~e지점은 빨간색의 T1 ≥ T2이므로 매수진입만 고려해야 합니다. c지점에서 매도진입 양자 신호가 AC3 ≥ T1 ≥ T2 ≥ AC2 ≥ AC1이 되어 매도진입이 가능합니다. f지점에서 AC3 ≤ AC1이 되어 1차 매도청산을 부분적으로 시작하고, g지점에서 AC3 ≤ AC2이 되어 2차 매도청산을 모두 하면 녹색박스 A영역만큼 수익을 기대할 수 있습니다.

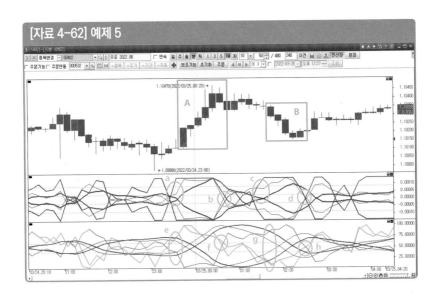

[자료 4-62] 예제 5

[자료 4-62]는 해외선물 거래에서 '유로 6월물' 종목으로 10분차트이고, 2022년 3월 24일 20시 10분부터 3월 25일 4시 20분까지 추세

흐름입니다. 추세 아래에 PST111지표와 PST124지표를 사용했습니다.

　PST111지표와 PST124지표는 추세를 3차원 분석한 지표로 PST111지표는 잠재 신호를 보여주고 PST124지표는 양자 신호를 보여주고 있습니다. 일반적으로 양자 신호가 잠재 신호보다 빠르게 진입, 보유, 청산을 알려주죠.

　PST124지표로 e지점에서 양자 신호가 $AC1 \geq AC2 \geq T1 \geq T2 \geq AC3$의 순서가 되어 매수진입이 가능합니다. 그리고 이어서 PST111지표로 a지점에서 매수진입이 가능하죠. 그럼 여러분은 어디서 매수진입을 하시겠습니까. 그것은 여러분이 연습을 많이 하셔서 본인만의 룰을 만드셔야 합니다.

　매수청산은 PST124지표로 f지점에서 먼저 보여주고 이어서 PST111지표로 b지점에서 보여주고 있네요. 해외선물에서는 10분차트가 기준차트이니 녹색박스 A영역에서 캔들의 색깔이 바뀌는 곳에서 매수청산을 하시면 좋겠습니다.

　PST124지표로 g지점에서 양자 신호가 $AC3 \geq T1 \geq T2 \geq AC2 \geq AC1$이 되어 매도진입이 가능합니다. 이어서 PST111지표로 c지점에서 매도진입이 가능하죠.

　매도청산은 PST124지표로 h지점에서 먼저 보여주고 이어서 PST111지표로 d지점에서 보여주고 있네요. 해외선물에서는 10분차트가 기준차트이니 녹색박스 영역에서 캔들의 색깔이 바뀌는 곳에서 매도청산을 하시면 좋겠습니다. 자신만의 진입, 보유, 청산의 거래 룰은 많은 연습을 통한 통계로 만드시면 됩니다.

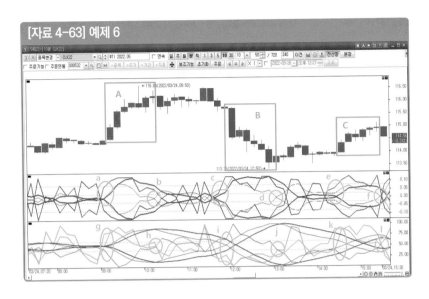

[자료 4-63] 예제 6

[자료 4-63]은 해외선물 거래에서 'WTI 5월물' 종목으로 10분차트이고, 2022년 3월 24일 7시 20분부터 15시 30분까지 추세 흐름입니다. 추세 아래에 PST111지표와 PST124지표를 사용했습니다.

2차원적 추세분석에서 추세의 위치는 PST31지표를 사용해서 P1, P2-1, P2-2, P3, P4-1, P4-2구간을 구별했습니다. 그리고 3차원 추세분석에서는 2차원적 추세분석을 하지 않고 아무 곳에서나 수익을 낼 수 있기 때문에 PST31지표를 사용하지 않습니다. 제가 PST교육을 할 때 PST31지표가 매우 중요해서 3차원 PST지표를 배우기 전까지는 항상 가지고 사용하셔야 한다고 했습니다. 그러나 PST124지표를 배우면 그 말을 그만하죠. 이유는 PST124지표가 3차원적 추세분석으로 추세의 위치를 파악하기 때문입니다. 그렇다면 PST124지표로 추세의 위치를 분석한 후 PST111지표를 사용해서 진입, 보유, 청산한다면 어떻게 될까요? 테스트해보세요. 결과에 엄청나게 놀라실 것입니다.

PST124지표로 g지점에서 매수진입을 고려한 후 PST111지표로 a

지점에서 매수진입을 한 후 매수청산은 b지점과 h지점 중 빠른 곳에서 청산을 하면 녹색박스 A영역만큼 수익을 기대할 수 있겠습니다. PST124지표로 i지점에서 매도진입을 고려한 후 PST111지표로 c지점에서 매도진입을 한 후 매도청산은 d지점과 j지점 중 빠른 곳에서 청산하면 녹색박스 B영역만큼 수익을 기대할 수 있겠습니다. 여기서 중요한 것은 b지점과 h지점 중 빠른 곳에서 청산을 한 다음 i지점이 나올 때까지는 상승 사이클이 아직 안 끝났어도 관망을 하시고 i지점에서 매도진입을 고려해야 한다는 것입니다. 또한 녹색박스 C영역도 매수진입으로 수익을 기대할 수 있습니다.

외환 마스터반을 마치며

이○님

PST이론 첫 번째 책을 읽고서는 세상에 이런 것이 존재할 수 없다고 생각했습니다. 두 번째 책을 읽고 당시 수업료가 없어 수강신청도 못했지만 무작정 숭실대학교로 찾아갔습니다. 끝까지 의심을 거둘 수 없었지만, 인생에 다시 없을 기회일지도 모른다는 느낌이 강하게 왔었고 결국 가장 잘한 선택이 되었습니다. PST이론은 사업실패로 바닥까지 주저앉았던 저를 다시 일으켜준 구원이었습니다. 감사한 마음을 어떻게 표현해야 할지 모르겠습니다. 당시 남은 전 재산 200만 원으로 2년 안에 수억 원의 부채를 해결했고, 지금은 필요할 때마다 언제든지 자금을 마련해서 생활하고 있습니다. 즉시 현금을 창출하는 능력은 수백 억 원과도 바꿀 수 없는 강점입니다. 저에게 로또 1등과 PST마스터 둘 중 하나를 선택하라면 주저 없이 PST마스터를 고르겠습니다.

파생거래를 PST로 시작한 것은 아니었습니다. 어릴 때부터 증권사와 은행에 다니시는 부모님 영향으로 시장을 접했고 경영학과 통계학을 전공했습니다. 직장을 다니든, 사업을 하든 결국 자금 문제로 귀결되었습니다. 필요한 현금을 만들기 위해 계속 투자와 거래를 했지만 수익이 나면 욕심에 괴로웠고 손해는 더 고통스럽고 두려웠습니다. 조금 과장하자면 국내에 출간된 트레이딩과 관련된 책은 모두 다 읽었을 것입니다. 개설된 강좌도 안 가본 곳이 없을 만큼 수없이 시도했습니다. 결국 PST이론이 돈 버는 알고리즘을 찾아 떠돌던 긴 방황을 끝내주었습니다.

PST의 압도적인 탁월함은 현존하는 보조지표와 검증할 수 없는 온갖 트레이딩 비법에 비할 수가 없습니다. PST만 아시는 분을 만나면 추세의 구성, 타임 프레임, 현재에 수렴하는 현행지표 등 독보적인 이론이 얼마나 까무러칠 정도로 명쾌하고 독창적인지 공감할 수 없어 답답합니다. PST를 모르는 분들은 믿어주지 않으니 아예 설명도 할 수 없을 정도입니다. 안 믿기는 것은 저도 마찬가지였으니까요. 무엇보다 효율적인 거래 시간과 수익폭, 승률과 손절 크기는 다른 기법들에 비해 얼마나 우월한지 거래를 해봐야 알 수 있습니다. 특히 저는 교수님의 타임 프레임 개념에 놀라움을 넘어 충격적이기까지 했습니다. 타임 프레임과 PST지표만 마스터한다면 진정 'No Risk, Maximum Profit'이 불가능하지 않습니다.

클리닉반 지표가 저격총이라면 마스터반 지표는 레이저 유도미사일입니다. 구간별 타임 프레임 이동폭이 눈에 보일 정도입니다. PST75+55 지표 주도로 거래했을 때 승률 86%, 평균 거래 시간 하루 4시간 1계약 당 수익 47틱 정도였다면 마스터반 지표인 PST99+107+111+124지표는 적응 기간을 제외하고 현재 10월 이후 승률 100%, 거래시간 하루 2시간 이하 1계약당 60틱 정도입니다. 구리 20계약으로 시뮬레이션 중인 모의거래는 하루 평균 3만 달러 수익을 내고 있습니다.

잘 아시다시피 거래가 생각처럼 간단하지는 않습니다. 좋은 무기만 있다고 전쟁에서 이길 수 있는 건 아니듯 보조지표나 기법은 도구일 뿐입니다. 도구의 메커니즘은 설명 가능하지만 시장은 유기체를 넘어 복잡계와 다를 바 없어 기계적 해석이 불가능합니다.

만약 예측한다고 말하는 지표나 기법이 있다면 주저 없이 거르시길 바랍니다. PST가 현재에 수렴하는 것도 불가능에 도전하는 지표이기에 사용해보기 전에는 믿을 수 없었던 것이었습니다. PST는 고전역학과 통계학에서 말하는 시계열이나 회귀분석에 의한 예측값을 제시하는 것이 아니라 입자의 위치와 운동량을 동시에 정확히 측정할 수 없다는 불확정성의 원리로 만들어진 지표입니다. 위치가 정확하게 측정될수록 운동량의 불확정성은 커지게 되고 반대로 운동량이 정확하게 측정될수록 위치의 불확정성은 커지게 된다는 양자역학적 해석은 복잡계인 시장 움직임을 설명하는 유일한 방법일지도 모르겠습니다.

개인적인 생각으로 타임 프레임은 피보나치 수열을 활용한 안정화 방법이라 생각합니다. 실재하는 가격의 움직임은 3차원 공간으로 불확정성 원리로 해석하고 트레이더 눈으로 인지하는 2차원의 차트는 피보나치 수열을 활용한 타임 프레임으로 쪼개고 늘려서 진입, 보유, 청산의 타점을 눈에 보이게 만든 획기적인 발상입니다. 간단해보이지만 이런 명료함이 천재적이라 생각합니다.

실제로 피보나치 수열이 나아가 프렉탈 이론이 되었고, 시장에서는 엘리엇 파동 이론을 만드는 토대가 되었습니다. 두리뭉실하기 그지없는 엘리엇 파동과 PST를 비교해보시면 길게 설명할 필요도 없어 보입니다.

이야기하다 보면 2박 3일도 부족할듯 해서 이만 줄이겠습니다. PST 마스터를 마쳤다는 의미는 이제 가장 좋은 무기를 지급 받고 훈련을 마치고 막 사냥터로 나온 상태라고 생각합니다. 똑같은 파도는 두 번 다시 오지 않고 거래는 할 때마다 항상 다릅니다. 그래도 이제는 차트가 더 이상 무섭지 않습니다. PST가 있는 한 시간은 항상 우리 편이니까요. 동시대에 교수님과 PST를 만나서 영광입니다. 고맙습니다.

주식 마스터반을 마치며

이○석님

클리닉반을 수료한 지 일 년 정도가 지난 시점에 마스터지표가 등장했습니다. 클리닉지표도 매우 훌륭했는데 이것보다 상위 버전이 나왔다니 PST지표를 배우신 분이라면 안 배우실 분은 없다고 생각합니다. 클리닉지표에서 미처 풀지 못한 부분들이 있었는데 마스터지표에서 해결되어 "역시 마스터지표구나!"라는 생각이 들었습니다.

교수님께서 양자역학으로 만드셨다고 했는데 마스터지표를 계속 연구한 결과, 그 의미를 이제야 알겠습니다. 양자역학의 원리 중에 하나인 불확정성의 원리로 살펴보면 입자의 위치와 운동량을 모두 정확하게는 알 수 없다는 원리입니다.

이것을 주식에 대입해보면 입자의 위치는 주가의 등락율, 운동량은 거래대금, 체결, 강도 등으로 표현할 수 있습니다. 지표가 P1, P4-1이라도 정확한 위치는 파악하기 힘들 수 있습니다. 그렇지만 마스터지표로는 특정 구간에 진입, 혹은 돌파를 하게 되면 수익을 낼 수 있다는 것이 너무 명확하게 나와 버립니다.

마스터지표를 이해하신 분들이라면 제 말이 무슨 뜻인지 알 것입니다. 특히 여러 타임 프레임을 보지 않고 120분차트 하나만 봐도 원활한 거래가 가능했습니다. 주식은 작은 타임 프레임보다 큰 타임 프레임이 더 중요하다고 개인적으로 생각하는데 마스터지표를 통해 훨씬 간결하게 차트 창을 볼 수 있어서 너무 편합니다.

그렇다고 마스터지표를 배우면 무조건 수익이 나는 것은 아닙니다. 지표의 사용법은 말 그대로 매뉴얼일 뿐, 정말로 치열하게 노력해야 합니다. 특히 자신만의 룰을 만들라는 교수님의 말씀은 절대적입니다. 저 또한 교수님의 매매방식대로 하려고 했으나 도저히 맞질 않아서 예전부터 저에게 맞는 매매방식을 만들려고 노력했습니다. 그렇다고 다른 분들처럼 뛰어난 편이 아니어서 일일이 하나씩 다 해보고 겪어보면서 하나씩 만들어나갔습니다.

예를 들면 주식 매매 방법을 종목선정, 진입기준, 매도기준 이렇게 3가지로 나눴습니다. 수익이 나지 않고 손해가 났다면 3가지 중에 무엇이 잘못되었나를 살펴봤습니다.

주식은 종목이 너무나 많기에 종목선정은 조건 검색식을 통해 해결할 수 있었습니다.

그리고 매일매일 수십 번 복기했습니다. 복기는 정말 중요합니다. 매매할 때 실시간으로 녹화를 하고 진입할 때 화면을 캡처해서 복기할 때 같이 보고 있습니다. 수익이 난 종목과 손해가 난 종목은 어떤 차이가 있는지(지표의 현 상황)를 비교하며 상승하는 종목들은 어떤 공통점들이 있는지 등을 찾아봤습니다. 특히 손해가 나거나 매매횟수가 많아지는 경우가 많다면 꼭 복기를 통해 매매법과 마인드관리를 해야 합니다.

정답은 없습니다. 다만 해답이 있을 뿐이니 자신만의 해답을 꼭 찾으시길 바랍니다. 그리고 그 해답은 PST가 있기에 가능하다는 것을 믿어 의심치 마세요.

PST주식, 선물
3차원 추세분석 비법

초판 1쇄 2022년 6월 10일

지은이 Richard Kwon
펴낸이 서정희 　　　　**펴낸곳** 매경출판㈜
기획제작 ㈜두드림미디어
책임편집 이향선, 배성분 　　**디자인** 노경녀 n1004n@hanmail.net
마케팅 김익겸, 이진희, 장하라

매경출판㈜
등록 2003년 4월 24일(No. 2-3759)
주소 (04557) 서울특별시 중구 충무로 2(필동 1가) 매일경제 별관 2층 매경출판㈜
홈페이지 www.mkbook.co.kr
전화 02)333-3577
이메일 dodreamedia@naver.com(원고 투고 및 출판 관련 문의)
인쇄·제본 ㈜M-print 031)8071-0961
ISBN 979-11-6484-423-4 (03320)

책 내용에 관한 궁금증은 표지 앞날개에 있는 저자의 이메일이나
저자의 각종 SNS 연락처로 문의해주시길 바랍니다.

똑똑한 사람들은 월세 낼 돈으로
건물주 돼서 창업한다!

시작은 미약했으나 끝은 창대한 부동산 경매

똑똑한 사람들은
월세 낼 돈으로
건물주 돼서
창업한다! 개정판

김기환 지음

매일경제신문사

'기회는 준비된 자에게 온다'는 말을 많이 들어봤을 것이다. 공부뿐만 아니라, 인생에서 이뤄야 하는 모든 목표를 향해 달려갈 때 분명 새겨 들어야 하는 일리 있는 말이다. 하지만 경험상 기회란 것은 반드시 준비돼 있어야만 오는 것은 아니란 점을 알게 됐다. 현실에서는 미처 준비를 끝내지 못한 상태에서 맞게 되는 기회가 더 많다. 사실, 기회는 반드시 실력을 갖춘 후에 잡아야 한다는 법은 어디에도 없다.

그간 내게 다가온 많은 기회는 계획에 없었거나 당시에 그 기회를 잡을 준비를 하지 못했던 것도 많았다. 경매 또한 우연히 발견한 기회였고, 하고 싶다는 생각이 샘솟으면서 내 인생의 목표로 삼게 됐다. 며칠 밤을 새우면서까지 매달린 의지와 열정으로 실력과 경험을 뛰어넘을 수 있었다. 정말 하고 싶어서 무모함에 가까운 도전을 함으로써 매 순간 새롭게 배우면서 실력을 쌓게 됐다. 간절히 성공하고 싶다는 의지는 그 어떤 새로운 내용도 스펀지처럼 잘 흡수하게 해줬다.

어찌 보면 인생은 실력이 있어서 기회를 잡는 것이 아니라, 기회를 잡고부터 실력을 쌓게 되는 듯하다. 또한, 그 실력이 또 다른 기회를 잡는 데 도움이 되는 연쇄반응이 일어난다. 잡고 싶은 기회가 있는데 실력이 되지 않을 것 같아 망설이고 있다면 지레 겁부터 먹지 말고 도전하자. 준비를 다 마친 상태에서 기회를 잡겠다는 완벽주의적인 생각은 여러분을 영원히 준비만 하게 할 것이다.

모든 도전이 성공으로 귀결되지는 않을 것이다. 그 과정에서 실패 또는 본전이 될 수도 있다. 하지만 그렇더라도 실망하지 말자. 돈 주고도 살 수 없는 귀한 경험을 얻었기 때문이다. 이런 경험이 쌓여 너 큰 안목을 키워줄 것이다. 그러므로 도전 자체가 여러분의 성장 촉진제임을 기억하자. 어제와 다른 오늘, 오늘과 다른 내일을 맞게 되는 일은 그 어느 경험보다 가슴 설레는 일이다.

여러분의 힘찬 도전을 응원하며
김기환

○ 차례

PART
01

무조건 도전하라

가난이란 핑계로
꿈을 묻지 말라

내가 처음 경매에 발을 딛게 된 것은 지금으로부터 약 17년 전이다. 잘 다니던 선글라스 회사를 박차고 나와 열정 하나만으로 무엇인가를 해보겠다고 다니던 시절이었다. 처음부터 부동산에 관심이 많아 배우고 싶었지만, 종잣돈도 없는데 부동산을 배운다는 건 사치라는 생각이 들었다(나중에 부동산을 경험하니 적은 돈으로도 얼마든지 시작할 수 있는데 당시에는 몰랐다). 부동산을 배우기 위해 종잣돈 마련이 급선무인지라 뭘 해서 돈을 모을지 고심하게 됐다.

'나같이 돈 없고 배경 없는 사람이 빨리 성공할 수 있는 게 뭘까?'

그 시절, 중국에서 수입해 국내에 팔면 꽤 높은 수익을 얻을 수 있다는 말에 중국 수입업을 하고 싶었다. 하지만 중국에 관심만 있을 뿐 중국어를 할 수 있는 것도 아니고, 중국에 관한 아무런 지식도 없는 상태에서 이런저런 고민을 하며 중국에 관한 조사를 시작했다. 그러던 중 중국 여행을 통해 애완견을 수입할 수 있다는 것을 알게 됐다.

'그래, 이거야!'

눈이 번쩍 뜨였다. 강아지를 좋아하니 애완견 수입은 잘할 수 있을 것 같아서 바로 여행 경비 등을 알아봤다. 돈이 부족했던 나는 좀 더 저렴하게 갈 방법을 알아보다가 여행객을 모아오면 1인당 4만 원 정도의 수수료를 준다는 여행사의 광고를 보고 '○○보따리'라는 중국 여행 사업부의 일원이 됐다. 여행객을 모집하며 동시에 각종 애완견 사이트에 강아지를 구입할 사람을 모으기 시작했는데 예상과 달리 반응이 엄청났다. 시베리안허스키를 사달라는 사람, 포메라니안을 사달라는 사람, 같이 가자는 사람들까지 늦은 밤에도 문의 전화를 받는 통에 잠을 제대로 자지 못할 정도였다. 사실 강아지를 좋아하지만, 강아지에 대해 전문지식이 없던 나는 강아지 백과사전을 읽으며 대응했다.

예상치 못한 복병을 만나다

뜨거운 반응에 힘입어 20명이 넘는 중국 여행객을 모으고, 18마리 (1인당 9마리까지 가져올 수 있다)의 강아지 주문까지 받았다. 중국 여행

비용이 29만 9,000원이었는데 나는 벌써 80만 원(4만 원×20명)의 모객 수익과 강아지 주문 등으로 인한 수익까지 올릴 수 있는 상황이었다. 처음 가는 중국 여행에서 말이다. 들뜬 마음으로 떠날 날만 기다리며 비자와 여권을 준비하고, 다시 한 번 점검하고 있을 무렵, 예상치 못한 복병이 터지고 말았다. 중국에서 사스(중증급성호흡기증후군)가 발생한 것이다.

'부모님이 가지 말래요. 아무래도 다음 기회로 미뤄야겠어요' 등 중국 여행을 가기로 했던 사람들이 하나둘씩 취소했다. 첫 여행객 모집이 아주 잘 돼 들떠 있었는데, 취소자가 무더기로 발생해 출발 자체가 무산되고 말았다. 하지만 이대로 주저앉을 순 없었다. 과거의 경험들이 주마등처럼 머리를 스쳤다. 중학교 때 처음으로 가락 시장에서 리어카를 끌며 아르바이트를 했다. 스스로 번 돈의 소중함을 알게 된 후 신발, 액세서리, 지갑, 벨트, 여자 속옷 등 가리지 않고 물건을 팔아봤다. 이 외에도 웨이터, 대리운전, 졸업식 꽃 팔기 등을 하며 어떤 일이든 열심히 포기하지 않고 자신감 있게 하면 결과가 보답한다는 것을 깨달았다. 무엇보다 주저하며 아무것도 하지 않는 것보다 도전하는 자체가 더 많은 경험을 배울 수 있고, 수익도 높다는 것을 체득한 것이다. 이 기억이 떠오르며 주먹을 불끈 쥐었다.

'사스가 무서워서 중국에 못 간다면 그런 정신으로 뭘 할 수 있겠는가!' 이런 각오로 중국으로 출발하기로 마음먹었다. 마침 나와 같은 생각을 하는 분이 세 분이나 계셔서 함께 중국 심양에 가서 조선족 분에게 그쪽에서의 물건 공급을 약속받고 한국으로 들어와 수입에 필요한 모든 준비를 마쳤다. 마침내 처음으로 9마리의 강아지를 수입한 날, 감회가 새로웠다. 국내 동물병원과 협의해 예방주사와 병적기록부 등 모든 준비를 마치고 그동안 연락받은 분들에게 강아지 판매를 시작했다. 한 마리당 '강아지 비용+수입 비용+병원 비용+기타 비용' 등 총 70만 원 정도의 비용이 소요됐는데 판매가는 140만 원이었다. 2배 차익을 남긴 것이다. 이렇게 수익을 올린 나는 본격적으로 애완견 사업에 뛰어들게 됐다. 내가 닉네님 '미니펫'으로 불리게 된 이유도 이렇게 시작된 것이다.

순탄치 않았던 사업

아기를 키워본 분들은 내 심정을 알리라. 어여쁜 아기지만 시도 때도 없이 울고, 먹고, 싸고…… 밤에도 몇 번씩 깨는 아기 때문에 깊은 잠을 이루지 못하고 충혈된 눈으로 어르고 달래야 하는 고통 말이다. 내가 이 고통을 느낀 것은 바로 강아지 수입을 하면서부터다. 당시 미혼이었던 나는 한 번에 적게는 9마리, 많게는 27마리까지 수입했다. 초창기 살던 빌라는 방이 3개였는데 그중 한 방에 강아지들을 모아놓았다. 그런데 한 마리가 울기 시작하면 나머지 강아지들 모두 울었다. 밥 달라고 울고, 다른 놈이 운다고 울고, 시도 때도 없이 울고 싸기 시작하는데 한시도 눈을 뗄 수 없을 정도로 신경을 써야 했다. 당연히 잠을 이루지 못했고 밥 먹는 시간조차 부족할 정도로 제대로 생활할 수가 없었다. 나뿐만 아니라 부모님까지 잠 한숨 못 주무시고 고생하는 모습에 불효를 저지르는 것 같아 마음이 편치 않았다. 이렇게 피곤한 하루하루를 보내던 어느 날, 한 통의 전화가 걸려왔다.

"거기 미니펫 님 댁 맞나요?"
"네, 그런데요."
"얼마 전에 산 강아지가 아파요. 병원에 갔더니 파보장염이래요."
"아, 그래요? 괜찮아야 할 텐데…… 다시 변화가 생기면 연락 주세요."

강아지를 수입한 후 분양하기 전에 혹시나 하는 마음으로 검사와 예방주사까지 맞혀가며 준비했는데 이런 일이 생기다니…… 마음이 편치 않았다. 그리고 얼마 지나지 않아 강아지가 죽었다는 연락이 왔다. 나는 미안하다는 말과 함께 다른 강아지로 교환해주었다. 그로부터 얼마 되지 않아 다른 사람들에게도 같은 내용의 전화가 왔고, 우리 집에 있던 강아지들에게도 이상 증상이 나타나기 시작했다. 한 마리가 아프더니 다른 강아지들까지 모두 병에 걸린 것이다.

알고 보니 파보장염이란 거의 90% 이상의 치사율과 전염성이 있는 병이었다. 잠 못 자며 돌보는 게 힘들기는 했지만, 때로는 녀석들의 재롱을 보면 함께 웃고 어울렸는데 한 마리가 시름시름 앓다가 죽더니 나머지 녀석들과도 이별해야 했다. 가장 활발하고 튼튼했던 말썽꾸러기 녀석마저 버티지 못하고 저세상으로 떠난 날, 녀석을 뒷산에 묻으면서 나는 남몰래 눈물을 흘렸다. 마음도 텅 빈 느낌이었다. 행여 부모님께서 걱정하실까 봐 괜찮은 척하며 부모님을 위로해 드렸지만, 내 마음에

슬픈 찬바람이 스치고 지나갔다.

노선을 바꾸다

생물은 일반 물건과 달라서 하자가 있다고 고쳐 쓸 수 있는 것도 아니고 반품 또한 안 되기에 죽으면 어쩔 도리가 없었다. 나중에서야 중국은 강아지도 모조품을 만든다는 사실을 알게 됐다. 한국에서 좋아하는 강아지를 만들기 위해 염색까지 해서 보내는 등 눈속임이 극성이었다. 좋은 사료를 먹이기는커녕, 위생 관리와 기생충 관리도 엉망이어서 한마디로 일단 팔고 나면 끝나는 그런 곳이었다. 그동안 신뢰를 최우선 원칙으로 살아온 내게 중국의 방식은 충격이었다. 이렇게는 안 되겠다 싶어 강아지가 아닌 강아지 용품을 취급하는 것으로 노선을 바꿨다.

서울 남대문 시장에 애견용품 상가를 개업하고 각종 물품들의 총판을 시작했다. 그때 상가 이름이 '미니펫'이었다. 유명한 동물병원부터 동네 애견숍까지 수도권 전역을 영업했다. 3곳을 방문하면 1곳을 거래처로 만들 정도로 적극적으로 영업해 어느덧 100여 개의 거래처를 만들게 됐다. 나는 거래처를 관리하며 순항하는 미니펫 매장과 더불어 크게 성장했다.

하지만 인생지사 새옹지마라 했던가! 어느덧 국가 경제가 점점 나빠져 2003년 무렵 경제위기설이 돌기 시작했다. 곧바로 사람 살기도 힘든데 무슨 강아지냐며 애견사업이 직접적인 타격을 입게 됐다. 하나둘

씩 문을 닫는 거래처가 늘었고 그나마 유지하고 있던 거래처도 수금이
안 돼 자금난에 빠지게 됐다. 열심히 발로 뛰며 하나하나 개척한 거래
처인데…… 이렇게 무너지나 싶어 가슴이 저려왔다. 인생 모든 게 흥망
성쇠가 있구나…… 탄식이 나왔다.

'1+1=3'이 될 수 있는 게 경매다

내가 경매를 시작하게 된 계기는 중국 관련 여행사 일을 하면서 우연히 알게 된 '야생화' 님 덕분이었다. 그 당시만 해도 같은 일을 하는 평범한 분인 줄 알았는데 경매 고수님인 것을 나중에 알았다. 같이 생활하고 지내면서 우연히 부동산, 그중에도 '경매'를 하신다는 얘기를 듣고 막연하게 배우면 좋겠다고 생각했다. 어느 날 관심 있는 분들을 모시고 무료강연을 하신다는 말에 한걸음에 달려갔다. 솔직하면서도 열정에 찬 강의를 듣다 보니 처음에는 평범해 보였던 야생화 님이 왜 이리 거대한 분으로 다가오는지…… 현장에 있던 사람들 모두 야생화 님의 팬이 됐다. 야생화 님의 강의로 애견용품을 취급하던 내가 부동산의 꽃 중의 꽃인 경매에 입문하게 됐다. 경기도 광주에서 서울 도봉구 창동까지 다니며 야생화 님의 강의를 빠짐없이 들었다. '부동산 경매연구회'라는 모임을 만들고 총무를 맡게 되면서 많은 만남과 나눔을 통해 야생화 님을 더욱더 알게 됐다. 때로는 스승과 제자로, 때로는 형님과 동생으로 서로를 신뢰하며 내 인생의 전환점을 준 소중한 만남이었다.

열정을 갖고 실행하면 두려울 게 없다

내가 경매를 통해 성공한 만큼 주변에도 경매를 해보라고 적극적으로 권하고 있다. 그중 간혹 경매가 과열됐다며 손사래를 치는 경우가 종종 있다. 과거에 비해 지금은 경매 낙찰가격도, 투자 비용도 많이 올라가긴 했지만, 아직도 그때처럼 월세 보증금 정도로 투자할 수 있는 물건들은 얼마든지 있다. 방 2개짜리 빌라를 얻는 데도 보증금 2,000만 원/월 40~50만 원은 줘야 하지만, 경매로 싸게 취득해서 대출을 활용해 자기 자본 2,000만 원으로 집주인이 될 수도 있다. 물론 대출이자가 월 25~30만 원 정도 나가지만, 이는 월세를 받아 충분히 감당하고도 남는 금액이다. 경매를 통해 시세차익과 더불어 월세 세입자가 아닌 집주인이 될 수 있어 참으로 매력적이다. 아무것도 없고 배경도 없는 사람도 열심히 공부하고 발품 팔아 좋은 인맥을 만들어 도전하면 '1+1=2'가 아닌 더 큰 시너지 효과를 얻을 수 있는 것이다.

하루가 다르게 집값이 올라가던 때가 있었다. 그 반대로 한 치 앞도 볼 수 없는 시장 상황이 현재인 것 같다. 많은 전문가들이 각자의 의견을 내놓으며 상반된 주장을 한다. 현장에서 부동산과 경매를 같이 하는 나의 생각은 간단하다. 한때 주식도 해보고, 펀드도 해봤지만, 부동산

만큼 수익을 낼 수 있는 재테크는 없을 뿐만 아니라 안정성 또한 부동산을 따라올 수 없다. 어떤 전문가도 미래를 알고 투자할 수는 없다. 다만 바닥이 가까워졌음을 알고 그에 따른 준비는 할 수 있다. 조금 떨어지면 어떤가? 현재 떨어진 시세에 더군다나 경매로 잡는다면 잠깐 하향은 있을 수 있다. 하지만 원자재상승, 물가상승으로 결국 집값은 다시 상향 곡선을 그릴 것이다. 떨어지는 것은 빠르지만 올라가는 것은 더욱 빠를 것이다. 올라갈 때 잡는 것은 이미 늦은 것이다.

 버블을 구분하는 법

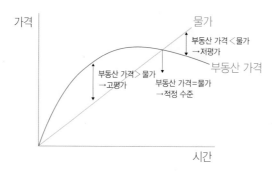

물가나 소득 대비 부동산 가격 상승세가 빠르다 → 버블이 있다
물가나 소득 대비 부동산 가격 상승세가 비슷하다 → 적정하다
물가나 소득 대비 부동산 가격 상승세가 느리다 → 저평가됐다

경락잔금대출은 KB시세의 70%와 낙찰금액의 80% 중 적은 금액으로 대출이 실행된다. 하지만 8·2 대책으로 지역별 LTV, DTI가 강화돼 차등 적용되니 대출 가능 한도를 미리 파악한 후 입찰해야 실수하지 않는다.

구분	투기과열지구 및 투기지역		투기과열지구, 투기지역 외 조정대상지역		조정대상지역 외 수도권	
	LTV	DTI	LTV	DTI	LTV	DTI
서민 실수요자 (완화)	50%	50%	70%	60%	70%	60%
주담대 미보유 (기본)	40%	40%	60%	50%	70%	60%
주담대 1건 이상 보유(강화)	30%	30%	50%	40%	60%	50%

(*주담대 : 주택담보대출의 약자)

LTV : 'Loan To Value ratio'의 약자로 주택담보대출비율을 말한다. 예를 들어, LTV가 60%인 지역은 매매가격의 60%까지 대출이 이뤄진다는 뜻이다.

DTI : 'Debt To Income ratio'의 약자로 금융부채 상환능력을 소득으로 따져서 대출 한도를 정하는 계산비율을 말한다. 즉, LTV처럼 주택 가격에 비례해 대출을 해주는 것이 아니라, 돈을 얼마나 잘 갚을 수 있는지를 따져 대출 한도를 정한다는 뜻으로 주택 구입 시 LTV, DTI를 모두 충족해야 한다.

* 투기지역은 세대당 대출이 1건으로 제한돼, 투기지역 내에서 이미 주택담보대출이 1건 있을 경우 추가로 투기지역 대출이 불가함.

* 12·16 대책으로 투기지역 및 투기과열지구에서 시가 15억 원 초과 주택담보대출 금지, 15억 원 이하 주택은 9억 원까지는 주담대 40%, 9억 원 초과~15억 원 미만은 20% 차등 적용됨.

투기지역	서울(강남, 서초, 송파, 강동, 용산, 성동, 노원, 마포, 양천, 영등포, 강서, 종로, 동대문, 동작, 중), 세종시
투기과열지구	서울(구로, 금천, 관악, 은평, 서대문, 성북, 강북, 도봉, 중랑, 광진), 과천시, 광명시, 하남시, 성남 분당구, 대구 수성구
조정대상지역	고양시(삼송택지개발지구, 원흥, 지축, 향동 공공주택지구, 덕은, 킨텍스 1단계 도시개발지구, 고양관광문화단지(한류월드)), 남양주(별내, 다산), 동탄2, 구리, 안양(동안, 만안), 광교, 수원시(팔달, 영통, 권선, 장안), 용인시 수지구, 기흥시, 의왕시

* 부동산 정책 발표로 규제내용이 수시로 변동되니 위 자료는 참고만 할 것.

내 돈을 지키면서 돈을 버는
유일한 방법, 경매

부동산 분야 중에서 '경매'는 선입견이 강한 종목 중 하나다.

'경매는 무서워요.'

'매매에 비해 경매는 남에게 피해를 주는 것 같아요.'

'경매는 돈 많은 사람들이 하는 거 아녜요?'

'경매는 억척스러운 사람이 하는 거 아녜요? 저는 그만큼 모질지 못해요.'

'경매 몰라도 사는 데 아무 지장 없었어요. 굳이 배워야 할 필요를 못느껴요.'

'경매의 '경' 자도 모르는 왕초보라 겁나요.'

'나는 경매에 관심이 없어요.'

'경매 과열됐다는데요?'

간혹 이렇게 말하는 사람들이 있다. 사실 경매는 무섭지 않고, 남에게 피해를 주는 것이 절대 아니며(오히려 도움을 주는 방식임), 돈 없어도 얼마든지 할 수 있고, 모질지 못해도 경매하는 데 아무 문제가 없다. 처음에 종잣돈이 부족했고, 남에게 폐 끼치는 성격이 아니며, 유순한 편인 내가 경매는 천직이라고 말할 정도로 적성이 잘 맞는 걸 보면 경매에 대한 오해가 사람들의 선입견에 불과함을 다시 한 번 깨닫는다.

재테크는 적극적 재테크와 방어적 재테크로 구분할 수 있다. 적극적 재테크란 내가 배워 수익을 추구하려는 방식이고, 방어적 재테크란 상대방의 공격으로부터 내 재산을 지키는 방식을 말한다. 흔히 적극적 재테크를 하려는 사람이 경매를 배운다고 생각한다. 틀린 말은 아니나 경매는 적극적 재테크와 방어적 재테크를 동시에 추구할 수 있는 학문이다. 돈을 버는 것도 중요하지만 소중한 내 돈을 지키는 것이 무엇보다 중요하기 때문이다.

소 잃고 외양간 고치고 싶은가?

내 돈을 지키려면 반드시 경매를 배워야 한다. 왜일까? 사람은 누구나 집에 산다. 그 형태가 자기 소유든, 남의 집에 임대차(전세, 반전세, 월세 등)를 했든 말이다. 내 집에 살고 있는데 내가 왜 경매를 배워야 하느냐고 묻는다면 하나는 알고 둘은 모르는 격이다. 평생 내 집에서 산다고 자신하지만 언제든 삶의 변화가 올 수 있다.

직장 발령, 아이 학교 문제 등으로 내 집을 떠나 다른 곳으로 이사할 일이 생길 수 있다. 이때, 내 집을 팔고 다른 집을 사서 이사할 수도 있겠지만, 더 오를 것 같아 지금 팔기 아까운 경우, 또는 팔려고 내놨는데 빨리 안 나가 우선 전세로 놓고 나도 다른 집에 전세를 얻어 가는 경우 등으로 임차인이 될 수 있다. 문제는 내가 얻은 집이 임대차계약 기간인 2년(연장하는 경우 4년 이상 등) 안에 경매(또는 공매)로 넘어가지 않는다는 보장을 누구도 하지 못한다는 점이다. 분명 계약할 때는 멀쩡했던 집주인 사정이 그사이 바뀐 것인데, 그 피해를 임차인이 고스란히 볼 수 있는 점이 문제다.

내 보증금을 오롯이 찾을 수 있는 집이 최고!

임차인 입장에서 임대인의 집이 경매로 넘어가는 것을 막을 수는 없다. 하지만 경매로 매각되더라도 내 보증금을 온전히 찾을 수 있다면 다행일 것이다. 문제는 일부 보증금을 날리는 임차인이 수두룩하며 간혹 보증금 전액을 날리는 임차인도 있다는 점이다. 분명 임차인의 잘못이 없는데도 직격탄을 맞는 것이다.

만약 사전에 경매를 알았다면 이런 집을 구하지 않았으리라. 경매를 아는 임차인은 집을 구할 때 경매로 넘어갈 것까지 예상한 뒤 보증금을 온전히 찾을 수 있는 집을 골라 계약한다. 그러니 경매로 넘어가도 피해가 없다. 하지만 보통 임차인은 경매를 모르는 경우가 많다. 일반적으로 부동산 중개업소를 통해 자금에 맞는 집을 구해 들어가는 경우가 보통이다. 문제는 이 집이 경매로 넘어가 임차인이 보증금을 손해 보더라도 부동산 중개업소에서 물어주는 것이 아니다. 그러니 내가 똑바로 알아야 내 돈을 지킬 수 있다.

상가도 마찬가지다. 경매를 통해 싸게 낙찰받는 적극적 재테크 외에도 내 상가보증금을 지키기 위해 경매를 알아야 한다. 내가 임차한 상가가 경매에 넘어가지 않는다는 보장이 없기 때문이다.

PART

02

창업하려면
경매부터 배우자

2,000만 원 vs 8,000만 원

조물주 위에 건물주가 있다는 말이 있다. 고연봉 대기업 직원보다 가늘고(?) 길게 가는 공무원이 취준생들의 워너비가 된 지 오래다. 밥벌이의 지겨움도, 회사생활의 스트레스도 없이 매달 통장에 꼬박꼬박 찍히는 임대수입을 실현하려는 사람들. 월급 빼고 다 올라 한시도 돈에 대한 걱정을 놓을 수 없는 현실에서 건물주란 명함은 조물주보다 더 탐날 수밖에 없다. 요즘 초등학생들의 장래희망도 과학자나 선생님이 아닌 '건물주'라고 한다.

번듯한 내 건물에서 맘 편히 장사하고 싶은 게 상가 임차인들의 소원이다. 하지만 건물을 사려면 큰돈이 들어간다는 생각에 엄두를 못 내는 경우가 많다. 하지만 과연 그럴까? 돈이 많아야 건물주가 된다는 것이

상식이지만, 실제 소액으로도 얼마든지 건물주가 될 방법이 존재한다. 실제로 나는 경매를 통해 2,000만 원으로 번듯한 1층 상가(전용 약 11평, 분양 평수 22평)를 마련했기 때문이다.

실자본 2,000만 원으로 마련한 1층 상가

소재지	(Ｊ미미) 인천광역시 남동구 구월동 ... [도로명] 인천광역시 남동구 ... (구월동)				
용도	상가(점포)	채권자	...	감정가	278,000,000원
대지권	9,956㎡ (3.01평)	채무자	...	최저가	(49%) 136,220,000원
전용면적	35.72㎡ (10.81평)	소유자	...	보증금	(20%) 27,244,000원
사건접수	2009-03-31	매각대상	토지/건물일괄매각	청구금액	936,000,000원
입찰방법	기일입찰	배당종기일	2009-06-12	개시결정	2009-04-01

기일현황   ✔간략보기

회차	매각기일	최저매각금액	결과
신건	2009-10-01	278,000,000원	변경
신건	2009-12-01	278,000,000원	유찰
2차	2010-01-04	194,600,000원	매각
김주■/입찰1명/낙찰195,000,000원(70%)			
	2010-01-11	매각결정기일	허가
	2010-02-10	대금지급기한	미납
2차	2010-03-02	194,600,000원	유찰
3차	2010-04-01	136,220,000원	매각
박수■/입찰3명/낙찰157,878,000원(57%)			
	2010-04-06	매각결정기일	허가
배당종결된 사건입니다.			

▶ 낙찰받은 1층 상가

상가 경매는 대출 활용도가 매우 높다. 일반적으로 감정가의 60%와 낙찰가의 80~90% 중 적은 쪽의 대출이 나오지만, 이 상가는 낙찰가의 90%인 1억 4,000여만 원을 대출받았다. 감정가의 60%가 1억 6,000여만 원이므로 낙찰가의 90%인 1억 4,000여만 원을 대출받는 게 무리가 아니었다(모든 대출기관이 이렇게 대출을 해주는 것은 아니니 전국의 몇몇 대출기관을 상대로 알아보면 좀 더 높은 대출 가능 금액을 알 수 있다).

실제 낙찰금액은 1억 5,700여만 원이지만 대출을 활용하다 보니 등기비용을 합해도 내 자본은 2,000만 원이 약간 넘는 수준이었다. 낙찰받고 보증금 2,000만 원/월 110만 원으로 임대를 놓는데 금세 커피숍을 운영하려는 새 임차인과 계약할 수 있었다.

참고로, 임대를 빨리 나가게 하는 여러 가지 방법이 있지만 그중 대표적인 게 임대료다. 기존 임대료는 보증금 2,500만 원/월 120만 원이었지만, 나는 보증금 2,000만 원/월 110만 원으로 낮췄다. 괜히 기존 임대료를 고수하다가 임대가 지연되면 그동안 월세도 못 받는 상태에서 대출이자와 관리비가 지출되므로 주변 정황을 빨리 파악해 신속한 방법으로 대처하는 게 좋다. 임대료는 수익률에 직접적인 영향을 끼치니 기존 임대인 입장에서는 쉽게 낮출 수가 없겠지만, 이렇게 경매를 통해 저렴하게 취득하면 얼마든지 임대료를 조정할 수 있다는 장점이 있다. 임대료를 낮추는 대신 임대 기간은 보통 1년으로 했다. 이유는 1년 후 갱신 시기에 9%(당시 기준, 현재는 5%로 개정)의 임대료 인상이 가능하기 때문이다.

대출을 활용해 실자본은 2,000만 원가량 소요됐지만 이내 보증금 2,000만 원이 들어오면서 실제는 내 자본이 한 푼도 들어가지 않은 무피 투자 효과로 1층 상가를 소유하게 됐다.

그에 반해 커피숍 임차인이 쓴 비용을 알아보자. 우선 임차보증금 2,000만 원이 소요됐다. 커피숍 인테리어에 4,000만 원, 기계·집기·커피머신 등 부대비용이 2,000만 원이 소요돼 총 8,000만 원의 비용이 발생했다. 다시 말해 나는 2,000만 원으로 건물주가 됐는데, 임차인은 오히려 8,000만 원을 쓴 것이다.

물론 1층 상가임에도 감정가의 57% 가격에 낙찰받을 수 있던 점이 투자 비용이 적게 들어가는 데 한몫했다. 솔직히 1층 상가는 환금성이 좋고, 다양한 업종 유치가 가능하기에 입찰가가 높아지는 게 사실이다. 하지만 이 건물은 다행히(?) 임차인이 신고한 유치권이 있었고, 여러 가지로 다소 복잡해 보이는 권리관계들 덕분에 싸게 낙찰받을 수 있었다.

▶ 임차인이 운영한 커피숍

한 푼이라도 더 얻으려면 경매를 알아야

해당 상가의 기존 임차인은 퓨전 포장마차를 운영하는 김명훈 씨(가명)였다. 김명훈 씨는 후순위 임차인이었기에 사업자등록과 확정일자를 갖추고 기한 내에 배당요구도 했지만, 배당을 한 푼도 받을 수 없었다. 선순위 근저당권 금액이 낙찰가보다 훨씬 높았기 때문이다. 따라서 보증금 2,500만 원을 전액 날릴 위기에 처한 임차인이었다. 만약 이분이 경매를 알기만 했더라면, 또는 경매를 잘 아는 사람의 조언을 들을 수만 있었더라면 손해를 만회할 수 있었을 것이다.

임차인은 경매가 진행된다는 법원의 통지서 등을 받으면, 내가 어느 위치에 있는지, 예상 낙찰가에서 내가 배당받을 수 있는 금액은 얼마인지, 배당을 못 받아 보증금을 날리게 된다면 손해를 어떤 방식으로 만회할 것인지 면밀히 생각해야 한다. 경매를 아는 사람은 발 빠르게 대처할 수 있을 것이나, 평상시 경매를 모르는 대부분의 임차인은 대처가 늦을 수밖에 없는 게 현실이다. 그래서 평소 경매를 알아두는 게 좋다.

기존 임차인의 퓨전 포장마차는 제법 장사가 잘되는 곳이었다. 하지만 경매가 진행된다는 통지를 받고 어떻게 해야 하나 신경을 쓰면서 가게에 소홀해지자 손님이 많이 줄어 이중의 피해를 입었다. 그러면서도 120만 원의 월세는 꼬박꼬박 입금했다. '아뿔싸!' 임차인의 실수다. 이 임차인처럼 한 푼의 배당 가능성이 없는 임차인은 자신의 손해를 만회하려면 월세를 입금하면 안 된다. 경매가 신청되고 매각기일까지 최소 6개월~1년의 기간이 소요되므로 이 기간 동안 미납된 월세로 보증금의 손해를 일부 만회해야 한다. 하지만 이를 몰랐던 임차인은 자신의 의무를 다한다는 명분으로 월세를 빠짐없이 임대인의 통장에 입금했다. 결국, 본인의 의무는 다했을지 몰라도 임대보증금을 날리는 것을 막을 순 없다.

동분서주 바쁘게 뛰어다닌 임차인은 이 건물을 본인이 낙찰받기로 하고 1억 9,500만 원에 입찰을 감행한다. 결과는 단독낙찰이었으나 문제는 대출이 나오지 않아 잔금을 납부하지 못해 재경매로 이어졌다. 실제 경매 사건을 보면 대금을 미납한 내역이 적혀 있는데 이 낙찰자가 바로 임차인이었던 것이다. 이로 인해 입찰보증금 1,946만 원까지 몰수당했으니 설상가상 임차인의 손해는 더 늘어났다.

입찰을 결정한 임차인의 생각은 올바른 결정이었으나 문제는 입찰가가 너무 높았다. 또한, 원하는 금액의 대출 실행 여부를 확실히 알아보고 입찰을 했어야 함에도 막연히 대출이 실행될 것으로 믿고 입찰을 감행해 손해가 컸다. 이렇듯 임차인이 경매를 몰랐다는 사실 하나가 5,000만 원을 훌쩍 넘는 손해(임차보증금+몰수된 입찰보증금+영업 손실금 등)를 끼치는 처참한 결과로 이어진 것이다.

결론적으로 기존 임차인은 5,000여만 원이 넘는 금액을 손해 봤으며, 나는 2,000만 원으로 건물주가 됐고, 새 임차인은 8,000여만 원을 들여 커피숍을 꾸몄다. 또한, 나는 임대보증금 2,000만 원 회수로 내 자본이 거의 들지 않은 무피 투자로 건물을 소유한 셈이 됐으며, 몇 년 후 2억 3,000여만 원으로 매각해 시세차익까지 쏠쏠히 누렸다.

기존 임차인은 경매를 몰라서 손해본 금액이 막심했다. 새 임차인이 경매를 알아서 직접 낙찰받아 커피숍을 꾸몄더라면 창업비용보다 훨씬 적은 금액으로 건물주가 될 수 있었으며, 110만 원의 월세를 낼 필요도 없었다. 이 점이 내가 강조하는 포인트다. 성공적인 창업을 하려면 경매를 알아야 하는 이유가 이런 것이다. 자, 2,000만 원의 건물주와 8,000만 원의 임차인, 당신은 누가 되고 싶은가?

알기 쉬운 경매 용어

무피 투자

무피 투자란 '비용(Fee)이 없는 투자, 내 돈이 들어가지 않는 투자'라는 뜻으로 실투자금이 들어가지 않는 투자를 말한다. 이는 일반 매매에 비해 경락잔금 대출비율이 높은 경·공매의 경우 가능한 투자법이다.

근린상가의 경우 낙찰가의 80~90% 정도의 경락대출이 나오기에 10~20%의 자기 자본 투자금이 들어가는 게 보통이지만, 그 20%를 임차인의 보증금에서 받으면 실제 내 자본이 전혀 들어가지 않는 무피 투자가 된다. 즉, 내 돈 전혀 들이지 않고 매월 들어오는 월세에서 대출이자를 제하면 순수익이 된다.

7억 5,000만 원 상가를
1억 원에 낙찰받다

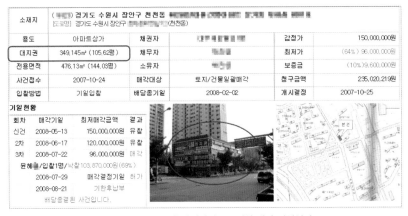

소재지	(〓〓〓) 경기도 수원시 장안구 천천동 〓〓〓〓〓〓〓〓〓〓〓〓〓〓〓〓〓〓〓〓					
	[도로명] 경기도 수원시 장안구 〓〓〓〓〓〓(천천동)					
용도	아파트상가	채권자	〓〓〓〓〓〓〓〓	감정가		150,000,000원
대지권	349.145㎡ (105.62평)	채무자	〓〓〓	최저가	(64%)	96,000,000원
전용면적	476.13㎡ (144.03평)	소유자	〓〓〓	보증금	(10%)	9,600,000원
사건접수	2007-10-24	매각대상	토지/건물일괄매각	청구금액		235,020,219원
입찰방법	기일입찰	배당종기일	2008-02-02	개시결정		2007-10-25

기일현황

회차	매각기일	최저매각금액	결과
신건	2008-05-13	150,000,000원	유찰
2차	2008-06-17	120,000,000원	유찰
3차	2008-07-22	96,000,000원	매각
윤혜〓/입찰1명/낙찰103,870,000원(69%)			
	2008-07-29	매각결정기일	허가
	2008-08-21	기한후납부	
배당종결된 사건입니다.			

▶ 전용면적 144평(분양면적 약 300여 평)에 대지권이 105평인 해당 지하상가

　　상가물건을 검색하던 중 수원에 있는 상가 하나가 눈에 들어왔다. 수원시 장안구의 아파트 지하상가가 감정가 1억 5,000만 원에서 2번 유찰

돼 최저가 9,600만 원에 나온 것이다. 처음에는 대수롭지 않게 훑어보고 있었는데, 자세히 보니 전용면적이 144평이나 되는 것이 아닌가. 사진을 자세히 보니 공실로 방치돼 있었고, 상가도 별로 좋아 보이지는 않았다. 그러나 자세히 물건 내역을 보다 보니 대지 지분이 105평이나 되는 것이 아닌가! 보통 상가건물 같은 경우 건평 150여 평이라 해도 대지 지분은 많아야 10평 내외인데, 이곳은 비록 아파트 상가이지만 건평 144평에 대지 지분이 105평이라니 일반 상가와 심하게 차이가 났다.

▶ 지하상가 내부 모습

'잘 확인해봐야겠구나'란 느낌이 들어 곧바로 주변 지도와 사진 등 좀 더 자세한 사항을 검토하기 시작했다. 아주 좋은 위치는 아니지만, 초·중·고가 모여 있는 초등학교 사거리 코너에 위치하는 왕복 4차선 길에 접해 있어 제법 괜찮아 보였다. 사무실 식구들에게도 물건을 보여주고 임장을 가기로 마음먹었다. 수원지역 다른 물건들을 몇 개 더 뽑은 후 임장을 하러 출발했다. 서울에서 고속도로를 타고 출발한 지 1시간

가량 돼 수원 성균관대 인근에 위치한 상가에 도착했다. 아파트 주차장에 차를 세워놓고 아파트를 비롯한 상가 주변을 천천히 돌아보기 시작했다. 기존 마트가 사용하던 건물인데 철수하고 공실로 남아 있는 상태였다. 지하 입구와 상가는 물론, 인근 상권이 살아 있는 상가위치와 학교, 대형 마트, 관공서 등 주변을 모두 둘러보고 나니 '아, 좋은 물건이구나'라는 생각이 머릿속을 스쳐 지나갔다.

남들과 다른 발상을 하다

비록 건물 자체가 낡고 지하 공실이라는 점은 모두가 기피해서 어려운 부분이지만, 초·중·고를 끼고 코너 자리에 위치했다는 점과 건평 150평과 대지 지분 100평이라는 장점은 매우 막강했다. 곧바로 사무실로 들어와 사무실 식구들과 같이 토의하며 과연 그곳에 무엇을 하면 좋을지 고민했다. 건평, 대지 지분 다 좋은데 그 건물을 무슨 용도로 활용하느냐가 걸림돌이었다. 다양한 의견들이 나오기는 했지만 뾰족한 해결책이 보이지 않았다. 대부분 경기도 좋지 않은데 아파트 지하상가에 무엇을 하겠느냐며 고개를 저었다. 그렇다고 포기하기에는 너무나 아까운 물건이었다. 많은 사람들에게 문의할수록 더욱 답이 나오지 않았다. 지하에 무엇을 하는 것도 문제지만 그 정도 평수에 무엇을 하려면 비용 또한 만만치 않다는 것이다. 거의 모두가 반대하며 관심을 가지지 않았다. 아니, 포기하라고 했다.

하지만 내 생각은 달랐다. 비록 건물은 최악의 경우 아무 쓸모없을지라도 대지 100평은 그렇지 않을 것이었다. 다 무시하고 감정가 1억 5,000만 원에 2번 유찰돼 9,600만 원이라면 대략 대지 지분 1평당 100만 원이라는 얘기다. 지방 땅도 아니고 그래도 수원지역 아파트 부지 땅이 아무럼 평당 100만 원 가치밖에 안 할까 싶었고, 아무리 적게 감정해도 평당 300만 원 이상의 가치는 있을 거라고 생각했다. 역시 예상대로 공시지가 또한 대략 500만 원 정도의 금액이 나오는 곳이었다. 비록 그 건물은 활용하지 못한다 하더라도 땅은 다를 것이다. 아파트 상가가 아닌 땅에 투자했다고 생각하면 시간이 지나 그 아파트가 재개발을 하든, 재건축을 하든 언젠가는 그 건물을 활용할 것이다. 그때는 이 건물과 땅의 가치는 최소한 공시지가의 가치는 될 것으로 여겼다. 낙찰받고 최대한 임대를 빨리 나가도록 조치를 해보고, 그런데도 임대가 나가지 않으면 최종적으로 내가 주거용으로 들어가 살 생각도 했다.

'그래, 이 가격에 100평짜리 집이 어디 있어! 살다가 아이에게 증여하면 아이가 컸을 때쯤 재건축이 되겠지. 그때 아이 앞으로 목돈이 들어올 거야, 그렇게 아이의 재테크의 발판으로 삼아주자.'

당시 미혼이었음에도 장차 태어날 미래의 아이까지 떠올리며 증여를 염두에 뒀고, 그렇게 입찰을 결심하게 됐다.

마음은 급한데 고속도로는 꽉 막히다

입찰 당일 일찍부터 일어나 은행에 들려 입찰금을 준비하고 수원지방법원으로 출발했다. 아침부터 서둘러 준비하고 서울 오류동에서 출발했는데 이런…… 차가 막혔다. 서해안 고속도로를 통해 가는 길, 아침 출퇴근 시간에 막히던 곳이긴 하지만 이날은 너 심하게 막혔다. 알고 보니 사고가 난 것이 아닌가. 왠지 느낌이 좋지 않았다. 그렇지 않아도 많은 사람들의 우려 섞인 목소리에 입찰하면서도 신경이 쓰였는데 길까지 막히다니…… 시간이 지나자 길이 풀리기 시작했고 난 좀 더 서두르기 위해 평소와 다르게 조금 더 액셀러레이터를 밟기 시작했다. 한참 신나게 달리다 보니 나도 모르게 조남 분기점에서 올라타고 말았다. 이 길은 광주 가는 길인데 왜 그랬는지 정신이 없었다. 갑자기 머릿속에 어디로 가야 할지 생각이 나지 않았다.

'그래, 이왕 이렇게 된 거 가다가 다른 곳에서 빠지자.' 나는 다시 액셀러레이터를 밟기 시작했다. 중간에 빠지기로 마음먹었는데 또 차가 막히기 시작했다. 또 사고가 발생한 것이다. 안양이나 의왕 쪽에서 빠지기로 마음먹었는데 안 되겠다 싶어 다른 곳으로 계속 차를 몰아 청계 IC를 지나 판교 쪽으로 빠져 고속도로를 탔다. 설상가상 이날 따라 유난히 톨게이트를 빠져나오는 하이패스까지 차가 많아 거북이걸음으로 통과했다. 시계를 보니 벌써 10시 50분이 넘어서고 있었다. 보통 오전 10시에 입찰을 시작해 마감 시간은 대략 11시 10분(법원에 따라 약간 다름) 또는 늦어도 11시 20분인데, 여기서부터 아무리 빨리 가도 20분은 걸릴 텐데 차까지 막히고 있으니 걱정이 태산이었다.

순간 포기하자는 생각이 머릿속을 스쳐 지나갔다. '지금 가도 늦었으니 차라리 지금이라도 차를 옆으로 빼서 안 막히는 집으로 돌아갈까?' 하지만 아침부터 서둘러서 움직였는데 포기하긴 아까웠다. 얼마나 조사하고 고민하며 뽑은 물건인데…… 분명 이번 입찰에는 나 말고 한 명 정도는 더 들어올 거란 예감이 들었다. 입찰하고 금액에서 밀린다면 어쩔 수 없지만, 시간이 늦어서 입찰도 못 하고, 다른 사람이 낙찰받는다면 실로 억울하지 않을 수 없었다. 최소한 결과만이라도 내 눈으로 확인해야겠다는 생각으로 다시 액셀러레이터를 밟기 시작했다. 다행히 조금 지나 길이 풀리기 시작했고 다시 빠르게 속력을 냈다.

11시 9분에 가까스로 법원 정문 앞에 도착했다. 주차하고 들어가기만 하면 "잠깐만요"를 외쳐서라도 입찰봉투를 넣을 수 있으리라. 하지만 결정적으로 주차자리가 없었다. 주차요원의 차를 빼라는 신호가 보였다. 순간, '새로 산 지 얼마 안 된 애마를 놔두고 뛰어갈까?' 하는 생각이 머리에 스쳤지만 차마 그럴 용기가 없었다. 다시 차를 빼고 법원 밖 유료주차장에 차를 대고는 뛰어나왔다. 법원까지는 뛰어서 5분여 거리, 시간은 벌써 11시 25분이다. 이미 마감 시간이 지났다. 순간 다리에 힘이 풀린다. 터덜터덜…… 갖은 노력 끝에 왔지만, 입찰할 수 없다니 허망했다. 그래도 결과는 봐야겠지…… 제발 오늘 아무도 입찰을 하지 않으면 좋겠다는 마음이 굴뚝 같다. 만에 하나 누군가 들어와 최저가로 가져간다면 억울할 노릇이었다. 법원 입구의 정보지 아주머니를 지나 법원 앞 주차장 입구를 지나 법원 경매장으로 걸어갔다. 저 멀리 많은 사람들이 경매장 밖에 모여 있다.

하늘이 준 기회, 시간이 남았다니

'이제 마감하고 서류 정리하고 있겠지…….' 사람들 틈을 지나 법원 안을 들여다봤다. 어? 아직 몇몇 사람들이 줄을 서서 입찰봉투를 넣고 있는 것이 아닌가. 바로 앞에 있는 청원경찰에게 여기 마감 시간이 몇 시인지 묻지 11시 40분까지란 대답이 돌아왔다. 이럴 수가! 아직 5분이 남았다. 곧바로 입찰봉투를 가지고 입찰서 작성하는 곳으로 뛰어 갔다. 큰 숨을 들여 마신 뒤 미리 준비해온 서류와 입찰가를 차례로 작성했다. 분명 나 외에도 한 명 정도는 더 들어올 것이라 여겨 최저가인 9,600만 원에서 800여만 원을 더 쓴 1억 400여만 원에 입찰했다. 맨 마지막으로 입찰서류를 제출하고 개찰결과를 기다렸다.

서류정리를 하고 있는데 역시 내가 들어간 물건에 2개의 입찰 서류가 보였다. 역시 나 말고도 한 사람의 입찰자가 더 있었다. 다시 긴장되기 시작했다.

'조금 더 금액을 높여 쓸 걸 그랬나?'

그동안 수도 없이 입찰하고 낙찰받은 나지만 오늘만큼은 초보자로 되돌아간 것 같았다. 드디어 개찰시간, 입찰자 두 명의 이름을 모두 호명한다. 앞으로 나가 대기하고 있는데 내가 낙찰받았다. 짜릿했다. 2위는 주식회사 이름으로 입찰한 9,700만 원이었다. 이 회사 역시 아무도 없을 것으로 예상하고 최저가에 100만 원만 더 높여 쓴 것이다. 만약 내가 입찰시간이 지난 것으로 생각하고 입찰을 포기했다면 이 회사가 거의 최저가로 단독 낙찰을 받았을 것이며, 그로 인해 난 두고두고 후

회하며 안타까워했을 것이다.

낙찰영수증을 받고 법원을 나오며 문득 어렸을 때 읽었던《80일간의 세계 일주》책이 떠올랐다. 책을 보면 주인공이 기한 내에 오기로 내기하고 세계 일주를 떠난다. 여러 우여곡절 끝에 세계 일주를 마치고 오지만 약속한 80일이라는 기한을 지나게 된다. 실패한 것으로 생각하고 모든 걸 포기하고 있을 때 세계 시차로 인해 아직 약속한 시간이 되지 않았다는 걸 알게 된다. 그로 인해 주인공은 약속을 지키게 됐고 해피엔딩으로 끝난다는 내용인데, 오늘 이 시간이 마치 내게는 시차같이 느껴진 값진 시간이었다.

수원 지하상가를 낙찰받을 때의 목표는 땅에 대한 투자였다. 즉 장기적인 시점에서 볼 때 땅의 가치는 낙찰가 1억 400여만 원이 아닌, 적게 잡아도 공시지가 5억 원인 것이다. 시간이 지나 재개발, 재건축하게 되면 비록 지하일지라도 땅에 대한 보상가는 층과 상관없이 동일하다. 단, 건물에 대한 평가는 다르겠지만, 건물은 덤으로 생각해도 될 것이다. 낙찰받고 낙찰금액의 80% 정도의 금액인 8,000만 원을 대출받아 실제 내가 투자한 현금은 3,000만 원 정도였다. 잔금을 치르면서 등기비를 내는데 평소보다 400여만 원을 더 내라고 했다. 이유를 물었더니 대지에 대한 공시지가(과표)가 5억 원이고, 건물에 대한 공시지가(과표)가 2억 5,000만 원으로 잡혀 있기 때문에 합계 7억 5,000만 원에 대한 채권할인 금액으로 그 정도의 비용이 더 나온 것이다. 처음에는 400여만 원을 더 내는 것이 짜증 났지만, 다시 생각해보니 국가가 인정해주는 가치가 최소한 7억 5,000만 원이라는 얘기니 어찌 기쁘지 않겠는가.

감정평가일 뿐, 시세와 다를 수 있다

　여러분도 조금 더 세심하게 물건을 찾다 보면 실제 가격과 다른 감정의 물건을 찾을 수 있다. 감정가는 주변의 사례와 비교해 책정하는 것인데 정말 많은 감정평가사가 있지만, 모든 물건을 직접 찾아가서 상세히 분석 평가하는 것이 아니라 탁상감정 등이 많기 때문에 실제로 수원 상가 같은 물건들이 나올 수 있다. 하지만 감정평가 금액이 항상 낮게 평가되는 것은 아니다. 감정 시점이 매각기일로부터 4~5개월 전이기 때문에 그 당시에 높았던 가격을 기준으로 평가될 수도 있다. 부동산 하락기에는 현재보다 높은 가격이 감정평가 금액으로 책정될 수 있다는 점을 유념해야 한다. 그러므로 그 물건의 가치를 바로 보고 판단할 수 있는 본인의 실력이 갖춰지지 않은 상태에서 막연하게 감정가만을 믿고 입찰할 경우는 시세보다 높게 낙찰받는 사례들이 발생할 수 있으니 신중을 요한다.

입찰 전, 출구를 정해야 한다

일반적으로 상가는 아파트 단지 내 상가, 일반 상가(근린형 생활 상가), 테마 상가로 나뉜다. 어떤 상가에 투자하든지 가장 중요한 원칙은 상가를 고를 때 철저하게 임차인 기준으로 생각해야 한다. 이유는 너무 명백하다. 결국, 임대료를 내는 사람들은 임차인이다. 임차인이 필요한 상가를 보유하고 있어야 공실의 위험이 없고, 장사가 잘 돼서 임대료를 잘 받을 수 있기 때문이다.

아파트 상가라면 어떤 아파트 단지인지, 세대수는 얼마인지, 거주자들의 소비패턴과 행동양식에 대한 분석이 중요하다. 이왕이면 왕래가 많은 출입구 쪽 상가가 좋다. 1층이 아닌 경우 그 상권과 어울리는 업종이 들어올 수 있는 입지인지 고려해야 한다.

수원 지하상가를 낙찰받은 후 다행히 공실 상태인 건물이라 특별한 명도의 어려움이 없었다. 자세히 보니 특별히 건물에 이상 있는 부분도 없고, 생각 외로 지하인 느낌이 크게 들지 않는 공간이었다. 역시 150 평이나 되다 보니 굉장히 넓었고 관리비 연체 내역도 얼마 되지 않았다. 일부 지저분한 부분의 청소를 마치고 주변 부동산 중개업소에 보증금 2,000만 원/월 150만 원의 최소금액으로 임내를 내놓았다. 교회, 골프연습장, 체육시설로 사용하겠다는 업체들이 있었지만, 조건이 맞지 않아 보류됐다. 한편으로는 내가 직접 키즈카페를 운영하려고 했다. 진작부터 관심 있었던 사업 분야인 만큼 키즈카페를 꼭 해보고 싶었지만, 주변의 90% 이상이 반대해서 잠시 보류하기로 했다.

최종적으로 아이들 축구·농구·키 크기 교실을 운영하는 업체에 보증금 2,000만 원/월 150만 원으로 임대를 주었다. 낙찰가의 80% 대출을 받았고, 임대보증금 2,000만 원을 받아 공시지가 7억 5,000만 원의 건물에 들어간 내 투자금은 1,000만 원이다. 게다가 월세로 대출이자를 갚고도 매월 100만 원씩 차곡차곡 쌓이고 있으니 복덩이도 이런 복덩이가 없다.

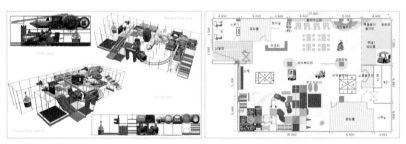

▶ 키즈카페를 추진하며 설계한 놀이시설 안과 평면도(주변의 반대가 심해 오픈하지는 않았다)

비하인드 스토리

처음에 부동산 중개업소에 내놓은 수원 지하상가의 임대료는 월 150만 원이 아닌 이보다 약간 더 높았다. 운동교실을 운영하려던 임차인이 내 건물을 보고 강한 의욕을 비쳤지만, 월세에 대한 부담으로 인하해달라고 요청했다. 아직 회원 수가 많지 않았기 때문이다. 하지만 이미 시세 대비 저렴하게 임대를 놓은 터라 요청을 무조건 수용할 수도 없는 입장이어서 정중히 거절 의사를 밝혔다. 그래도 미련이 많이 남았는지 운동교실 관장님이 우리 집까지 찾아오셔서 통사정하시는 바람에 나도 수용해 월세를 150만 원으로 인하해드렸다. 단, 1년분 월세를 선납으로 받는 조건이었다.

임차인 입장에서는 임대료 3,800만 원(보증금 2,000만 원+월 150만 원 1년분 선납) 외에 시설 투자 비용이 더 들었지만, 임대인인 나는 건물을 소유하는 데 실자본이 1,000만 원밖에 들지 않았고, 선납으로 받은 임대료를 재투자하는 기회까지 얻었다.

임차한 운동교실은 시간이 지나며 점점 입소문이 나기 시작해 회원 수가 1,000여 명을 넘을 정도로 호황을 맞았다. 이곳에 자리 잡고 싶었던 임차인은 건물 매입 의사를 비쳤고, 나는 좋은 가격에 임차인에게 매각할 수 있었다. 만약 처음에 이 건물을 임차인이 낙찰받았다면 더 큰 영업이익으로 남았을 것이다. 바로 창업하려면 경매를 해야 함을 다시 한 번 일깨워준 사건이었다.

▶ 축구장과 농구장까지 갖춘 운동교실 내부 모습

상가 관리비를 꼭 확인하라

보통 상가를 매매(또는 분양)할 때 보증금과 월세만을 생각하기 쉽다. 내가 들인 비용에서 임대료를 얼마나 받을 수 있을지 말이다. 하지만 상가는 임대료 외에도 관리비를 꼭 확인해야 한다. 쉽게 임대가 나가지 않아 공실일 경우 관리비를 소유자가 부담해야 하기 때문이다. 보통 대출을 끼고 상가를 매입하는 경우가 많은데, 대출이자에 관리비까지 지출되면 부담을 느끼기 쉽다. 게다가 관리비가 높은 상가는 임차인도 부담스러우므로 쉽게 임대가 나가지 않을 수 있다.

내가 알고 있는 한 분은 주상복합 상가를 월세 350만 원에 임차했는데 관리비가 100만 원에 육박했다. 처음에는 관리비를 조금 더 내면 된다고 대수롭지 않게 여겼지만, 결국에는 관리비가 큰 부담으로 남아 가게를 정리하고 말았다.

상가분양의 경우 분양면적 대비 전용면적 전용률이 낮아 실제 사용할 수 있는 공간이 적지만, 부담해야 할 관리비는 크게 증가한다. 일반 상가의 경우 지역에 따라 많은 차이가 있지만, 평당 대략 1만 원에서 많게는 5만 원까지도 나온다. 실평수 기준이 아닌 평당으로 말이다. 다시 말해 전용 평수 40평을 분양 평형으로 환산하면 대략 80평형이 되는데, 평당 1만 원으로 계산해도 매월 기본 관리비가 80만 원 정도 나온나는 것이다. 실제 인천의 어느 한 분이 감정가보다 싸다고 분양 평수 300평 상가(전용면적 150평)를 낙찰받았는데 사용해보지도 못하면서 지불하는 매달 관리비용이 300만 원이라고 들었다. 임대가 안 나가 다달이 대출이자 또한 300만 원으로 총 600만 원의 돈이 매달 빠져나가는 것이다. 600만 원을 벌어도 시원치 않을 텐데…… 자금의 여유가 있는 분이라면 그나마 괜찮겠지만 여기에 올인한 분이라면 빠져나가는 돈에 입이 바짝바짝 마를 것이다. 결국, 이런 상가는 나중에 다시 경매 시장에 등장할 확률이 높다. 충분한 조사 없이 막연하게 잘되겠지라는 안일한 생각의 결말이 어떻게 되는지 보여주는 단적인 예라 할 수 있다.

건물마다 관리비가 다르니 철저히 조사할 것

내가 낙찰받은 수원 지하상가는 전용면적이 150평이니 평형으로 환산하면 300평형, 평당 1만 원씩만 잡아도 한 달 관리비가 300만 원이란 얘기가 나온다. 그렇다면 나도 매달 300만 원이란 큰 금액을 기본 관리비로 냈을까? 결론부터 말하자면 수원 지하 상가의 한 달 기본 관리비는 15만 원에 불과했다. 기존 상가와 달리 아파트 상가는 아파트에서 관리하는 것이 아닌 아파트 상가 자체에서 관리해 관리비가 저렴한 장점이 있다. 기존 상가들의 관리비가 비싼 것은 상가관리 인원이 많기 때문이며, 인건비가 관리비의 가장 큰 부분을 차지한다고 볼 수 있다. 그러나 아파트 상가는 상가 자체에서 할 수 없는 부분만을 용역으로 줄 뿐 직접 모든 비용을 처리하기 때문에 저렴한 비용으로 상가를 관리할 수 있다.

하지만 모든 아파트 상가가 그런 것은 아니니 반드시 입찰 전에 철저히 파악하기 바란다. 상가, 아파트를 비롯한 집합건물에는 구분소유자 전원을 구성원으로 하는 관리단이 설립된다. 명칭은 관리단, 번영회 등 다양하다. 보통 아파트 관리단과 상가 관리단이 구분되는데 상가 소유주 중 한 분이 상가 관리단 회장을 맡는 경우가 많다. 이곳을 통해서 실제 부과되는 평형당 관리비가 얼마인지 확인하고 입찰해야 한다.

일부 입찰자의 경우 관리비를 무시하는 대범함(?)을 보이기도 한다. 그러나 관리비 부담 여부, 만일 낸다면 어느 정도의 수준인지 등 사소한 것까지 꼼꼼히 짚어보는 자세가 성공적인 입찰임을 잊지 말아야 한다.

떠돌이 생활은 이제 그만!

사업하려는 분들은 경매를 배워두면 아주 유용하다. 초기 비용은 차치하고 내 집에서 장사하는 것만큼 마음 편한 일도 없기 때문이다. 뉴스에서 종종 보도되듯, 임차인이 본격적으로 자리 잡고 장사 좀 하려고 하면 등장하는 임대인의 통고는 임차인의 가슴을 멍들게 하기 충분하다.

젠트리피케이션(Gentrification)은 핫 플레이스로 개발되기 이전에 저렴한 임대료로 운영하던 임차인들이 상권의 변화와 유동인구의 증가로 건물주의 임대료 상승 요구를 감당할 수 없어 떠밀려 나가는 현상이다. 서울 홍대, 성수동, 경리단길, 연남동 외에도 각 지역에서 심심치 않게 발생하고 있다. 상가건물 임대차보호법이 존재하지만 이런 현상을 막기에는 역부족이다. 못 나가겠다고 버틸 방법도, 항의할 방법도 별로 없다.

점포 계약 시 보통은 2년 계약을 하고, 그 뒤 그 계약을 계속 갱신해 나가는 것이 일반적인 상가건물 임대차의 모습이다. 상가건물 임대차 보호법은 그러한 임대차의 갱신을 최대 10년까지 보장해주고 있다.

상가건물 임대차보호법 제10조(계약갱신요구 등)

① 임대인은 임차인이 임대차 기간이 만료되기 6개월 전부터 1개월 전까지 사이에 계약갱신을 요구할 경우 정당한 사유 없이 거절하지 못한다.

② 임차인의 계약갱신요구권은 최초의 임대차 기간을 포함한 전체 임대차 기간이 10년을 초과하지 아니하는 범위에서만 행사할 수 있다.

이를 바꿔 말하면, 건물주는 임대차계약 후 10년이 초과한 임차인의 계약갱신요구는 받아들이지 않아도 된다는 것이다. 누구 할 것 없이 불경기라고 하는 판국에 10년이나 버틴 가게는 장사가 잘되는 가게임에 틀림없을 것이다. 다만 환산보증금 이내의 임차인은 임대인이 임대차 기간이 만료되기 6개월 전부터 1개월 전까지의 사이에 임차인에게 갱신 거절의 통지를 하지 않으면 그 계약은 자동으로 갱신되며, 이 경우에 갱신된 임대차의 존속기간은 1년으로 본다(그러므로 환산보증금 이내의 임차인을 세입자로 둔 임대인은 반드시 임대차계약이 끝나기 6개월 전부터 1개월 전 사이에 임차인에게 임대차 종료 의사를 밝혀야 임대차계약이 종료된다).

무조건 10년의 기간이 보장되는 게 아니다

 상가건물 임대차보호법은 계약갱신요구권 등을 통해 10년의 기간을 보장하지만, 예외 조건이 있다. 임대차계약 체결 당시 공사 시기 및 소요 기간 등을 포함한 철거 또는 재건축 계획을 임차인에게 구체적으로 고지하고 그 계획에 따르는 경우, 또는 임차인이 3기의 차임을 연체하면 계약 해지를 요구할 수 있는 것이다. 이런 규정을 악용해 월세 연체를 유도하는 임대인의 행태가 종종 나타나곤 한다. 기존에 월세를 납입하던 계좌를 폐쇄하고, 새 계좌를 알려주지 않은 채 연락을 받지 않는 방법으로 월세를 연체하게 만든다. 임차인을 상대로 건물을 명도해달라고 법원에 소송을 내는 근거를 만들기 위해 월세 납부를 회피하는 것이다.

 서울 관악구에서 학원을 운영하는 김숙희(가명) 씨도 비슷한 일을 겪었다. 김 씨가 월세 인상 요구를 거절하자, 새 임대인이 기존 계좌를 예고 없이 폐쇄한 것이다. 계좌가 사라진 줄 몰랐던 김 씨는 온라인 뱅킹에 뜨는 '입금 불가'라는 단어를 '시스템상 오류'로 이해하고 종일 온갖 방법을 시도했다. 그러나 스마트폰 앱도, 현금입출금기도 먹통이었다. 결국, 은행에 확인한 뒤에야 '해지된 계좌'란 사실을 알게 됐다.

 임대인이 고의로 월세를 받지 않을 경우 임차인은 월세를 법원에 공탁함으로써 임차료 연체로 인한 명도소송 등을 피할 수 있다. 임대인 대신 법원에 월세를 내는 셈이다. 그러나 공탁제도를 모르는 임차인이 많은 데다, 법원에 공탁하는 과정 자체도 여간 번거로운 게 아니다. 세입자들이 공탁제도를 모르는 경우도 많고, 설사 알더라도 매달 공탁 절차를 거치도록 하는 것만으로도 세입자에게는 나가라는 신호가 되기 때문이다. 월세를 3기분 이상 연체하면 명도소송을 걸 수 있으므로 일단 계좌부터 닫고 보는 것이다.

건물주가 높은 임대료를 요구하는 현상을 건물주의 이기심이나 이른바 갑질로만 해석할 수는 없다. 상권이 발달하면서 상가의 가치가 오르는 것은 자연스러운 시장의 결과물이기 때문이다. 하지만 소통으로 다가서는 방법도 있을 텐데 일방통행으로 요구하는 것이 씁쓸하다. 장사가 잘되도 걱정, 안돼도 걱정이라는 어느 임차인의 하소연이 마음에 오래 남았다. 언젠가는 나가야 할 장소를 빌려 쓰는 입장이므로 불안하기 그지없는 상황, 하늘 아래 발 뻗고 맘 편히 장사할 내 건물이 있다는 것만으로도 임차인은 마음이 든든할 것이다. 내 건물을 마련하는 방법으로 매매나 분양을 통할 수도 있지만, 뭐니 뭐니 해도 경매로 싸게 취득하는 것만큼 값진 결과물은 없을 것이다.

Q1. 임대차계약 후 갱신을 거쳐 현재 10년을 초과해서 영업 중입니다. 임대인이 갱신 거절을 하면 가게를 비워줘야 하는데, 새로운 임차인에게 권리금을 받을 수 없나요?

A1. 10년을 초과해도 권리금을 받을 수 있습니다. 간혹, 10년을 초과하면 권리금을 받을 수 없다고 알고 계신 경우가 있는데 잘못된 정보입니다. 권리금을 회수할 수 없는 경우는 3회 월세를 미지급하거나 전대를 하는 등의 사유가 있어야 합니다. 그리고 임대차계약 체결 당시 재건축 계획을 구체적으로 고지한 경우에도 권리금 회수를 하지 못합니다. 우선, 일반적으로 상가건물을 철거, 재건축하는 경우에는 권리금 보상을 받을 수 없습니다. 상가건물 임대차보호법은 임대인에게 직접 권리금을 보상하도록 하는 것이 아니라 임차인이 주선한 신규 임차인과 계약체결 의무를 부과하는 방법으로 임차인의 권리금 회수 기회를 보장하고 있을 뿐입니다. 그런데 건물이 철거, 재건축되는 경우에는 임차인이 기존 건물의 신규 임차인을 주선할 수 없고, 임차인이 기존 건물에서 이룩한 영업 가치를 가로채는 경우로 보기는 어렵기 때문에 권리금보호 범위에 포함되지는 않는 것입니다. 다만, 재건축을 이유로 임차인과의 계약갱신을 거절할 수 있는 사유를 엄격히 제한하고 있습니다.

① 임대인이 임대차계약 체결 당시 임차인에게 철거 또는 재건축 계획을 구체적으로 고지하고 그 계획에 따르는 경우
② 건물이 노후, 훼손 또는 그 일부가 멸실되는 등 안전사고의 우려가 있는 경우
③ 다른 법령에 따라 철거, 재건축이 이뤄지는 경우

Q2. 환산보증금을 초과하는 임차인도 권리금 회수기회를 보호받을 수 있나요?

A2. 권리금 회수보호 규정은 환산보증금을 초과하는 임대차계약의 임차인도 적용됩니다.

Q3. 임차인이 임대인에게 권리금을 달라고 요구할 수 있나요?

A3. 임대인은 임차인이 신규 임차인으로부터 권리금을 회수하는 것을 방해하지 않을 의무를 부담할 뿐이므로 임차인은 임대인에게 직접 권리금 지급을 요구할 수 없습니다. 단, 임대인이 정당한 사유 없이 임차인의 신규 임차인으로부터 권리금을 회수하는 것을 방해할 경우 임차인은 임대인에게 손해배상청구를 할 수 있습니다.

Q4. 임대인의 권리금 회수 방해 행위는 구체적으로 어떤 것을 말하는가요?

A4. 다음의 경우에 해당합니다.

- 임차인이 주선한 신규 임차인으로부터 임차인이 받을 권리금을 임대인에게 요구하거나 임차인에게 권리금을 지급하지 못하게 하는 행위
- 현저히 고액의 차임과 보증금을 요구하는 행위
- 임대인이 정당한 사유가 없는데 임차인이 주선한 신규 임차인이 되려는 자와 임대차계약의 체결을 거절하는 행위

Q5. 임대인은 임차인이 주선한 신규 임차인과 계약을 체결할 때 임대인이 원하는 만큼 차임을 인상할 수 없나요?

A5. 신규 임차인과는 새로운 계약을 체결하는 것이므로 기존 계약대로 따라야 하는 것이 아닙니다. 임대인은 현저히 고액의 차임과 보증금을 요구하는 경우에 해당되지 않는 한 합리적 범위에서 차임 및 보증금 인상이 가능합니다.

Q6. 임대인은 무조건 임차인이 주선한 신규 임차인과 임대차계약을 해야 하나요?

A6. 다음과 같이 정당한 사유가 있는 경우 임대인은 임차인이 주선한 신규 임차인과의 임대차계약을 거절할 수 있습니다.

① 임차인이 주선한 신규 임차인이 되려는 자가 보증금 또는 차임을 지급할 자력이 없는 경우

② 임차인이 주선한 신규 임차인이 되려는 자가 임차인으로서의 의무를 위반할 우려가 있거나 그 밖에 임대차를 유지하기 어려운 상당한 사유가 있는 경우

③ 임대차 목적물인 상가건물을 1년 6개월 이상 영리 목적으로 사용하지 않은 경우

④ 임대인이 선택한 신규 임차인이 임차인과 권리금 계약을 체결하고 그 권리금을 지급한 경우

Q7. 임대인이 직접 영업하기 위해 신규 임차인과의 계약체결을 거부할 수 있나요?

A7. 원칙적으로 임대인이 직접 영업한다는 이유로 임차인이 주선한 신규 임차인과 계약체결을 거부할 수는 없습니다. 단, 임대인이 임대차 종료 후 그 상가건물을 연속 1년 6개월 이상 영리 목적으로 사용하지 않은 경우라면 임차인이 주선한 신규 임차인과 계약체결을 거절할 수 있습니다. 임대인이 영리 목적으로 사용하지 않을 것처럼 신규 임차인과의 계약체결을 거절해놓고, 1년 6개월 이내에 상가건물을 영리 목적으로 사용한 경우에는 임차인에 대한 권리금 회수 방해 행위가 돼 손해배상책임이 발생할 수 있습니다.

이것만 알면
나도 경매 전문가

초보자도 알기 쉬운 경매 지식

경매에서 가장 중요한 이론을 꼽으라면 바로 '말소기준등기'와 '대항력'이다.

말소기준등기

말소기준등기란 경매에서 부동산이 낙찰될 경우, 그 부동산에 존재하던 권리가 소멸하는가, 그렇지 않고 그대로 남아 낙찰자에게 인수되는가를 가늠하는 기준이 되는 등기를 말한다.

※ **말소기준등기가 되는 권리**(모두 돈과 관련된 권리)

① 저당권
② 근저당권(경매에 나온 물건은 대부분이 근저당임)
③ 압류
④ 가압류
⑤ 담보가등기
⑥ 경매개시결정등기
⑦ 전세권(원칙적으로는 말소기준권리는 아니나, 예외적으로 말소기준권리가 되는 경우가 있다.)

※ **전세권이 말소기준등기가 되는 조건**

① 가장 먼저 배당받는 선순위 전세권일 것.
② 개별 건물 전체 또는 집합건물의 전유부분 전체일 것.
③ 배당요구 또는 임의경매를 신청할 것.

대항력

대항력이란 임대차계약 기간 동안 그 임대건물에서 퇴거당하지 않고 점유할 수 있는 힘을 말한다. 임차인(세입자)이 임대보증금의 전액을 다 받을 때까지는 그 임대 건물에서 점유하며 대항할 수 있다는 뜻이다.

임대차계약은 전세, 반전세, 월세 등의 형태로 맺은 경우가 대부분인데 이때 소유자를 '임대인', 세입자를 '임차인'이라 부른다. 건물에 임차인(세입자)으로 점유하고 있고 계약 기간이 아직 남아 있는데 임대인(소유자)이 건물을 파는 경우가 있다. 이때 건물이 팔리든, 안 팔리든 나의 계약 기간 만료까지 이 건물에서 점유할 수 있는 권리가 대항력인 것이다. 계약 기간이 끝났는데 건물이 안 팔렸으면 원래 소유자에게 보증금을 반환받고 비워주고, 임대차 기간 중에 건물이 팔렸으면 계약 만료일까지 점유하다가 새 건물 주인에게 보증금을 반환받고 비워주면 된다.

주택 임대차보호법 제3조(대항력 등)

① 임대차는 그 등기가 없는 경우에도 임차인이 주택의 인도와 주민등록을 마친 때는 그다음 날부터 제삼자에 대하여 효력이 생긴다. 이 경우 전입신고를 한 때에 주민등록이 된 것으로 본다.

④ 임차 주택의 양수인(그 밖에 임대할 권리를 승계한 자를 포함한다)은 임대인의 지위를 승계한 것으로 본다.

상가건물 임대차보호법 제3조(대항력)

① 임대차는 그 등기가 없는 경우에도 임차인이 건물의 인도와 사업자등록을 신청하면 그다음 날부터 제3자에 대하여 효력이 생긴다.

② 임차건물의 양수인(그 밖에 임대할 권리를 승계한 자를 포함한다)은 임대인의 지위를 승계한 것으로 본다.

주택 임대차는 임대보증금의 규모와 상관없이 '주택의 인도+전입신고'를 하면 그다음 날부터 임차인의 대항력이 발생하고, 상가건물 임대차는 '건물의 인도+사업자등록 신청'하면 대항력이 발생한다(원래 상가건물 임대차보호법은 환산보증금을 초과하는 임대차는 보호대상이 아니었다. 하지만 2015년 5월 13일 상가건물 임대차보호법의 일부 개정으로 환산보증금을 초과하는 임대차에 대해서도 대항력, 계약갱신요구권, 권리금 회수기회 보호 등은 적용 대상이 됐다).

※ 주택 임대차는 월세를 환산해 보증금에 더하는 환산보증금을 적용하지 않지만, 상가건물 임대차는 환산보증금을 적용한다.

보증금 + (월세 × 100) = 환산보증금

예를 들어, 주택 임대차의 경우 환산보증금을 적용하지 않는다.
→ 보증금 3,000만 원/월세 20만 원을 내는 주택임차인의 보증금액은 3,000만 원이다.
→ 보증금 5,000만 원/월세 30만 원을 내는 주택임차인의 보증금은 5,000만 원이다.
즉, 월세금액과 관계없이 실제 낸 보증금 액수가 임대보증금의 기준 범위가 된다.

상가 임대차에서는 환산보증금을 적용한다.
→ 보증금 2,000만 원/월세 80만 원인 상가 임대차의 환산보증금은 1억 원이다.
• 2,000만 원 + (80만 원 × 100) = 1억 원

→ 보증금 5,000만 원/월세 50만 원인 상가 임대차의 환산보증금은 1억 원이다.
• 5,000만 원 + (50만 원 × 100) = 1억 원

상가건물 임대차인 경우 이렇게 보증금과 월세를 합한 환산보증금이

법에서 적용하는 보증금 범위에 해당하며, 이 환산보증금이 적용 범위 안에 들어야 우선변제권이 효력을 발생한다.

※ 상가건물 임대차 환산보증금

(지역마다 적용 범위 다름, 2019년 4월 2일 개정)

서울특별시	9억 원
수도권정비계획법에 따른 과밀억제권역(서울특별시 제외) 및 부산광역시	6억 9,000만 원 이하
광역시(수도권정비계획법에 따른 과밀억제권에 포함된 지역과 군지역, 부산광역시 제외), 세종특별자치시, 파주시, 화성시, 안산시, 용인시, 김포시 및 광주시	5억 4,000만 원
그 밖의 지역	3억 7,000만 원

> ※ 유의
> 상가건물 임대차 적용 범위 보증금과 소액 임차인의 기준 시점은 담보물권(저당권, 근저당권, 가등기담보권 등) 설정 기준이다. 내가 임차한 시기가 아님을 유의하자.

당신은 어느 위치에 있는가?

　임차인은 일정기준에 따라 선순위 임차인과 후순위 임차인으로 나뉘게 된다. 이런 이유는 경·공매에서 낙찰자가 인수해야 하는 임차인인지, 그렇지 않은지를 구분해야 하기 때문이다. 선순위 임차인과 후순위 임차인을 나누는 기준은 말소기준등기인데, 말소기준등기의 설정 일자보다 사업자등록 신고일(상가건물인 경우)이 빠르면 선순위 임차인, 늦으면 후순위 임차인이 된다.

　일반 상황(매매, 교환, 증여 등)에서는 선순위 임차인, 후순위 임차인 둘 다 대항력이 있다. 하지만 경·공매 상황은 조금 다르다. '인도+사업자등록신고'라는 대항력 요건을 갖췄어도 말소기준등기보다 선순위 임차인만 대항력이 있고, 후순위 임차인은 대항력이 없다.

※ 대항력 요건
- **일반상황(매매, 교환, 증여 등)**
  대항력 요건(인도+사업자등록신고) = 대항력
- **경 · 공매**
  대항력 요건(인도+사업자등록신고) + 선순위 임차인 = 대항력

상가건물의 경 · 공매 진행 시 환산보증금이 기준보증금을 초과하지 않는 선순위 임차인은 우선변제권과 대항력이 있으므로 배당요구를 해 본인의 보증금을 전액 배당받거나, 배당받지 못한 일부 보증금은 낙찰자에게 요구할 수 있다. 또한, 배당요구를 하지 않고 계약 기간 만료까지 거주 후 낙찰자로부터 전액의 보증금을 돌려받고 건물을 비워줄 수 있다.

환산보증금을 초과하는 선순위 임차인은 대항력은 있으나 우선변제권이 없으므로 배당요구를 하지 않고 낙찰자에게 남은 잔여기간과 보증금을 요구할 수 있다.

하지만 말소기준등기보다 후순위 임차인은 대항력이 없다. 환산보증금이 기준금액을 초과하는 임차인은 대항력도 없고 우선변제권도 없으므로 임차시기에 '전세권' 설정 등으로 물권적 지위를 확보하는 것이 좋지만, 이마저도 후순위 임차인이므로 보증금을 전액 회수할지는 장담하지 못한다. 배당금이 원래 본인의 보증금에 못 미쳐도 그 차액을 낙찰자에게 요구할 수 없고, 설사 보증금 전액을 날리고 한 푼도 배당받지 못해도 대항력이 없기에 건물을 비워줘야 하는 임차인인 것이다.

환산보증금이 기준금액 이내인 후순위 임차인은 우선변제권이 있지

만, 대항력이 없기 때문에 마찬가지로 보증금의 전액 회수를 장담할 수 없다. 그러므로 후순위 임차인이면 만에 하나 경매(또는 공매)가 진행될 것을 감안해 본인의 보증금 회수에 손해가 없는 곳을 따져 임차해야 할 것이다. 또한, 보증금의 손해가 예상되는 경우 월세를 미납해 손해 보는 보증금을 일부라도 만회하는 노력을 기울여야 한다.

미리 알아야 대처할 수 있다

임차인 입장에서 대항력의 유무는 본인의 보증금 회수와 직결되는 문제이므로 유념해야 할 사항이다. 이들 중 어느 누구도 임대차계약 당시 몇 개월 또는 몇 년 후에 이 건물이 경매로 넘어갈 줄은 상상하지 못했을 것이다. 알았다면 그런 건물을 계약할 임차인이 어디 있겠는가! 목돈인 보증금을 넣고 있는데 건물이 경매로 넘어가서 보증금을 회수할 수 없는 상황에 부닥치면 그야말로 날벼락이다.

이렇듯 임대차는 계약 당시 소유자의 경제사정이 멀쩡해도 임대차 계약 기간 동안 얼마든지 사정이 바뀔 수 있다. 솔직히 임차인이 잘못한 것은 없는데도 불구하고 피해는 고스란히 임차인에게 전가된다. 경매로 진행되는 경우 선순위, 후순위 임차인의 지위에 따라 입장이 다르지만 정작 계약 당시 임차인 본인이 선순위, 후순위조차 모르는 경우가 태반이다. 그래서 경매를 미리 배워두면 좋은 것이다.

경매 지식은 소중한 나의 임대차 보증금을 지켜줄 수 있는 유일한 길이다. 돈을 버는 것도 좋지만, 돈을 잃지 않는 것이 더 중요하다(방어적 재테크). 한 번 배워두면 평생 써먹을 수 있는 경매 지식, 당장 경매 재테크를 하지 않는다 해도 소중한 삶의 울타리를 잃지 않기 위해 반드시 경매를 배워둬야 하는 이유다.

왜 확정일자를 받아야 할까?

집을 임차하면 부동산 중개업소로부터 전입신고와 확정일자를 받으란 말을 꼭 듣게 된다. 상가도 마찬가지다. 사업자등록 신청과 확정일자를 받으라고 한다(확정일자는 임대차계약서에 날인받는다). 하지만 전입신고와 확정일자를 꼭 받아야만 할까? 하지 않으면 어떤 불리함이 있을까?

앞서 대항력을 갖추려면 전입신고(상가인 경우 사업자등록 신청)를 꼭 해야 한다고 말했다. 이때, 확정일자까지 받아야 대항력이 생기는 것은 아니다. 전입신고로 대항력은 충분히 발생한다. 그렇다면 확정일자는 왜 받아야 할까? 혹시 모를 경매(공매)에 대비하기 위해서다.

임차보증금은 소유자(임대인)와 임차인의 채권관계다. 건물이라는 물건을 잡고 있는 '물권'이 아니라 임대인과 임차인이 합의에 따라 주고받은 채권 계약의 조건으로 임차인이 점유하는 것이다. 이런 경우 경매가 진행되면 물권우선주의 법칙에 따라 채권은 배당순서가 뒤로 밀리게 된다. 또한, 채권은 안분배당이니 배당금액이 적어질 수밖에 없다. 결국, 임차인은 보증금을 날리고 길거리로 나앉게 되는 상황이 발생한다.

이에 국가에서는 임차인이 '인도 + 전입신고(상가인 경우 사업자등록 신청) + 확정일자'를 갖추면, 보증금이 채권임에도 불구하고 물권적 권능인 우선변제권을 부여해 물권처럼 배당해 주겠다는 뜻이다(이를 '우선변제권'이라고 부른다. 그렇다고 채권이 물권으로 변한다는 뜻은 아니다. 배당 시에만 물권적 효력을 부여하겠다는 뜻이다). 따라서 배당순위가 높아지니 보증금을 회수할 가능성도 커졌다. 그래서 '확정일자'가 중요한 것이다.

임차인이 확정일자를 받은 경우 임차건물의 경락대금에서 다른 후순위 권리자보다 먼저 배당을 받을 수 있는 우선변제권, 다만 우선변제권이라고 제일 우선해서 변제하는 것이 아닌 후순위 담보물권에 앞서 우선 변제받는다(가장 먼저 배당받는 것은 소액 임차인의 최우선변제금이다).

※ 우선변제권 발생 시점

대항력 발생 시점과 확정일자를 비교해, 이 둘 중에서 늦은 날짜가 기준이 된다.

① 인도 + 사업자등록(주택인 경우 전입신고) + 확정일자 = 우선변제권[효력 발생일은 사업자등록 신고일(주택인 경우 전입신고일) 익일 0시와 확정일자 중 늦은 날]

② 배당요구 종기일까지 배당요구할 것

③ 배당요구 종기일까지 대항력을 유지할 것

(우선변제권을 행사하기 위해서는 배당요구 종기일까지만 유지하면 되지만, 배당금을 받을 때까지 유지하는 것이 안전하다. 경매는 언제든 취소될 수 있기 때문이다.)

주택은 임차보증금의 액수와 관계없이 '전입신고 + 확정일자'를 갖추면 우선변제권이 발생하지만, 상가건물의 경우 환산보증금을 초과하는 임대차는 보호대상이 아니므로 우선변제권이 발생하지 않는다. 따라서 환산보증금을 초과하는 임대차는 확정일자를 부여하지 않는 세무서도 많다(상가건물의 확정일자는 세무서에서 받는다). 설사 확정일자를 받았다 하더라도 이 기준금액을 초과하는 임대차에는 우선변제권이 없다. 최우선변제를 받을 수 있는 소액 임차인 범위도 환산보증금으로 적용해 판단한다. 지역마다 환산보증금 적용 범위가 다르고, 최우선변제금을 받을 수 있는 소액 임차인 보증금 범위도 다르다. 따라서 내가 임차한 지역의 적용 범위와 소액 임차인 기준을 잘 살펴야 할 것이다.

※ 유의

경매(공매)로 매각됐을 경우, 임차인이 우선변제권을 갖췄다고 해서 무조건 임차인의 보증금이 전액 보호되는 것은 아니다. 후순위 임차인인 경우 우선변제권을 갖췄다 하더라도 매각대금에서 선순위 권리자가 받아간 후의 잉여배당금이 보증금에 못 미칠 경우 일부 보증금을 날릴 수 있다(선순위 임차인은 대항력이 있기에 낙찰자에게 요구할 수 있지만, 후순위 임차인은 대항력이 없기에 요구할 수 없음). 그러므로 우선변제권을 갖추는 것도 중요하지만 먼저 제대로 된 집을 고르는 일이 중요하다. 즉, 선순위 권리 금액이 과도한 건물인 경우 주의가 필요하다(이른바 '깡통건물' 주의).

경매로 적극적 재테크를 해보자

경매란 최고 높은 가격을 제시하는 자에게 매각하는 구조다. 각 회차마다 최저매각금액이 정해져 있어 그 미만으로 가격을 적으면 무효가 된다. 최저매각금액 이상으로 가격을 적은 입찰자 중에 가장 높은 가격을 적은 사람이 낙찰자가 된다. 그래서 낙찰자를 '최고가매수인'이라 부른다.

경매 입찰 시 반드시 필요한 것이 입찰보증금이다. 입찰보증금은 최저매각금액의 10% 이상이다. 해당 경매 사건의 최저매각금액이 1억 1,000만 원이라면 1,100만 원의 입찰보증금을 준비해야 한다. 내가 입찰하고 싶은 가격이 1억 3,000만 원이라 해도 입찰보증금은 1,100만 원을 준비하면 된다. 입찰가격의 10%가 아니라 최저매각금액의 10%

이기 때문이다. 최저매각금액의 10%인 1,100만 원보다 보증금을 더 많이 내도 상관없다. 단, 1,100만 원보다 1원이라도 부족하면 입찰은 무효가 된다. 입찰보증금은 입찰자도, 확인하는 법원도 편할 수 있도록 수표 한 장으로 준비하는 게 좋다.

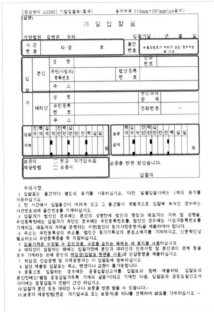

▶ 기일입찰표를 작성한 후 입찰보증금과 함께 입찰봉투에 넣어 제출한다.

보증금이 몰수되는 재경매

입찰마감이 되면 개찰결과를 발표하는데 해당 사건에 입찰한 사람 중 낙찰된 최고가매수인을 제외한 나머지 사람은 입찰봉투를 반환받는다(보증금을 돌려받음). 낙찰자에게는 낙찰영수증을 발급해주되, 입찰봉투는 법원이 보관한다(보증금을 법원이 보관함). 이후 잔금기한이 정해지고, 이 기한 안에 낙찰자는 낙찰가격에서 입찰보증금을 뺀 나머지 잔금을 기한 내에 납부하며 소유권을 취득하게 된다. 만약, 기한 내에 잔금을 납부하지 못하면 입찰보증금이 몰수되며 해당 사건은 다시 경매에 등장하게 된다. 이를 '재경매'라 부른다.

보통 재경매에 나오는 이유는 이렇다.

- 알고 보니 시세보다 고가로 낙찰받았을 경우
- 대항력 있는 임차인을 간과한 경우
- 대출 실행이 안 되는 경우
- 예상보다 시설 상태가 엉망인 경우
- 임차인 물색의 난항으로 지속적인 공실이 우려되는 경우
- 미납된 관리비를 파악하지 못한 경우
- 명도 저항이 강한 경우
- 폐문부재로 점유자를 파악하지 못하는 경우 등

낙찰받아야 원하는 수익을 실현할 수 있기에 낙찰이 무엇보다 중요하다. 하지만 '낙찰부터 받고 보자'는 심산으로 돌진하면 현실성 없는 가격으로 인해 재경매로 나오는 경우가 있으니 철저한 임장을 통해 정확한 조사를 해야 소중한 보증금을 날리는 실수를 저지르지 않는다.

몰수된 입찰보증금이 법원 소유가 되는 것은 아니다. 재경매 나온 경매 사건이 낙찰되고, 이후 잔금 납부가 완료되면 약 한 달 후 배당이 실시되는데, 이때 배당가격에 몰수된 입찰보증금이 포함된다. 다시 말하자면 몰수된 입찰보증금은 매각가격에 포함되는 것이다.

PART
04

마음으로 다가서는 경매

곱게 쓴 마음이 복으로 돌아오다

부천시 고강동의 빌라(전용 15.3평)를 약 8,800만 원에 낙찰받고 집주인을 찾아갔다.

'딩동.'

"누구세요?"

"네, 안녕하세요. 저는 이번에 낙찰받은 사람입니다."

수도 없이 해보는 명도지만 어떤 사람을 만날지 방문 때는 항상 긴장된다. 조금 있자 문이 살짝 열리며 만삭의 여자분이 보였다.

"어쩐 일이세요?"

"네, 다름이 아니라 이번에 낙찰받은 사람인데 한번 찾아뵙고 앞으로의 진행사항을 말씀드리려고요."

"네 잠깐 들어오세요."

"그럼 잠시 실례하겠습니다."

들어가 보니 만삭의 부인 외에도 서너 살 정도로 보이는 아이가 있었다. 찬찬히 집을 둘러보니 예상보다 깨끗하고 큰 이상이 없어 안심됐다.

"남편이 주류도매사업을 하는데, 사업이 어려워져서 돈도 못 받고 생활도 어려워요. 이 아이 유치원비도 마련을 못 해 다니던 유치원도 못 다니게 될 정도로 형편이…… 흑흑…… 이제 한 달 후면 출산인데…… 어떡해야 할지 막막하기만 해요. 흑흑……."

담담하게 말을 이어나가던 부인은 어느덧 신세 한탄과 더불어 한 달 후가 출산인데 어린 핏덩이를 안고 나가야 하진 않을지 두려움에 떨었다. 사정을 들은 나는 측은한 마음이 들었다.

"잘 알겠습니다. 남편분 연락처 좀 주세요. 이사 시간을 좀 드릴 테니까 몸조리 잘하시고요, 다음에 또 뵙겠습니다."

다음 날 남편과 통화를 해보니 남편도 부인과 같은 말을 하면서 당장 출산일이 임박해서 이사하기는 어려우니 조금만 시간을 달라고 했다. 여기저기서 받을 돈이 있어 미수금을 받으면 되니 시간만 준다면 이사비는 안 줘도 괜찮다는 말까지 덧붙였다. 안 봤으면 모르겠지만 내 눈으로 만삭의 부인 모습도 본 터라 '그래! 이자비용을 조금 내더라도 시간 좀 줘야겠다'고 생각해 알았다고 했다.

약속을 어기는 소유자

그로부터 3개월 정도 시간이 흐르고 이제는 괜찮겠지 싶어 남편에게 전화를 걸었다.

"안녕하세요. 시간이 많이 흘렀으니 이제 집을 비워 주셔야겠습니다."

"아, 죄송한데 시간을 더 주시면 안 될까요? 아직 수금이 안 돼서요."

"저도 시간을 더 드리고 싶지만, 이자비용이 계속 나가고 있으니 시간을 더 드리는 것은 곤란합니다."

"그럼 보증금이 하나도 없어서 그러니 염치없지만 지금 이사비용 좀 주시면 안 될까요? 집을 구하려면 돈이 필요해서요."

"원래 이사 나가는 날 드리려고 했는데 사정이 그러시니 100만 원 드릴 테니까 한 달 내로 집을 비워주셔야 합니다."

"아이고, 감사합니다. 제가 빨리 집을 구해서 이사하도록 하겠습니다."

이렇게 집주인과 한 달 내로 이사하는 조건으로 100만 원을 먼저 송금해주고는 연락이 오길 기다렸다. 1주일이 지나도 2주일이 지나도 집을 구했다는 연락이 오지 않았다. 그래서 다시 전화했더니, 그러잖아도 지금 막 계약을 했다면서 다음 달까지는 꼭 이사하겠다고 했다.

"음…… 그래요! 알겠습니다."

기분은 찜찜하지만, 마지막으로 너 믿어보자 싶었다. 시간이 흘러 약속한 날이 다 돼도 연락이 없어서 다시 전화했더니 하는 말이, 잔금이 아직 마련되지 않아서 계약이 취소됐다며 들어오기로 한 돈이 안 들어와서 그러니 조금만 기다려달라고 했다. 그토록 사정을 봐주고 시간도 충분히 줬는데…… 배신을 당한 기분에 화가 났다. 나의 언성이 높아지자 남자는 죄송하다면서 딱 2주만 시간을 더 달라고 했고, 나는 이번 약속도 어기면 법적으로 할 수밖에 없으니 제발 그런 불상사가 생기지 않도록 약속을 꼭 지켜달라고 신신당부했다.

2주 후, 전화하니 이제는 전화를 안 받는다. 메시지를 남겨도 응답이 없자 도저히 못 참겠다 싶어 집으로 찾아갔다. 초인종을 누르니 부인이 나왔다. 이제는 출산하고 나아졌는지 예전보다 밝은 모습으로 나를 맞이했다.

"이렇게 약속을 안 지키면 어떡하십니까?"
"네? 무슨 약속요?"
"출산일과 겹쳐 3개월 시간을 드렸고, 그 후로도 이사하신다는 약속을 여러 번 어기셨고, 이사비 100만 원까지 미리 받으셨으면서 전화도 안 받고 모르쇠로 일관하시면 어떡하십니까? 이렇게 나오시면 저도 법적으로 해결할 수밖에 없습니다."

"아니, 그런 일이 있었어요? 저는 전혀 몰랐어요."

두 눈을 동그랗게 뜨며 부인은 처음 듣는 소리라고 했다. 자기는 남편으로부터 지금은 이사 철이 아니라서 집을 못 파니까 조금 더 있으라고 했다는 낙찰자 얘기를 들었다고 했다. 이사비를 받았다는 얘기는 듣지도 못했다며, 요즘 남편이 매일 거짓말만 하고 책임질 수도 없는 약속들을 한다고 하소연했다. 나는 황당하기도 하고 화가 났다.

"미안하지만 더는 못 기다려 드립니다. 마지막으로 아주머니를 믿고 정확히 한 달 더 기다려 드릴 테니 그때까지는 무슨 일이 있어도 비워 주십시오."

내가 바보일까

좋은 게 좋다고 될 수 있으면 상대방의 입장을 생각하며 생활하려던 나인데 이런 일을 겪고 나니 참 내가 바보라는 생각이 들었다. 상대방에게 잘해준 것이 오히려 이렇게 힘들게 되다니…… 주변 사람들에게 얘기하면 '안 봐도 훤하다. 그러길래 빨리 강제집행하지 그랬어' 등의 얘길 들을 게 뻔했다. 나라고 강제집행 방법을 모르는 게 아니다. 하지만 이왕이면 서로 좋게 해결하고 싶었다. 상대방의 마음을 아프게 하면서까지 명도를 진행하고 싶지 않았다. 하지만 그 심리를 이용당한 것 같아 마음이 불편한 것 또한 사실이었다.

결국, 약속 시간에서 조금 더 시간을 준 후 이사했다. 이사 가기 전 부인은 "죄송한데 이사비용이 하나도 없어요. 어떻게 좀 안될까요?" 하며 내게 도움을 청했다. 잔금 치른 후 6개월 동안의 이자비용에 공과금도 40여만 원이 연체돼 있고 먼저 준 이사비 100만 원에, 거기에 또 이사비를 달라는 부인…… 원칙적으로 무슨 이사비를 또 요구하시냐고 쏘아붙이고 싶었지만 그래도 마음이 편치 않아 어느 순간 100만 원의 돈을 내밀었다. 처음 그 집을 방문했을 때 만삭의 부인을 보지 않았더라면 이렇게까지 하지는 않았을 텐데…… 남의 눈에 눈물 흘리게 하고 싶지 않은 마음에 6개월의 시간과 두 번의 이사비용으로 응답했다. 남들은 바보 같다고 말할 수 있으나 나는 이왕이면 서로 더불어 살고 싶었다.

결론적으로 내 마음이 통했다. 시간이 걸렸지만, 명도가 잘 이뤄졌다. 더한 행운은 6개월 동안 집값이 상승했다는 점이다. 낙찰받은 후 곧바로 팔았다면 1억 2,000만 원 받았을 것을 본의 아니게 6개월 후에 팔아 1억 4,000만 원을 받을 수 있었다. 가능한 한 상대방의 마음에 상처를 입히지 않고 좋게 해결하려고 했던 마음이 복으로 돌아온 듯해 더욱 뿌듯한 사건이었다.

좋은 부채는
삶을 이끌어주는 자산이다

경매를 시작한 지 얼마 되지 않아 친구 동생이 찾아왔다.

"형, 제 돈 3,000만 원이 있고, 어머님이 6,000만 원을 결혼 때 보태
주시기로 했는데요. 이 돈으로 경매를 통해 집을 마련할 수 있을까요?"
"응, 쉽지는 않지만 가능은 하지."
"그래요? 형, 좀 알아봐주시겠어요?"

경매로 가능하다는 말에 동생 녀석의 얼굴이 환해진다. 본격적으로
경매 물건을 검색하자 수도권의 32평형 아파트가 감정가 2억 6,000만
원에 한 번 유찰돼 최저가 2억 800만 원에 형성돼 있었다.

"이 물건 낙찰받아 1억 2,000만 원 정도 대출받아 시작하면 월 50만 원씩 이자 내고 집주인이 될 수 있을 거야. 너희 둘은 아직 젊고 맞벌이 할 거니까 한 명 월급은 생활비 하고, 나머지로 원금이랑 이자를 갚아 나가면 괜찮을 것 같아."

"네, 좋아요, 형."

부채도 자산이다.

재무상태표 등식 : 자산 = 부채 + 자본

회계를 공부한 분들은 알겠지만, 회계의 가장 기본인 재무상태표 등식이다. 즉, 부채도 자산이다. 돌려줘야 할 빚이 왜 자산인지 이해가 잘 되지 않는 분들을 위해 쉬운 예를 들어보겠다.

김영수 씨, 세탁소를 운영하다

퇴직금으로 세탁소를 운영하기로 한 김영수 씨. 점포 분양대금 8,000만 원, 세탁소 기계 등 5,000만 원, 전화 등 내부 집기로 약 500만 원 등 총 1억 3,500만 원이 필요했다. 안타깝게도 김영수 씨에게는 퇴직금 포함 총재산이 8,000만 원밖에 없어 가족으로부터 5,500만 원을 빌려 '빛나는 세탁소'를 개시했다. 김영수 씨의 사업자금은 본인 돈과 남의 돈의 합계가 된다.

빛나는 세탁소(현금 1억 3,500만 원) = 본인 돈(8,000만 원) + 남의 돈(5,500만 원)

이때, 빛나는 세탁소는 김영수 씨에게 장래 수익을 가져다줄 자원이므로 이것을 '자산'이라고 부른다. 본인 돈은 '나의 본전'이라는 뜻으로 '자본'이라 하며, 남의 돈은 정해진 기일에 반드시 갚아야 하는 의무를 나타내므로 이를 '부채(빚)'라 부른다. 따라서 자본과 부채가 장래 수익을 가져다주므로 부채도 자산에 포함되는 것이다. 이 부채가 없었다면 김영수 씨는 세탁기계도, 집기도 살 수 없어 사업을 개시하지 못했을 것이다.

내 집 마련도 같은 맥락이다.

2억 1,000만 원 아파트 = 내 돈(9,000만 원) + 부채(1억 2,000만 원)

대출이란 부채가 없다면 2억 1,000만 원 아파트(경락자산, 시세 2억 7,000만 원)도 없다. 따라서 부채는 자산을 형성하는 데 절대적인 요소다. 부채를 돌려줘야 할 빚으로 여기지 말고, 사업을 운영하는 조력자로 생각하자.

예전 우리 부모님들께서는 5~10년 걸려 어렵게 집 장만을 하고 대출 하나 없이 돌아가시기 전 자식들에게 물려주는 것을 미덕으로 여겼지만 지금은 그때와는 많이 다르다. 9,000만 원 전세를 살 돈으로 경매를 통해 내 집 마련을 한다면 자산 가치와 시간 비용을 벌 수 있다.

집주인과 세입자는
하늘과 땅 차이다

초등학교 때와 중학교 때의 생각이 다르듯 사원일 때와 과장일 때 또 사장일 때의 위치와 생각하는 방식은 너무나 다르다. 집으로 비교하자면 집주인의 위치와 세입자의 위치는 매우 차이가 크다. 남들 5~10년 걸려서 집 살 것을 경매를 통해서 지금 즉시 집주인이 된다는 것은 참으로 매력적이다.

집이 갖는 의미는 단순히 우리가 잠을 자고 밥을 먹고 휴식을 취하는 것 이상의 의미를 갖는다. 인류 초창기부터 집은 외부 자연환경과 위협으로부터 우리를 보호해줬다. 현대사회에 와서도 소유한 집이 주는 안정감은 다른 어떤 자산의 소유와도 비교되지 않는다. 집은 삶의 보금자리고 가족이 함께 생활하며 추억을 쌓는 공간인 동시에 개인의 경제 수준을 나타내는 상징이다.

내 집이 주는 안정감

집주인 눈치 보지 않고, 전세금 올려줄 걱정 없이 살 수 있는 내 집이 있다는 것은 심리적으로 커다란 안정감을 준다. 그러나 이런 심리적 안정감만 바라고 사람들이 집을 사는 것은 아니다. 집값이 올라서 내 자산이 불어나리란 기대 또한 집을 사는 이유 중 하나다. 자본주의 사회는 통화(화폐)량이 팽창하고, 이는 화폐가치의 하락을 불러온다. 집값은 오르는 게 아니라 통화량 팽창으로 주변에 돈이 점점 더 많아진 것이다. 결국, 같은 집을 구입하기 위해 과거보다 더 많은 돈을 지불해야 한다는 말이다. 흔히 장기적으로 집값이 더욱 오른다는 말은 실제 집값이 오르는 게 아니라 돈의 가치가 더 빠르게 하락하니 집값이 오른다고 보이는 것이다. 자본주의 사회에서 통화량 증가는 필연이다.

일반적으로 결혼 후 내 집 마련까지 얼마의 기간이 걸리는지 아는가? 국토교통부에서 발표한 '2018년도 주거실태조사'에 따르면 생애 첫 집을 마련하기까지 평균적으로 7.1년이 걸려 전년도의 6.8년에 비해 소요연수가 증가했다. 지역별로 보면 수도권은 7.6년, 지방광역시는 7.3년, 도 지역은 6.3년으로, 첫 집을 마련하는 데는 많은 시간이 소요됨을 알 수 있다.

빠른 시간 안에 집주인이 될 수 있는 경매

전세는 당장 나가는 돈이 없고 2년 후에 보증금을 그대로 돌려받는다 하더라도 차이가 크다. 지금의 9,000만 원과 2년 후의 9,000만 원은 가치가 다르기 때문이다. 다시 말해 같은 돈을 돌려받는 게 아닌 실질적으로 마이너스라는 얘기다. 대부분 부동산 투자나 경매를 할 때 매우 큰 자본금이 있어야 하는 것으로 생각한다. 처음 경매를 시작했을 때 나를 포함한 주변의 친구와 지인 등이 처음 시작한 금액은 지하 전세보증금 4,000만 원, 결혼자금 3,000만 원, 차량 판매 금액 2,000만 원 등이다. 물론 주변에서 빌려서 하는 사람도 있었다. 그러나 실제 많은 책의 저자들을 보면 700만 원으로 시작해서 얼마가 됐다는 등의 표현을 볼 때 다소 과장된 듯한 부분도 없지 않아 있지만 사실 전혀 불가능한 일은 아니다.

그럼 어떻게 월세 보증금으로 경매를 통해 집주인이 될 수 있을까? 예전에 처음으로 야생화 님과 강북구 미아의 빌라를 잡고 장기 투자에 들어간 이후, 먹고살 일이 급급했던 나는 장기 투자보다 단기 투자가 더욱 절실했다. 입찰금 몇백만 원과 평소 알고 지내던 지인에게 1,200만 원을 빌려 화곡동에 있는 빌라에 입찰했다. 그 당시 화곡동에 투자하게 된 건 그곳이 가장 낙후되고 저렴한 지역이었기 때문이다. 당시만 해도 여긴 절대로 재개발이 안 된다는 정설 아닌 정설이 돌고 있는 시기였다. 전용면적 18평, 대지 지분 7.5평의 감정가 8,000만 원 다세대 빌라를 6,000여만 원에 낙찰받았다. 낙찰 후 4,800만 원의 대출을 받았고, 등기비와 이사비로 400만 원이 소요돼 1,600만 원으로 빌라 한 채를 소유하게 됐다.

월세 보증금 정도의 적은 현금으로 빌라 하나를 매입할 수 있었고 시세보다 조금 저렴한 가격으로 판매해 대출비용, 이사비, 양도세 등을 내고서도 적게는 500만 원에서 많게는 1,000만 원 이상의 수익을 올렸다. 물론 당시에는 현금흐름을 만들기 위해 바로 팔았지만, 만약 보유했더라면 지금은 2억 원이 훨씬 넘었을 것이다.

PART
05

진정한 투자자는
인성이 좋다

적정한 가격이 좋다

사람들은 욕심을 부린다. 처음에는 안 그랬다가도 막상 경매장에 들어서면 처음 생각한 가격보다 몇백만 원에서 많게는 몇천만 원까지 더 쓰기도 한다. 반면, 너무 낮은 가격에 낙찰받으려는 사람도 있다. 적당한 가격에 가져가면 될 것을 욕심을 부린다고 볼 수 있다. 참고로 이런 분들은 경매를 몇 년 했다고 해도 실제로 낙찰 건수는 많아야 1~2개, 또는 만년 2등이다.

과거, 서울시 구로구 오류동의 오피스텔이 경매에 나온 적 있다. 17평형, 21평형, 31평형 오피스텔과 23평형 아파트를 포함한 총 138개의 물건이 경매로 진행됐고, 최초감정가에서 3번 유찰돼 51%대의 최저입찰가로 진행 중이었다. 당시 추운 겨울 날씨임에도 불구하고 남부

지법 경매 2계장에는 사람들의 열기로 가득 찼다. 이 경매장에 온 사람 대부분이 오피스텔 입찰에 참여하는 사람이었고, 평균 경쟁률은 20대 1에 달했다. 이날 남부지법 경매장은 오전부터 발 디딜 틈이 없었다.

오류역 3번 출구에서 도보로 2분 거리에 있는 이 건물은 같은 구로구 지역 오피스텔에 비해 임대료가 저렴했다. 서울에서도 오피스텔 인기순위 1~2위를 다투는 풀옵션 신축 오피스텔로서 시상 흐름이 빌라, 아파트에서 수익형 오피스텔에 관심이 집중돼 예상보다 엄청난 인원이 모였다. 나 또한 빌라, 아파트 입찰의 단계를 지나 상가와 유치권 등 조금 복잡한 물건에 관심을 두고 있을 때쯤 발견한 물건이었고, 이 건물에는 청솔기업에서 관리비 등의 이유로 유치권을 행사하고 있었다.

수없이 많은 사람들이 입찰하기 위해 임장을 한다. 경매와는 상관없는 듯 시세를 파악하는 사람, 아예 경매에 관한 이야기를 오픈하며 파악하는 사람 등 각양각색이다. 나도 처음에는 전·월세를 알아보는 척하며 조사를 하곤 했는데, 상황에 따라 다르기는 하지만 나중에는 사실대로 얘기하고 묻는 것이 더 편하다는 걸 알게 됐다. 기껏 아닌척하며 이것저것 물어놓고 나중에 그곳에서 다시 거래하기에는 조금 민망하기도 하다. 어쨌든 나는 해당 물건에 대한 관심으로 1층 부동산 중개업소와 인연이 돼 친분을 쌓았다(나중에는 내가 이 부동산 중개업소를 인수하게 된다). 해당 물건에 대한 정보와 인맥으로 오피스텔 하나하나의 상태까지 확인했고, 수십 일간의 조사와 고민 끝에 19개의 물건에 입찰을 결정, 입찰가를 산정하고 법원에 들어갔다.

이날 입찰 물건 전부에 입찰하는 분도 계셨다. 100개가 넘는 입찰서류를 적는 것만으로도 상당히 피곤한 일이었을 것이다. 만약 대리입찰이라면 더욱 그러할 것이다. 결과적으로 말하자면 이분은 138개 모두에 입찰하고도 단 한 개의 물건도 낙찰받지 못했다. 입찰보증금만 해도어림잡아 10억 원 정도가 필요했을 텐데, 최저가로 낙찰받겠다는 마음으로 저가입찰을 한 결과다. 반대로 나는 50% 낙찰의 목표를 가지고19개의 물건에 입찰했고 그중 11개를 낙찰받게 됐다. 싼 가격만 고수하기보다 현실적인 가격을 고수한 전략이 적중했다.

마인드 컨트롤이 중요하다

경매의 장점은 시세보다 저렴한 가격으로 물건을 살 수 있다는 점이다. 일반 부동산 시장과 다르게 경매 시장은 아무도 물건을 사지 않으면 강제적으로 가격을 저감(유찰)시킨다. 1개월 단위로 입찰자가 있을 때까지 약 20~30%의 가격을 낮춰 낙찰시킴으로써 채권배당이 신속히 이뤄질 수 있도록 한다. 경매는 싸게 낙찰받아 비싸게 파는 게 관건이다. 하지만 무조건 싸게만 낙찰받자는 심보로 달려들면 번번이 떨어지기 일쑤다. 그렇다고 낙찰부터 받고 보자는 심정으로 고가 입찰가를 써내는 것은 매우 위험하다. 입찰해야 낙찰받을 수 있으니 입찰 횟수를 늘리는 것은 중요하지만, 현실적인 가격을 써야 낙찰확률이 높다는 사실은 누구도 부인할 수 없다.

입찰에서 중요한 점은 마인드 컨트롤이다. 싸게만 사겠다고 저가만 고수하는 욕심을 조절하자. 반대로 거듭되는 패찰에 낙찰받아보겠다고 발동하는 오기를 조심하자. 또한, 법원 현장 분위기에 휩쓸려 가격을 높이는 일도 주의하자. 감정에 치우쳐 낙찰받으면 허울 좋은 낙찰일 뿐 뒤로는 손해 볼 수 있기 때문이다.

꾸준한 입찰이 관건이다

경·공매는 개인 간의 거래가 아닌 공개매각이므로 항상 경쟁하게 된다. 즉 매도 물건은 하나인데 매수 희망자가 다수여서 아무리 마음에 드는 물건이라도 경쟁에서 이길 만큼의 금액을 써내지 않으면 낙찰자가 될 수 없다. 그렇다고 해서 고가 입찰을 하자니 수익률이 떨어져 가격을 더 이상 높이기도 힘들다. 입찰에서 계속 떨어지다 보니 '과연 이 길이 맞나'라는 생각이 드는 분들이 많을 것이다.

하지만 걱정하지 말자. 경매에 입찰해본 사람 중에 이런 생각을 안 해본 사람 없기 때문이다. 나만 고민하는 것이 아닌 누구나 한 번쯤 해본 고민이다. 하지만 누구는 경매 시장을 떠나고, 누구는 지속해서 수익을 내고 있다. 이 둘의 차이는 무엇일까? 실제 차이라고 해봐야 대단한 것이 아니다. 떨어졌다고 포기하는 것이 아니라 계속해서 입찰하는 것이다. 10건, 20건 낙찰받은 분이 10번, 20번 입찰했겠는가? 그렇지 않다. 이분들은 100번 200번 입찰한 결과 10번, 20번 낙찰받은 것이다. 이렇듯 경매는 10번 중 9번 떨어지고, 한 번 낙찰받는 확률이라 생각하고 현실적인 가격으로 꾸준히 입찰하는 자세가 필요하다.

가는 말이 고와야 오는 말이 곱다

경매하다 보면 다양한 사람들을 만나게 된다. 내가 낙찰자로 세입자 (또는 채무자) 집을 찾을 때도 있고, 주변 지인들에게 낙찰자의 얘기를 들을 때도 있다. 그중 내가 제일 싫어하는 낙찰자와 제일 좋아하는 낙찰자의 사례를 들어보겠다.

제일 싫어하는 낙찰자

낙찰받자마자 낙찰받은 집으로 온 가족을 데리고 출동한다. 마치 개선장군이라도 된 듯 밤늦게 낙찰받은 집 문을 두드린다.

'쾅쾅쾅!'

"여보세요, 문 열어요."

"누구세요?"

"나 이번에 이 집 낙찰받은 사람인데 집 좀 보러왔으니까 문 좀 열어봐요."

"(문을 열며) 누구시라고요? 이 밤중에 무슨 일로……."

"(문을 비집고 들어가며) 여기 낙찰받은 집주인이라고……."

문이 채 열리기도 전에 비집고 온 식구가 우르르 들어간다. 당황해하는 채무자를 무시하고 거실에 앉아서는 다짜고짜 말을 이어나간다.

"내가 이번에 여기 낙찰받았는데 집 언제까지 비워 줄 거예요?"

"(부인도 놀란 기색으로 같이 나와서는) 아니, 언제 낙찰받으셨는지는 모르지만, 갑자기 이 밤중에 오셔서 이러시는 건 좀……."

"(말을 자르며) 이 사람들이 내가 누군 줄 알아? 이 동네 경찰서장이 나랑 친구고……(물어보지도 않은 이 지역의 유지니 힘쓰는 동생들이 어쩌니 떠들고는) 나 이런 사람이야! 괜히 험한 꼴 당하지 않으려면 알아서들 하라고. 딱 한 달 시간 줄 테니 그때까지 집 비워요. 내 처제가 한 달 뒤에 이사해서 여기 들어와 살 거니까 그때까지 꼭 집 비우라고(큰소리를 치고는 또 우르르 간다)!"

그 후에도 수시로 드나들며 이사 독촉을 한다.

"저기 죄송한데 갑자기 이사하려니 집도 그렇고 돈이 너무 부족해서 그러는데, 이사비 좀 주실 수 있을까요?"

"(펄펄 뛰며) 지금 무슨 소리 하는 거요? 이사비라니 내가 왜 이사비를 줘? 약속한 날까지 안 나가면 집행관들 불러서 짐 모두 뺄 테니까 험한 꼴 당하고 싶지 않으면 알아서 하라고!"

결국, 채무자는 아무 소리도 하지 못하고 약속한 날짜에 짐을 빼고 이사한다. 경매로 인한 물질적 고통과 심적 고통에 명도로 인한 아픈 마음까지 간직한 채. '아, 세상 참 무섭구나!'라는 생각을 하며 떠나는 것이다.

이 사건은 내 주변에서 실제로 있었던 사건이다. 물어물어 내게도 얘기가 들어왔을 땐 이미 너무 늦은 상황이라 큰 도움을 드리지 못했다. 만약에 그런 사람을 내가 만났더라면 고생 좀 시켜줬을 텐데 말이다. 이런 사람 때문에 경매인 전체가 욕을 먹는다.

제일 좋아하는 낙찰자

낙찰받고 낙찰허가가 떨어진 후 저녁 무렵 포스트잇(채무자가 집에 없을 경우 연락처를 남길 메모지)과 볼펜 등을 가지고 낙찰받은 집으로 찾아간다.

"(주위에 들릴까 봐 조심스레 문을 두드리며) 계세요?"

"누구세요?"

"네, 안녕하세요? 밤늦게 죄송합니다. 이번에 낙찰받은 사람인데요. 잠시 뵐 수 있을까요?"

"(잠시 후 문을 열어주며) 네, 어쩐 일이세요?"

"다름이 아니라 이번에 이 집을 낙찰받은 사람인데요. 앞으로의 과정에 대해 말씀 드릴 게 있어서 이렇게 찾아뵙습니다."

"아, 그래요. 그런데 조금 있으면 고 3짜리 아들이 학교에서 돌아올 시간이라 지금은 좀 그렇고 다음에 좀 뵈면 안 될까요?"

"네, 그럼 그렇게 하세요. (연락처를 주고받고) 다음에 연락드리겠습니다."

며칠 후 통화로 만날 약속을 하고 점심 무렵 찾아간다.

"안녕하세요. 힘드실 줄은 알지만 앞으로의 진행 상황에 대해서 말씀 드려야 할 것 같아서요."

"남편 사업이 망하고, 소식도 끊기고, 온갖 채무로 도시가스비도, 전화도 끊긴 상태예요. 아이는 고3이고……(잠시 흐느끼시며 사정을 말한다)."

"큰 도움은 못 드리지만 제가 할 수 있는 부분에서는 최선을 다하려고 합니다."

"말씀만이라도 감사합니다. 선하게 생기신 분이 마음도 좋으시네요. 아까도 말씀드렸지만 아이가 고3 수험생이라 예민해요. 그래서 아이

수능 끝날 때까지만 여기에 머물면 안 될까요?"

낙찰받은 때가 4월경이었으니 수능까지라면 11월이다.

"죄송합니다. 생각을 더 해봐야겠지만 그때까지는 좀 힘드네요. 차라리 제가 이사비용을 좀 더 드릴게요. 지금 사시는 곳만큼 좋은 곳을 찾기는 힘드시겠지만 불편하시더라도 아드님과 같이 계실 수 있는 곳을 알아보세요."

"(아쉬워하며) 한 번 더 생각해보시고 말씀해주세요. 그래도 다행인 게 주변에서도 많이 챙겨주시고, 낙찰자분도 좋은 분 만난 것 같아 안심되네요. 기도 많이 하고 있으니까 좋은 일이 있겠죠."

"네, 그러실 거예요. 그럼 다음에 다시 뵙겠습니다."

결국, 두 달여간의 시간을 더 주고 집에 있던 에어컨 50만 원과 이사비 400만 원을 주기로 하고 이사 당일 찾아갔다.

"안 오셔서 이웃집에 키하고 편지 맡기고 가려고 했는데 마침 오셔서 다행이네요."

"아, 그러셨어요. 이사는 잘하셨고요?"

"여기 있던 짐은 거의 다 버리고 재활용센터에 팔았지만, 다행히 방 2칸짜리 월세를 얻을 수 있어서 아들이랑 떨어져 있지 않게 돼 다행이에요."

32평 아파트에 사시다가 방 2칸짜리 월세방으로 이사하려니 어떠셨을지 상상이 된다. 작은 평수에서 큰 평수로 이사 가는 건 쉽지만, 큰 평수에서 작은 평수로 가는 건 정말 겪어본 사람만 제대로 이해할 것이다.

"(편지를 하나 건네주시면서) 그리고 이거…… 못 만나 뵙고 갈 것 같아서 감사한 마음을 몇 자 적어 본 건데 정말 감사합니다. 복 받으실 거예요."

"아니 뭐 이런 걸 다…… 힘드시지만 기운 내시고요, 건강하세요. 다시 재기하셔서 아드님이랑 행복하세요!"

"네, 감사합니다."

채무자는 마지막으로 집 구석구석에 대한 자세한 설명과 더불어 인사를 마치고는 웃으며 헤어졌다. 편지에는 많이 힘들고 어려웠지만 다행히 좋은 분을 만나 마음고생 덜하고 아들하고 같이 살 수 있는 집을 얻어 이사 가게 됐다며 앞으로 건강하시고 복 많이 받으시라는 내용이 적혀 있었다. 가슴이 따뜻해졌다.

인생은 부메랑이다

대학교 때 부메랑 창업동아리를 한 적이 있다. 부메랑은 던지면 돌아온다. 내가 한 행동 하나하나가 언젠가는 나의 앞으로, 뒤로 돌아올지 모른다. 그때 내가 어떻게 던졌느냐에 따라 제대로 잡을 수도 있고, 또는 잘못 잡아 다칠 수도 있다. 꼭 이해득실이나 무엇을 바라고 하지는 않는다 하더라도 최소한의 기본이라도 지킨다면 좀 더 나은 세상이 되지 않을까? 비록 채무자가 지금 실패했다고 계속 실패하는 것이 아니다. 지금은 상대방이 채무자였지만 언제 어디서 어떤 모습으로 다시 만날지는 아무도 모른다.

보이는 게 전부가 아니다

이번에는 세입자 타입에 따른 제일 좋아하는 세입자(채무자)와 제일 싫어하는 세입자(채무자) 얘길 해보겠다.

제일 좋아하는 세입자(채무자)

지금은 거의 없어졌지만 몇 년 전만 해도 전용 18평 방 3개, 화장실 2개인 집에 보증금 2,000만 원으로 신고된 임차인들이 많았다. 말 그대로 소액 임차인으로 수도권정비계획법의 과밀억제권역 중 보증금 4,000만 원 이하 최우선변제액 1,600만 원까지를 노리고 경매 들어가기 전 들어가 사는 사람들이다. 실제로는 최소 전세 7,000만 원 또는 월세 보증금 2,000만 원/월세 50만 원까지 받을 수 있는 집임에도 불구하고 채권채무액이 많아 한 푼도 배당받을 수 없는 채무자가 다만 얼마의 금액이라도 받고자 임차인을 들이는 것이다.

입주자는 경매가 실행되고 집을 명도할 때까지 1년 정도를 거주할 수 있으니 최우선변제금으로 1,600만 원을 우선 배당받고 낙찰자에게 이사비용까지 받으면 적은 돈으로 큰 집에서 편안하게 살고, 나머지 비용으로는 다른 곳에 투자까지 할 수 있으니 임차인 입장으로도 이 얼마나 좋은가? 물론 이로 인해 은행의 배당이의 사건 등 여러 문제들로 이제는 거의 자취를 감추었지만 말이다(현재는 주택이 경매로 넘어갈 상황이라는 것을 알면서도 시세보다 낮은 금액의 임대차계약을 체결한 경우 이는 최우선변제권이 있는 소액 임차인으로 볼 수 없다고 판단하므로 유의해야 한다).

실제로 내가 비슷한 일을 겪었다. 화곡동 전용면적 18평(방 3, 화장실 2, 거실), 대지면적 7.6평의 빌라를 낙찰받고 집을 방문했다.

'딩동.'
"누구세요?"
"이번에 이 집을 낙찰받은 사람인데요. 앞으로의 처리 과정 때문에 상의 좀 드리려고요."

잠시 후, 문이 열리고 아기를 등에 업은 아주머니가 나오셨다.

"잠시 말씀 좀 나눠도 되겠습니까?"

"네, 들어오세요. 이번에 낙찰받으신 분이세요?"

"네, 이번에 낙찰받은 낙찰자입니다."

"얼마에 낙찰받으셨어요?"

"7,700만 원에 받았습니다."

"아, 그러세요. 잘 받으셨네요. 그럼 앞으로 어떻게 하실 거예요? 이 집에 들어와 사실 거예요? 아님 세 놓으실 거예요?"

"그건 조금 더 생각해봐야 할 것 같고요. 우선 앞으로의 진행 상황을 좀 얘기해야 할 것 같아서요. 이사는 언제쯤 생각하고 계십니까?"

"잔금 치르시고 배당일 잡히면 이사 가야죠. 혹시 이사비 먼저 주시면 좀 빨리 이사 갈 수도 있고요."

헉! 말하는 걸 보니 이 사람 선수다. 혹시 생각하고 있는 이사비가 있냐는 물음에 100만 원만 주면 잔금 치르고 보름 안에 이사한다고 했다. 나는 그러자고 했고 추후 잔금일과 이사 날짜를 조정했다. 이사 당일 명도확인서와 인감, 이사비용을 가지고 공과금 등의 비용을 정산한 후 부자 되시란 인사를 마치고 세입자는 이삿짐 차를 타고 떠났다.

얼마나 쿨하고 깔끔한가! 세입자는 이사비 조금 더 받아서 좋고 낙찰자는 빠른 시간에 명도로 신경 쓰지 않고 이자비용도 감소했으니 말이다. 그런데 나중에 알고 보니 세입자는 이런 집들만 찾아다니며 사는 사람이었고, 앞에서 언급했듯이 나머지 금액으로 다른 투자를 하면서 집도 몇 채씩 가지고 있는 사람이었다. 사람은 겉만 보고 판단해서는 안 된다는 걸 새삼 느낀 순간이었다.

제일 싫어하는 세입자(채무자)

경기도 광주에 전용면적 28평(방 3, 화장실 2, 큰 거실)의 물건을 8,000만 원대 금액에 낙찰받고 기분 좋게 돌아오는데 그날 오후 한 통의 전화가 왔다.

'따르릉, 따르릉.'
"여보세요?"
"네, 안녕하세요. 혹시 오늘 광주빌라 낙찰받으신 분 아니세요?"
"네, 맞는데요. 누구시죠?"
"그 집에 사는 사람인데요. 혹시 파실 생각 없으세요?"
"(원래 부모님과 같이 큰 집으로 이사하려 생각했던 터라) 아니요! 입주할 생각인데요."
"저기 한번 뵙고 얘기 좀 했으면 하는데요."
"아, 그러세요. 오늘은 시간이 좀 그렇고…… 그럼 모레 뵙기로 하죠."

만날 장소와 시간을 정한 후 전화를 끊었다. 약속보다 조금 일찍 도착해 기다리자 잠시 후 한 중년의 아주머니께서 들어오셨다.

"(보자마자 채무자임을 직감하고) 네, 여기입니다."
"(서로 인사를 마치고는) 아, 젊으신 분이네. 어떻게 이렇게 젊은 나이에 경매를 다 하셨대……."

이는 공통적으로 듣는 말이다. 젊은 친구가 돈이 많다는 둥, 대단하다는 둥.

"아, 어떻게 하다 보니 그렇게 됐네요. 그나저나 많이 힘드시죠?"

"(모든 채무자들의 말은 거의 비슷하다. 예전에는 잘살았는데 남편 사업이 잘 안돼서 이렇게까지 됐다고 구구절절한 사연을 얘기하고는) 미안하지만 우리 어려운 사람이니 이 집 다시 우리한테 넘겨주면 안 되겠소?"

"저도 저희 부모님 모시고 이사하려고 지금 살던 집도 내놓고 이사 준비까지 다 한 상황이라 좀 어려울 거 같은데요."

"그러지 말고 한 번 더 생각해봐요."

"한 번 더 생각해보고 다음에 다시 얘기하시죠."

같이 식사를 마치고 이런저런 얘기를 나눈 후 헤어졌다. 어려움 없이 부유한 집에서 생활하셨을 것 같은 외모와 말투에서 '잘 사시던 분이 어렵게 되셨구나'라는 생각이 들었다. 그 후 오랜 통화와 계속되는 부탁에 못 이겨 결국은 그동안 들어간 등기비와 비용 등을 받고 다시 넘겨드리기로 약속한 후 다시 들어갈 새집을 낙찰받았다. 하지만 약속한 계약금을 보내기로 한 날짜가 지나도 보내지 않고 차일피일 시간만 미루는 것이 아닌가! 가뜩이나 없는 자금 사정에 등기까지 마치고 새로운 물건을 낙찰받아 잔금도 치러야 하고 기존 집의 이사준비도 해야 하는데 여러 가지로 복잡하게 됐다. 나는 채무자에게 전화를 걸었다.

"아니, 자꾸 이런 식으로 약속을 어기시면 어떠합니까? 계속 이러실 거면 집 비워주세요. 사모님 때문에 없는 자금으로 다른 집까지 낙찰받았는데요."

"주변에 돈을 부탁했는데 준비가 잘 안 되네……."

"우선 약속한 계약금이라도 주셔야 저도 좀 기다려 드리든지 할 텐데 말씀만 하시고 약속은 계속 어기시니 참 곤란하네요. 앞으로 일주일 더 시간을 드릴 테니까 그때까지 준비하시고요, 그때도 안 되면 집 비워 주세요."

"알았어요. 그때까지 꼭 준비할게."

결국, 약속한 날이 돼도 연락도 없어 전화해 나가줄 것을 요구하고, 부모님과 함께 들어가 살 곳이니 같이 방문할 것을 약속하고 찾아갔다.

"안녕하세요. 집 좀 잠시 보러 왔습니다."

"(조금 언짢은 표정을 하며) 네, 들어와요."

"(부모님과 함께 집을 둘러보고) 저희도 이사 날짜가 급해서 그러니 불편하시겠지만, 이달 말까지는 비워주세요."

"그래요. 그런데 이사비는 얼마나 주실 거예요?"

"네? 이사비요?"

채무자의 부탁으로 집을 다시 넘겨주기로 하고 다른 집까지 본의 아니게 높은 가격에 낙찰받고 시간도 벌써 두 달이 넘게 지났는데, 이 상황에서 이사비용 운운하니 화가 났지만, 마음을 진정시키며 얼마나 원하는지 물었다.

"이사하려면 이사비용만 300만 원은 나오고 또 자금이 없어서 이만한 집 구하기가 쉽지가 않네……."

채무자의 말을 듣는 순간 기가 막혔다. 결국은 본인의 잘못으로 경매가 진행됐다. 큰 평수에서 작은 평수로 이사하는 게 힘들기는 하지만 현재의 형편에 맞게 살아야지, 한때 부자였다고 상황이 달라졌는데 똑같이 쓰고, 똑같이 생활하려고 한다니 어이가 없었다.

"사모님, 너무하시네요. 사실 제가 모든 편의를 봐드려서 부모님과 살려고 했던 집을 다시 넘겨드리기로 하고 다른 집 알아봐서 낙찰받으며 물질적으로나 정신적으로나 쓴 비용이 얼만데요. 그래도 나중에 가실 때 조금의 이사비는 챙겨 드리려고 했는데 이건 아닌 거 같네요."
"아니, 그래도 보통 다들 그런다고 하던데…… 나도 뭐 다 알아봤고."
"누가 그러던가요? 어느 부동산 중개업소에서 그런 얘기를 해요?

보통 어디서 어설프게 듣고서는 다 아는 척하며 이런 얘기할 때 제일 화가 난다. 특히 그 당시에는 부동산 중개업소 중에 70% 이상이 경매를 모르던 때다. 옆에서 가만 듣고 계시던 부모님이 채무자에게 염치도 없다며 큰소리를 내기 시작하신다. 결국은 서로 감정만 상한 채 부모님을 만류하고 발길을 돌렸다. 경매하면서 처음으로 부모님을 모시고 간 낙찰받은 집인데 이런 모습을 보여드리니 송구했다. 그 후 몇 번의 통화로 좋게 해결하려 했지만 양보할 줄 모르는 태도와 모습에 나도 지쳐 절대로 하지 말아야 한다고 생각했던 강제집행을 고려하게 됐다.

채무자임에도 불구하고 위장세입자를 넣어 1,200만 원의 배당금을 받아감에도 불구하고 거기에 500만 원의 말도 안 되는 이사비용을 요구하다니, 아무래도 이분들이 나를 바보로 알았나 보다. 결국, 굳은 결심을 하고 최후통첩을 했다.

"지금 강제집행 접수했고요. ○월 ○일 진행됩니다. 그때까지 집 비워주세요."
"아니, 어떻게 그럴 수 있어요? 마음대로 해요."

며칠 후 채무자의 아들에게서 다시 연락이 왔다. 배당금을 찾는 날 법원에서 만나 배당금을 받게 해주고 이사비는 200만 원으로 합의한 후 이행각서를 받고 헤어졌다. 그런데 역시 한번 속 썩인 사람은 끝까지 속을 썩이나 보다. 이사 당일, 집 안에 있던 신발장을 가져가겠다는 둥 이런저런 속 썩임 끝에 마무리했다. 명도를 마치고 돌아오는 길에 야생화 님에게 전화했다.

"정말 선한 마음으로 잘하려고 하는데 그걸 이용하는 것 같은 느낌을 받으니 이게 뭐하는 짓인가 싶어요. 제가 하는 방법이 잘하는 짓인지 회의가 들어요."

하소연을 들은 야생화 님은 나를 다독거려 주셨다.

"잘했어! 형이나 너나 그런 사람 아니니…… 바보 소릴 들어도 내가 불편한 게 낫지, 남 아프게 해서 되겠니? 잘했어."

전화를 끊자, 울컥했던 마음이 가라앉았다.

'그래, 내가 불편한 게 낫지, 남 아프게 하면 내 맘이 더 아팠겠지……'

알기 쉬운 경매 용어

최우선변제금

주택 임대차보호법에 의해 임차 주택의 경·공매 시에 소액 임차인의 보증금 중 일정액을 다른 담보물권자보다 우선해 변제받는 권리를 말한다. 최우선변제권의 성립요건을 갖춘 임차인은 후순위 임차인이어도 매각가격의 1/2 범위 내에서 보증금 중 일정액을 가장 먼저 변제받는다.

최우선변제권의 성립요건은 다음과 같다.

① 보증금이 소액에 해당할 것
② 경매개시결정기입등기 전에 대항력요건(주택인도와 전입신고)을 갖출 것
③ 배당요구 종기일까지 배당요구를 할 것
④ 배당요구 종기일까지 대항력을 유지할 것

(최우선변제권을 행사하기 위해서는 배당요구 종기일까지만 유지하면 되지만 배당금을 받을 때까지 유지하는 것이 안전하다. 경매는 언제든 취소될 수 있기 때문이다.)

소액 임차인 범위 확인

▶ 소액 임차인 범위는 대법원 인터넷등기소(www.iros.go.kr)에서 확인한다.

기준 시점	지역	임차인 보증금 범위	보증금 중 일정액의 범위
1990. 02. 19~		2,000만 원 이하	700만 원
1995. 10. 19~		3,000만 원 이하	1,200만 원
2001. 09. 15~		4,000만 원 이하	1,600만 원
2008. 08. 21~		6,000만 원 이하	2,000만 원
2010. 07. 26~	서울특별시	7,500만 원 이하	2,500만 원
2014. 01. 01~		9,500만 원 이하	3,200만 원
2016. 03. 31~		1억 원 이하	3,400만 원
2018. 09. 18~		1억 1,000만 원 이하	3,700만 원

▶ 서울 소액 임차인 보증금 범위(지역마다 보증금 범위가 다름)

소액 임차인의 기준은 지역마다 다른데 서울특별시를 살펴보자. 선순위 담보물권이 없을 때 2018년 9월 18일 이후 계약한 임차보증금 범위는 1억 1,000만 원 중 3,700만 원을 먼저 배당해준다는 뜻이다. 전세, 반전세, 월세 형태로 임차하고 있는 경우 보증금은 월세를 제외한 순수한 보증금을 의미한다. 즉, 전세 1억 1,000만 원에 임차하고 있는 경우 보증금은 1억 1,000만 원이며, 보증금 1억 1,000만 원/월세 30만 원에 임차하고 있어도 보증금은 1억 1,000만 원이다(상가건물인 경우는 월세를 환산한 환산보증금에 따른다).

※ 유의

1. 소액 임차인의 기준 시점은 담보물권(저당권, 근저당권, 가등기담보권 등) 설정 기준이다. 내가 임차한 시기가 아님을 유의하자. 주택에 2008년 10월 20일로 근저당권이 설정돼 있다면 이 집을 2018년 9월 18일 이후에 임차하더라도 임차보증금의 범위가 1억 1,000만 원이 아니라 6,000만 원이며, 이에 최우선변제금은 2,000만 원이다.

2. 집주인이 채무초과 상태인 줄 알면서 시세보다 저렴한 금액으로 임대차계약을 체결했다면 이는 사해행위에 해당해 소액보증금에 대해도 최우선변제권을 인정받지 못한다. 주택이 경매로 넘어갈 상황이라는 것을 알면서도 시세보다 낮은 금액의 임대차계약을 체결해 최선순위 배당권자가 된 경우, 이는 주택 임대차보호법을 악용한 경우에 해당해 최우선변제권이 있는 소액 임차인으로 볼 수 없다고 판단하므로 유의해야 한다.

임대차관계가 지속되는 동안 임대차보증금의 증감·변동이 있는 경우, 소액 임차인에 해당하는지 여부의 판단 기준은 배당 시의 보증금 기준이다.
(대구지방법원 2003가단134010)

따라서 처음 임대차계약을 체결할 당시 임대차보증금의 액수가 적어서 소액 임차인에 해당한다고 하더라도 그 후 갱신과정에서 증액돼 그 한도를 초과하면 더 이상 소액 임차인에 해당하지 않게 되고, 반대로 처음에는 임대차보증금의 액수가 많아 소액 임차인에 해당하지 않는다 하더라도 그 후 갱신과정에서 감액돼 한도 이하로 됐다면 소액 임차인에 해당한다.

연락이 돼야 명도를 하지

경기도 광주의 다세대빌라를 낙찰받았다. 낙찰받고 집에 들러 문을 두드려도 아무 인기척이 없어 전화 달라는 메모를 붙이고 돌아왔다. 시간이 흘러 잔금을 치르고 수차례 방문을 해도 메모지는 없어졌는데 연락이 없는 상황이었다. 메모지가 없어진 걸 보면 아예 사람이 없는 것도 아닌데 일절 연락 없이 묵묵부답인 상황이었다. 시간은 점점 흘러가고 안 되겠다 싶어 인도명령과 함께 공시송달까지 마치고 최종적으로 방문했다. 역시 묵묵부답에 또 메모지만 없어진 상황, 그동안 경매를 하면서 숱한 사람들을 만나봤지만 이런 상황은 처음인지라 당황스러웠다. 물론 강제집행이란 절차가 있지만 가급적 강제집행은 하지 말자는 신조이기에 최대한 대화와 타협으로 명도에 임하는데, 이 사건은 대화 자체가 불가능하니 도대체 방법이 없었다. 다시 한 번 최후의 통첩을 한 후 법원에 가서 강제집행 접수하고 돌아오는데 발걸음이 무겁다.

'무슨 연락이라도 돼야지…….'

결국, 집행 날짜가 돼 집행관들과 나, 그리고 입회인 2명을 대동하고 문을 열고 들어갔다. 문을 열면서도 제발 집에 아무도 없고 짐도 없길 바랐다. 다행히 사람은 없었지만 정리되지 않은 많은 짐과 얼마 전까지 살았던 흔적이 남아 있었다. 결국, 어쩔 수 없이 모든 짐을 사다리차와 함께 내리고는 모두 창고에 보관하게 됐다. 강제집행을 하면 혹시 전에 살던 사람이 다시 올 수도 있으므로 기존 열쇠를 파기하고 새로운 열쇠로 바꾼다. 또 기존에 있던 짐들은 모두 치워서 창고 등에 보관한다. 집은 내 소유지만 그 안의 짐들은 내 것이 아니기에 함부로 건드릴 수 없다.

모든 집행과정을 마치고 돌아오는데 마음이 불편하기 그지없었다. 평생 강제집행은 안 하고 살리라 다짐했는데 어쩔 수 없는 상황이었다. 사람을 만나야 이사비를 주든, 시간을 더 주든 하며 명도를 할 텐데…… 낙찰받고 잔금 치르고 강제집행하는 두 달 넘는 동안 연락조차 되지 않으니 나도 방도가 없었다. 대출받아 이자는 계속 나가고 재산권은 행사도 할 수 없는 상황이었기 때문이다.

강제집행을 마쳤다고 홀가분한 게 아니다. 집수리와 함께 정리하는 중에도 마음속 한구석에 있는 답답함은 해결되지 않았다. 결국, 다시 한 번 주변을 수소문한 끝에 그 집에 살던 아이가 다니던 학원을 알게 됐다. 학원에 찾아가 전후 사정을 얘기하고 그 아이의 아버지 연락처를 얻어 다행히 연락이 됐다. 아내와는 이혼하고 아이는 할머니에게 맡긴 채 혼자 지방으로 일하러 다닌다고 했다. 경매가 진행되는 것을 알면서도 전혀 대책도 없던 것이다. 조금만 미리 연락만 됐어도 강제집행은 피할 수 있었을 텐데…… 우여곡절 끝에 물건을 넘겨주고 해결을 했는데 그 시간이 참으로 오래 걸렸다.

강제집행은 '물리적+심리적' 부담이다

강제집행에는 노무비, 사다리차 비용, 1톤 트럭 비용, 열쇠 여는 비용, 다시 설치하는 비용, 창고 보관비용 등이 들어간다. 대략 비용을 계산해보니 '강제집행비 90만 원 + 사다리차 5만 원 + 1톤 트럭(4대) 20만 원 + 열쇠 여는 비용 10만 원(전자키였음) + 전자키 설치비용 15만 원 + 창고 보관료 3개월 치 90만 원(일찍 빼게 되면 하루당 1만 원씩 계산)'으로 총 230만 원이었다. 거기에 만약 3개월이 지나도록 물건 주인과 연락이 되지 않을 경우는 계속 창고비를 지불해야 한다.

그렇게 하지 않기 위해서는 물건 처분을 요청해 유채동산 경매로 처분해야 하는데, 이것 또한 진행 시간과 비용이 소요되고 결국은 낙찰자 본인이 다시 유채동산 경매로 낙찰받아 처분해야 한다. 뿐만 아니라 계속 신경 써야 하고, 소요 시간 등을 고려하면 실질적으로 입는 피해는 상상을 초월한다. 그러므로 실질적 비용과 심리적 노동강도까지 생각하면 강제집행을 하고, 안 하고의 차이는 매우 크다. 물론 가끔 상대방의 안하무인 행동에 무조건 강제집행을 하고 싶을 때도 있다. 나도 사람인지라 최선을 다해 좋은 방향으로 도와주려 하는데도 이것저것 요구하며 상처를 줄 때는 내가 왜 이런 바보짓을 하는가 고민할 때도 많다.

하지만 이것만 알아두자. 비록 상대방이 지금 내가 잘해주는지, 못해주는지 모르겠지만, 만에 하나 또 그런 일을 당했을 때 다른 사람을 만나면 '예전 그분이 정말 잘해주셨던 거구나'라고 느낄 것이다. 무엇보다도 나 자신이 알고 있으므로 내 마음이 불편하지 않도록 오늘도 최선을 다해 명도에 임한다.

PART

06

이것이 진정한
상가 경매다

어깨 형님들과의 동침

다세대주택을 시작으로 수십 개의 물건에 입찰해 낙찰받고 처리하던 어느 날이었다. 점점 늘어나는 경쟁자와 풍부해진 정보 등으로 새로운 종류의 물건에 도전할 필요성을 느끼던 중, 인천지방법원 부천지원에 나와 있는 상가건물이 눈에 들어왔다(참고로 부천은 유찰 시 30%씩 떨어진다). 7억 1,700만 원의 감정가에서 3번 유찰돼 최저입찰가 2억 4,500만 원이었다. 전용면적 건물 평수 124평, 대지 지분 20평의 지하 상가였다. 일명 고급 룸으로 불리는 비즈니스룸이었는데 임차인 김 모 씨가 보증금 1억 원/월세 500만 원에 지하1~2층을 운영하고 있었다. 참고로 지하 2층은 매각 물건에서 제외였는데 임차인이 사용하는 총평수는 지하 1~2층을 합쳐 건평 250평, 대지 50평 정도의 대형 비즈니스룸이었다.

▶ 이 건물의 지하 1층에 있는 비즈니스룸이 경매에 나왔다.

사실 그동안 지하 물건을 해본 적이 없었다. 지하층 빌라도 입찰을 꺼리던 내가 정작 그보다 훨씬 더 어려울 수도 있는 지하상가, 그것도 비즈니스룸을 관심 있게 보고 있다니 아이러니했다. 본격적으로 시장 조사에 들어갔다. 건물 형태가 양호하고, 위치도 부천지원 바로 인근으로 법무사나 세무사 사무실 등은 물론 술장사를 하기에는 더없이 좋아 보였다. 부동산 중개업소에 들러 주변 상가 임대 상황과 시세 파악은 물론, 그곳의 상권 또한 정확히 파악했다. 부동산 중개업소 사장님과 얘기를 나누는 중에 우연히 경매 물건 이야기가 나왔다.

최고의 어깨 형님이 운영하는 룸살롱

"그 건물 경매 나왔어요? 아휴, 아서요. 주변에서 최고로 장사가 잘 되는 곳이고, 아가씨들만 100여 명에 관리 인원까지 합하면 족히 120

여 명은 되는데, 문제는 운영하는 사람이 여기 최고의 어깨 형님이에요. 거긴 아무도 못 건드려요."

중개업소 사장님은 목청을 높이며 말렸다. 상가입찰은 처음인데다 이런 얘기까지 듣고 나니 가슴이 쿵쾅거렸다. 언제나 든든한 힘이 돼주는 삼총사 김만일, 조경상에게 자문을 구했다.

"야! 이거 우리 낙찰받으면 야산으로 끌려가는 거아냐?"

담배를 피워가며 진지하게 만일이가 얘기한다. 진담 반, 농담 반의 말임에도 불구하고 내 심장이 쪼그라드는 듯하다.

"그래, 만일이 말처럼 다시 한 번 생각하는 게 좋겠어."

경상이 역시 낙찰받은 뒤 명도를 걱정하며 다시 생각하라고 한다.

'정말 그래야 할까…… 분명 최고의 상권에 최고의 물건임에도 불구하고 외적인 변수로 인해 포기해야 한다니.'

우리 삼총사 중에 일을 잘 저지르는 사람이 나다. 만일이는 영업과 화술의 달인이고 경상이는 화술과 꼼꼼함의 달인이다. 정작 난 무대뽀로 통한다. 또한, 우리 옆에는 막히면 풀어주실 스승님이자 형님인 야생화 님이 계신다. 게다가 부동산 식구들까지 많은 지원군이 있다.

무데뽀, 입찰을 감행하다

입찰하기로 결정했다. 내 생각은 간단했다. 지금 보증금 1억 원/월세 500만 원에 임차하고 있듯이 나는 단지 이 건물의 주인이 될 뿐이고, 그 어깨 형님들은 주인만 바뀐 채 영업은 그대로 하면 되는 것이다. 이게 무슨 문제가 있겠는가! 동네 양아치라면 몰라도 한 구역을 평정하는 형님들이라면 최소한 양아치 짓은 안 하리라…… 난 그렇게 믿고 싶었고, 결국 입찰을 결심했다.

드디어 시간이 흘러 입찰 날짜가 됐고 부족한 자금 사항 등 모든 준비를 마치고 입찰에 들어가는데, 아무래도 부담이 되고 신경이 쓰여 아침 일찍부터 정신이 없었다. 경상이와 함께 부천지원에 도착해 최종사항을 체크하고 입찰가를 산정하기 위해 지하매점으로 들어가 최종입찰가를 결정했다. 이 물건에 채무자 또는 이해관계인 쪽에서 한 명 들어올 것 같았고, 나 같은 무데뽀 정신이 있는 사람 한 팀 정도 들어올 것으로 예상했다. 고심 끝에 정한 입찰가는 3억 3,387만 원이었다.

물건을 낙찰받을 때는 이 물건의 가치를 정확히 판단하는 것이 제일 중요하다. 보통 초보자는 무조건 많이 떨어진 물건에 그것도 거의 최저가에서 조금 더 쓰고 낙찰받으려 한다. 그러나 고수들은 이 물건의 가치를 평가하고 그에 맞는 낙찰가를 산정한다. 내가 생각하기에 이 물건의 가치는 최소 7억 원 이상이었다. 그 예로 보증금 1억 원/월 500만 원을 절반으로 나눈다 하더라도 보증금 5,000만 원/월 250만 원은 충분하리라. 다시 재계약하게 된다면 그 이상도 가능할 수 있다. 왜냐하면, 이 물건이 지하 1층이므로 지하 2층을 사용하려면 반드시 지하 1층을 거쳐야 했다. 이 건물 룸의 가치는 하루 매상 3,000만 원을 호가하는(나중에 들어보니 잘되던 때는 일 매출 1억 원도 찍었다고 한다) 곳이기에 이들에게 보증금 5,000만 원/월 250만 원은 지극히 적은 금액이라 할 수 있을 것이다. 또한, 이 건물에 투자한 인테리어 비용 등 이 물건을 버리고 다시 새로운 곳에서 영업하기에는 무리가 있어 보였다. 아무튼 우리는 입찰표를 제출하고 개찰 순서가 되기만을 기다렸다.

드디어 개찰 순서가 됐다. 숨을 죽이며 발표를 기다리는데 앗, 낙찰이다. 2억 8,000여만 원을 쓴 경쟁자를 제치고 낙찰받았다.

어깨 형님을 만나다

영수증을 받고 서류에 사인한 후 법정을 빠져나오는데 50대 중후반의 아저씨가 말을 걸어온다.

"아저씨가 이 물건에 낙찰받으셨어요?"
"네, 그런데요."
"잠깐 나가서 얘기 좀 할 수 있을까요?"
"왜 그러시죠?"
"이 물건 전 소유주인데 할 얘기가 있어서요."

대출 아주머니들을 뒤로한 채 경상이와 함께 그분을 따라 법원 주차
장 한쪽으로 이동하는데 갑자기 주변에서 덩치 좋은 아저씨들이 우리
를 둘러싸는 게 아닌가!

"이 물건 왜 낙찰받았어요?"

소유주라고 했던 아저씨가 아까와는 달리 담배를 하나 꺼내 물고는
쭈그리고 앉아 나를 쳐다보며 대뜸 이렇게 묻는 것이 아닌가. 주변에는
여러 명의 어깨 형님들이 둘러싸고 있어 조금 긴장되긴 했지만, 설마
법원에서 어찌하랴는 생각이 들어 일부러 자신 있는 척 말했다. "경매
하는 사람인데 알아보니 좋은 물건인 것 같아 낙찰받았고, 우리가 운영
하려는 건 아니다. 다만 지금과 같이 비슷한 조건으로 건물에 세를 받
기 원한다"고 말이다. 그러자 지금까지 내내 인상을 쓰고 있던 아저씨
의 모습에서 조금 안도의 빛이 돌았다.

"그래요, 그럼 할 수 없죠. 우린 이 물건에 아무도 입찰 안 할 줄 알았
는데…… 일단 운영하려는 건 아니라니까 다음에 만나서 앞으로 상황
에 관해 이야기합시다."

다리가 풀렸다. 어느 정도 예상은 했지만 막상 어깨 형님들이 주변
을 쫙 둘러싸고 있을 때는 어찌나 긴장되던지…… 일부러 당당한 척했
지만 속으로는 긴장감에 근육이 뭉치고 피가 멈추는 느낌이었다. 일주
일이 지나 낙찰허가가 떨어지고 며칠 후 전 소유주에게서 연락이 왔다.

알고 보니 전 소유자와 현 임차인은 형님, 동생 하며 아는 사이였다. 전 소유자는 부동산 관련 전문가이고 현 임차인은 그 지역 최고의 어깨 형님이었다.

전 소유자는 그 물건에 있는 채권관계 때문에 본인 명의로 입찰하지 못하고, 현 임차인인 어깨 형님이 대신 낙찰받아 같이 운영하기로 했던 것이다. 그분들 생각에는 그 주변을 잘 아는 사람이라면 함부로 경매에 들어오지 못할 줄 알았는데 어디서 생뚱맞은 놈이 나타나서 낙찰받았으니 참 당황스러웠으리라…… 어찌 됐든 약속을 잡고는 부천 룸의 주변 커피숍에서 만나기를 약속했다. 이번에는 또 한 명의 지원군인 김만일을 대동해 삼총사 모두가 출동했다(우리 셋이 뭉치면 두려울 게 없다). 커피숍에는 전 소유자와 어깨 형님 두 분이 나와 있었다. 간단한 인사를 한 후 본격적으로 얘기를 시작했다.

"이 물건에 문제가 많은 건 알고 낙찰받은 거요? 관리비가 몇천만 원이 연체돼 있고, 요즘에는 예전처럼 장사도 잘 안돼서 건물을 옮기려고 하는데 말이오."

으름장을 놓는 전 소유자의 말에 속으로 기가 막혔다.

보통 낙찰 뒤 명도할 때 만나게 되는 사람은 다음과 같다.

첫째, 낙찰받은 물건에 대해 각종 하자와 위험 부분을 말하며 낙찰자가 이 물건을 잘못 잡은 게 아닌가 스스로 겁이 들게 하는 타입.

둘째, 내가 누군 줄 알아? 내가 부동산 전문가고, 구청장이 친구고,

경찰서장이 어쩌고 하며 자기 자랑을 늘어놓는 타입.

셋째, 굉장히 친절하며 앞으로의 진행 상황을 문의하며 경청하는 타입. 이 부류에도 두 가지 부류가 있다. 정말 몰라서 물어보는 타입과 다 알고 있으면서도 일부러 떠보는 타입이다. 전자일 경우에는 아무런 문제가 없지만, 후자인 경우에는 앞의 모든 형태보다 더 어려울 수도 있다.

어쨌든 전 소유자는 첫 번째 타입에 속한 사람이었다. 우리는 특별한 대답 없이 "네네" 하며 다 들어주고는 우리가 할 말만 건넸다. 우리는 운영을 하려는 것이 아니라 세를 받으려 하니 재계약 의사가 있으면 그대로 하면 되고, 아니면 옮길 생각도 있었다니 건물을 비워주면 된다고 말이다. 그러자 그쪽에서는 이 건물에 인테리어비가 얼마 들었네, 관리비가 연체됐네 하는 얘기를 다시 꺼내는 것이 아닌가? 두서없이 말이 길어지는 것 같아 단도직입적으로 물었다.

"그래서 어떻게 하셨으면 좋겠는데요?"

"이런저런 여러 가지 문제 있으니 이번 물건은 운이 나빴다고 생각하고 수고비(500만 원) 정도 생각해줄 테니 포기하쇼."

그랬다. 결국, 그들이 하고 싶었던 얘기는 이 건물을 다시 본인들한테 넘기라는 것이었다. 우리는 잠시 시간을 두고 더 생각해보겠다고 하고서는 그 자리를 나왔다. 이후 몇 번의 만남을 통해 처음 그들이 제시했던 수고비 500만 원에서 우리가 입찰할 때 들어갔던 입찰보증금 2,500만 원과 입찰을 포기하고 그분들이 입찰을 받을 수 있도록 도와

주는 조건으로 현금 2,000만 원을 더 받기로 하고 잔금 납부를 하지 않아 재경매 진행을 하게 했다.

가슴이 벌렁거린 재경매

낙찰받고 잔금납부 기한이 지나 두 달여 정도 후 재경매기일이 잡혔다. 재경매기일 며칠 전 다시 한 번 커피숍에서 만나 입찰과 관련된 내용을 나누고 입찰보증금과 현금 2,000만 원을 받았다. 재경매인 경우, 재경매 이유를 제대로 알아내지 못하면 대부분 입찰을 꺼리기 마련이다. 어깨 형님과 우리가 합의한 부분은 우리 외에는 아무도 모르니 걱정하지 마시라고 말했다. 오히려 전보다 더 싸게 낙찰받을 수 있다고 말하며, 각종 경매 진행 절차와 방법에 대해 자세히 설명해줬다. 그렇게 누군가가 자세하고 친절하게 설명해주는 것은 처음이었으리라. 모든 설명을 끝내고 입찰일에 만나기를 약속하고 일어나려는데, 여태껏 옆에서 듣기만 하고 조용히 계시던 어깨 형님이 한마디 하신다.

"이번에도 낙찰 못 받으면 건물을 확 불살라 버리든 할 거니까 알아서들 하쇼."

걱정하지 말란 얘기를 건넸지만 이 말이 왜 이리 가슴에 와 닿던지 심장이 벌렁거렸다. 입찰 당일, 지난번 입찰 때보다 오히려 더한 부담감을 안고 점심시간 가게(룸) 인근에서 만나 식사를 하기로 했다. 건물이 보이는 바로 앞에 1층 식당이 있는데, 그곳에서 만나자고 한 이유는 혹시라도 그 건물을 보러 오는 사람이 있는지 살피기 위해서다. 만약 살펴보는 사람이 있다면 입찰에 들어올 가능성이 크기 때문에 그곳을 약속장소로 잡은 것이다. 우리 삼총사가 총출동해 전 소유자와 어깨 형님과 함께 점심을 먹는데 밥이 입으로 들어가는지, 코로 들어가는지 정신이 없었다.

그런데 그때 누군가 건물을 살펴보며 기웃거리는 것이 아닌가? 재경매 물건이라 아무도 안 들어 와야 맞는데…… 곧바로 만일이가 물건을 본 사람의 뒤를 따라갔다. 조금 후 경상이는 물건을 열람하는 사람이 있는지, 없는지 알아보기 위해 법원으로 먼저 출발했다. 마치 007작전을 방불케 하는 긴장감이 감돌았다. 그도 그럴 것이 엄밀히 따지면 입찰금에 수고비까지, 받을 것은 다 받고 만에 하나라도 이 물건을 또 다른 사람이 낙찰받는다면…… 생각만으로도 떨리는 일이었다.

최종적으로 전 소유자와 어깨 형님과 함께 입찰에 들어갈 금액을 입찰봉투에 적고는 같이 법원으로 이동했다. 사람마다 다르겠지만 나는 법원을 갈 때 일부러 사복을 많이 입는다. 때로는 모자도 써가며 입찰을 하러 간다. 그 이유는 나는 다른 사람을 못 알아보지만, 어느 정도 시간이 지나다 보니 나를 알아보는 다른 사람들이 많았기 때문이다. 이것이 얼마나 중요한가는 시간이 지나보면 알 것이다. 내 타입과 성향을 아는 사람이라면 내 모든 것이 노출될 수 있어 상대방이 좋은 위치에서 입찰할 수 있는 것이다. 그래서 나는 반대 입장을 취할 수 있도록, 흔히 꾼 냄새가 나지 않도록 최대한 주의한다.

떨리는 개찰 순간

법원에 도착해 입찰 최종 점검을 마치고 입찰서를 제출했다. 경상이와 만일이가 확인한 것에 의하면 다행히 아까 건물을 기웃거렸던 사람도 입찰하지 않았고, 열람하는 사람도 없었다고 했다. 천만다행이라 안심을 하고 개찰을 기다렸다. 입찰마감을 하고 나면 각 물건에 따라 입찰서류를 분류하고 사건순서대로 입찰의 참가자와 또는 유찰 물건을 확인하게 되는데 그것을 잘 확인하다 보면 내가 쓴 물건에 몇 명이 입찰했는지 알 수 있다.

사건번호 순서대로 물건을 부르기 시작했고 드디어 우리 물건을 확인하고 있는데 봉투가 2개가 아닌가. 헉, 이럴 수가! 아무도 입찰할 사람이 없을 줄 알았는데 봉투가 2개라니…… 식은땀이 흐르기 시작했다. 전 소유자는 아무도 안 들어온다더니 봉투가 2개라며 흥분하기 시작했다.

아니야, 이럴 리가 없어. 임장을 조금만 했어도 누가 운영하는지 알 텐데 가뜩이나 어려운 물건, 거기에 재경매까지 부쳐진 물건에 재경매의 이유도 모르는 상태에서 입찰할 수 있는 사람은 거의 없을 텐데…… 설마 만에 하나가 정말로 일어났을까?'

여러 가지 생각이 교차하며 혹시 잘못 본 건 아닌가 하며 초조하게 정식 발표를 기다렸다. 드디어 우리 순서가 됐다. 다행히 아까 있던

2개의 봉투 중 하나가 앞에 물건으로 넘어가서 발표되는 것이 아닌가. 휴, 살았다. 잠시 착오로 우리 것과 혼동됐나 보다. 그렇다면 우리의 단독입찰이 확실시되며 그동안 긴장했던 모든 것이 스르르 녹았다.

2억 6,000여만 원으로 단독 낙찰을 확인받고 입찰장을 빠져나오는 어깨 형님의 얼굴에 미소가 가득하다. 나 또한 그 모습을 보며 한 아름 미소를 지어 보였다. 법원을 나와 서로 축하인사와 수고했다는 인사를 하고는 다음에 룸으로 오면 근사하게 한잔 사겠다는 말을 남긴 채 헤어졌다. 우리 삼총사는 모두 밝게 웃으며 사무실로 이동했다.

"야, 우리 만약에 이거 낙찰 못 받았으면 어떻게 됐을까?"
"글쎄…… 어휴, 난 생각하기도 싫다……."

몸서리를 치는 만일이를 보며 우리는 깔깔 웃었다. 이렇게 어깨 형님들과의 동침은 서로 윈윈으로 마치게 됐다.

1등 금액이 같아요, 누가 낙찰자예요?

경매는 1원이라도 더 높은 가격을 쓴 사람에게 낙찰된다. 하지만 간혹 입찰금액 중에 1등 금액이 동일한 경우가 있다. 이렇게 되면 누가 낙찰자일까?

이런 경우 법원은 동일 금액을 적은 입찰자들에게 다시 입찰표를 적어 내라고 시간을 준다. 그렇게 다시 적어 낸 입찰표 중에 높은 가격을 쓴 사람이 낙찰자가 된다. 동일 금액이 나오면 아무래도 경쟁 심리에 원래 생각했던 금액보다 올라갈 수밖에 없으므로 입찰가를 쓸 때는 동 순위가 나오지 않도록 끝자리를 조절하는 지혜가 필요하다. 예를 들어 입찰가가 1억 원이라 해도 딱 떨어지게 쓰는 것이 아닌, 1억 7,777원 식으로 자기가 좋아하는 숫자를 나열하는 것이다.

낙찰가보다 임대가가 더 높다

소재지	(▒▒▒) 경기도 수원시 장안구 율전동 ▒▒▒▒▒▒▒▒ ▒▒▒▒ ▒▒▒ ▒▒▒▒▒ [도로명] 경기도 수원시 장안구 ▒▒▒▒ ▒▒▒▒ (율전동)				
용도	아파트상가	채권자	▒▒▒▒▒▒▒▒▒▒▒▒▒	감정가	1,136,000,000원
대지권	722.6134㎡ (218.59평)	채무자	▒▒▒	최저가	(41%) 465,306,000원
전용면적	604.225㎡ (182.78평)	소유자	▒▒▒▒	보증금	(10%)46,531,000원
사건접수	2008-05-21	매각대상	토지/건물일괄매각	청구금액	542,967,266원
입찰방법	기일입찰	배당종기일	2008-08-22	개시결정	2008-05-22

기일현황 ▸간략보기

회차	매각기일	최저매각금액	결과
신건	2008-10-07	1,136,000,000원	유찰
2차	2008-11-11	908,800,000원	유찰
3차	2008-12-16	727,040,000원	유찰
4차	2009-01-21	581,632,000원	유찰
5차	2009-02-24	465,306,000원	매각
이학별 외1/입찰1명/낙찰468,880,000원(41%)			
	2009-03-03	매각결정기일	허가
배당종결된 사건입니다.			

▶ 2층 11개 상가 전체를 헬스클럽으로 사용 중이다.

　경매를 하다 보면 기존 낙찰지 인근 물건들을 유심히 보게 된다. 우선 자주 왕래한 곳이라 지리에 밝아 눈에 먼저 들어오기 때문이다. 수

원 장안구의 지하상가를 낙찰받고 관리하던 중 같은 장안구의 아파트 상가가 경매로 진행되는 게 눈에 띄었다. 11개 호실 2층 상가 전체를 헬스클럽으로 사용 중인 곳이었다. 전용면적이 약 182평으로 2층 상가 치고 흔하지 않은 넓은 면적에, 전용면적 대비 대지권 비중이 매우 높은 점에 마음이 끌렸다. 감정가에는 넓은 대지권 면적이 반영된 듯했으나, 네 번의 유찰을 거듭해 약 40%의 가격을 형성하고 있던 입찰가는 내 맘을 흔들기에 충분했다. 이렇게 유찰이 거듭된 이유는 1억 3,000만 원의 선순위 임차인의 대항력이 한몫했다. 하지만 조사결과 가족의 이름으로 신고된 임차인이라 의심이 갔다. 물론 임대인과 임차인의 임대차계약이 있다고 주장하지만 그 진위가 의심됐다. 만약 1억 3,000만 원의 보증금이 인정되더라도 6억 원 정도에 낙찰받은 셈이니 충분히 승산이 있었다(후에 소송을 통해 임대차계약 주장은 허위임이 밝혀졌다).

이 상가의 실 소유자는 누나였고 헬스클럽의 운영은 동생이 맡고 있었다. 낙찰된 후 동생이 다시 매수 의사를 밝혀 최대한 조건을 맞춰줬지만 결국 약속을 지키지 못했다. 매수가 안 되니 재임대를 원해 또다시 조건을 맞춰줬지만, 이번에도 약속을 어기긴 마찬가지였다. 매수도, 재임대도 불발됐고, 그렇다고 철수도 하지 않아 점유이전이 안 되는 날이 계속됐다. 할 수 없이 강제집행을 예고할 수밖에 없었다. 내가 그토록 싫어하는 강제집행 말이다.

강제집행 당일, 집행관과 10여 분이 넘는 노무관이 현장에 도착하자 헬스클럽을 운영했던 동생은 집기를 집어 던지며 난동을 피웠다. 그래도 아랑곳없이 집행관이 제압하고 진행하자 동생은 그제야 내게 SOS

를 보냈다. 언제까지 나가겠다고 말이다. 그동안 워낙 많은 약속을 어겼기에 나는 구두 약속은 믿지 못하겠다는 말을 건넸고, 동생은 언제까지 자진 철수하겠다는 문서에 사인하고 열쇠를 넘겨줬다. 그 즉시 강제집행을 멈췄다(강제집행은 현장에서 낙찰자의 요청에 따라 중단할 수 있다).

이번에는 약속한 대로 제날짜에 철수했고, 나는 임대를 놓았다. 얼마 지나지 않아 헬스클럽을 운영하려는 임차인에게 보증금 5,000만 원/월 450만 원에 임대가 됐다. 임대료를 환산해보면 5억 원인데 낙찰가는 4억 6,800만 원이니 낙찰가보다 임대가가 더 높은 형태였다(환산보증금=보증금+(월세×100)). 낙찰가의 80%인 3억 7,000여만 원의 대출을 받았고, 보증금으로 5,000만 원이 회수돼 실 자본은 5,000여만 원이 소요됐다. 4%의 대출이자로 계산하면 한 달 123만 원의 이자가 발생하지만, 450만 원의 월세에서 공제하면 327만 원의 순수익이 생긴다(연 3,900만 원). 실자본 5,000만 원 대비 연 78%의 수익률인 것이다. 이 역시 헬스클럽을 운영하는 임차인이 직접 낙찰받았다면 임대료보다 훨씬 싼 가격으로 건물주가 될 수 있었던 사건이다. 이처럼 낙찰가 대비 임대가가 100%가 넘는 물건은 초우량 물건이며, 일반적으로 임대가가 80% 비중이면 매우 우량한 물건이니, 이런 기준으로 낙찰가를 산정하면 좋다.

경매로 낙찰받아 처리하는 과정에서 기존 소유자가 재임대를 원하는 경우가 있다. 즉, 다시 사들이고 싶지만 돈이 마땅치 않고, 여기를 이사 가더라도 다른 곳을 얻어야 하니 이왕이면 낙찰자와 임대계약을 통해서 머물고 싶어 하는 것이다. 낙찰자 입장에서야 어차피 임대를 놓은 공간이었기에 기존 소유자와 임대계약을 하면 공실 부담도 줄어 일석이조라고 여기기 쉽다.

하지만 그동안 경험에 비춰볼 때 가급적 기존 소유자에게 재임대를 하는 것은 지양하기 바란다. 시간이 흐른 후 이곳을 또 다른 임차인에게 임대하거나, 매도할 때 기존 소유자가 좋은 얘기를 해주지 않기 때문이다. 임대(또는 매매)하는 경우 새 임차인(또는 매수인)이 될 사람은 기존 임차인에게 주변 상황, 시장 분위기 등 여러 가지를 물을 수밖에 없는데, 이때 기존 임차인의 말 한마디가 계약을 좌지우지하는 결정타가 될 수 있다. 그러므로 임차 상대가 기존 소유자라면 다시 한 번 생각해보길 바란다.

의심되는 임대차계약 대처 방법

형제간, 친인척과의 임대차 등 임대인과 임차인의 임대차계약이 있다고 주장하지만, 그 진위가 의심될 경우에는 소송을 통해 확인해야 한다. 소송에서 확인하는 주요사항은 다음과 같다.

첫째, 사실상의 임대차계약이 있었는가?
둘째, 임대차계약의 근거로 임대보증금의 납부를 했는가?
셋째, 임차인이 정상적인 거주를 하고 있는가?

대법원 판결은 임대차계약이 진정한 것으로 인정받으려면 임대차계약을 체결하고 그에 상응하는 임대보증금을 지불한 증거가 있어야 한다. 다시 말해 송금영수증이나 통장사본 아니면 자기앞수표 등 확실하게 임대보증금이 오간 내용이 나타나야 한다는 뜻이다. 그렇다고 해서 임대차계약 시 형식적으로 돈을 주고받은 것은 안 된다. 임차인은 임대보증금의 출처를, 임대인은 임대보증금을 수령한 뒤 그 임대보증금의 자금사용 출처를 밝혀야 한다. 현금으로 주고받았다고 하는 것은 인정되지 않는다.

더불어 임차인의 임대주택 거주 여부는 가장 임차인을 가리는 중요한 사항 중 하나다. 임대차 관계를 주장하면서 실질적으로 거주는 다른 곳에서 하고 있다면 이는 진실한 임차인이 아니고, 이러한 임차인까지 법이 보호해야 할 필요가 없기 때문이다.

PC방 창업에 도전하다

소재지	(圖 ())경기도 오산시 원동 圖圖圖圖圖圖圖 圖圖圖 圖圖圖圖				
	[도로명] 경기도 오산시 圖圖圖圖 圖 (원동)				
용도	오피스텔(업무)	채권자	圖圖圖圖圖 圖圖	감정가	620,000,000원
대지권	60.78㎡ (18.39평)	채무자	圖圖圖	최저가	(33%) 203,162,000원
전용면적	362.16㎡ (109.55평)	소유자	圖圖圖	보증금	(10%) 20,317,000원
사건접수	2010-11-19	매각대상	토지/건물일괄매각	청구금액	359,650,400원
입찰방법	기일입찰	배당종기일	2011-02-08	개시결정	2010-11-22

기일현황 ☑간략보기

회차	매각기일	최저매각금액	결과
신건	2011-03-29	620,000,000원	유찰
2차	2011-04-22	496,000,000원	유찰
3차	2011-06-01	396,800,000원	유찰
4차	2011-06-30	317,440,000원	유찰
5차	2011-08-10	253,952,000원	유찰
6차	2011-09-21	203,162,000원	매각

권명圖/입찰1명/낙찰243,870,000원(39%)

	2011-09-28	매각결정기일	허가

배당종결된 사건입니다.

▶ 전용면적 109평(분양면적 약 200평)을 낙찰받은 오산 상가

　오산에 전용면적 109평(분양면적 약 200평, 9층)의 상가가 경매에 나왔다. 오산시청 옆이라는 입지와 주변에 아파트가 많아 배후세대가 풍

부한 것이 장점이었다. 단점이라면 같은 9층에 ○○나이트클럽이 있다는 점이다. 이 영향으로 유찰이 거듭됐다.

해당 상가는 기존에 성인용 게임 '바다이야기'를 운영하던 곳이었다. 애초 '바다이야기'는 영상물등급위원회의 심의를 통과한 게임이었지만, 게임 결과가 삭제되지 않는 메모리 기능을 갖춰 연타(고배당)가 가능한 게 특징이었다. 이로 인해 성인용 게임장이 사실상 도박공간으로 변하며 바다이야기 사태가 전국을 휩쓸었다. 여론이 악화되자 정부가 불법 사행성 오락실과 성인 PC방의 대대적인 단속에 나섰고, 영업 중이던 게임장은 된서리를 맞으며 운영난이 악화되자 경매로 나온 것이다. 이 대목에서 모든 사업은 '타이밍'이 중요함을 다시 한 번 느낀다. 내가 아는 지인은 초창기 '바다이야기' 사업을 통해 돈을 쓸어 담을 정도로 많이 벌었다고 들었는데, 이미 포화상태에서 후발주자로 들어간 현 사업자는 정부의 단속과 더불어 상가가 경매로 나오게 됐으니 말이다('바다이야기' 사업을 찬성하는 게 아닌, '타이밍'에 관한 일례를 말씀드리는 것이니 오해 없길 바란다).

어쨌든 이런 사연으로 경매에 나온 상가를 낙찰받았다. 이 상가는 관리단과 관리 인원이 별도로 존재해 부과되는 평당 관리비가 5,000원 정도로, 매월 관리비가 약 100만 원(분양면적 200평×5,000원)씩 발생했다. 공실이 길어질수록 부담스러울 수 있는 구조다.

이 상가 옆의 나이트클럽은 장점이자 단점인 곳이었다. 낮에는 매우 조용한 것이 장점이요, 밤에는 음악 소리 때문에 다소 시끄럽고 손님들이 중첩되며 엘리베이터 사용이 원활하지 않은 게 단점이었다. 하지만 나이트클럽 영업시간이 저녁 7시부터라 해도 본격적인 영업은 밤 9시 이후부터니 그 전에 끝나는 업종이 임차한다면 독점적으로 건물을 사용하기 좋은 조건이기도 했다.

　나는 해당 건물에 직접 PC방을 운영하기로 했다. 사실 그 전에도 PC 방을 운영해본 경험이 있는 터라 노하우가 쌓였기에 자신 있었다. 보통 0.7평에 PC 1대가 들어간다. 따라서 전용면적 50평이면 50~60대의 PC를 갖출 수 있다. 낙찰받은 오산 상가는 전용면적이 109평이었기에 100대 이상의 PC를 갖췄다. 초기 투자 비용은 1억 원이 소요됐으며, 여러 곳에 투자 비용이 많다 보니 컴퓨터를 리스로 구입했는데 나중에는 리스 비용이 부담되기도 했다. 따라서 자본이 충분하신 분들은 리스로 운영하지 말고, 본인 자금으로 운영하는 게 좋을 듯싶다. 해당 상가는 PC방을 운영 중에 매도 의뢰가 들어와 좋은 가격에 매각이 이루어

▶ 직접 운영했던 PC방 내부 모습

진 케이스다.

PC방 창업 시 고려할 점

요즘엔 소자본 창업이라는 말이 유행일 정도로 쉽게 창업 전선에 뛰어드는 분들이 많다. 하지만 소자본이란 진입 장벽이 낮다는 의미고, 그만큼 포화상태라는 것이다. 게다가 소액을 투자하려는 분들을 보면 대부분 적은 금액으로 어려움 없이, 즉 고뇌 없이 창업을 시작하려는 분들이 많다. 문제는 소액이냐, 거액이냐가 아니라 마인드다. 어떤 일이든 돈을 벌려면 그만큼의 열정과 노력, 충분한 사전 조사가 필요한 법이다. 그저 지금의 직장에 만족하지 못해서, 사장이란 직책을 가지고 싶어서가 아닌, 진심으로 이루고자 하는 것이 뚜렷한 사람들만이 철저한 계획을 세울 수 있다.

PC방이 사양산업이라고 하지만, 일부 PC방은 매출 규모가 상당할 정도로 운영이 잘되는 편이다. 하지만 이와 반대로 일부 PC방은 고전을 면치 못하기도 하는데 보통 두 가지 이유다.

첫째, PC방 수익이 예상만큼 나오지 않는 경우다. 보통 우리가 자주 접할 수 있듯 PC방은 동네 어딘가 건물 지하(또는 상층부)에 있다. 인근에 PC방이 없고 마침 비어 있던 저렴한 상가를 임대했다는 사실만으로 잘될 거라 생각했지만, 주변에 유동인구가 한정적이고 연령대가 낮지 않다면 생각만큼 자리가 채워지지 않을 수 있다.

둘째, 예상치 못한 추가비용이 드는 경우다. 바로 PC 수리비용과 게임 가맹비용이다. 보통 가정용 PC와는 다르게 여러 유형의 고객 다수가 사용하는 만큼 고장의 빈도가 높고, 그때마다 출장 수리를 통해 PC를 수리하는데 이 비용이 예상보다 많을 수 있다. 또 PC방 이용 목적의 대부분이 게임이기 때문에 그때마다 유행하는 유료 게임 가맹비용을 지불해야 하는데, 게임 종류가 한두 개가 아니라 이 금액 또한 만만치 않다.

이처럼 창업은 수익과 직결된 문제로 마냥 즐기기에는 본인이 감당해야 할 리스크가 큰 분야다. 최근 예비 창업자들의 관심을 받는 창업 아이템들이 카페, 편의점 창업 등 소자본 창업에 편중돼 있는 것으로 나타났다. 이러한 소자본 창업 열풍은 실패에 대한 리스크를 최소화하기 위한 대비책으로 분석할 수 있다. 하지만 성공 창업에 가장 중요한 것은 단순히 창업비용을 줄이는 것이 아니라 투자 비용 대비 고수익을 이끌 수 있는 영업 전략임을 잊지 말자. 단순히 게임을 좋아한다고 PC방을 운영하는 게 아닌 컴퓨터를 다룰 줄 알고, 감가상각에 직접 대비할 수 있는 능력을 갖춘 분이 PC방을 운영한다면 더 좋은 성과를 낼 수 있을 것이다.

PC방을 운영하려 해도 건물에 따라 입점이 불가능한 경우도 있다. 그러므로 사전에 입점 가능 여부를 먼저 알아봐야 한다.

① 정화구역

학교환경위생 정화구역은 학교의 보건, 위생 및 학습 환경을 보호하기 위해 학교보건법 제정과 함께 도입됐다. PC방은 '정화구역 안에서의 기타 금지시설'에 포함되므로 원칙적으로 정화구역 내에 PC방을 개설할 수 없다.

- **절대정화구역**: 학교출입문으로부터 직선거리로 50m까지 지역
- **상대정화구역**: 학교경계선으로부터 직선거리로 200m까지의 지역 중 절대정화구역을 제외한 지역

② 건물 용도의 적합성 여부

PC방이 가능한 건축물의 용도는 2종 근린생활시설과 판매시설이다. 기본적으로 위법건축물일 경우 영업허가가 나오지 않는 경우가 많으므로 반드시 건축물대장을 확인해야 한다. 바닥면적 500㎡ 이하는 2종 근린생활시설, 500㎡ 초과는 판매시설인 경우 가능하다.

③ 개인 창업 vs 프랜차이즈 창업

- **개인 창업**: PC, 인테리어 등 각각의 항목을 본인이 업체를 선정해 진행하는 경우다. 프랜차이즈 창업에 비해 저렴한 창업이 가능하고 나만의 고유한 브랜드를 가질 수 있지만 지식, 경험, 숙련도에 따라 창업 성패가 달라진다.
- **프랜차이즈 창업**: 광고를 통해 가맹점 모집을 하는 브랜드 창업이다. 일정 수준의 매장 퀄리티를 보장해주고, 창업에 필요한 제반 지식이 갖춰져 있기에 안정적이다. 하지만 과도한 초기창업비용은 원금회수를 어렵게 하고, 프랜차이즈 가맹비나 매달 관리비 명목으로 로열티를 지불해야 한다.

상가, 분양받지 말고 경매로 받자

　여유자금 또는 은퇴자금 등으로 신규 상가를 분양받는 경우가 있는데 가급적 말리고 싶다. 신규 상가는 분양가나 임대료 모두 거품이 끼기 쉽기 때문이다. 신규 상가가 계약자들의 기대에 못 미치는 경우가 많은데 가장 큰 이유는 고분양가 때문이다. 개발에 대한 과도한 기대감으로 분양가가 처음부터 부풀려지고, 너무 높은 분양가는 소비자가 가져가야 할 이익을 공급자가 중간에 차지해버리는 꼴이다. 이러다 보니 소비자의 몫은 쥐꼬리만큼이거나 되레 손해를 보는 경우도 적지 않다. 임대료도 시간이 갈수록 오르기는커녕 낮아지는 곳도 수두룩하다. 상권의 활성화 속도가 기대만큼 빠르지 않은 데다 초기 거품이 빠지기 때문이다. 요즘 신도시에서 1층 상가도 임차인을 찾지 못해 비어 있는 곳이 적지 않다. 분양가에 맞춰 임대료를 책정하다 보니 임대료가 터무니

없이 비싸 세입자들이 입주를 꺼리기 때문이다.

　1층 상가는 점포 접근성과 가시성이 좋아 2층에 비해 분양가가 높은 게 일반적이다. 하지만 이를 거꾸로 이용해 1층 분양가를 지나치게 높여 공급하는 경우도 있기에 철저히 확인할 필요가 있다. 분양업체는 분양 종료 후 해산하기 때문에 나중에 피해를 보상받는 것도 쉽지 않다. 따라서 광고에 의존하지 말고 입지여건, 업종, 유동인구, 교통 환경 등을 직접 발품 팔아 꼼꼼하게 따져봐야 한다.

　신규 상가 임대차 시장의 구조적 특성도 거품에 한몫한다. 상권 형성의 초창기에는 세입자들이 치러야 하는 준임대료 성격의 권리금이 없는 경우가 많다. 이러다 보니 비싼 임대료를 내고서도 들어오려는 세입자들이 있기 마련이다. 요즘 아예 권리금 장사를 위해 신규 상권의 임대 점포를 노리는 고수들도 많다. 2~3년간 비싼 임대료를 부담하더라도 권리금으로 더 많은 이익을 얻을 수 있기 때문이다. 문제는 권리금을 지불해야 하는 그다음 세입자다. 권리금까지 지불하면 가게 운영의 채산성이 떨어져 최초 임대료를 감당하기 어렵다. 이 바람에 시장이 안정단계로 접어들수록 임대수익 하락으로 이어지고, 시차를 두고 매매가격도 하락해 적지 않은 상가계약자들이 이중고를 겪는다.

경매로 나온 분양 상가를 노려라

대부분의 투자자가 상가 투자 시 신도시 상가분양을 생각하지만, 경매로 눈을 돌리면 투자금은 적게 들면서 수익을 극대화할 수 있는 상품이 많다. 분양상가 투자는 투자자가 직접 그 상가를 보지 못하는 상황에서 개발호재만 믿고 투자하기 때문에 불확실성이 높아 리스크가 크다. 업종도 고려할 수 없는 상황에서 분양가가 비싸 투자자들은 무리하게 대출을 받아 투자하지만, 상권 형성까지 시간이 걸려 투자 자금 회수에도 시간이 많이 필요하다. 신도시 상가분양 이후 3년 정도의 시간이 지나면 무리하게 받은 대출의 이자를 감당하지 못한 물건이 경매 시장에 등장하기도 한다. 불확실성이 높은 상가를 분양받는 것보다 일정부분 상권이 형성된 이후에 이자 감당을 못해 경매로 넘어온 상가를 노려보는 것도 좋은 방법이다. 이런 상가는 업종, 입지, 점포 운영자의 마인드에 따라 수익은 달라지겠지만, 상권이 형성되는 초기 단계이기 때문에 그때부터 시세가 상승하는 효과도 얻을 수 있다.

상가 투자를 할 때 임차인을 둔다면 임대수익만 얻을 수 있지만, 직접 운영하게 되면 매출을 올려 임대수익보다 더 높은 수익을 얻을 수 있다. 매출을 올리면 시세도 높아져 높은 가격에 되팔 수도 있다. 운영능력이 탁월한 투자자의 경우 임대수익만 기대할 것이 아니라, 운영수익과 시세차익 모두 노려보는 것도 좋은 방법이다.

상권이 안정된 후에
들어가는 게 낫다

상가는 수익성이 높지만 그만큼 리스크도 크기 때문에 신중한 투자가 필요하다. 초보 투자자들이 선호하는 아파트 단지 내 상가는 가구 구성원이 3인 이하로 줄어든 실정을 감안해 적정 단지 규모는 600가구 이상으로 잡는 게 좋다. 먼저 가구 수를 파악한 후 공급 점포 수나 인접 상권의 업종 중복을 확인한 뒤 투자 여부를 결정해야 한다. 또한, 소득수준도 중요한데, 600가구 이상의 아파트라 해도 세대 구성원들의 소득수준에 따라 상가에 입점하는 업종도 제한이 있을 수밖에 없다. 일반적으로 소득수준이 낮은 아파트는 슈퍼, 세탁소, 미용실, 부동산 중개업소 등 생활에 꼭 필요한 업종만 유치가 가능한 편이고, 소득수준이 높은 아파트는 소비성향도 증가하므로 병원, 프랜차이즈 가맹점, 커피숍, 피부 관리실, 애견숍 등의 유치가 가능한 경우가 많다.

▶ 세대 구성원 소득수준에 따라 상가에 입점하는 업종의 제한이 있다.

신도시는 상권 형성에 시간이 소요된다

신도시나 택지개발지구의 근린상가는 상권이 형성되는 데 시간이 걸린다. 따라서 단기보다 중장기 투자 목적으로 접근하는 게 낫다. 인천송도, 화성 동탄 등은 아파트 입주가 완료된 후에도 초기에 상권이 불안정했다. 서울지하철 9호선 등 역세권 근린상가는 역 출입구에 따라 상권이 다르게 형성된다. 소비층의 집중력이 높은 곳을 솎아내는 게 중요하다. 신도시 상가를 처음 분양받아 들어가는 경우 실패할 확률이 높다. 분양가가 과도한 데다 초보자들은 상권분석을 하기가 쉽지 않아서다. 업계에서는 '주인이 세 번 바뀌어야 정상가격으로 온다'는 말이 있을 정도다. 배후수요자들이 이주자인 데다 집 크기를 늘려온 경우가 많기 때문에 소비를 잠그는 경향이 강하다.

신도시 상권은 초창기에는 주거지 중심으로 근린생활 상권이 형성되다가 차츰 시간이 지나면서 대형 판매시설 등이 본격적으로 들어서기 시작한다. 그러면 기존 상권이 쇠퇴하고 새로 형성된 지역을 중심으로 확산된다. 즉, 초기에는 일부 지역에 집중화되는 경향이 있고, 이후 상권이 급속도로 성장하는 단계에서는 상권이 분산되는 현상을 보인다. 이런 과정에 임대료와 매매가격도 함께 변화된다. 물론 이런 식의 패턴이 모든 신도시에 적용되는 것은 아니다. 주거용 위주로 좁은 지역에 건설된 신도시 등은 면적의 한계로 분산 개발이 어렵기에 상권의 변화가 별로 없거나 배후세대 규모의 한계로 기존 상권의 영향력이 꾸준하게 유지되기도 한다.

일반적으로 신도시 상가가 자리 잡는 데는 5년 이상의 시간이 걸린다. 따라서 상권이 어느 정도 형성된 곳에 들어가는 게 중요하다. 먹거리 상권이나 유행을 타는 곳보다는 생활형 상권으로 꾸준한 수요가 발생하는 곳이 좋다. 임차인이 오래 영업하고 있는 경우라면 더욱 좋다. 다만, 단순히 현재 월세를 보고 판단하는 것이 아닌 입지를 보고 판단해야 한다. 금리가 지속적으로 인상된다고 가정하면 앞으로 꾸준한 수익이 발생하고, 이를 안정적으로 유지할 곳을 찾아 투자해야 한다.

높은 월 임대료만 좇는 건 무모하다. 따라서 상가 투자를 처음 한다면 주변 여건을 꼼꼼히 따져봐야 한다. 단순히 수익률만 생각하고 투자를 실행하는 건 위험하다. 현재의 이자율로 계산한 수익률은 앞으로 크게 달라지기 때문이다. 주변 공실률도 고려해야 하는 부분이다. 따라서 경매를 통해 상가를 낙찰받는 게 가장 안정적인 방법일 수 있다. 기존 상권이 형성된 곳에서 시세보다 낮은 가격으로 투자할 수 있는 데다 대출비율도 80~90%가량으로 높은 편이며, 주택과 비교하면 권리에 크게 문제가 있는 경우는 많지 않다. 중요한 것은 자신의 대출 가능 규모를 미리 따져보고, 금리 인상에 따른 수익률 계산을 정확하게 시뮬레이션해야 한다는 점이다. 올해는 변동성이 심한 시장이기 때문에 금융규제에 따른 시장 변화를 지켜보는 게 현명할 것으로 판단된다.

보이는 게 전부가 아닌
미래가치를 봐라

▶ 낙찰받은 성남시 중원구 도촌동의 빌딩 외관과 2층 내부(건물면적 160평)

　감정가 21억 원이 넘는 상가가 경매에 나왔다. 성남시 중원구 도촌동에 위치한 ○○빌딩의 2층 전체면적이 경매 진행된 것이다. 건물면적이 160평으로 분양면적은 300평이 넘었다. 원래 5개 호실로 구성된 2층인데, 소유자가 전체면적을 합해 불고기 음식점을 운영하던 곳이 개인 사정으로 경매에 나오게 됐다.

감정가 21억 원은 이 상가의 분양가와 동일했다. 아는 지인으로부터 상담 의뢰를 받아 진행한 건물이었기에 철저한 시세조사와 향후 어떻게 임대를 진행할 것인지 대책을 세운 후 입찰가를 산정했다. 다섯 차례의 유찰을 거듭할 동안 지켜보다 6회 차에 입찰, 최종 35% 가격인 7억 8,100만 원에 낙찰받았다. 이미 공실이었기에 특별한 명도는 필요가 없었다.

상가가 공실인 경우 크게 두 가지로 나뉜다. 상권이 좋지 않아 장사가 안되는 경우와 상권은 좋은데 운영자의 개인 사정(운영 미숙, 개인채무 등)으로 공실인 경우다. 전자라면 상권이 되살아날 가능성을 파악해 입찰 여부를 결정하고, 후자라면 좋은 상권을 고려해 유능한 임차인을 유치하는 방안을 고려해볼 만하다. 해당 건물이 위치한 상권은 전자와 후자가 혼합된 케이스였다. 즉, 기존 상권이 살아 있다가 잠시 소멸한 뒤 다시 상권이 살아나는 중이었다. 그래서 단기가 아닌 중장기를 바라보는 전략으로 상가 운용 계획을 세웠다. 해당 빌딩의 3~5층에 관공서가 입점해 있는 점도 좋았다.

넓은 면적을 활용할 방안으로 고려한 것이 헬스장, 콜센터, 요양원, PC방이었다. 하지만 학교환경위생 정화구역에 살짝 걸려 PC방은 안 될 것 같았다. 전체면적을 통임대하는 방식과 5개 호실로 나눠 구분임대 하는 방식을 동시에 추진했는데 구분임대가 먼저 나갔다. 3개 호실에 ○○유업이 입점하자 곧이어 한 호실에 음악학원이 입점했고, 남은 한 호실에는 애견호텔이 입점하며 임대가 완성됐다. 전체 임대료는 보

증금 1억 5,000만 원/월 540만 원으로 환산하면 낙찰가와 별반 다르지
않다. 결론적으로 말하자면, 임차할 돈으로 충분히 건물주가 될 수 있
으며 시세차익까지 더불어 누릴 수 있었다. 이처럼 경매는 임대료만으
로도 건물주가 될 수 있는 유일한 방법이다. 이 건물은 '분양받지 말고
경매하자. 창업하려면 경매부터 배우자'는 내 신조를 다시 한 번 확인시
켜 준 케이스다.

PART
07

콕 짚어 알려주는
상가 투자 유의점

상권 vs 입지

일반적으로 '상권'과 '입지'의 용어를 혼용해서 사용하는 경우가 많다. 하지만 상권과 입지는 분명히 구분돼야 하므로 정확한 개념을 알아보자.

- **상권**(Trading area) : 상행위의 영향이 미치는 범위. 특정 점포를 기준으로 할 때 그 점포에서 고객을 흡입할 수 있는 지역. 공간적인 범위.
- **입지**(Location) : 점포가 있는 위치. 특정 장소가 점하고 있는 한정적이고 공간적인 곳.

상권이 주 고객층이 거주하는 공간을 표시한 권역을 나타내는 면의 개념이라면, 입지는 그 면 내에 개별 점포가 위치한 특정의 점 개념이다. 상권분석 시 나무만 보면 숲을 볼 수 없으니, 먼저 숲을 보고 나무를 찾는 방식으로 접근하는 게 좋다. 따라서 매장 입지조건에 앞서 상권 전체를 파악해야 한다. 창업자는 우선 번성하는 상권을 선택한 후, 점포의 입지조건을 분석해 좋은 점포를 고르는 것이 좋다.

간혹 상권분석은 제쳐 두고 개별 점포의 입지조건만 따져서 창업을 시작하는데 이는 위험한 발상이다. 물론 실제 상권 자체는 쇠퇴하는데 점포의 입지가 워낙 좋아서 장사가 잘되기도 한다. 하지만 상권이 죽으면 현재 장사가 잘되는 점포라 해도 결코 오래가지는 못한다는 점을 유의해야 한다.

일반적으로 '상권이 좋다' 또는 '상권이 나쁘다'라는 표현을 많이 한다. 하지만 상권이 좋다는 것과 특정 점포 기준으로 입지가 좋다는 것은 분명히 구별돼야 한다. 이렇듯 상권과 입지는 서로 불가분의 관계에 있으므로 상관관계를 종합적으로 분석할 필요가 있으며, 상권과 입지를 분리해서 점포분석을 하는 시각이 필요하다. 상권분석 시 위치, 접근성, 소비인구, 주변 근린시설 등을 따져보는 게 중요하다.

위치를 살펴라

상권을 이루는 가장 큰 요인은 위치다. 상권은 지리적인 조건인 하천, 도로, 둑 등에 의해 나뉘기 때문에 꼼꼼히 분석해야 한다. 언덕이나 경사진 곳은 상권 형성이 거의 이뤄지지 않으므로 신중하자. 지리적으로는 산을 깎아 생긴 높은 지형보다는 낮은 곳을 선택하는 것이 좋다. 높은 곳에 비해 낮은 곳의 상권이 교통망이 잘 갖춰져 있으며, 시장이

나 극장, 예식장, 은행 등 각종 생활편의 시설이 집중돼 있다.

접근성이 좋아야 한다

상권은 버스노선이나 지하철 개통 등 교통망에 의해 성장하기도 하고 쇠퇴하기도 한다. 도시개발 사업 등에 따라 지하철이나 도로가 생기는 지역의 상권은 발달하기 마련인데, 특히 지하철과의 연계 여부는 상권의 성장과 밀접한 관계가 있다.

소비인구가 많아야 한다

유동인구나 배후인구 등 소비인구가 많은 상권이 좋은 상권에 속한다. 더 깊게 들어가면 배후인구보다는 유동인구가 많은 상권이 더 좋은 상권이다. 시내 중심가와 역세권, 대학가 상권은 유동인구에 대한 의존도가 높으며, 각 상권에 유입되는 유동인구의 연령층, 남녀구성비, 소비패턴 등에 의한 특징을 갖고 있다. 대단위 아파트 단지와 주택지 상권은 그 지역마다 거주인구의 소득수준, 인구수 및 세대수, 교육 정도, 주거형태, 소비행태, 연령층, 남녀구성비 등을 비교분석 하는 작업이 필요하다.

주변 근린시설의 형태를 살펴라

어떤 곳이든 상권이 형성된 곳은 그 지역의 중심지로 볼 수 있다. 보통 지역의 중심지에는 대형 할인점, 스포츠센터, 관공서 등 각종 편의시설이 들어서 있다. 주변 근린시설이 다양하면 이들이 어우러져 시너지 효과를 유발한다. 그러나 학교나 운동장, 양로원이 들어서게 되면 상권이 분할되는 경우가 많으므로 앞으로의 개발에 대한 주의가 필요하다.

상가는 양날의 검이다

투자금 규모가 늘어날수록 주거용이 아닌 업무용 시설의 수익형 부동산을 접하게 된다. 부동산을 잘 모르는 초보자도, 고정수입이 나올 곳 없는 은퇴자에게도 월세가 꼬박꼬박 나오는 상가는 모두의 로망이다. 상가는 매월 임대수익을 안겨주는 효자이기도 하지만, 공실이 이어질 경우 관리비와 대출이자로 잠 못 드는 밤이 많아지기도 한다. 간혹 임차인을 잘못 만났을 경우 지끈거리는 두통에 여간 신경 쓰이는 게 아니다. 항상 주거를 해야 하는 주거용 시설과 다르게 상가는 업무용 시설이기 때문에 장사해서 수입이 생겨야 임차료의 문제가 발생하지 않는다. 또한, 장사가 잘되는 지역이 상가 가격의 결정적 요소인 임차료의 상승을 가져올 수 있다. 그러므로 상가 자체의 위치도 중요하지만, 더 중요한 것은 상권이다.

부동산 경기가 얼어붙으면서 하우스 푸어에 이어 상가 푸어도 늘고 있다. 경매로 내놓아도 빚 청산이 불가능한 깡통 상가가 증가하는 것이다. 상권이 장기적으로 불안정하거나 고분양가로 임차인 유지가 어려운 신도시(택지지구) 등에서 빈 상가로 방치될 경우 상가 푸어로 전락할 가능성이 크다. 상가는 주택과 달리 투자 금액 규모가 크고 실물경기의 영향을 받아 운영수익에 문제가 발생할 경우 수익 대신 대출이자만 물어야 하는 등 투자 위험성이 높아 세심한 준비가 필요하다. 상가 수익은 경기의 영향을 곧바로 흡수하기 때문에 불황을 피해갈 수 있는 입지적 선택과 상권에 유입될 수 있는 소비층, 교통 편의성, 업종 분포도를 잘 따져 입지 여건을 파악해야 한다.

발상의 전환이 필요하다

창업의 3요소는 점포, 아이템, 자금이다. 지인들과 이야기를 하다 보면 점포 관련 다양한 경험담을 들을 수 있다. 좋은 점포에 들어가 대박을 낸 사람이 있는가 하면, 유명 상권의 좋은 점포에 들어가서 실패한 이도 있다. 이와 반대로 좋지 않은 입지, 빈 점포에 들어가 안정적인 매출을 올리는 사람도 있다. 빈 점포는 크게 2가지로 나눌 수 있다.

첫째, 점포 크기가 커서 임대료 등에 부담을 느껴 빈 경우다. 이럴 때는 기존 매장이 나가도 새로운 업체가 들어오기 만만치 않다. 점포비용이나 매장의 크기가 맞지 않는 경우가 많아서다. 이에 따라 큰 규모의 빈 점포는 분할 형태로 재오픈 하는 게 좋다.

둘째, 장사가 안돼 누구나 들어오길 꺼리는 곳이다. 상권이 좋으면 장사가 잘된다. 그러면 매물이 나와도 거래가 쉽게 이뤄진다. 따라서 점포가 빈 상태로 있을 이유가 없다. 반대로 주택가 상권을 보면 문을 닫는 곳이 눈에 띈다. 상권이 안 좋다는 증거다. 어찌 됐든 창업자 입장에서 빈 점포는 양날의 검과 같다. 잘만 활용하면 큰 도움이 된다는 얘기다. 빈 점포일 경우 획기적인 아이템으로 접근하기도, 외관(아웃테리어)을 멋지게 꾸며 고객의 눈길을 끄는 전략을 쓰기도 한다.

내가 워낙 이것저것 도전을 잘하는 사람이다 보니 경매로 낙찰받은 물건을 다시 임대 또는 상권 살리기 작업을 하느라 안 해본 일이 없다. 부동산 중개업소, 세탁소, 편의점, 학원, 고시원, 스크린골프, PC방 등을 실제 운영 또는 운영 전까지 진행하느라 온 신경을 다 쓰고 수많은 시행착오와 투자 등을 병행하며 올인했다. 상가 전 층을 내가 직접 입점시킨다는 각오로 모든 업종을 가리지 않고 도전하다 보니 누구보다도 다양한 창업 실전경험이 내 자산이 됐다.

상가 투자 5계명
① 입지와 상권 사전 분석은 필수다.
② 유망 업주 유치에 노력하라.
③ 공실 발생 시 응급조치가 필요하다.
④ 출구 대책을 반드시 세운 뒤 매입하라.
⑤ 장밋빛 청사진만 맹신하지 말고 현실을 직시하라.

공실은 그만,
상가 살리는 6가지 노하우

경기 불황, 공급 과잉, 높은 임대료 등 복합적인 요인으로 공실이 발생한다. 장기간 방치된 공실 상가로 월세 수입은커녕 대출이자, 관리비, 제세공과금 등 꼭 내야 하는 추가비용을 떠안아야 해 밤잠을 못 이루는 투자자들이 적지 않다.

그렇다면 죽어가는 점포를 살릴 방안이나 비법은 없는 것일까. 결론은 약간의 발상 전환과 아이디어를 동원한다면 충분히 가능하다. 상가 건물 전체가 슬럼화되지 않은 이상 자신이 투자한 개별 점포의 장점을 파악하고, 다양한 방법을 동원하면 위기는 곧 기회가 될 수 있다.

키테넌트를 적극 유치하라

상가 시장에서 상권을 살리는 데 키테넌트(Key tenant, 프랜차이즈, 대형 슈퍼마켓 등 고객을 끌어들이는 핵심 점포)의 역할이 주목을 받고 있다. 키테넌트 입점 여부에 따라 기타 업종 유치도 수월하기 때문이다. 상가 투자 시 어떤 키테넌트가 입점하느냐는 상가 전체 활성화에 큰 영향을 미치기 때문에 필수 체크 요소다. 부동산 업계에서는 '잘나가는 키테넌트는 죽은 상가도 살린다'는 말이 있을 정도다.

과감하게 리모델링을 고려하라

리모델링에서 가장 중요한 것은 저평가된 물건을 얼마나 저렴하게 매입하냐. 저렴하게 구입해 리모델링 과정을 거쳐 건물이나 점포의 가치를 향상시키는 것이 핵심이다.

먼저 상권에 대한 기초 분석이 끝나면 해당 점포를 어떤 업종으로, 어떻게 리모델링할 것인지 구체적인 계획을 짜야 한다. 간단한 예를 들어 만약 퇴근 길목에 위치하고 건물 앞의 공간 등을 활용할 수 있다면 각종 고깃집이 유리하다. 반대로 출근길에 위치한다면 샌드위치, 포장 김밥, 테이크아웃 커피점 등으로 활용하는 것이 좋다.

건물의 위법 문제가 없는지 살펴라

　상가를 리모델링할 때는 법적 안전장치가 잘 마련돼 있는지 살펴봐야 한다. 아무리 내부 인테리어를 잘 꾸몄다고 해도 건물 자체에 위법 문제가 발생하면 장사는커녕 건물 유지에 정신이 팔려 실패로 이어질 공산이 크다. 건축물대장을 확인해 불법 건축물은 아닌지, 혹 주차장을 불법으로 변경하지는 않았는지도 따져봐야 한다. 또한, 리모델링 과정에서 소음, 분진 등으로 인한 민원이 발생하지 않도록 미리 체크해야 한다.

부동산 중개업소만 의존해서는 안 된다

　대다수 투자자가 임차 업종의 입점을 앞두고 전적으로 의지하는 곳은 인근 부동산 중개업소다. 임대확률을 높이기 위해 여러 업소에 의뢰해놓기도 하나, 중개업소도 경중에 따라 진행되니 '나만을 위해 신경 써준다'는 생각은 버려야 한다. 따라서 중개업소 의존도를 줄이면서 투자자 자신이 전적으로 책임감을 갖고 문제 해결에 나서야 한다. 건물 외벽에 임대 현수막을 거는 것은 기본이고, 온라인 전문사이트 또는 지역정보지 등을 통해 임대정보를 올려놓는다. 그래도 장기간 공실이 걱정된다면 임대가를 낮춰 공실 기간을 줄여야 한다.

목적형 업종 유치나 사무실 임대도 고려하라

소비층의 접근성이 크게 떨어지는 입지라면 고객들이 직접 찾아야 하는 병·의원, 전문음식점, PC방, 미용실, 각종 서비스 업종 등 목적형 업종 유치에 힘쓰자. 지하층 또는 상층부는 점포 활용 공간이 넓은 장점과 임대료 부담을 덜려는 임차인들을 대상으로 한다. 특히 가시성과 접근성이 크게 떨어진 지하층의 경우 주변에 고정 배후 수요가 있다면 배달 위주 업종을 유치하는 것도 좋다.

수익배분 매장으로 전환을 고려하라

일반적으로 창업을 고려하는 사람들은 동원 가능한 돈에 따라 점포를 선택한다. 그러나 권리금, 보증금, 월세 등 적지 않은 부담으로 창업계획을 접는 사람들이 많다. 이런 창업자들의 입장을 최대한 활용, 이들의 초기 비용부담은 덜어주고, 임대인은 임차인이 발생시키는 수익 배분을 제안해보는 것도 좋다. 물론 창업자의 운영 능력과 의지를 눈여겨봐야 하며, 협약내용은 반드시 공증받는 게 안전하다.

상가 용도변경이
가능한지 알아봐라

건축법에 의해 건축물은 용도에 따라 29개로 나뉘고, 각 용도는 9개의 시설군으로 구분된다. 건축물의 용도는 건축물의 종류를 유사한 구조, 이용목적 및 형태별로 묶어 분류한 것을 말한다.

용도변경을 함에 있어 상위군으로 용도변경은 허가를, 하위군으로 용도변경은 신고를, 같은 군에서의 용도변경은 건축물대장 변경신청을 한다. 현행 건축법에서 정하는 용도 분류는 다음 표와 같다.

시설군	세부 용도	비고
1. 자동차시설군	자동차 관련 시설	
2. 산업시설군	운수·창고·위험물저장 및 처리시설, 자원·묘지 관련 시설	
3. 전기통신시설군	방송통신, 발전시설	
4. 문화 및 집회시설군	문화 및 집회, 종교, 위락시설	
5. 영업시설군	판매, 운동, 숙박시설	상위군으로는 허가 하위군으로는 신고
6. 교육 및 복지시설군	의료, 교육연구, 노유자, 수련시설	
7. 근린생활시설군	제1종·제2종근린생활	
8. 주거업무시설군	단독·공동주택, 업무시설, 교정 및 군사시설	
9. 그 밖의 시설군	동물 및 식물 관련 시설	

같은 군에서는 건축물대장 변경신청

예를 들어, 단독주택(8. 주거업무시설군)을 1종 근린생활시설(7. 근린생활시설군)로 용도변경 시에는 허가를 받아야 하며, 위락시설(4. 문화 및 집회시설군)을 수련시설(6. 교육 및 복지시설군)로 용도변경 시에는 신고를, 판매시설(5. 영업시설군)을 운동시설(5. 영업시설군)로 변경하고자 할 때는 건축물대장 변경신청을 한다.

건축물의 용도는 해당 건물의 건축물대장을 통해 확인할 수 있다. 이때, 한번 정해진 건축물의 용도는 틀에 갇히는 게 아닌, 허가 또는 신고를 통해서 용도변경을 할 수 있다. 그러나 건축법에서는 건축물의 용도에 따라 해당 허용면적을 규정하고 있고, 용도변경 시 시설군에 따라 갖춰야 할 대지 안의 공지, 소방시설, 재난대피 시설, 주차장 면적, 오·폐수 정화 규모 등 각종 규제가 다르게 적용되기에 정확히 따져봐야 한다.

일반건축물대장(갑) 　　　장번호 : 1-1

고유번호	1144012000-1-	민원24접수번호	2015080 2 -	명칭		특이사항	

대지위치	서울특별시 마포구 서교동		지번		도로명주소	서울특별시 마포구	
※대지면적 164.6 ㎡	연면적 289.927 ㎡		※지역 제2종일반주거지역	지구		※구역	
건축면적 97.81 ㎡	용적률산정용연면적 289.927 ㎡		주구조 철근콘크리트구조	주용도 제2종근린생활시설		층수 지하 층/지상 4층	
※건폐율 59.42 %	※용적률 176.14 %		높이 13.6 m	지붕 (철근)콘크리트		부속건축물 동 ㎡	
조경면적	공개 공지 또는 공개 공간의 면적 ㎡		건축선 후퇴면적 ㎡	건축선 후퇴거리		m	

건 축 물 현 황				소 유 자 현 황			
구분	층별	구조	용도	면적(㎡)	성명(명칭) 주민(법인)등록번호 (부동산등기용등록번호)	주소	소유권 지분
주 1	철근콘크리트구조	제2종근린생활시설(일반음식점)	72.048		서울특별시 서초구 서초동	1/1	변동일 2009.03.18 변동원인 소유자등록
주 2	철근콘크리트구조	학원	86.781		-2-*****		
주 3	철근콘크리트구조	사무소	86.781		서울특별시 마포구 서교동	/	변동일 2009.08.07 변동원인 등기명의인표시변경
주 4	철근콘크리트구조	휴게음식점	44.317		-2-*****		
		- 이하여백 -					

이 등(초)본은 건축물대장의 원본 내용과 틀림없음을 증명합니다.

발급일자 : 2015년 08월 03일

담당자 : 건축과
전 화 : 02- 3153 -

서울특별시 마포구청장

▶ 건축물대장을 보면 해당 층의 건축물 용도를 알 수 있다.

지레짐작은 실수를 부른다

　건축물의 용도변경 시 상위군으로 용도변경은 허가조건이라 어렵고, 하위군으로 용도변경은 신고조건이라 쉽다고 생각하는 분들이 있는데, 신고라고 해서 수월한 것은 아니다. 용도변경신고는 본인이 신고한다고 완료되는 것이 아닌, 관계 부처에서 수리해야 신고가 완료된 것으로 조건에 맞지 않아 수리가 되지 않으면 용도변경이 불가능하다.

　상업지역의 연면적 2,000㎡ 근린생활시설 건물을 경매로 낙찰받은 손기훈 씨(가명)는 이를 문화 및 집회시설로 용도변경을 해 수익을 극대화할 생각이었다. 상위군으로 용도변경허가 조건에도 무리가 없어 보였다. 하지만 간과한 사실이 있다.

대지 안의 공지 규정에 맞지 않는 것이다. 연면적 1,000㎡ 이상인 문화 및 집회시설은 건축선으로부터 3m 이상 6m 이하의 거리를 띄어야 한다. 이는 3m 이상 띄면 되는 것이 아닌, 조례에서 정하는 기준에 부합해야 한다. 해당 조례의 기준이 5m라면 건축선으로부터 5m를 띄어야 한다. 실제 건축물을 들어 옮길 수 없는 노릇이니 대지 안의 공지 규정을 맞출 수 없어 용도변경이 불가능한 것이다. 실제 리모델링을 생각하고 경매로 건물을 낙찰받았지만, 대지 안의 공지 규정에 맞지 않아 개발이 좌절되는 경우를 많이 보았다.

이처럼 상가 투자자는 업종을 정한 후 반드시 건축물의 용도가 적합한지를 먼저 검토해야 한다. 만약 용도가 적합하지 않다면 건축물에 관한 용도변경이 가능한지, 추가되는 규제사항은 없는지 알아봐야 한다.

영업허가권의
승계 여부를 파악하라

낙찰받고 나서 기존 임차인이 재계약한다면 좋겠지만, 경매라면 진절머리가 난다며 이사한다는 임차인도 많다. 이럴 때 체크해야 하는 것이 영업허가권이다. 영업허가에 규제가 없는 지역이고, 기존에 쉽게 허가를 받을 수 있는 식당 영업 등을 했던 자리라면 문제가 없다. 그런데 PC방, 노래방, 유흥주점, 모텔 등 특정 업종을 낙찰받고자 할 때는 반드시 입찰 전에 확인해야 할 부분이다.

기존 임차인이 영업허가권을 양도해주면 제일 좋지만 그게 쉽지가 않다. 무리한 이사비를 요구할 뿐만 아니라 어떤 곳은 권리금을 요구하기도 한다. 입찰 전 이런 것들을 염두에 두고 입찰해야 한다. 기존에 PC방을 하고 있다고 할지라도 개업할 당시 주변에 교육시설이 없었으나 PC방 운영 후 교육기관이 생겼는지, 현재 상가가 정화구역에 속했는지 따져봐야 한다.

모텔과 같은 숙박시설은 더더욱 영업허가권의 인수 가능 여부를 파악한 후 입찰해야 한다. 모텔 경매도 다른 부동산의 경매와 마찬가지로 철저한 권리분석을 해야 한다. 낙찰 후 인수될 수 있는 추가 부담이 있는지 확인하고, 정확한 시세 파악으로 최적의 입찰가를 산정해 실수 없이 입찰표를 작성해 제출해야 한다. 문제는 낙찰 후 명도의 과정에서 발생한다. 매매계약으로 모텔을 취득했다면 부동산 매매가격에 영업권의 양도비용도 포함해 함께 인수하는 것이 관례지만 경매는 사정이 다르다. 경매는 기존에 영업하던 모텔 영업허가권을 승계받는 조건이 아니므로 영업허가권자와 협의가 필요하다. 기존의 허가권자가 폐업하지 않으면 동일 부동산에 중복해서 새로 영업허가를 받을 수 없다.

다양한 변수에 대처할 줄 알아야

경매로 모텔을 잃은 전 소유자들은 이 영업권을 협상의 무기로 삼아 다른 경매 부동산에 비해 지나치게 많은 합의금을 받아내곤 한다. 물론 전 소유자가 끝까지 터무니없는 조건을 주장하며 합의해주지 않을 때 방법이 전혀 없는 것은 아니다. 경매로 소유권이 이전된 근거를 첨부해 기존의 영업권을 말소시키는 방법이 있다. 그러나 이것도 기존의 영업권을 인수할 수 있는 것은 아니다. 말 그대로 말소시키고 영업허가를 새로 받아야 한다. 문제는 모텔 영업허가를 받는 절차가 매우 까다롭고 비용도 만만치 않다는 점이다. 이 경우 현재의 소방법이나 주차장법, 정화조 등 기타 법령이 적용되므로 영업신고증이나 등록증, 허가증을 발급받지 못하게 되거나, 예상하지 못한 추가적인 비용이 발생할 수 있다. 그러므로 경매나 공매로 건물을 입찰할 때는, 기존 임차인과 재계약을 하지 않을 경우 동종 업종의 영업 가능 여부를 꼭 파악한 후 입찰해야 한다.

상가라고 다 같은 상가가 아니다

앞서 기존의 '영업허가권'에 따라 해당 영업의 영위 가능 여부가 달라진다고 말했다. '영업허가권'이 구청과 부딪치는 문제라면 이번에는 상가 자치관리규약과 부딪치는 문제를 알아보자.

어느 빌딩의 1층 상가가 경매에 나왔다. 해당 빌딩은 병원이 밀집된 메디컬빌딩으로 1층의 고객 수요가 넘쳐났다. 이에 경매 나온 102호를 낙찰받은 주경진 씨(가명)는 해당 건물에 지인인 약사를 통해 약국을 입점시키려고 했다. 하지만 101호로부터 '약국은 불가하다'는 통보를 받았다. 이게 어찌 된 일일까? 바로 그 빌딩은 업종이 지정된 곳이었기 때문이다. 빌딩이 건축되면 자치규약으로 점포 간의 충돌을 막기 위해 전체 상가에서 영업할 수 있는 업종을 각각 지정하는 경우가 있다. 예를 들면 101호 약국, 102호 음식점, 103호 소매점 등으로 분양하는 것이다. 음식점으로 사용하던 102호가 몇 년 후 경매로 나왔고, 이에 주경진 씨는 102호를 낙찰받아 약국을 오픈하려 했지만, 101호로부터 '영업행위 금지' 소송이 들어온 것이다. '업종제한 자치규약'이 있던 사실을 알지 못한 채 낙찰을 받은 주경진 씨는 큰 낭패를 볼 수밖에 없었다.

이처럼 수분양자의 지위를 양수한 자나 임차인 등이 분양계약 등에서 정한 업종제한 약정을 위반한 경우 영업상 이익을 침해당할 처지에 있는 자가 영업금지를 구할 수 있으므로 주의를 요한다(대법원 2004다20081 판결). 경매로 낙찰받는다고 해서 예외가 아니다.

대법원 2004다20081 판결

【판시사항】

점포별로 업종을 지정하여 분양한 상가 내 점포에 관한 수분양자의 지위를 양수한 자 등이 분양계약에서 정한 업종제한약정을 위반할 경우, 영업상의 이익을 침해당할 처지에 있는 자가 동종업종의 영업금지를 청구할 수 있는지 여부(적극).

【판결요지】

건축회사가 상가를 건축하여 각 점포별로 업종을 정하여 분양한 후에 점포에 관한 수분양자의 지위를 양수한 자 또는 그 점포를 임차한 자는 특별한 사정이 없는 한 상가의 점포 입점자들에 대한 관계에서 상호 묵시적으로 분양계약에서 약정한 업종제한 등의 의무를 수인하기로 동의했다고 봄이 상당하므로, 상호 간의 업종제한에 관한 약정을 준수할 의무가 있다고 보아야 하고, 따라서 점포 수분양자의 지위를 양수한 자 등이 분양계약 등에 정하여진 업종제한약정을 위반할 경우, 이로 인하여 영업상의 이익을 침해당할 처지에 있는 자는 침해배제를 위하여 동종업종의 영업금지를 청구할 권리가 있다.

전문가도 수없이 임장 간다

"경매는 현장에 많이 다녀볼수록 수익이 커진다."

내가 늘 강조하는 말이다. 실제로 현장 안에서 이뤄지는 임장은 경매 투자 수익률과 직결되는 중요한 활동이다. 경매 초보자는 주로 경매 서류상의 권리분석에만 급급해한다. 권리분석과 세입자분석 등 경매 낙찰 후 권리를 넘겨받기 위한 기초 조사를 통해 안전하다고 판단하면 경매 입찰을 결정한다. 따라서 돈 되는 물건보다는 안전한 물건 위주로 입찰하다 보니 높은 수익을 기대하기 어렵다. 권리상 안전한 경매 물건은 입찰경쟁률이 10대 1을 넘어서기 일쑤다. 한마디로 들러리 서기 좋은 경매 물건 위주로 입찰에 나선다.

그러나 경매 고수들은 다르다. 권리분석 등 기초적인 체크사항은 이미 한 번 걸러내고 바로 현장을 찾아 나선다. 서류상의 내용보다 실전적인 임장 활동이 더 유용하다는 것을 체득했기 때문이다. 실제 서류상으로만 경매 물건을 들여다보면 돈 되는 경매 물건을 찾기 어렵다. 경매에서 진짜 돈 되는 정보는 현장을 중심으로 찾아내는 훈련이 필요하다. 진흙 속 진주를 찾는 마음으로 현장을 다니다 보면 우량 경매 물건을 찾아낼 확률이 커진다.

귀찮다는 생각만큼 돈을 잃는다

임장 활동은 사실 매우 귀찮은 작업이기도 하다. 특히나 직장을 다니는 분들은 시간이 부족하기도, 체력이 달리기도 한다. 무더운 여름이나 추운 겨울에는 한 발짝도 나가기 싫을 때도 많을 것이다. 하지만 현장에 답이 있는 법, 인터넷으로는 결코 알 수 없는 정보를 알아내기 위해 임장은 반드시 필요한 활동이다. 많이 가볼수록 리스크를 줄일 수 있다는 사실을 명심하자.

"저는 부동산을 볼 줄 모르는데 본다고 뭐가 보일까요?"

가끔 초보 투자자들의 걱정스러운 질문을 받을 때가 있다. 아는 만큼 보이는 법이니 걱정하는 것도 무리가 아니다. 하지만 전국을 손바닥처럼 훤히 꿰뚫고 있는 사람은 드물다. 전문가일지라도 처음 가는 지역에서는 초보자나 마찬가지다. 낯선 지역이라도 열심히 돌아다니다 보면 어느새 그 지역이 눈에 들어오기 마련이다. 경매로 나온 상가의 적정 시세를 알아보는 방법은 그다지 어렵지 않다. 아파트 시세는 앉아서 컴퓨터 몇 번만 클릭해도 금세 알 수 있지만, 상가는 손품, 발품을 약간 판다는 것이 다를 뿐이다.

먼저 그 동네의 평균 임대가격과 공실률을 확인해야 한다. 한 3일 정도 부동산 및 인근 상가들의 임대, 매매 현장을 조사하다 보면 과연 이 상가의 가치가 좋은지, 그리고 유찰된 가격이 저렴한 가격인지를 판단할 수 있다. 또한, 유지관리가 잘되고 있는 건물인지, 방치된 건물은 아닌지 확인해야 하며, 현 임차인의 매출을 알아봐야 한다. 장사가 잘되는 임차인이라면 주변에 공실이 없을수록 좋다. 주변에 공실이 있는 상태에서 재계약 조건이 맞지 않는다면 주변 공실로 이전할 가능성이 크기 때문이다. 따라서 인근 시세, 공실률, 현 임차인 매출, 관리비 미납 여부 등을 꼼꼼히 파악하면 상가 투자의 리스크를 줄일 수 있다. 금쪽같은 내 돈이 투자되는데 이 정도를 귀찮다, 힘들다고 투정 부리면 안 된다. 임장조사가 얼마나 철저한지에 따라 투자 수익률이 크게 달라지기 때문이다.

채울 자신이 없으면 신중하라

소재지	(부동산) 경기도 오산시 원동 114-9번지 원동 매매 매매매매 [도로명] 경기도 오산시 원기대로 대 (원동)				
용도	상가(점포)	채권자	채 권 자 농 협 중앙회 외	감정가	1,080,000,000원
대지권	117.4936㎡ (35.54평)	채무자	채무자	최저가	(13%) 144,955,000원
전용면적	547.21㎡ (165.53평)	소유자	소유자 계	보증금	(30%) 43,487,000원
사건접수	2009-09-09	매각대상	토지/건물일괄매각	청구금액	252,247,637원
입찰방법	기일입찰	배당종기일	2009-12-21	개시결정	2009-09-10

기일현황 ▽간략보기

회차	매각기일	최저매각금액	결과
신건	2010-01-27	1,080,000,000원	유찰
2차	2010-03-09	864,000,000원	유찰
3차	2010-04-07	691,200,000원	유찰
4차	2010-05-11	552,960,000원	유찰
5차	2010-06-16	442,368,000원	유찰
6차	2010-07-13	353,894,000원	유찰
7차	2010-08-20	283,115,000원	유찰
8차	2010-10-01	226,492,000원	매각
배성빼/입찰1명/낙찰227,100,000원(21%)			
	2010-10-08	매각결정기일	허가
	2010-11-17	대금지급기한	미납
8차	2010-12-22	226,492,000원	유찰
9차	2011-01-27	181,194,000원	유찰
10차	2011-03-10	144,955,000원	매각
김계통/입찰2명/낙찰168,370,000원(16%)			
	2011-03-17	매각결정기일	허가
	2011-04-20	대금지급기한	
배당종결된 사건입니다.			

▶ 10억 원이 넘는 감정가의 지하상가, 낙찰가는 1억 6,800만 원!

▶ 지하 1층 내부 모습

　오산에 있는 지하상가가 경매에 나왔다. 165평의 건물면적(분양면적 약 300평)인 이곳은 지하라는 이유로 유찰을 거듭, 최종 16%의 가격인 1억 6,800만 원에 낙찰받았다. 부과되는 관리비는 평당 5,000원 정도로 한 달에 150만 원씩 관리비가 발생하는 곳이었다.

　사실 이 건물은 2억 2,700만 원에 낙찰됐다가 잔금미납으로 다시 재경매돼 2번 유찰한 끝에 내가 낙찰받았다. 경매를 하다 보면 기존에 낙찰됐다 잔금미납으로 재경매 나오는 경우를 심심치 않게 보게 된다.

싸다고 낙찰받다간 쭉 공실로 갈 수 있다

　전 낙찰자의 미납 이유는 임차인 물색의 난항으로 지속적인 공실이 우려되는 경우였다. 사실 이 건물은 층고가 낮아 활용도가 제한적일 수밖에 없었다. 상가의 층고가 높으면 시원시원한 개방감이 있고, 상대적으로 면적이 넓어 보여 점포가 살아 보인다. 반면 층고가 낮으면 답답해 보여 꺼리는 임차인들이 많다. 한 예로 넓은 면적을 활용해 스크린 골프장을 유치하려 해도 낮은 층고로 골프채가 천장에 닿아 유치할 수 없다. 나는 꼼꼼한 임장을 통해 건물 내부 상태를 확인했고 층고가 낮음을 이미 알고 있었으나, 전 낙찰자는 아마 알지 못한 듯했다. 이는 사진만으로는 정확한 확인이 안 되는 사항으로 임장의 중요성을 다시 한번 일깨우는 대목이다.

입찰하기 전, '낙찰받는다면 이곳에 뭘 할까?' 고심을 많이 했다. 마트를 유치하자니 바로 앞 건물에 이마트가 있었다. 상층부 100세대가 넘는 오피스텔을 상대로 할 수 있는 업종은 편의점, 미용실, 부동산 중개업소, 세탁소 등이 있을 텐데 세탁소를 제외한 나머지 업종은 1층에 이미 입점해 있었다. 창고나 사무실로 임대를 줄 수도 있을 테지만 주변 아파트 등 배후세대를 봤을 때 이곳을 임대 놓기보다는 직접 경영하고 싶은 마음이 컸다. 바로 유아 체육시설로 말이다. 예전, 수원 지하상가를 낙찰받아 유아 체육시설에 임대를 준 경험으로 친분을 쌓은 관계자분을 모시고 이곳에 유아 체육시설을 오픈하면 좋겠다는 생각을 했다. 이에 관계자분과 얘기를 끝낸 후 입찰했고, 결과는 낙찰로 이어졌다.

시설비를 내가 지급하고 운영을 맡아서 해주는 조건으로 진행했는데, 아쉽게도 결과는 성공적이지 못했다. 관계자분께서 유아 체육시설에서 업무한 노하우는 있어도 직접 운영해보지는 않았기 때문이었다. 일 잘하는 것과 운영 잘하는 것은 엄연히 별개임을 깨닫게 된 계기였다. 후에 이곳을 헬스장으로 변경해 운영하다가 건물을 매각했다. 운영자를 두고 운영하다 보니 수입은 탐탁지 않았으나 감정가의 15%인 저렴한 가격에 낙찰받고, 죽었던 건물을 살린 상태여서 원하는 가격에 수월하게 매도했다. 직접 헬스장을 운영하려는 분들께는 좋은 기회였기 때문이다.

이렇듯 상가란 청사진이 눈에 보여야 매수자가 움직이는 경우가 많다. 보통 상가를 사려는 분들은 임대를 원하는 투자자이거나 실제 영업을 하려는 실수요자이기에 가시적으로 눈에 보이는 수익을 좋아하며, 그 수익이 보여야 움직이는 경우가 많다. 이런 이유로 공실인 채로 건물을 내놓으면 쭉 공실로 갈 확률이 높다. 그러므로 상가를 낙찰받기 전에 이곳에서 뭘 할 것인지, 무엇으로 채워 넣을 자신이 있는지 먼저 따져보기 바란다.

▶ 운영했던 헬스장 내부 모습

투자형 창업은 신중하라

시간이나 노동을 직접 제공하지 않고 자금을 투자하는 방식의 창업을 '투자형 창업'이라 한다. 투자형 창업을 단순히 돈만 있으면 돈을 벌수 있는 것으로 오해할 수 있지만, 돈만 있다고 해서 할 수 있는 것은 아니다. 사업의 주체는 창업자가 되고, 성공과 실패에 대한 책임도 창업자의 몫이다. 다만 운영은 창업자가 관여하지 않거나, 일부분 관여하는 방식으로 진행되는 것이 일반적인 형태다. 상당 부분 위험을 감수해야 하기에 사업 운영 방식이나 경영에 대한 전반적인 이해와 경영 마인드가 부족한 경우 예상치 못한 마찰을 일으킬 수도 있다는 점을 인지해야 한다.

예를 들면, 프랜차이즈 커피 전문점을 창업하는 데 창업비용 전체를 본인이 부담하고, 운영은 본사에 위탁하거나 아니면 점장을 고용하는 형태를 '투자형 창업' 또는 '오토 매장'이라고 한다. 이런 경우 본사 선택과 점장 고용이 관건이다.

내가 할 줄 알아야 휘둘리지 않는다

여러 사업을 진행해보며 절실히 느낀 거지만 투자형 창업과 직영 창업은 하늘과 땅 차이였다. 물론 믿을 수 있는 사람이 주인의식을 갖고 책임감 있게 맡아주면 좋은데, 그런 사람을 만나기가 쉽지만은 않다. 또한, 늘 돈이 오가는 사업장이다 보니 나를 속이는 일이 종종 발생해 얼굴 붉히는 경우도 있었다.

투자형 창업은 기본적으로 운영 시스템이 완벽해야 한다. 운영자의 능력이나 성향에 따라 운영의 형태가 달라질 수 있기에 투자형 창업은 장기간 지속적으로 운영하기가 쉽지 않다. 그래서 창업 시 반드시 탈출을 고려해야 한다. 아이템에 따라 차이는 있지만, 매매가 유리한 입지를 선택해야 한다.

투자형 창업을 하기 위해서는 우선 창업에 관심이 있어야 한다. 특히 관심 있는 분야가 분명히 있어야 한다. 기본적으로 관심이 있는 아이템이 있으나, 직접 관여하기에는 상황이 여의치 않을 경우라야 한다. 단순히 쉽게 돈으로 돈을 벌기 위해서라면 성공하기 어렵다. 창업에 대한 의지와 애정이 있어야 한다는 사실을 명심할 필요가 있다.

투자만 하는 창업이라고 해서 매장 운영, 관리에 무관심하면 안 된다. 내 점포라는 생각으로 수시로 매장 상황을 체크하고 항상 주의를 기울여야 한다. 특히 재무 상황이나 매출 추이 등 회계와 관련된 사항은 철저히 챙기도록 한다. 공동 투자 시 투자자의 권리와 의무, 역할 분담에 관해 계약서나 약정서에 명확히 기록해야 좋다. 이제 막 부동산에 진입하는 초보 투자자들은 모든 걸 챙기기가 어렵다고 여겨질 수 있으니 전문가의 도움을 받는 게 좋다. 쉽게 생각하고 덤비다 큰코다칠 수 있는 게 투자형 창업이기 때문이다.

인생은 도전의
연속이다

시세조사를 위해 피부 관리를 받다

▶ 서울시 구로구 고척동의 메디타운(배후에 아파트 세대가 풍부하다)

서울 구로구 고척동의 메디타운 건물의 2층 상가가 경매로 나왔다.
건물면적 71평, 감정가 15억 원인 상가가 경매 진행된 상태로 현재 내과의원으로 사용 중인 곳이었다(2~3층을 내부계단으로 연결해 사용 중). 법원에 신고된 병원 임차금은 보증금 1,500만 원/월 40만 원이었다. 이 정도 규모에 그렇게 적은 임대료를 낸다는 것은 말이 되지 않았기에 정밀한 조사가 필요했다. 나중에 알고 보니 분양받는 조건으로 형식적으로 적은 임대료를 지불했던 것이었다(현 임차인의 임대료는 참고사항이지 절대적인 수치가 아니니 본인이 정확한 시세조사를 통해 파악해야 실수가 발생하지 않는다).

건물의 정확한 시세 파악을 위해 동일 건물의 다른 업종들이 부담하고 있는 임대료가 얼마인지 알아내는 게 급선무였다. 마침 8층에 피부과 병원이 입점해 있었다. 참고로 나는 건물을 볼 때 맨 꼭대기부터 계단으로 내려오면서 시설 상태를 살핀다. 10층부터 건물을 살피며 내려오면서 8층 문을 열었는데 피부과 간호사와 눈이 마주쳤다. 보통 계단에서 통하는 비상문(방화문)을 열면 복도가 나타나고 그중 어느 한 곳에 병원이 위치하리라 생각했는데, 문을 열자마자 바로 병원 로비였던 것이었다.

"어서 오세요."
"아, 네…… 안녕하세요."

나를 손님으로 생각한 간호사가 인사를 건넸고, 나는 부자연스럽게 보이지 않도록 애써 웃음을 띠며 화답했다.

"어떻게 오셨어요?"

"아…… 피부 상담을 받고 싶어서요."

"네, 그러시군요. 여기 먼저 이름을 적어주시겠어요?"

얼른 피부 상담 핑계를 댔더니 간호사는 인적사항을 적는 서류를 건넸다. 접수하고 얼마 시간이 흘렀을까, 내 이름을 부르는 소리에 진료실에 들어가 의사와 마주 앉게 됐다.

"피부 상담을 원하셨군요. 어디 상태를 좀 볼까요?"

내 얼굴을 여기저기 보던 의사는 IPL과 블루토닝을 같이 진행하면 좋을 듯하다고 했다. 처음 듣는 낯선 용어에 어안이 벙벙했지만 레이저 치료의 일종인데, 10회 정도 반복 치료를 받으면 얼굴의 잡티가 없어지면서 피부톤이 맑아지는 효과가 날 것이라고 한다. 진료실을 나오자 간호사가 안내하는 치료실로 들어갔고, 가운으로 갈아입은 나는 얼굴에 치료를 받았다. 따끔따끔 미세 바늘로 찌르는 듯한 레이저 치료에 정신이 번쩍 들 정도였다.

피부치료를 받으러 주기적으로 병원에 다니며 얼굴을 익힌 나는 치료를 받는 동안 대화하며 자연스럽게 건물의 임대료를 물었고, 보증금 1억 원/월 350만 원이라는 대답을 얻었다. 이 시세를 파악하느라 피부 관리비로 들인 돈이 100만 원이 넘었다.

정확한 시세 파악을 하면서, 주변 제반 사항을 면밀히 확인한 후 최종입찰가를 5억 1,500만 원으로 결정(감정가의 33%)했고, 경쟁자를 근소한 차이로 따돌리고 낙찰받았다(당시 고척 돔구장 착공 전이었지만 향후 발전 가능성까지 염두에 두었다). 다른 사람이 받은 3층 낙찰가는 6억 원 이상으로 나보다 1억 원 이상 높을 것을 보고 정확한 시세조사의 중요성을 다시 느낀 계기였다.

낙찰은 시작일 뿐 본격적인 명도가 남았다

낙찰은 모든 과정의 시작일 뿐 곧바로 명도를 향한 싸움이 시작됐다. 시행자이자 건물 주인인 유치권자와 명도에 대한 협의를 진행했다.

"(최대한 무게를 잡는 유치권자) 내가 들어간 돈이 많으니 1억 원을 주세요. 건물도 싸게 낙찰받았으니 기분 좋게 줄 수 있을 것 같은데?"

"무슨 근거로 1억 원을 달라고 하시죠? 연체된 관리비도 1억 원 가까이나 되던데 그건 어찌시려고요?"

"그것도 보다시피 지금 영업도 못 하고 있고, 내가 이 건물 분양 때부터 들인 돈이 얼만데, 그것도 알아서 하세요."

"그건 말도 안 되죠! 본인이 쓴 관리비도 안 내겠다, 아무 근거도 없는 유치권 비용을 1억 원이나 달라, 그게 말이 됩니까?"

"그럼 알아서 하세요. 난 이 건물 못 비워주니까. 법대로 하든지…… 내가 나가더라도 이 건물 가만 안 둘 거니까!"

"지금 협박하시는 겁니까? 그럼 저도 법대로 처리하겠습니다."

이후에도 유치권자와 수없이 만나 얘기하며 달래기도, 때로는 싸우기도 했다. 유치권자에게 내용증명을 보내고, 관리실 또한 내용증명을 보내 관리비 납부 의무에 대해 설명했다. 이후 법원에 강제집행 접수까지 마친 후 집행관의 계고까지 진행을 하는 동시에 마지막 협상 카드로 이사비 1,000만 원을 줄 테니 나가달라 했다. 그렇지 않으면 정말 집행한다고 말이다.

결론적으로 거세게 나오던 유치권자도 집행관들이 와서 계고하니 꼬리를 내렸다. 그렇게 유치권을 마무리하고 관리실과도 조정 끝에 적정한 금액의 관리비를 납부하기로 하고 마무리했다.

명도 시, 리스 물품은 신중하자

병원, 공장 등의 명도를 진행할 때는 리스 물품이 존재할 수 있으니 주의해야 한다. 보통 의료 기계, 공장 기계 등이 고가인 관계로 리스로 사용하는 경우가 많기 때문이다. 이런 상황에서 강제집행을 진행하면 리스 물품은 강제집행이 안 되는 경우가 발생한다. 점유자의 물품이 아닌 제3자(리스회사)의 소유이기 때문이다. 이럴 경우, 점유 대상자를 명도했는데 리스 대상자를 상대로 또 다른 명도를 해야 하는 사태가 발생할 수 있으니 가급적 강제집행보다는 협의 명도로 진행하는 방향을 고려하는 게 좋다.

내가 낙찰받은 2층 건물도 원래 내과에서 사용하던 공간이다 보니 실제 리스 의료기기가 섞여 있었다. 강제집행 직전까지 협상의 줄다리기가 오간 끝에 협의 명도로 진행돼 다행이었지만, 만약 상대방이 이런 점을 알고 버텼다면 명도의 난항이 더욱 예견될 수 있었다. 따라서 명도란, 누가 더 많은 정보를 알고 있느냐에 따라 우위를 점할 수 있다.

터무니없이 비싼 관리비

건물의 점유를 넘겨받았다고 끝난 게 아니다. 우선 이 건물에 가장 시급한 문제는 건물 시행자의 영향력과 비리가 너무 많다는 것이었다. 이 건물을 살리기 위해 각 층의 구분소유자와 입주자들과 힘을 모아 정식 대표단을 구성하고, 시행자와 관련된 모든 연체 관리비와 불공정한 문제들을 해결해야만 이 건물도 살고, 임대 등 모든 문제가 해결될 것 같았다.

이 건물은 대로변 방향으로 1층부터 10층의 상가로 이루어진 A동과 안쪽으로 주거용 오피스텔(입주민들은 '아파트'라고 불렀다) B동으로 이루어져 있다. 그동안 최초 시행자이자 문제의 장본인인 채무자가 건물을 빨리 분양하기 위해 오피스텔을 아파트라 홍보하며, 40평대의 오피스텔임에도 불구하고 기본 관리비를 6만 원도 안 되게 받고 있었다. 이 손실을 만회하기 위해 상가 기본 관리비를 평당 7,000원씩인 대략 한 층당 91만 원가량의 기본 관리비를 내야 하는 비정상적인 구조였다(오피스텔은 평당 2,000원의 관리비가 부과돼 형평성에 어긋남).

최초 분양 시 입주했던 일부 분양자들과 임차인들은 이로 인해 심각한 부담을 떠안고 있었고, 그로 인해 매장 운영에도 큰 타격을 안고 지내는 실정이었다. 사실 상가 입주자들이 이 관리비를 낸 이유는 최초 분양 시 상가 입주자를 위해 발렛파킹을 하겠다, 현재는 1층 사무실과 편의점으로 쓰고 있는 자리를 상가 로비로 쓰겠다며 입주자를 현혹했기 때문이었다. 그러니 그 비싼 관리비를 내고도 지금까지 참고 있었던 거였다. 하지만 약속은 지켜지지 않은 채 상가 로비로 쓰겠다던 1층에 상가를 분양해놓고도 마치 아직도 자기가 주인인 양 행세하고 있었다. 또한, 자신이 운영하는 매장에만 특혜를 주고, 심지어 관리비까지 장기 연체가 된 상태에서 조금만 늦었으면 건물 전체의 전기, 수도까지 모두 끊기게 될 뻔한 상황이었으니 입주자들의 불만이 극에 달해 있었다. 이런 이유로 그분들을 만나 협의하는 것은 수월한 편이었으나, 다만 문제는 누구도 전면에 나서서 싸우기를 원치 않는다는 것이 문제였다.

상가 관계자들을 만나 동의서를 받고 그중 가장 적극적인 원장님과 함께 대표단 구성을 협의한 후, 원장님을 대표로 나는 움직이는 행동대장 격인 총무로 대표단을 구성했다. 대표단 구성으로 기존 자칭 대표였던 시행자가 휘두르던 관리 부분을 가져오게 됐다. 그렇게 하나둘씩 정리를 해나가면 나갈수록 시행자의 부정과 비리가 드러났다. 불법점유해서 사용하던 옥상 공간을 찾아오고, 연체했던 관리비의 수금을 위해 유치권을 신청하고 단전, 단수를 진행했다. 더불어 시급한 건물의 하자 보수를 처리하고, 더 이상 건물에 방해되지 않도록 입주자 전체회의를 통해 관리규약을 새로 만들어 전 시행자의 문제를 제기해 다시는 건물에 피해를 주지 못하도록 다짐을 받았다.

이런 과정을 거치며 불합리한 상가의 관리비를 기존 7,000원에서 4,000원으로 변경했다. 사실 아직도 오피스텔과의 형평성은 맞지 않지만 그래도 여기까지 이뤄낸 점도 다행이었다. 주변 경관 정리와 상가, 오피스텔 보수 등을 통해 건물의 내·외부의 가치를 올렸다. 새로운 관리단으로 인해 전기, 수도요금을 미납해 끊길 뻔한 건물에서 장기수선 충당금까지 적립하는 건물로 탈바꿈하게 된 것이다. 모든 과정을 처리하면서 참 아이러니했던 점은 상가 입주자들이 자신에게 조금이라도 손해가 된다고 싶으면 죽자 살자 싸울 듯이 덤볐지만, 자기에게 이익이 없다고 생각되면 누구 하나 관심을 두지 않고 참여하지 않는다는 것이었다.

임차인 싸움에 새우 등 터지다

장사가 잘되는 임차인을 둔 임대인은 마음이 흐뭇하다. 하지만 예상치 못한 복병에 임차인이 나간다면 마른하늘에 날벼락일 것이다. 내게 희비의 경험을 동시에 줬던 서울 구로구 고척동 상가건물이 그랬다.

입주자들을 설득해 상가 관리단을 구성하는 등의 노력으로 건물을 안정화시킨 후 본격적으로 낙찰받은 2층 상가를 임대하고자 노력했다. 주변 부동산 중개업소와 관리실 등에 물건을 내놓았고, 건물 외부에는 '임대문의' 현수막을 붙였다.

그러던 어느 날 현수막을 보고 학원 자리를 문의하는 전화가 왔다. 수학 선생님이라고 하면서 소규모 공간을 찾고 있었다. 내 상가가 분양 평수 130평인지라 나눈다고 해도 최소 50~60평은 돼야 한다고 하니 본인은 어렵겠다는 말을 남기고 전화를 끊었다. 그 후 며칠이 지날 무렵 갑자기 '학원을 공동으로 운영하면 어떨까?' 하는 생각이 들었다. 대형 프랜차이즈 업체에서는 정해진 월세가 아닌, 매장 총매출의 몇 %를 월세 형식으로 받는 것으로 알고 있었기에 이런 형태를 접목하면 어떨까 하는 생각이었다. 난 건물을 제공하고 총매출의 일정 부분을 월세 수익금으로 받는 것이다. 그러면 관리비에 대한 부담에서 벗어나고, 학원 운영에 대해서도 배울 수 있는 기회다.

학원이 입점하다

선생님께 전화를 걸어 보증금 없이 좀 더 큰 건물에서 학원을 운영하면 상호 간 윈윈이 될 거라고 설명했다. 선생님에게서 긍정적인 대답을 얻었고, 며칠 후 원장님과 수학 선생님을 만나 같이 해보기로 의기투합해 진행하게 됐다. 원장님과 수학 선생님(부원장)은 조금 떨어진 곳에서 이미 학원을 운영하고 있었기에 이곳 상황을 잘 알고 있었다.

최소한의 수익을 위해 기존 학원에서 십여 명의 아이들을 데려와 시작하기로 하는 등 차근차근 준비돼 투자 계약서를 작성하고 순조롭게 오픈까지 마치게 됐다. 시간이 갈수록 학원 입소문이 나기 시작해 처음 10명에서 시작된 학원이 얼마 되지 않아 20명이 됐고, 약 두 달이 지난 후에는 어느덧 50명 가까이 인원이 늘어나게 됐다. 고등학생을 가르치는 학원이고, 단과와 종합 금액의 차이가 있어 일률적인 금액은 아니지만 대략 1인당 40~50만 원가량의 학원비를 받았다. 나는 매출의 20% 가량을 수익금으로 받았기에, 통 임대를 했다면 받았을 보증금 5,000만 원/월 400만 원가량과 얼추 비슷한 금액이 들어왔다. 이대로 인원이 늘어난다면 금방 100명이 될 듯해 3층 또는 다른 층을 이런 식으로 추가로 진행하자며 들떠 있었다.

한 치 앞을 모르는 게 세상일이라더니

그러던 어느 날, 찬물을 끼얹는 일이 발생했다. 바로 원장과 부원장의 다툼이 일어난 것이다. 문제의 발단은 인테리어 비용이었다. 최초 내과였던 상가를 학원으로 리모델링하는 과정에서 부원장이 아는 사람을 통해 인테리어를 하면 싸게 할 수 있다고 해서 원장이 4,000만 원가량의 돈을 부원장에게 주고 인테리어를 진행했다.

학원이 성업 중인 어느 날, 원장의 지인이 학원을 방문해 이런저런 얘길 나누던 중에 인테리어 견적 얘기가 나왔다. 인테리어 경험이 있던 지인은 학원의 인테리어를 보더니 '기존의 내과 인테리어를 많이 활용해서 이 정도 공사는 많이 들어야 1,000~2,000만 원밖에 안 든다'고 했다. 지인이 돌아간 뒤, 화가 난 원장은 부원장에게 인테리어 내역서 제출을 요구했다. 하지만 부원장은 머뭇거리며 제출을 못 했고, 이로 인해 둘 사이의 불신이 생기기 시작했다. 또한, 기존 학원과 이곳을 병행하던 과정에서 부원장이 이곳에서 원장처럼 행세하며 개인과외를 하는 등 점점 더 원장과 부원장 사이에 갈등이 심화됐다. 급기야 소송으로 번지게 됐고 그 여파로 결국 부원장은 학원을 그만두면서, 부원장을 믿고 따르던 학원생 절반가량이 나가고 말았다.

세상일은 아무도 모른다는 게 맞는 말인 것 같다. 점점 잘되는 학원을 보고 다른 건물을 더 낙찰받느냐, 마느냐를 고민하다가 갑작스러운 두 사람의 다툼으로 학원생이 반으로 줄었다. 설상가상 이런 소문은 어찌나 빠르게 퍼지는지 다시 원생들을 회복하는 것이 힘들었다. 결국, 학원이 문을 닫게 됐고, 난 공실을 걱정하게 됐다.

새로운 임차인을 만나다

그러던 어느 날, 새로운 임차인의 문의를 받았다. 새로 임대를 놓기에는 아직 기존 계약 기간이 만료되지 않아 관리비 보증금(연체를 대비해 입주 초기에 일정 금액의 관리비 보증금을 예치함)이 반환되지 않은 상태였다. 관리실에서는 아직 계약 기간이 만료되지 않아 곧바로 보증금을 걸 순 없지만, 조만간 만기가 돼 기존 보증금이 나올 것이니 우선 선불로 월세를 주고, 정식 계약은 기존 학원 계약이 끝난 후 재계약을 하면 어떻겠냐는 의견을 주셨다.

원래 이런 식의 계약은 흔히 말하는 '깔세' 개념이라 가급적 하지 않으려고 했지만, 관리소장님의 말씀도 있고, 새 임차인이 '고 김대중 대통령의 경호를 했다, 운동을 오래 했다, 이 지역의 토박이다'라며 하도 추천하기에 믿어보기로 했다. 좀 허풍이 심하다 싶었지만, 사업자등록

증 등 서류를 보니 법인사무실을 운영하는 대표로 돼 있고 실제로 인근 사무실에서 영업하고 있었기에 큰 의심 없이 임대했다.

그런데 문제가 발생했다. 약속한 기일이 지나도 보증금 지급을 차일피일 미루기만 하더니 나중에는 임대료까지 보내지 않는 등 참는 데 한계에 다다르게 됐다. 사무실에 찾아가 알아보니 쓰지도 않은 계약서를 만들어 캐피탈에서 대출까지 받았고, 직원 월급까지 밀려 있다는 얘기를 들었다. 자기들도 속았다며 대표를 사기꾼으로 고소하겠다는 직원들의 말을 듣고는 결국 밀린 임대료도 제대로 받지 못한 채 건물을 명도받게 됐다. 이 과정에서 내부의 집기나 물건들을 쉽게 건드릴 수가 없어서 결국은 처리 과정까지 애를 먹었다. 솔직히 이런 경험은 하고 싶지 않은데 말이다.

직접 운영하기로 결심하다

학원, 사무실 등 편안한 날이 없던 임대 기간을 보냈다. 임차인에게 애를 먹고 보니 이럴 거면 내가 직접 운영해보면 어떨까 하는 생각이 들었다. 각종 프랜차이즈 업체의 입점 의뢰와 더불어 2층을 직접 운영하는 방안을 고민하게 됐다. 매달 납부하는 대출이자와 관리비는 굉장한 부담이었고, 인근 부동산 중개업소와 프랜차이즈 업체만을 믿고 있을 수 없었기에 직접 운영할 수 있는 부분을 좀 더 알아보기 시작했다. 적당한 아이템으로 학원(초등 영어)과 커피숍, 그리고 호프(주점) 등으로 좁혀지게 됐다. 건물 인근 200m 이내에 초등학교가 존재하고, 대단지 아파트가 존재하는 등 학원, 커피숍, 호프 모두 가능한 자리였지만, 호프집은 내가 관심이 없는 분야여서 제외하고, 최종적으로 학원과 커피숍이 진행 가능한 아이템으로 선정됐다. 그러나 아무래도 2층이라는 조건이 커피숍보다는 학원 쪽에 더 힘이 실렸다.

예상치 못한 변수가 생기다

 2층에 학원을 추진하려는 과정에 또 다른 변수가 생겼다. 같은 건물의 1층 103호, 104, 105호가 경매로 나온 것이다. 중장기적인 관점과 1층과 2층의 연계성 등을 고려해 입찰을 결심했다. 앞쪽 103호를 조금 높게 낙찰받고, 건물 후면부에 있는 건물을 나중에 좀 더 싸게 낙찰받자는 생각으로 입찰해 건물 앞쪽인 103호를 낙찰받았다. 하지만 더 기이한 것은 건물 후면부에 있는 104, 105호를 이번 회차에 누군가 덜컥 낙찰받은 것이다. 이곳은 유찰되길 기다렸다가 다음 회차에 입찰하려고 했던 곳인데, 도대체 누가 이렇게 높은 가격에 낙찰받았는지 의문스러웠다. 나중에 알고 보니 컨설팅 업체를 믿고 입찰을 의뢰해 낙찰받은 분이셨다. 104, 105호를 건물 전면부로 알았다고 했다. 이미 낙찰받고 잔금까지 다 납부하고 컨설팅 비용까지 주었으니 누굴 원망하겠는가(남의 일이 아니니 여러분도 항상 조심하길 바란다).

결국 104, 105호는 한참 동안 임대가 나가지 않아 공실로 방치됐고, 소유자는 관리비와 이자를 계속 납부하고 있었다. 그러다 가까스로 저렴한 가격으로 자전거 가게가 입점했다. 돈은 돈대로 투자하고, 얼마나 신경을 많이 쓰며 고생했을까⋯⋯ 또 나중에 얼마에 팔지 내가 걱정이 앞섰다. 이렇듯 세상에는 예상치 못한 일들이 참 많이 일어나는 것 같다.

믿었는데 이럴 수가

내가 낙찰받은 전면부 1층은 편의점을 운영하고 있었다. 임차인과 재계약 관련 협의를 하며 여러 차례 얘기가 오갔지만, 최종적으로 의견 일치가 되지 않아 나가기로 결정됐다. 새로운 임차인을 얻기 위해 노력한 끝에 GS편의점이 들어오기로 결정이 되자 안정적인 임대를 이어갈 수 있겠다 싶어 안심이 됐다.

하지만 이럴 수가! 내 상가에서 나가기로 한 편의점이 바로 옆 공실로 이전 영업을 하겠다는 것 아닌가. 내게는 다른 곳으로 나가겠다고 해놓고는 뒤통수를 친 것이다. 기존 편의점이 나간 후 GS편의점이 들어오면 담배권(담배를 팔 수 있는 권리, 지자체에 신청함)을 신청하려고 했는데, 바로 옆으로 편의점이 이전해 담배권을 신청할 수 없게 됐다(영업소 간 거리가 100m(지자체에 따라 상이) 이상 떨어져야 담배권이 나올 수 있음). 이로 인해 GS편의점과의 계약도 취소돼 본의 아니게 1층과 2층이 동시에 공실이 되고 말았다. 처음 2층만 공실이었을 때는 학원으로 진행하려고 했지만, 본의 아니게 1층 또한 공실이 되니 생각이 바뀌었다. 은행이나 커피숍처럼 1~2층을 연계한 업종이 입점하면 좋겠다는 생각이 들었다. 그래서 각종 프랜차이즈와 커피숍 등을 알아보다가 결국 '라떼떼 커피(LATTETTE COFFEE)'로 결정했다.

인생 참으로 모를 일이다. 2층 학원장과 부원장이 싸우지 않았다면 근처 건물을 하나 더 낙찰받아 추가로 학원 확장을 했을 것이다. 1층 임차인이 뒤통수를 치지 않았더라면 1층은 GS편의점에 최소 5년간 장기임대를 주며 월세를 받았을 거다. 혹여 1층을 낙찰받지 않았더라면 2층에 영어 학원을 할 수도 있었을 것이다. 만약 1층 전면과 후면을 다 낙찰받았다면 1층으로만 커피숍을 할 수도 있었을 것이다. 하지만 결국 1~2층을 계단으로 연결해 라떼떼 커피숍을 운영하게 됐다.

커피숍을 운영하다

인근에 초등학교 2개와 아파트가 둘러싸고 있는 이곳은 큰 상권은 아니지만, A- 정도 되는 상권이었다. 국내 최초의 돔구장이 공사 중이고 (당시는 아직 공사 중이었다), 구치소 이전과 함께 대형 타운이 들어서며, 바로 앞쪽으로 지역주민을 위한 디자인 문화센터 등이 들어설 예정이었다. 무엇보다도 주변 사람과 만남의 장소로 적합한 제대로 된 커피숍이 하나도 없다는 것이 나를 도전하게 만든 이유였다.

커피숍 공사현황을 보러 방문했다. 어느덧 커피숍 윤곽이 잡혀가고 있어서 조금 안심은 됐지만 뭐 이리 공사 기간이 오래 걸리는지…… 목표한 오픈 일이 다 됐는데도 15일 정도 더 걸린다고 했다. 체인점을 통해 진행하는 것이라 조금은 편하고 빠를 줄 알았는데, 생각과 다르게 내가 직접 처리하고 체크해야 할 것들이 많았다. 1층 분양 평수 30평과 2층 분양평수 130평을 계단으로 연결하는 공사라서 제법 큰 규모의 공사였다. 단기적으로는 커피숍으로 꾸준한 고정수익을 얻고, 장기적으로는 건물의 가치를 높여 좀 더 나은 가격에 건물을 처분하는 것이 목표였다. 다만 오산 스포츠클럽을 오픈한 지 얼마 안 된 상태에서 커피숍 공사를 하느라 내 자본력을 초과해 일을 벌이는 바람에 좀 고생을 했다.

생각보다 높은 커피숍 체인점 비용

커피숍(카페)을 운영하려면 비용이 얼마나 들까? 내가 운영했던 커피숍을 예로 들어보겠다. 엔○리너스, 탐○탐스, 할○스 등 이름만 들어도 우리가 아는 체인점들은 40평 기준 가맹비, 교육비, 주방 집기 및 머신, 테이블, 의자 등 평당 250만 원가량의 공사비와 외부 간판, 전기, 소방, 냉·난방기를 포함해 약 2억 8,000만 원가량의 비용이 들어간다. 마치 담합한 듯 금액이 거의 똑같다는 게 참 희한했다. 물론 내가 오픈했던 시점과 최근은 다를 수도 있으니 참조만 하기 바란다. 거기에 보증금과 권리금, 로열티 등은 별도다(별도로 들어가는 금액이 생각보다 많다).

전용 40평이 이 정도인데 1~2층으로 돼 있는 분양 160평(전용 90평)이 넘는 내 커피숍은 어떻겠는가? 평당 공사비에 그만큼의 집기비용이 추가되니 '○○베네'를 통해서 받은 견적금액이 무려 5억 5,000만 원이었다. '헉, 그 돈이 있으면 경매 물건을 더 잡지…….' 솔직히 차마 말은 못했지만 ○○베네 담당자와 얘기하면서 속으로 이런 생각을 했다. 물론 외부 공사와 추가 공사까지하면 이 금액은 훨씬 더 올라간다.

이로 인해 커피숍을 운영한다는 생각을 접어야 하나 고민하던 중 발견한 것이 '라떼떼 커피'였다. '라떼떼 커피' 하면 아직도 인지도가 생소한 것이 사실이나, 그래도 제법 30여 개 가맹점이 전국적으로 운영되고 있었다. 본사는 우리가 들어본 '훌랄라 치킨'이었기에 담당자를 통해 사업설명을 듣고는 최종적으로 진행하게 됐다.

내가 라떼떼 커피를 선택한 이유는 다른 게 없었다. 신규 런칭한 브랜드다 보니 타 브랜드에 비해 적극적이었다. 본사도 나름 튼튼했고, 물류시스템이 좋았다. 가장 중요한 점은 전체 공사와 추가 공사 포함

▶ 직접 운영한 라떼떼 커피숍 내부 모습

3억 3,000만 원에 진행이 가능했다. 하지만 3억 3,000만 원도 적은 돈은 아니다. ○○베네의 5억 5,000만 원보다는 훨씬 저렴하지만 부담되는 금액이었다. 망설이는 내게 라떼떼 회장이 제시한 것이 약 1억 5,000만 원가량의 금액을 무이자로 지원해준다는 것이었다. 지금 생각해보면 물론 갚아야 하는 돈이지만, 그 당시에는 파격적인 조건이었다.

그렇다면 커피숍의 수익과 비용, 순수익은? 매출을 3,000만 원이라고 가정했을 때 다음과 같은 비용이 발생한다.

커피	900만 원, 매출의 30%
인건비	600만 원, 매출의 20%
관리비	200만 원
기타	300만 원
임대료	?만 원
합계	2,000만 원 + 임대료

내 건물에 운영한다면 대략 1,000만 원의 수익이 발생하고, 임대라면 여기에서 임대료를 제해야 할 것이다. 물론 내 상가에서 직접 운영하지만, 대출이자가 발생한다.

내 매장의 경우는 오토 매장이었다. 스타벅스 부지점장 출신인 친구가 매니저를 하고, 직원 총 3명에 아르바이트까지 동원됐다. 만약 내가 직접 매장에 전념하면서 같이 일을 한다면 수익은 좀 더 올라가고 인건비는 좀 감소하겠지만, 내 목적 자체가 건물가치 상승과 경험 쌓기에 있었기에 순수익은 조금 떨어진다. 결론적으로 내가 느낀 커피숍은 대략 3억 원 정도의 금액을 투자해서 이런저런 신경 안 쓰고 오토 매장으로 임대해 운영했을 때 대략 월 300~400만 원의 수익금을 가져갈 수 있는 시스템인 것 같다(개별 요소에 따라 다소 차이가 있음).

실패에서 배우다

서울시 도봉구 창동에 위치한 상가가 경매에 나왔다. 총 4층 중 3층인 해당 상가는 건물면적 116평(분양면적 약 230평)으로 아파트 상가였다. 해당 건물의 임차인인 김아영(가명) 씨는 '○○아일랜드'라는 유명한 놀이학교를 운영 중으로 보증금 6,000만 원/월 400만 원으로 임차 중이었다(임차인은 7,600만 원에 대한 유치권도 신고한 상태였다).

유치원생 수, 선생님 수, 한 달 원비, 임대료, 시설 투자비 등 꼼꼼히 조사한 결과, 이 시설과 인원을 포기하고 옮기기에는 임차인의 부담이 상당할 것으로 생각돼 재계약이 수월할 것으로 판단됐다.

▶ 서울시 도봉구 창동, 고급 놀이학교를 운영 중인 3층 상가를 낙찰받다.

유치원이 잘 운영되고 있어야 재계약 확률이 높다. 이를 알아보는 척도는 바로 유치원 버스다. 등·하원 시간에 운영하는 유치원 버스의 대수가 많을수록 원생이 많다는 뜻이니 성업 중인 것으로 유추할 수 있다. 정확한 원생을 파악하기 위해서는 등·하원 시간 외에도 방과 후 시간, 부모가 직접 등·하원시키는 아이들 등 시간대별로 인원을 체크해야 한다.

5억 5,800만 원에 낙찰받고 임차인을 찾아가니 역시나 놀이학교를 유지하고 싶어 해서 바로 재계약을 진행했다. 사실 유치권 신고가 있으면 대출에 제약이 있다. 유치권이 사실인지, 허위인지를 따지지 않고 금융권은 유치권 신고금액만큼 대출금을 빼고 실행하기 때문이다. 그래서 나는 재계약하며 임차인으로부터 유치권 포기각서를 받아 은행에 제출했다. 덕분에 낙찰가의 80%인 4억 5,000여만 원의 대출금이 나왔다. 내 자본은 1억 원 정도 투입되지만, 보증금 6,000만 원/월 400만 원이 회수돼 4,000만 원의 자본이 투입된 결과였다. 4,000만 원 투자로 월 250만 원(월세 400만 원−대출이자 150만 원)씩 꼬박꼬박 수익이 쌓이는 구조인 것이다.

놀이학교를 직접 운영하다

월세를 받으며 안정적인 나날을 보내고 있는 어느 날, 변수가 발생했다. 바로 임차인인 김아영 씨(가명)가 대장암으로 입원한 것이다. 다행히 수술은 잘 끝났지만, 운영은 몸에 무리를 가져올 수 있어 주변 가족들이 말리는 분위기였다. 일을 정리하고 해외에 나가 쉬면서 몸을 추스르는 계획이었다. 김아영 씨는 놀이학교를 인수할 대상자를 물색했고, 임대인인 내게도 주변에 마땅한 사람이 있으면 소개해달라고 했다. 나는 주변에 소개하려면 좀 더 정확한 자료가 필요하니 수입내역을 보여달라고 부탁했다. 흔쾌히 보여준 자료를 보니 내 생각보다 더 우량한 놀이학교였다. 비용을 다 제하고도 순수익이 월 1,000만 원 이상 발생하는 곳이었기 때문이다.

나는 이곳을 내가 직접 운영하면 어떨까 생각했다. 내 건물이어서 월세를 내지 않아도 되니 순수익은 더 커질 것이다. 이렇게 다달이 고정비용이 들어온다면 다른 사업에도 좋은 영향을 줄 수 있을 것이다. 아이들을 유독 좋아하는 내 적성과 맞기도 했다(하지만 머지않아 좋아한다는 것과 잘한다는 것은 별개임을 깨닫는 계기가 됐다).

 2억 4,000여만 원의 권리금을 주고 놀이학교를 인수했다. 나는 '이사장'의 타이틀을 갖고, 상세한 운영은 부원장님 주도로 선생님들이 도와줬다. 하지만 결과는 그리 좋지 못했다. 내가 직접 운영할 수 있어야 세세한 곳까지 신경 쓰고 살뜰하게 보살필 텐데 그러지 못했다. 또한, 원장이 바뀌자 원아 부모들이 동요되기 시작했다. 새로 온 이사장이 남자인 데다 젊기까지 하니 부모 입장에서는 썩 믿음이 가지 않은 눈치였다. 하나둘 이탈자가 생기자 놀이학교의 수익구조가 확 뒤바뀌었다. 월 1,000만 원씩 남아야 하는데, 월 1,000만 원씩 적자가 났다.

 이렇게 1년 가까운 시간이 흐르자, 더 이상 손해를 감수할 수 없어 그만두기로 했다. 하지만 우연히 아는 영어 유치원 원장님과 얘기를 나누면서 이곳을 영어 유치원으로 바꿔 개원하면 어떨까 하는 의견을 듣고 영어 유치원을 추진하게 됐다. 그러던 중 주변에서 꽤 컸던 ○○영어 유치원이 문을 닫는다는 소식을 듣고 찾아가 협의해 인수했다. 그러면서 투자비는 계속 지출되고 있었다. 두 영어 유치원이 합해지면 두 배의 시너지 효과가 날 것으로 예상했지만 결과는 달랐다.

 아이들이 합해지면서 부모들도 합해지자 그 사이에서 알력 싸움이 났다. 치맛바람도 일었고, 상대 유치원 부모를 헐뜯는 일까지 벌어지며 급기야 유치원을 그만두는 원생들까지 발생했다. 이로 인해 자금 상황이 나빠지면서 일부 유치원 비용 지급이 며칠 늦어지는 일이 발생하기도 했다. 하지만 이 일이 유치원 문을 닫는 신호탄이 될 줄은 꿈에도 몰랐다. 기존 영어 유치원에서 흡수한 교직원들이 이 상황을 굉장히 예민

▶ 영어 유치원 안에 마련된 테마 공간. 버스 안에서 직접 수업을 진행하기도 했다(이 시설비용만 해도 수천만 원이 소요됐다).

▶ 할로윈 파티 때 장식한 모습

하게 받아들인 것이다. 아마 기존 유치원에서 한 번 겪어봐서 그런 듯 했다.

아이들을 위해 유치원을 계속 끌고 가려는 마음이 컸던 터라 주변에서 투자 유치도 했고, 내 건물도 팔아 자금력을 동원했다. 하지만 기존 학원에서 온 부원장은 나와 상의도 없이 학부모에게 유치원이 문을 닫는다는 문자를 보냈고, 이는 순식간에 학부모 사이에 퍼져버렸다. 결국, 내 의사와 상관없이 유치원이 문을 닫게 됐다. 아이들을 위해 어떻게든 살려보려던 노고가 허공에 날아갔다. 참으로 속상하고 안타까웠다.

지금은 웃으면서 이 이야기를 할 수 있지만, 당시에는 꽤 심각했다. 금전적인 손해 외에도 기 쎈 부모들과 겪었던 에피소드들, 나는 가족 같다고 생각했지만, 상대방은 그렇지 않았던 일부 교직원과의 문제 등 상처받은 일에 더 후유증이 컸다. 돈은 손해 보더라도 금세 회복할 수 있지만, 마음의 상처를 회복하는 데는 꽤 시간이 걸렸다.

참된 사람이 진짜 재산이다

하루에도 수많은 사람과 만나고 헤어진다. 그 속에는 친한 사람과의 만남이 있는가 하면, 만나지 말아야 할 사람과의 만남도 있다. 사람의 운명은 사람을 통해서 결정된다고 해도 과언이 아닐 것이다. 인간관계는 내가 선택하기도 하지만, 운명처럼 만남이 이뤄지는 경우가 많다. 돌이켜 보면 나의 선택으로 짝지어진 경우보다는 일방적인 다가옴으로 관계가 형성되는 경우가 훨씬 더 많음을 알 수 있다. 그 속에서 한 인간의 행복과 불행이 나뉜다고 볼 때 사람과의 만남이라는 게 얼마나 중요한 것인가를 깨닫게 된다.

만남은 상처를 남기기도 한다

때로는 지난날 마음의 상처가 삶 전체를 흔들기도 한다. 과거에 받은 상처를 고스란히 끌어안고, 그 상처를 준 사람에 대한 분노의 감정을 품은 채 불행한 삶을 이어가는 이들도 있다. 어린 시절 부모가 준 상처, 믿었던 누군가의 배신, 과거 연인이 준 상처 등 이미 지나간 일임에도 과거에 매여 고통을 되새김하는 것이다. 그러다 보면 삶 전체가 불행하고, 몸과 마음이 병들게 된다. 특히 상처를 준 사람에 대한 분노는 부정적인 감정의 뿌리라고 불릴 만큼 심신에 악영향을 미친다. 분노가 인체에 미치는 생리작용을 연구한 듀크대학 정신과 레드포드 윌리엄스 교수는 "분노가 사람을 죽인다"고 단언할 만큼 심신을 파괴한다고 강조한다.

살면서 분노를 경험하지 않는 사람은 없을 것이다. 사람들이 느끼는 분노의 감정도 다양하다. 시간이 지나면 잊히는 소소한 원망도 있고, 평생 따라다니는 큰 분노도 있다. 그러나 아무리 불같이 들끓는 분노의 감정도 용서하는 순간 평온해진다. 그것이 바로 용서의 힘이다.

용서하지 않을 때 감정의 노예가 돼 스스로를 영원한 피해자로 만들게 된다. 누군가를 미워하고 복수의 칼을 갈면서, 자신의 삶을 불행에 가두는 것이다. 자신의 불행한 삶을 구제하고, 행복하게 살기 위해서 용서해야 한다. 자신에게 상처를 준 사람을 용서한다는 것이 쉽지 않을 수도 있다. 그러나 우리에게는 용서에 대한 선택권이 있다. 모든 것이 자신에게 달렸다는 말이다. 용서 전문가 로버트 엔라이트 교수의 말처럼 '용서는 선택'인 것이다. 상대방의 관점에서 보려고 시도할 때 감정은 변하게 돼 있다.

도전하는 자가 미래를 결정한다

상가 투자, 좋다는 것은 알지만, 선뜻 나서기 어렵다는 사람이 있다. 바로 공실에 대한 부담 때문이다. 아무리 싼 가격에 낙찰받아도 임대가 되지 않으면 매달 기본 관리비와 공용 관리비, 이자 등으로 인해 고통을 당할 수 있다. 내가 낙찰받은 상가 역시 위치나 앞으로의 지역 여건상 향후 좋아질 곳이라는 것에는 전혀 의심이 없었지만, 그동안의 공실에 대한 부담은 생각 이상으로 컸다. 매달 200만 원 이상의 이자와 기본 관리비 100만 원 등 아무것도 안 하고 있어도 매달 300만 원가량 웬만한 직장인 한 달 급여가 꼬박꼬박 지출됐다. 그래서 이런 어려움을 극복해보고자 어리석어 보일 정도로 그동안 각종 사업에 도전했다. 부동산 중개업소, 세탁소, 학원, 사무실, PC방, 스포츠센터, 커피숍, 애견용품, 상품권, 여행사, 액세서리숍 등을 운영했다. 키즈카페, 스크린

골프, 원룸텔, 편의점, 고깃집, 중개법인, 휴대폰 매장, 교육장 등은 오픈까지는 하지 않았지만, 그 직전 단계까지 갔다.

결론은 이런 다양한 사업을 하기까지는 많은 고민과 자금이 필요하다. 하지만 내 생각은 간단했다. 지금 좀 고생해서 많은 경험과 지식을 쌓아 나중에 내 경험을 누군가에게 나눠주고 함께할 수 있는 사람들을 많이 만들자는 것이다. 하지만 쉽지만은 않은 현실이었다. 경기가 어려워지고 투자한 물건들에 운영비와 고정비는 계속 들어가는 반면, 모든 자금이 상가(부동산)에 묶여 있다 보니 수익이 나온다고 해도 전혀 예상치 못한 일들이 생기는 등 복병이 많았다. 하지만 포기하거나 주저앉지 않고 끊임없이 도전한 덕분에 오늘의 내가 존재한다고 생각한다.

미국과학진흥협회(AAAS) 회의에서 "수년 내 인공지능이 사회 모든 분야에서 인간을 대체하게 될 것"이라는 주장이 나왔다. 세계경제포럼(WEF)에서 발표된 보고서에 따르면 인공지능과 나노기술 등의 발전으로 5년 후 710만 개의 일자리가 사라지고, 200만 개가 새로 생겨날 것으로 예측된다. 없어질 직종 중 3분의 2는 사무직이다. 학자들은 오래전부터 기계로 인한 대량 실직을 경고해왔다. 전례 없이 빠르게 변하고 있는 사회에 우리는 어떻게 대비해야 할까? 바로 다양한 경험을 쌓아야 한다. 실제 학자들도 공부는 70%만, 나머지 30%는 다양한 경험을 쌓아야 한다고 말한다.

도전하는 인생이 아름답다

많은 경험을 쌓으려면 '도전'이 필요하다. 도전하는 자가 인생을 만드는 법이다. 주체적으로 살지 않으면 결국 휩쓸려 사라지게 된다. 성공하려면 절망에는 끝까지 둔감하고, 희망에는 끝까지 민감해야 한다. 도전 없는 성공이란 있을 수 없다. 도전했다가 실패하면 50% 실패한 것이지만, 도전조차 하지 않는다면 100% 실패한 것이다. 많은 일에 도전하면서 수익을 내기도, 값비싼 수업료를 내보기도 했지만 내 선택을 후회해본 적은 없다. 그만큼 돈 주고도 살 수 없는 값진 경험들을 얻었기 때문이다.

경험이 없는 사람에게는 중요한 일을 맡기지 마라.

– 발타자르 그라시안

PART
09

알면 힘이 되는
부동산 필살기

가격보다 가치를 봐라

부동산은 가격보다 가치를 봐야 한다. 많은 사람이 가치와 가격을 혼동한다. 가치는 그 부동산이 갖는 본질적인 유용성이라고 할 수 있는데, 이는 현재가치와 미래가치로 구분할 수 있다. 가격은 그 부동산이 시장에서 거래되는 시세를 말한다. 부동산의 가격은 그 가치를 반영하는데, 가치는 주관적인 요소가 작용하는 반면에 가격은 현재 시점에서 결정된 객관적인 금액을 말한다.

모든 부동산은 가치와 가격이 다르다. 가격이 가치보다 높게 책정돼 있는 부동산은 고평가됐다고 하고, 가격이 가치보다 낮으면 저평가됐다고 한다. 당연히 저평가된 매물에 투자해야 보다 적은 가격으로 좀 더 많은 수익을 얻을 수 있다. 또 아무리 가치가 있는 부동산이라고 해도 가격이 그 가치를 충분히 반영하고 있다면 좋은 투자 상품이 될 수 없다.

정상적인 가격이란 가격만큼의 가치가 반영돼 있는 것이다. 가치가 좋은 물건은 그 가치 이상의 가격을 인정받을 수 있다. 가치가 좋은 물건은 대부분 비싸다. 하지만 가격이 비싸다고 해서 가치도 좋은 건 아니다. 이런 물건의 가격은 정상적인 가격이 아니기에 거품이 끼었다고 말한다. 따라서 그 물건의 가격을 볼 것이 아니라 가치를 볼 줄 알아야 한다.

싸게 샀다는 기준이 뭔가

감정가 3억 원의 건물을 2억 7,000만 원에 낙찰받았다면 싸게 산 걸까? 감정가 3억 원의 건물을 3억 2,000만 원에 낙찰받았다면 비싸게 산 걸까?

흔히 사람들은 현재가치로 가격을 평가한다. 전자라면 싸게 샀다고 할 테고, 후자라면 비싸게 샀다고 할 것이다. 틀린 말은 아니지만, 정답은 아니다. 싸게 샀다고 말할 수 있는 시기는 매도를 마쳤을 때다.

김진명 씨(가명)가 고민이 있다며 나를 찾아왔다. 얘기를 들어보니 지방의 50평 아파트를 4억 5,000만 원에 낙찰받아 3억 6,000만 원을 대출받고, 자기자본은 9,000만 원이 투입됐다고 했다. 낙찰받을 당시 시세는 5억 원 가까이 돼 바로 팔 생각으로 투자한 것이다. 하지만 정부가 부동산 억제 정책을 쓰면서 부동산 매수 심리가 얼어붙었다. 설상가상 잔금을 납부하자마자 순차적으로 인근에 3,000세대가 넘는 입주 물량이 대거 쏟아져 공급이 넘쳐났다. 수요는 없고 공급이 넘쳐나니 매도가와 전세가가 동반 하락했다. 아파트를 팔려고 내놨지만 몇 달이 넘도록 매수문의 자체가 없는 거래절벽이 현실화됐다. 가격을 낮췄지만 여전히 문의는 없다. 전세도 병행해서 내놓았지만 3억 5,000만 원이던 전세조차 임차문의가 없다 보니 2억 5,000만 원으로 떨어졌다. 주변에 신규 아파트에서 전세 물량이 쏟아진 탓이다. 떨어지는 아파트 가격에 마음을 졸이다가 급기야 같은 평수의 아파트 급매가 4억 2,000만 원에 나온 걸 보고 경악하면서 나를 찾아온 것이다.

반대로 3억 원의 건물을 3억 2,000만 원에 낙찰받은 나진석 씨(가명)는 신건에 2,000만 원을 올려 입찰한 이유가 있었다. 바로 지하철역이 신설될 곳이었기 때문이다. 아직 개발계획이 발표된 것은 아니지만 경제신문, 관계부처 홈페이지 등 항상 경제 상황에 관심을 갖고 꾸준히 지켜보다 발표 직전 마침 그 지역 물건이 경매에 나왔기에 신건에 입찰한 것이다. 경매는 최소 6개월 전부터 진행하기에 개발호재가 감정가에 반영이 안 된 채 등장했다.

입찰 전에 시장의 흐름을 파악해야 한다

이렇듯 부동산은 단순 현재의 가격보다 미래의 가치가 더 중요하다. 현재 싸게 샀다 한들 가격이 하락한다면 싸게 산 의미가 없고, 현재 비싸게 샀어도 그보다 더 높은 가격으로 올랐다면 결과적으로 싸게 산 것이기 때문이다.

경매에서 보편적으로 가장 많이 입찰하는 아파트는 권리분석도 중요하지만, 시세 및 가치분석이 훨씬 더 중요하다. 보통 단기 투자가 목적일 때 시세조사는 매수자의 입장에서 매수가를 알아보는 것보다 매도자의 입장에서 매도가를 알아보는 것이 중요하다. 또한, 현재 흐름 및 미래가치 분석까지 조사해야 한다. 하지만 초보자들은 대부분 권리분석이 끝나면 가격을 조사하러 중개업소에 한 번 들린 후 저가에 입찰하고, 낙찰되면 명도해서 중개업소에 물건을 내놓는 간 큰 분들이 많다.

부동산 흐름을 읽지 못하면 경매는 속 빈 강정과 다름없다. 경매가 나무라면 부동산은 숲이므로 '부동산+경매'의 완전체를 다룰 수 있어야 성공한 투자자가 될 수 있다.

알기 쉬운 부동산 3대 세금

부동산을 거래하면 필수적으로 발생하는 게 세금이다. 따라서 미리 발생할 세금까지 염두에 두고 예상치 못한 자금부족을 겪지 않아야 한다. 부동산을 취득할 때 나오는 취득세, 보유할 때 부과되는 보유세인 재산세, 부동산을 팔 때 발생하는 양도차익에 대한 양도소득세 등이다.

취득세

취득세는 주택, 상가, 토지 등 부동산을 취득했을 때 부과되는 세금으로 일정한 금액을 주고 구입하는 취득뿐만 아니라 상속, 증여, 주택의 신축과 증축 등에도 부과된다.

2020년 1월부터 취득세가 달라진 부분이 있다. 먼저 1세대 4주택 이상 주택을 취득 시 세율이 4.6%(취득세율 4%＋농어촌 특별세 0.2%＋교육세 0.4%)다. 배우자 및 미혼인 30세 미만 자녀는 따로 거주하더라도 1세대로 간주한다. 지분으로 주택을 소유하는 경우 각각 1주택을 소유한 것으로 산정하며, 부부가 공동 소유하는 경우는 개별 세대원이 아닌, 1세대가 1개 주택을 소유한 것으로 간주한다. 등록된 임대주택도 주택 수에 포함된다. 다만 주거용 오피스텔은 이미 일반세율(4.6%)이 적용되고 있으며, 주택 수에서도 제외된다.

1세대 3주택 이하인 경우 주택 취득세

- 6억 원 이하 : 85㎡ 이하 1.1%
               85㎡ 초과 1.3%
- 6～9억 원 이하 : 1.21～3.4%(공식 : 취득가액 × ⅔ − 3억 원(%))
- 9억 원 초과 : 85㎡ 이하 3.3%
            85㎡ 초과 3.5%

재산세

재산세는 과세 기준일인 매년 6월 1일에 부동산을 소유하고 있는 사람에게 부과되는 세금이다. 이를 판단하는 근거는 잔금 지급일과 소유권이전등기일 중 빠른 날을 기준으로 한다. 이는 건물을 사고팔 때 염두에 두면 좋다. 매도자가 5월 31일 전까지 잔금을 받으면 6월 1일 소유자는 매수자이기 때문에 그해 재산세는 매수자에게 부과된다. 매수자가 6월 2일 이후에 잔금을 내면 6월 1일 소유자는 매도인이기에 매도인에게 재산세가 부과된다. 따라서 본인에게 유리한 쪽으로 잔금기일을 정하는 지혜가 필요하다.

종합부동산세(종부세)는 일정 기준을 초과하는 토지와 주택 소유자에 대해서 국세청이 별도로 누진세율을 적용해 부과하는 제도다. 재산세와 마찬가지로 6월 1일을 기준으로 소유하고 있는 과세기준 금액이 주택분 6억 원 초과(1주택인 경우 9억 원 초과), 종합합산 토지분은 5억 원 초과, 별도합산 토지분은 80억 원 초과하는 소유자가 대상이 된다. 부부가 공동명의를 하면 종부세를 절약할 수 있는데, 종부세는 개인별 재산을 합산해 부과되는 세금이기 때문이다. 예를 들어 다주택자가 모든 주택이 단독명의고, 과세기준금액의 합이 12억 원이라면 6억 원에 대해 종부세가 부과되지만, 이를 부부가 공동명의로 1/2씩 소유하거나, 한 채는 남편, 한 채는 부인 명의로 하는 방법으로 개인당 과세기준금액을 6억 원 이하로 만들면 종부세가 발생하지 않는다.

양도소득세

양도소득세란 물건을 팔고(양도) 그 차익에 부과하는 세금으로 국세다. 양도소득세 납부 기한은 양도일이 속하는 달의 말일부터 2개월 이내다. 5월 6일에 양도(잔금 받음)했으면 7월 31일까지가 납부 기한인 것이다. 양도소득세는 보유 기간에 따라 적용되는 세율이 다르므로 주택인 경우 바로 팔 것인지, 1년 이후에 팔 것인지를 결정해야 한다. 주택은 보유 기간이 1년 미만이면 40%, 1년 이후부터는 6~42%의 세금이 부과된다(2020년 말까지). 건물, 토지는 1년 미만 50%, 1년 이상~2년 미만 40%, 2년 이상 6~42%다(2021년 1월 1일부터 주택도 동일 적용).

공동명의는 양도소득세 절약에도 도움이 된다. 단기 매매인 경우 단독명의와 차이가 없지만, 일반세율이 적용되는 경우 각각 양도소득금액의 1/2에 대해 6~42%의 누진세율이 적용되니 단독명의에 비해 양도소득세가 줄어든다.

양도소득세율

양도차익	기본세율	누진공제액
1,200만 원 이하	6%	
1,200만~4,600만 원	15%	108만 원
4,600만~8,800만 원	24%	522만 원
8,800만~1억 5,000만 원	35%	1,490만 원
1억 5,000만~3억 원	38%	1,940만 원
3억~5억 원	40%	2,540만 원
5억 원 초과	42%	3,540만 원

잔금 받기 전 명의를 넘기지 말라

경매를 하다 보면 안타까운 사연들을 많이 접한다. 그중 '소유권이전 등기'처럼 상대방을 믿고 먼저 이행해줬는데 속은 경우, 당사자의 속 타는 심정을 어찌 다 말로 표현할 수 있을까! 내 맘 같지 않은 상대방을 욕한다 할지라도 공허한 메아리로 돌아올 뿐이다.

부동산 매매의 경우 매수인의 잔금지급 의무와 매도인의 소유권이전 등기 의무 및 부동산 인도 의무는 동시이행 관계가 된다. 그런데 이런 저런 사정 때문에 매도인이 잔금도 받지 않은 상태에서 소유권이전등 기 의무를 먼저 이행해 등기를 매수인에게 넘기는 경우가 있다. 어떤 경우에 이런 일이 벌어질까?

첫째, 매수인이 매도인에게 먼저 등기를 넘겨주면 지급하지 못한 잔금을 매매 대상 부동산을 통해 대출을 일으켜 지급하겠다고 주장해 이런 일이 발생할 수 있다.

둘째, 매수인이 매도인에게 매매 대상 부동산을 직접 개발 및 분양을 해서 그 분양대금으로 잔금을 지급하겠고 해 매도인이 등기 의무를 선이행하기도 한다.

매수인의 주장이 사실이라고 해도 매도인 입장에서 소유권이전등기 의무를 선이행하는 것은 삼가는 것이 좋다. 대출을 일으켜 잔금을 지급하든, 개발을 통해 잔금을 지급하든, 대체로 매수인은 자신의 명의가 된 해당 부동산을 갖고 은행에서 대출을 일으키게 되는데 대출을 일으킨 후 이자조차 갚지 못해 해당 부동산이 경매에 들어가서 문제 되는 경우가 많다. 대출을 일으켜 잔금을 지급하겠다고 약속했으나, 대출액이 잔금에 미치지 못하거나, 개발이 좌초되는 경우 매도인은 계약해제를 고려할 수밖에 없다.

문제는 계약해제를 다투는 사이 매매 대상 부동산이 제3자에게 경락될 경우 계약해제를 통한 부동산 회수도 불가능해질 가능성이 있다는 점이다. 일이 잘돼 계약해제가 돼 경락 이전에 말소등기청구의 승소가 가능하다고 해도 대출을 통해 근저당권을 설정받은 은행에 대한 말소 승낙 요구가 인정되지 못할 가능성도 크다. 결론적으로 부동산 매매를 할 때 매도인이 등기이전 의무를 선이행하는 것은 많은 문제점이 있으므로 삼가는 것이 좋다.

잔금을 받지 않은 채 명의를 넘겨 경매로 나오다

소재지	(1번지) 경기도 부천시 원미구 중동 141-1 ▉▉▉▉▉▉ [도로명] 경기도 부천시 ▉▉▉ ▉▉ (중동)				
용도	상가(점포)	채권자	▉▉▉▉▉▉▉▉▉	감정가	250,000,000원
대지권	25.67㎡ (7.77평)	채무자	▉▉▉	최저가	(49%) 122,500,000원
전용면적	168.14㎡ (50.86평)	소유자	▉▉▉	보증금	(10%)12,250,000원
사건접수	2009-06-18	매각대상	토지/건물일괄매각	청구금액	139,042,040원
입찰방법	기일입찰	배당종기일	2009-09-30	개시결정	2009-06-19

기일현황

회차	매각기일	최저매각금액	결과
신건	2010-03-18	250,000,000원	유찰
2차	2010-04-22	175,000,000원	유찰
3차	2010-05-27	122,500,000원	매각
안관圭/입찰11명/낙찰161,380,000원(65%)			
	2010-06-03	매각결정기일	허가
배당종결된 사건입니다.			

▶ 낙찰받은 부천 상가

순위	성립일자	권리자	권리종류(점유부분)	보증금금액	신고	대항	참조용 예상배당여부 (최저가기준)
1	사업 없음 확정 없음 배당 없음	이○수	상가임차인 전체	【보】 미상	○	없음	전소유권자임

- 이○수 : 점유자 이○수는 이 건 부동산의 전소유자로 이 건 채무자와 매매계약을 체결하고 잔금 130,000,000원을 받지 못하여 이 건 부동산을 점유하면서 당구장을 운영하고 있다고 함

▶ 매각물건명세서 일부(임차인이 전 소유자임)

　해당 사건은 부천 원미구 빌딩 7층(전용면적 50평)을 낙찰받은 건인데, 특이한 점은 당구장을 운영하던 임차인이 전 소유자라는 점이다. 어떻게 전 소유자가 임차인일까?

　자신의 건물에서 직접 당구장을 운영한 원소유자 이○수 씨는 건물을 방○수 씨에게 팔았는데, 어찌 된 영문인지 잔금을 받기 전 소유권을 방○수 씨 앞으로 이전하게 된다.

　매수인인 방○수 씨가 먼저 등기를 넘겨주면 매매 대상 부동산을 통해 대출받아 잔금을 지급하겠다고 주장해 발생한 일이었다. 그 말을 믿고 1억 3,000만 원의 잔금을 받지 못한 채 명의를 넘겼고 매수인은 해

당 상가를 담보로 2억 원에 가까운 대출을 받았지만, 어찌 된 영문인지 차일피일 잔금을 지급하지 않은 사건이었다. 이에 매도인인 이○수 씨도 점유를 넘기지 않고 있었지만, 방○수 씨는 은행이자를 연체했고, 그 탓에 은행에서 경매를 신청해 매각된 케이스였다. 전 소유자는 잔금도 받지 못한 채 나가야 하니 실로 억울하지 않을 수 없을 것이다. 비단 이 사건뿐 아니라 경매 물건을 검색하다 보면 심심치 않게 이런 일이 발생한다.

내가 알아야 내 돈을 지킬 수 있다. 전 소유자도 매수인의 호언장담을 믿고 소유권이전 서류를 넘겼지만, 결과는 처절한 손해로 귀결됐다. 따라서 항상 말보다는 서류를 믿는 습관을 들이자. 원칙이 통해야 손해가 없는 법이다.

▶ 낙찰받은 후 전 소유자가 운영하던 당구장을 없애고 PC방으로 인테리어했다.

매매계약을 체결한 매도인 김순진 씨와 매수인 이선수 씨. 김순진 씨가 계약금은 받았지만 이후 약정한 기일이 돼도 이선수 씨로부터 돈이 들어오지 않는 경우, 계약을 해제할 수 있을지 상황별로 알아보자.

1. 매수인이 중도금을 지급하지 않은 경우(계약서에 중도금 지급의무 불이행 시 매매계약을 무효로 한다는 특약이 있는 경우)

대법원 선고 91다13717판결

매수인의 중도금 지급의무 불이행 시 매매계약을 무효로 한다는 특약이 있는 경우 그 불이행 자체로써 계약이 자동적으로 해제되는지 여부(적극)

매매계약에 있어서 매수인이 중도금을 약정한 일자에 지급하지 아니하면 그 계약을 무효로 한다고 하는 특약이 있는 경우 매수인이 약정한 대로 중도금을 지급하지 아니하면(해제의 의사표시를 요하지 않고) 그 불이행 자체로써 계약은 그 일자에 자동적으로 해제된 것이라고 보아야 한다.

2. 매수인이 중도금을 지급하지 않은 경우(계약서에 중도금 지급의무 불이행 시 매매계약을 무효로 한다는 특약이 없는 경우)

민법 544조(이행지체와 해제)

당사자 일방이 그 채무를 이행하지 아니하는 때에는 상대방은 상당한 기간을 정하여 그 이행을 최고하고 그 기간 내에 이행하지 아니한 때에는 계약을 해제할 수 있다. 그러나 채무자가 미리 이행하지 아니할 의사를 표시한 경우에는 최고를 요하지 아니한다.

→ 매수인의 이행지체(채무불이행) 상황이기 때문에 이행을 최고하고 상당한 기간이 경과하면 계약을 해제할 수 있다(상당 기간은 실무적으로 보통 1~2주 정도다).

3. 잔금이 미지급 상태인 경우

'계약금+잔금'으로 체결된 계약, 또는 '계약금+중도금+잔금'으로 체결된 계약에서 중도금까지는 지급했는데 잔금이 미지급된 경우 앞선 경우처럼 최고한 후 상당 기간이 지난다고 자동으로 계약이 해제되는 것은 아니다. 이 경우 잔금지급일에 소유권이전등기에 필요한 서류를 준비해서 매수인에게 제공한다는 의사를 밝혀야 상대방이 이행지체에 빠지게 되는 것이다. 즉, 상대방의 잔금지급이 어렵다는 걸 알았더라도 나는 이전 등기에 필요한 서류를 준비했다는 걸 통보해야 계약을 해제할 수 있다(대법원 91다32022판결).

대법원 91다32022 판결

부동산 매매계약에 있어서 매수인이 잔대금지급기일까지 그 대금을 지급하지 못하면 그 계약이 자동적으로 해제된다는 취지의 약정이 있더라도 특별한 사정이 없는 한 매수인의 잔대금지급의무와 매도인의 소유권이전등기 의무는 동시이행의 관계에 있으므로 매도인이 잔대금지급기일에 소유권이전등기에 필요한 서류를 준비하여 매수인에게 알리는 등 이행의 제공을 하여 매수인으로 하여금 이행지체에 빠지게 했을 때 비로소 자동적으로 매매계약이 해제된다고 보아야 하고 매수인이 그 약정기한을 초과했더라도 이행지체에 빠진 것이 아니라면 대금 미지급으로 계약이 자동 해제된다고는 볼 수 없다.

건물 도면을 확인하라

신규 분양 시 아파트나 상가 모두 완공되지 않은 채 대부분 분양한다. 이 중 아파트는 견본 주택을 통해 완공 이후를 어느 정도 판단할 수 있다. 분양 대상자 입장에서 내부 마감재나 붙박이 등의 옵션 확인이 필요하기 때문이다. 건설사도 분양률을 높이기 위해 견본 주택 조성에 심혈을 기울인다. 반면 상가는 기본 구획 정리 수준이 대부분으로 대규모 테마 공간이 아니면 견본 주택을 만들지 않는다. 상가 점포의 가치가 입지에 크게 좌우되기 때문에 내부 환경은 큰 문제가 되지 않는다는 인식이 큰 이유다.

따라서 대부분의 상가분양 상담은 상가도면을 통해 이뤄진다. 분양 대상자도 도면과 주변 조감도를 참고해 계약한다. 이 과정에서 도면에 대한 이해가 부족하다면 자칫 낭패를 겪을 수도 있다.

점포의 전면 길이를 반드시 알아보자

　도면에서 점포의 전면 길이가 수치로 표시되지 않은 경우가 종종 있다. 실제 몇몇 상가 내 점포는 최소한의 길이조차 확보가 안 돼 문제가 된 적이 있다. 때문에 투자하고자 하는 상가 점포의 사방 길이는 반드시 확인해야 한다. 상가 내 점포 전면부가 최소 3.8m 이상은 확보돼야 한다.

없던 기둥이 생길 수도 있다

　점포 도면 검토 시에는 없던 기둥이 준공이 임박하면서 점포 정중앙에 들어서기도 한다. 이는 시공사가 의도적으로 기둥에 대한 표시를 없앤 도면을 투자자에게 제공했기 때문이다. 이런 사고를 방지하기 위해서는 원본 도면과 실제 시공 상태를 따져보는 게 필요하다. 시공사와의 철저한 계약 확인도 필수다.

점포 밖 환경도 꼼꼼히 살피자

외부환경도 반드시 참고해야 한다. 한 예로 서울 구로동의 ○○오피스텔 상가 1층의 편의점은 내부 환경은 양호하지만 행인들의 눈에 잘 띄지 않는다. 건물 외부 조성물인 화단이 편의점을 가리기 때문이다. 가시성 등은 도면만으로 판단하기 어렵지만 가로수, 화단 등의 외부 조성물도 간과해서는 안 된다.

고층건물 입점 시, 엘리베이터·에스컬레이터도 확인하자

고층 상가에 입점한 점포는 엘리베이터와 에스컬레이터의 영향을 안 받을 수 없다. 방문객의 동선이 엘리베이터와 에스컬레이터의 방향에 따라 크게 좌우되기 때문이다. 보통 엘리베이터나 에스컬레이터에서 내리면 왼쪽보다 오른쪽을 먼저 가는 경향이 두드러진다. 방문객들의 이런 무의식적인 요인을 고려한다면 오른쪽 방향의 점포 가치가 클 수밖에 없다. 분양 상담 시 에스컬레이터의 상행과 하행에 운영을 일정한 시기를 두고 교차해서 운행한다고 설명하기도 하지만, 실제 이렇게 운영되는 상가는 많지 않다.

이 외에도 음식점 입점이 목적이라면 환기 위치 등을 꼼꼼히 따져야 한다. 일반적으로 천장을 통해 환기하지만 방화 셔터 등 내부 구조물이 있는 경우 천장 환기가 어려울 수 있기 때문이다.

이처럼 신규 상가는 도면을 통해 철저히 확인할 사항이 많은데 이는 경매로 낙찰받는 경우도 마찬가지다. 물론 이미 완공된 건물을 보고 입찰하는 것이니 신규 상가에 비해 리스크는 감소하지만, 경매 시 빈번하게 발생하는 실수가 바로 호실을 착각하는 것이다. 같은 층의 여러 호실이 경매로 진행되는 경우 내가 입찰하는 호실이 정확히 맞는지 도면에서 확인해야 한다. 전면부의 호실을 입찰한 줄 알았는데, 낙찰받고 보니 후면부라면 커다란 금전적 손해로 이어지기 때문이다.

도면이 경매 사건의 감정평가서에 첨부되기도 하지만, 그렇지 않을 때는 발로 뛰어 찾아야 한다. 한 방법으로 관리실과 친분을 쌓는 식으로 도면을 볼 수 있는 방법도 있고, 주변 임차인에게 물어 호실을 확인하는 방식으로 체크할 수도 있다. 물론 둘 다 확인하는 방법이 안전하다. 확인이 철저할수록 손해가 없는 법이기 때문이다.

공동 투자, 이것은 알고 하자

수익형 부동산에 관심이 높아지면서 '공동 투자'가 주목받고 있다. 매입비나 관리비 등의 투자 비용을 최소화해 수익률을 극대화할 수 있기 때문이다. 또한, 적은 비용으로 근린상가, 소형빌딩, 원룸빌딩, 모텔 등 다양한 물건에 투자할 수 있다는 장점도 있다.

하지만 장점에도 불구하고 공동 투자가 성공하기 위해서는 의외로 주의점이 많다. 투자자들의 이익 충돌로 분쟁에 휘말리는 사례도 있으며, '사공이 많으면 배가 산으로 간다'는 속담처럼 투자가 방향성을 잃는 경우도 적잖기 때문이다.

공동 투자의 장점

수익형 부동산에 공동으로 투자하는 목적은 투자금 대비 수익을 극대화하는 데 있다. 근린상가, 소형건물, 원룸형 건물 등의 경우 규모가 클수록 단위면적당 비용은 소형 물건 대비 훨씬 저렴한 경우가 많기 때문이다. 특히 법원 경매 시장에 나온 상가 등은 공동 투자자들의 좋은 투자처 중 하나다. 서울 도심의 근린상가들은 감정가가 20~30억 원대로 비싸 일반인들의 접근이 쉽지 않고, 상대적으로 관심도 낮다 보니 낙찰가가 감정가의 50% 미만으로 떨어지는 경우가 많기 때문이다.

공동 투자로 부동산 물건을 매입할 때 반드시 짚고 넘어가야 하는 부분은 소유권 등기를 누구에게 하느냐인데, 일반적으로 다음 2가지 방법 중 하나가 사용된다.

1. 투자자 중 대표 1인의 명의로 등기하고, 나머지 투자자들은 자신의 지분에 대해 공증을 받거나 근저당권 설정을 하는 방법

→ 이 경우 관리계약이나 매매계약 시 투자자 모두의 합의서를 다 받는 복잡한 절차를 줄일 수 있지만, 대표 명의자 임의로 부동산을 처분해도 막을 수 없다는 한계가 있다.

2. 등기 자체를 공동명의로 하는 방법

→ 투자 금액 비율에 따라 지분별 등기가 가능해 자신의 소유권을 확실히 할 수 있는데, 이 경우 매매나 건물 개보수, 관리 등의 절차를 밟을 때 소유자 전원의 동의가 필요하다. 다만 일부 투

자자가 자신의 지분을 매도할 때 청산 가격 등을 둘러싸고 다른 투자자들과 분쟁이 발생할 우려가 있기 때문에 소유권을 가지고는 있지만 온전하게 행사하기는 힘들다는 점을 주의해야 한다.

공동 투자가 별다른 분쟁 없이 원활하게 진행만 된다면, 투자 위험성을 줄임과 동시에 수익성도 높일 수 있는 일석이조의 투자법이다. 하지만 공동지분 형식으로 투자하므로 개개인의 소유권에 제한이 따르고, 투자자 간 의견이 맞지 않으면 분쟁이 발생할 우려가 있다. 특히 소유 지분 산정, 개발 수익의 분배, 자금 지불 불이행에 대한 문제, 수익금 정산방식 등이 사전 조율돼 있지 않을 경우 분쟁을 피하기 어렵다. 따라서 공동 투자에 앞서 이런 내용들을 담은 사전 투자 계획서를 반드시 문서화해 작성하는 것이 좋으며, 문서는 가급적 법무사사무소 등에서 공증을 해두는 것이 좋다.

공동 투자 리스크를 줄이는 방법

1. 꼼꼼한 계약서 확인(투자 약정서)

계약서에 불리한 내용은 없는지, 실체가 없는 허황된 계약내용은 없는지 꼼꼼히 확인해야 한다.

2. 투명한 공동 투자

어떤 공동 투자를 보면 투자자들끼리 누가 투자했는지도 모르는 상황이 많다. 즉 계약 자체를 비밀리에 진행한 결과며, 제대로 확인하지 않은 결과다. 공동 투자를 성공리에 이끌기 위해서는 믿음 가는 사람 소수만 하는 것이 제일 좋지만, 여의치 않을 경우에는 공동 투자에 임하는 투자자들이 모두 모여 누가 어떻게 하는지 알고서 시작하는 게 좋다. 그래야 나중에 일이 잘못됐을 때도 대처하기가 좋다.

3. 직접 현장 확인

투자하기로 했으면 모든 걸 대표에게 맡기면 안 된다. 사람 간에 믿음도 중요하지만, 투자는 내 눈으로 직접 보고 느껴보지 않은 이상 절대 남을 믿으면 안 된다. 하지만 실제로는 이런 경우가 많으니 투자를 하더라도 건물(또는 땅)이 어디 있는지도 모르고 그냥 돈만 투입하는 결과가 벌어진다.

4. 수시로 상황보고를 들을 것

공동 투자를 할 때는 투자 대표와 임원들을 주축으로 정기 또는 수시로 상황보고를 들어야 한다. 단순히 "지금 잘돼 가고 있다"는 식의 답변이 아닌, 정확한 상황보고와 그때마다 들어가는 돈의 흐름 등이 구체적으로 보고될 수 있어야 한다. 보통 이런 정기, 수시 상황보고가 제대로 되지 않는 공동 투자치고 성공하는 경우가 거의 없다.

5. 명확한 수익배분

수익이 적든, 많든 배분이 정확해야 한다. 수익이 적기 때문에 다음에 한 번에 모아서 배분하겠다고 하면 잡음이 생기거나, 수익배분에 공평성을 잃기 좋은 상황으로 흘러간다. 그러므로 매달, 또는 분기별로 계약됐다면 그 정확한 기간에 수익을 배분하는 과정이 있어야 그 공동 투자는 투명해지고 성공 가능성이 커진다. 수익이 배분돼야 할 날이 지연되거나 미뤄진다면 공동 투자자들은 불안해질 수밖에 없고, 그로 인해 투자가 지속될 가능성이 작아져 투자자의 이탈이 심화될 수 있기 때문이다.

공동 투자, 가급적 자금 상황이 좋은 사람끼리 하면 좋다

공동 투자는 여러 사람의 자금이 투입되다 보니 시간이 지날수록 사정 급한 사람들이 나타나기 마련이다. 결혼, 가정 형편, 급전 필요 등의 이유로 누군가 자금을 빼야 할 상황이 온다면, 다른 사람이 그 부담을 덜어줄 수 있어야 공동 투자가 성공할 수 있다.

조금만 더 참을 수 있는 자본력과 끈기가 있다면 향후 더 높은 투자 수익을 올릴 수 있는데, 빨리 팔아버린다면 세금, 이자비용, 투자 수익 손실 등 안타까운 상황이 돼버린다. 부동산은 짧게 보고 가는 물건이 아니다. 때로는 단기간에 매매되기도 하지만 시장 상황에 따라 달라진다. 그나마 수익을 본다면 다행이지만 잘못된 판단으로 원금마저 손실을 본다면 참으로 안타까운 일이다. 최소 2년은 보유해야 세금 부담을 덜 수 있는 것이 부동산이기에 조금 더 여유를 가지고 투자해야 한다. 기껏 고생하고 만기 한 달 전에 적금 해지하는 것과 같은 아쉬움을 경험하지 말길 바란다.

명도의 핵심은 협상이다

점유자와의 만남에서 으레 나오는 말이 있다.

"이사비 얼마 줄 겁니까?"

돈 맡겼냐고 직설적으로 말하고 싶지만 좋은 게 좋은 거라고 나름 논리적으로 설득을 시킨다. 보통은 자신의 상황을 얘기하며 인정에 기대는 얘길 하지만, 일부는 공격적으로 말하는 사람도 있다. 여기 시설물은 본인이 설치한 것이기 때문에 전부 떼가겠다 또는 부숴놓고 나간다고 으름장을 놓는다. 이는 일부는 맞고, 일부는 틀린 말이다. 시설한 것은 임차인이 맞지만, 낙찰 이후 시설물을 떼가는 것은 불법행위다.

특히 상가 명도할 때 이런 경우가 많이 생기는데, 사실 낙찰자 입장에서 법리적인 해석을 떠나 이 말처럼 무서운 것이 없다. 새로운 문제가 많이 발생하기 때문이다.

일반 매매로 상가를 거래할 때는 시설권리금에 대한 비용을 받을 수 있지만, 경매의 경우 낙찰자에게 이런 주장을 할 수 없다. 이런 부분을 알고 공격적으로 말하는 점유자들은 대부분 막무가내인 사람들이 많은데, 좀 더 냉철하게 실익을 얻을 방법이 뭔지를 잘못 알고 있는 경우다. 이런 사람들과 말싸움 길게 해봐야 득 될 것이 없다.

부동산의 부합물

"내 돈 들여서 한 인테리어 다 뜯어갈 테니 그리 아세요."

낙찰자를 위협할 때 임차인이 가장 흔히 쓰이는 말이다. 임차인이 돈을 들여 시설해놓은 것이기에 어떻게 들으면 그 사람들의 말이 맞는 것 같기도 하지만, 이를 훼손하면 명백히 형법상 재물손괴죄에 해당한다. 이럴 경우 먼저 그 시설물들이 경매가 진행되면서 권리관계가 어떻게 변했는지를 설명해줘야 한다.

부동산의 부합물이란 본래의 부동산과는 별개 물건이지만, 부동산에 결합해 거래 관념상 부동산과 하나의 물건이 됨으로써 부동산 소유자에게 귀속되는 물건을 말한다. 이런 부합물은 부동산뿐 아니라 동산도 포함된다. 일반적으로 부합물의 기준을 판단하는 기준은 다음과 같다.

① 훼손하지 않으면 분리할 수 없는 경우

② 분리에 과다한 비용을 요하는 경우

③ 분리할 경우 경제적 가치가 심하게 감손되는 경우

　민법상의 부합물과 종물에 대한 설명을 하고, 대금납부와 동시에 시설물에 대한 소유권까지 낙찰자에게 이전됐기 때문에, 명도협상을 하는 지금 이 시점에서 시설물을 파손시키는 행위는 낙찰자의 재산을 손괴시키는 행위가 되므로 형법상의 재물손괴죄(형법 제366조)와 민법상의 손해배상책임(민법 제750조)까지 있음을 주지시킨다.

　판례와 법 조항을 연계해 설명하면 훨씬 설득력 있다. 어떻게 보면 임차인들의 경우 법률관계에 대한 변동을 모르기 때문에 발생하는 문제이기도 하다. 하지만 현장에서 이러한 권리관계에 대한 부분을 얘기해도 돌아서면 점유자들은 잊어버린다. 따라서 내용증명을 작성하고 관련 법규나 판례를 첨부해서 보내면 그다음 방문 시 많이 누그러져 있는 경우가 많다.

대법원 84도1549

건물의 임차인이 그 권원에 의하여 벽, 천장에 부착시킨 석재, 합판 등의 소유권 귀속 건물의 내부 벽에 붙인 은파석이나 그 내부 천장에 부착된 합판은 사회 관념상 건물의 일부 구성 부분을 이루고 있고 이들을 기존건물과 분리하여서는 경제상 독립물로서의 효용을 갖지 못한다고 볼 수밖에 없으므로 비록 이들을 건물의 임차인이 그 권원에 의하여 건물에 부속시킨 것이라 하더라도 이들은 위 부착과 동시에 건물에 부합돼 건물 소유자의 소유에 귀속됐다 할 것이다.

유치권의 핵심 또한 협상이다

민법 제320조(유치권의 내용)

① 타인의 물건 또는 유가증권을 점유한 자는 그 물건이나 유가증권에 관하여 생긴 채권이 변제기에 있는 경우에는 변제를 받을 때까지 그 물건 또는 유가증권을 유치할 권리가 있다.

② 전항의 규정은 그 점유가 불법행위로 인한 경우에 적용하지 아니한다.

초보자들은 경매 시 '유치권'이라는 말만 들어도 우선 겁부터 먹는 경향이 많다. 과연 유치권은 어떻게 해결해야 하는 것일까?

딱딱한 학문적 이론과 더불어 사람마다 유치권에 관해 여러 가지 의견들이 있겠지만, 내가 경험한 것에 따르면 유치권의 핵심은 '협의'가 아닐까 생각한다. 유치권을 신청한 사람과 낙찰자와의 치열한 머리싸움과 협의야말로 유치권의 핵심이다. 최근에는 유치권이 하도 많이 남발되다 보니 '요즘 유치권은 유치권도 아니다'라는 말이 있기는 하지만, 막상 입찰 당사자에게는 혹시나 모를 유치권의 압박감으로 인해 쉽게 입찰할 수 없는 것 또한 사실이다. 그럼 어떻게 해야 할까? 내가 그동안 경험한 사례를 살펴보자.

관리비 연체로 인한 유치권

유치권 중에 연체된 관리비를 이유로 관리실 또는 관리단에서 유치권을 신청하는 경우가 꽤 많아지고 있다. 가압류 등을 통한 권리행사도 가능하지만 사실상 배당순위에서 밀리기 때문이다. 관리하는 주체일 경우 항시 그곳에 상주하고 있고, 앞으로 그 물건을 사용하기 위해서는 필수적으로 관리단과의 접촉 또는 도움이 필요하기에 관리단 입장에서는 가압류보다는 유치권을 더 선호하는 실정이다.

자칫 법적인 부분으로 접근해 공용부분만 납부하면 된다느니, 소송을 한다느니 했다가 잔금 치르고도 적게는 몇 개월에서 많게는 몇 년까지 임대도 놓지 못하고, 지루한 법정 공방을 펼치는 경우도 허다하다. 말이 안 통할 때는 어느 정도의 압박이 필요하지만, 너무 법만 좋아하다 보면 법으로 망하는 경우도 있는 게 현실이다.

내가 구로구 오류동의 오피스텔을 낙찰받았을 때는 관리단과 좋은 관계를 유지한 덕분에 개당 400~500만 원가량의 유치권비용을 내기로 협조하고, 미리 오피스텔 내부의 상황을 파악할 수 있었다. 잔금 치르기 이전에 복층 공사, 수리 등의 모든 작업을 끝내 놓고 잔금과 동시에 임대를 놓고선 그 보증금으로 유치권비용을 납부했다. 낙찰과 잔금 납부 사이에 모든 명도와 임대 등을 끝내고 실제로는 추가 비용 없이 임대수익까지 남들보다 한두 달 먼저 좋은 가격으로 임대했던 것이다. 물론 지불한 유치권비용은 매도 시 필요경비로 모두 공제받았다.

서로 물러서지 않고 법적 다툼을 한 후 얻은 효과와 적절한 협의를 통한 빠른 임대와 대출이자 비용감소 등의 효과를 얻는 것 중 어느 것이 더 나을지는 본인의 현명한 판단과 선택이 필요하다.

인테리어, 공사비 등으로 인한 유치권

대부분 인테리어 등의 유치권은 세입자 또는 건물주가 본인의 사업을 영위하기 위해 투자한 시설비를 말한다. 이것은 일종의 필요비로서 사실상 유치권으로 인정받기 어렵다. 물론 투자한 사람의 입장에서는 경매를 당한 것도 어려운데, 투자한 인테리어 비용을 한 푼도 회수할 수 없다는 것이 억울할 것이다. 하지만 법적으로 건물의 가치를 현저히 상승시키는 유익비에 해당하지 않을 경우는 모두 필요경비 정도로 평가하는 것이 현실이다. 사실 거의 90% 이상의 물건들이 이런 유치권에 해당한다고 할 수 있다. 부동산 임대차계약서에도 자세히 살펴보면 임대 종료 시 모든 것을 원상 복구한다는 조항이 있다는 것을 잊지 말자. 이렇듯 대부분의 인테리어 비용은 유치권 성립이 안 된다.

경매에서 많이 나오는 물건 중에 대형 평수의 사우나, 찜질방 등이 있는데, 많은 이해관계인이 얽혀 있어 감정가보다 많이 저렴한 가격에 낙찰된다. 물론 법적으로는 대부분 유치권으로 인정되지는 않지만, 임차인들의 명도거부, 방해 등으로 명도가 어렵기에 그 처리 기간과 비용 등으로 차라리 협의하는 경우가 많다. 또한, 워낙 대형 평수이기에 그동안의 연체관리비와 철거비용 또한 만만치 않은 게 현실이다. 그래서 유치권의 핵심은 '협의'라고 주장하는 것이다. 법적으로는 10원 한 푼 안 줘도 상관없지만, 낙찰자가 유치권소송 등을 통해 해결해야 하고, 그로 인해 은행대출 등이 안 되는 불이익이 생기기 때문에 시간비용, 관리비용, 이자비용 등을 잘 판단해 뭐가 더 이득인지 잘 판단해야 한다.

공사비 유치권

사실 유치권 중에 가장 어려운 것이 공사비에 의한 유치권이다. 실제 건물을 건축하는 데 들어간 정상적인 유치권이라면 100% 다 인정될 수 있고, 만약 아니라 할지라도 파악하기가 그리 호락호락하지 않아 많은 시간과 노력이 필요하다. 하지만 진짜와 가짜를 떠나 유치권 신청자는 개인이나 중소업체가 많아 물질적인 어려움이 많은 게 사실이다.

PART
10

당신의 성공을
위한 조언

투자, 역발상이 답이다

당신은 '위기'라는 단어를 보고 위험을 떠올렸는가? 아니면 기회를 떠올렸는가? 위기(危機)는 '위험(危險)'과 '기회(機會)'가 합쳐진 말이다. 인생을 살다 보면 늘 기회가 왔다가 사라진다. 어찌 보면 '위기'라는 이름으로 다가오는 '기회'인지도 모른다. 고수는 위기 때 회심의 미소를 짓는다고 하지 않는가. 투자에서 중요한 것은 두려움과 욕심을 적절하게 조절하는 것이다. 두려움과 욕심은 어떤 방식으로 투자하든, 초보 투자가와 투자의 대가를 구분 짓는 기준이 된다.

주식 시장의 예를 보자. 일반인은 시장이 완연한 상승세가 된 것을 확인하고서야 마음속에서 투자 욕심이 끓어오른다. 한껏 상승한 시장에서 마구 사들이기 시작한다. 이렇게 일반인이 사들이기 시작하면 시장은 하락세로 돌아선다. 그렇게 시장이 하락세로 흘러가면 사람들의 마음속에서는 '자칫 모두 잃을 수도 있다'는 두려움이 커지기 시작한다. 그 두려움을 견디지 못하고, 샀던 것을 파는 이들이 대부분이다. 물론 이들이 이렇게 팔고 나면 시장은 다시 상승세로 돌아선다. 결국, 투자 시장에서 욕심과 두려움이 이 같은 결과를 만드는 것이다. 투자의 대가 인 워런 버핏은 "남들이 욕심을 낼 때 두려워하고, 두려워할 때 욕심을 내라"고 했으며, 실제로 이 말을 실천했다. 2008년 세계 금융위기 때 뱅크 오브 아메리카(BOA)와 골드만삭스 등 위기를 겪고 있던 금융사 여섯 곳에 투자해 100억 달러의 수익을 냈다.

부동산도 주식과 마찬가지다. 경제가 좋지 않으면 대출금을 상환하지 못해 경매로 나오게 돼 물건이 넘친다. 상가, 건물, 호텔, 공장 등 감정가의 50%대로 사들일 수 있다. 대다수의 일반인은 경기가 호황일 때 부동산에 투자하지만, 나는 역발상으로 경기가 불황일 때 부동산에 더 많은 투자를 한다.

근래, 경매에 관심 갖는 사람들이 많아졌다. 경매 관련 서적들, 여러 경매 카페들이 수강생들을 배출하며, 이들끼리 경쟁하는 형태가 되고 있다. 이런 상황에 몇 번 시도하다가 떨어지면 스스로 늦었다고, 경매 는 한물간 것 같다며 포기하는 사람이 의외로 많다.

낙찰을 못 받은 이는 "경매가 과열됐다. 한물갔다"고 낙찰받은 이는 수익을 못 내서 "경매가 한물갔다"고 한다. 본인이 경험해본 일부 경험 만으로 전체 경매 시장을 매도하며, 먹을 게 없다는 말을 남기고 떠난다. 실제 먹을 게 없을까? 그렇다면 경매를 그만해야 하지 않을까? 하지만 나는 지금도 꾸준히 경매를 지속하고 있다. 분명 높은 수익이 나기 때문이다.

제대로 볼 줄 알아야

군맹무상(群盲撫象)이란 말이 있다. '장님 여럿이 코끼리를 만진다'는 뜻으로 자기의 좁은 소견과 주관으로 사물을 그릇되게 판단함을 말한다. 우리는 코끼리를 만진 장님처럼 자신이 본 것만 믿고 사는 경우가 많다. 확실하게 봤다고 생각했던 것이 전체가 아니라 자신이 보려 했던 일부분이고, 들었던 것들이 전체가 아니라 자신이 듣고 싶었던 일부분일 때가 많다. 이런 행동은 마음의 크기를 작게 만들어 자신만이 옳다고 믿게 만든다.

미국의 심리학자 크리스토퍼 차브리스와 다니얼 사이먼스는 심리학 역사상 가장 유명한 실험을 했다. 당시 대학원생이던 차브리스와 조교수인 사이먼스는 학생을 두 팀으로 나눠 이리저리 움직이며 농구공을 패스하게 하고, 이 장면을 찍어 짧은 동영상을 만들었다. 두 사람은 실험 대상자에게 검은 셔츠 팀은 무시하고, 흰 셔츠 팀의 패스 수만 세어 달라고 부탁했다. 동영상 중간에는 고릴라 의상을 입은 여학생이 약 9초에 걸쳐 무대 중앙으로 걸어와 선수들 가운데에 멈춰 서서 카메라를 향해 가슴을 치고 나서 걸어나가는 장면이 있었다.

그런데 놀랍게도 실험 대상의 절반은 패스 수를 세는 데 정신이 팔려서 그 여학생을 보지 못했다. 뜻밖의 사실을 잘 보지 못하는 이 현상에는 '무주의 맹시(Inattention Blindness)'란 이름이 붙여졌다. 보이지 않는 고릴라 실험에서 보듯 인간은 자기가 보고 싶은 것만 보려는 경향이 있다. 이는 지능이나 성격과도 무관한 인간의 보편적인 약점이다.

경매가 한물갔다고 주장하는 사람은 실체관계는 알고 싶은 생각 없이 자기가 보고 싶은 것만 보려고 하는 것은 아닌지 살펴보기 바란다. 눈을 돌려 넓게 주위를 보자. 경매로 돈을 번 사람을 제발 보기를 바란다.

디드로 효과를 누려라

양복 한 벌 맞췄더니 새 구두도 하나 사고 싶고, 구두 한 켤레 장만했더니 새 가방도 하나 들고 싶고…… 혹시 여러분도 이런 기분이 들었던 적 있을 것이다. 이런 현상을 '디드로 효과(Diderot effect)'라고 한다. 이 이론은 18세기 프랑스의 계몽사상가 드니 디드로의 경험에서 나왔다.

청빈한 디드로는 어느 날 친구로부터 서재용 고급 가운을 선물 받았다.

"오, 이런 고급 가운을 선물 받다니……"

디드로는 그 가운을 서재에 고이 모셔뒀는데 보면 볼수록 자신의 서재가 낡고 초라해 보이기 시작했다. 그래서 멀쩡한 서재의 물건들을 하나씩 새것으로 바꿨다. 책상, 의자, 책꽂이, 시계, 벽걸이 장식까지……

이처럼 새로운 물건을 갖게 되면 그것을 둘러싼 다른 물건도 그것과 어울리는 것으로 바꾸기를 원하게 되는데, 이를 '디드로 효과'라고 한다. 자신을 둘러싼 것들의 일관된 수준을 추구하고 싶어 하는 욕망을 일컫는 말이기도 하다. 보통 마케팅에서 소비를 끌어올리기 위해 사용하는 디드로 효과지만, 나는 이를 경매에 대입하고 싶다.

같은 돈이지만 임차인으로 살고 있는 김청렴 씨(가명)와 경매로 상가를 낙찰받아 내 건물에서 사업하는 나부자 씨(가명)는 입장이 다를 수밖에 없다. 나부자 씨는 '내 건물을 장만했으니 거기에 맞게 집도 늘려볼까?' 하는 생각이 들어 이때도 경매를 이용해 저렴하게 넓은 집을 장만했다. '집도 늘렸으니 그에 맞게 차도 바꿔볼까?'라는 생각이 들어 이때도 경매를 이용했다(자동차도 경매로 매각된다). 이렇듯 하나를 바꾸니 다른 재화도 연쇄적으로 바꾸게 된 나부자 씨는 단순 소비가 아닌 자산을 창출하고 있는 것이다. 김청렴 씨와 나부자 씨는 분명 처음에는 같은 금액을 손에 들고 시작했는데, 결과는 엄청난 자산 차이가 나는 것이다.

물론 이는 단편적인 한 예일 뿐이다. 하지만 디드로 효과를 단순 심리적 효과라고 치부하지 말고, 그 효과를 나도 모르게 따라가는 심리를 역이용하면 좋다. 나도 모르는 사이 그렇게 하고 싶어 안달나도록 말이다.

경매 한 건 낙찰받은 사람은 한 건으로 끝나지 않는다. 보통 주거용으로 시작해 상가, 오피스텔, 토지, 공장, 특수물건 등 다방면으로 종목을 넓히며 도전한다. 이렇게 몇 년이 지나면 자칭 부동산 전문가 소리를 듣게 되지만, 분명한 것은 어느 누구도 처음부터 전문가는 아니었다는 것이다. 본인이 노력했고, 그에 걸맞게 많은 공부(이론+실전경험)를 한 결과 자연스레 이룩한 것이다. 디드로 효과처럼 자신을 둘러싼 수준을 일관되게 유지하고 싶은 마음이 성공을 만든 것이다.

실천하는 것이 힘이다

몇 년 전에 있었던 일이다. 예전에 운영하던 구로구 오류동 ○○부동산 중개업소에 숍인숍으로 해오던 세탁소에 자주 오시던 한 단골손님이 있었다. 이름이 유명 개그맨과 똑같아서 그 이름만 알았지 별다른 말은 나누지 못한 사이였다. 1년간 얼굴과 이름만 알고 다른 말을 안하던 그분이 갑자기 오피스텔 시세를 물어보셔서 중개사님께 상담시켜 드렸다. 그런데 그분이 중개사 수료증과 공제증서 등을 유심히 보더니 "이게 본인의 공제증서와 수료증 맞아요?"라면서 뭔가 꼬투리를 잡으려는 것처럼 말했다. '우리가 불법으로 중개하는 것도 아니고 왜 그런 것을 것 따지나' 하고 생각하고 있는데 그분이 또 한마디 하셨다.

"제가 부천에 있는 ○○대학교에서 부동산 강의를 하는데 수료증과 공제증서는 실물로 처음 보네요."

중개사님과 나는 그저 웃음으로 대답을 대신했다. 그분은 공제증서의 비용은 얼마인지, 언제 어디에 지불하는지 물어보셨다. 대학에서 부동산학을 강의하는 분이 이 정도였나 하는 씁쓸한 생각이 들었다.

이분에게 배우는 분들은 그것을 부동산학의 기본 틀로 생각할 것이다. 또한, 이분이 모든 것을 다 할 줄 아는 분이라고 생각할 것이다. 하지만 실제로 그렇지 않다면, 배우는 분들은 과연 무엇을 배운 것일까? 배우는 분들은 탁상공론보다는 실전을 먼저 경험한 선배를 원할 것이다.

경매도 마찬가지다. 세상에는 정말 많은 경매 고수들이 있다. 교수라는 이름으로 대학 강단에 서는 분, 문화센터 등에서 강의하는 분, 기타 온갖 종류의 경매 업체에서 강의하는 분 등 다양한 강의 현장에서 가르침을 주고 있다. 그러나 실제로 이분들 중에는 앞의 사례처럼 이론은 해박함에도 불구하고, 경매 한 건 낙찰받지 못한 분들 또한 수두룩하다. 유치권이니, 선순위 임차인이니, 지상권이니 하며 강의하는 이분들이 과연 실제로 그런 물건들을 얼마나 낙찰받아 사후처리까지 말끔히 해보셨는지 궁금하다. 쉽게 말해 얼마나 실전경험의 노하우가 있는지 꼭 물어보고 싶다.

경매는 단순 이론뿐만 아니라 낙찰받아 명도하고, 다시 임대 또는 매매하기까지 정말 많은 과정이 필요하다. 해박한 경매이론은 이론일 뿐이다. 경매는 차근차근 순서를 밟아야 한다. 경매 물건을 낙찰받는 것은 어렵다. 그러나 낙찰받아 명도하는 것은 그보다 10배는 어렵다. 또 그 집을 처리하는 사후과정 역시 만만치 않다. 그런데 일반 물건 하나 낙찰받아 처리해보지 않은 사람이 유치권, 선순위 임차인, 지상권 같은 문제 있는 물건을 처리한다고? 과연 가능할까? 내가 보기에는 아직 걷지도 못하는 아기가 뛰겠다는 소리로밖에 들리지 않는다.

솔직히 처음에는 나도 그랬다. 모든 것을 다 배우고 싶었고, 다 할 수 있을 줄 알았다. 그러나 실제로 겪어보니 그렇게 호락호락한 게 아니란 것을 알았다. 모든 이론을 다 안다고, 모든 판례를 다 안다고 그 모든 것을 다 처리할 수 있는 게 아니다. 차라리 작은 일반 물건 하나라도 믿을 수 있는 실전 경매 전문가의 도움을 받아 낙찰받고 처리하는 과정을 배우자. 그게 더욱더 경매를 빠르고 정확하게 배울 수 있는 방법이다.

경매는 시간이 필요한 세계다. 그냥 슈퍼에서 사는 일반 물건이 아닌, 적어도 몇천만 원에서 몇억 원에 거래되는 물건이다. 낙찰받고, 명도하고, 다시 매매하기까지의 시간이 필요한 세계다. 조급해하지 말고 지금부터라도 차근차근 시작해보자. 헛된 이론 전문가들의 꾐에 빠져 지상권이니, 유치권 등의 대박 환상을 좇지 말고, 작은 물건부터 실제로 시작해보자.

'백문이 불여일견'이고, '백견이 불여일행'이라고 했다. 백 번 듣는 것이 한 번 보는 것보다 못하고, 백 가지 아는 것은 한 가지 실행하느니만 못하다는 뜻이다. 실천하지 않는 지식은 빈껍데기다. 우리를 원하는 곳으로 데려다주는 것은 지식이 아니라 실천이다. 실천이 결과를 만드는 것으로, 실천하는 사람이 항상 힘을 갖기 마련이다.

기회는 도전하는 자에게 찾아온다

미국에서 역대 부자 중 한 사람인 샌더스 대령이 생소하게 느껴진다면 KFC를 떠올려보자. 전 세계적으로 수천 개의 프랜차이즈 매장을 운영 중인 KFC 말이다. 이 KFC의 창업주가 바로 할랜드 데이비드 샌더스다. KFC 매장 앞의 흰 수염 난 할아버지 마스코트의 주인공이다.

샌더스의 아버지는 다섯 살 때 돌아가시고, 어머니가 생계를 이끌어가야 했다. 3남매의 장남인 그는 어머니를 대신해 어린 시절부터 집안의 요리를 도맡았으며, 장성한 후에는 증기선 선원, 보험 판매원, 철도 공사원, 농부 등 다채로운 직업을 거쳤다. 그는 7학년(미국은 12학년까지 있음) 때 학교에서 중퇴했으며, 어머니는 재혼한 의붓아버지의 가정 폭력으로 집을 떠났다. 이 사건 이후 그는 기록부를 위조해 군대에 입

대해 쿠바에서 복무했다.

　군 제대 후 그는 40살 무렵에 음식 장사를 시작했다. 마땅한 식당이 없어 그가 살던 주유소 방 한 칸에서 요리를 시작한 것이다. 주요 손님은 주유하러 오는 손님이었고, 맛있다는 입소문이 나자 음식을 먹으려고 일부러 찾아오는 이들이 늘어났다. 요리가 인기를 끌자 그는 정식으로 식당을 개업했고, 이후 9년 동안 그만의 닭튀김 조리법을 개발했다. 이것은 당시 널리 사용되던 팬 튀김 방식보다 조리시간이 빠른 압력 튀김 방식이었다. 이렇게 식당 운영이 잘되는 시절도 있었지만, 이후 식당 임대료, 직원들 월급 등 유지비가 급증하며 적자 더미에서 헤어나지 못하더니 급기야는 파산하고 말았다. 샌더스가 65세 때의 일이었다. 이때 그의 손에 남은 것은 사회보장비 명목으로 켄터키 주 정부로부터 받은 100달러짜리 수표 한 장뿐이었다.

　다시 한 번 주먹을 불끈 쥔 샌더스는 자신의 요리법을 사줄 후원자를 물색하기 시작했다. 늙은 나이에 1,008회나 문전박대를 당했지만, 드디어 1,009회째에 후원자를 만나 식당을 열게 됐다. 메뉴를 간소화해 빠른 시간에 음식을 제공할 수 있는 방법을 시행했고, 이는 시장에서 혁신적인 바람을 몰고 왔다. 그의 매장은 전 세계적으로 뻗어 나갔다. 그는 수익금 일부를 장학금으로 자선단체를 조직하는 데 사용했는데, 2007년 한 해에 모인 기금이 100만 달러를 넘어섰다. 열정적인 삶을 살았던 그는 90세에 편안히 눈을 감았고, 그의 이름은 미국 비즈니스 명예의 전당에 올랐다.

전 세계가 기억하는 테리 폭스

18살 어린 나이에 골육종이라는 뼈암 진단을 받은 캐나다 청년 테리 폭스는 암이 전이돼 결국 다리 한쪽을 절단하기에 이르렀다. 주변 사람들은 그가 좌절하지 않을까 걱정했지만, 그는 병원에 있는 다른 암 환자의 고통을 지켜보며 그들을 위한 모금 활동을 하기로 결심했다.

모금 방법으로 테리 폭스는 마라톤을 선택했다. 남은 한쪽 다리와 의족에 의지해 마라톤을 시작했고, 무려 143일 동안 캐나다 대륙의 2/3에 달하는 5,373km를 달리는 기적을 이뤄냈다. 하지만 144일째 되던 날 암세포가 폐로 전이됐다. 달리기를 중단했지만 안타깝게도 23살의 나이로 세상을 떠났다. 죽는 순간까지도 다시 일어나 달리겠다던 테리 폭스가 사망한 다음 날에 캐나다 정부는 조기를 걸었으며, 국민도 함께 애도하며 조기를 달았다.

그가 떠난 직후 2,700만 달러였던 어린이 암 연구기금은 오늘날 6억 5,000만 달러로 커졌다. 그리고 그의 뜻은 전 세계로 퍼져 우리나라를 포함한 세계 60개국에서 '테리 폭스 달리기' 행사가 열리고 있다. 테리 폭스가 좌절하고 병상에만 누워 있었다면 아무도 그를 기억하지 않았을 것이다.

핑계는 핑계일 뿐이다

실패하는 사람들은 이른바 '핑계병'이란 질환에 걸려 있는 경우가 많다. 이런 핑계병은 성공한 사람과 성공하지 못한 사람들의 차이를 분명하게 보여준다. 즉, 성공한 사람일수록 핑계를 대지 않는 반면, 아무런 계획과 목표도 없는 사람일수록 으레 자신의 언행에 온갖 이유를 들이댄다. '하지 않는 이유', '할 수 없는 이유' 등을 열심히 갖다 붙인다.

흔히 '나는 너무 나이가 많아' 또는 '나는 너무 젊어'라고 말한다. 하지만 안타깝게도 이런 핑계는 수많은 기회의 문을 닫아버린다. 나이가 맞지 않는다는 핑계로 시도해볼 생각조차 하지 않는 것이다. 스스로 '내 나이는 이런 일을 하기에 딱 맞다'고 생각하는 사람은 놀랍게도 소수에 지나지 않는다. 나이는 숫자일 뿐이다. 나이가 축복이 될지, 장애가 될지는 전적으로 마음 자세에 달린 문제다.

사람마다 성공의 기준이 다르다. 흔히 돈을 많이 벌어야 성공했다는 인식이 있는데, 실제 부자들은 돈을 성공의 기준으로 삼지 않는다. 진정으로 성공한 사람은 행복, 마음의 평안, 타인을 위한 봉사를 성공의 기준으로 삼는다. 그들이 생각하는 돈은 여유 있는 생활을 위한 도구일 뿐, 돈으로 행복을 살 수 없음을 알고 있다.

환경이 조금 더 좋았더라면 하는 핑계는 스스로 위안하기에 적당할 뿐이다. 모두 같은 조건임에도 어떤 사람은 즐겁게 일하고, 어떤 사람은 방황하며, 어떤 사람은 미래 계획을 짠다. 핑계로 합리화를 하는 사람들은 성공하기 힘들다. 자신의 단점을 인정하는 것이 아니고, 자존심이 센 것이며, 자신을 전혀 바꾸려 하지 않기 때문이다. 자, 당신은 어떠한가? 이 책을 읽으면서 경매를 배우고 싶어졌는가? 아니면 배우지 않을 핑계를 찾고 있는가?

I can, 나는 할 수 있다

'나는 할 수 있다(I can)!', '나는 할 수 없다(I can't)!'는 둘 다 맞는 말이다. 본인이 할 수 있다면 당연히 할 수 있다. 하지만 본인이 할 수 없다고 포기하면 더 이상 할 말이 없다. 즉, 본인의 마음가짐이 중요하다.

우리 뇌의 작동원리 중 하나는 믿는 대로 정보를 처리하는 것이다. 그리고 그 믿음이 긍정적일 때는 흥분성 신경전달물질계의 활성이 높아져 동기와 활력이 생긴다. 자신에 대한 긍정적인 평가와 믿음은 뇌의 신경회로를 열어 새로운 회로의 생성을 촉진하고, 신경회로 사이의 신경전달 물질을 원활하게 분비해 뇌 기능을 극대화시킨다. 우리의 뇌는 개방적 시스템을 따라 자신의 기억은 물론, 주변과 적극적으로 연결되고, 새로운 생각을 만들어낸다. 그리고 자신을 중심으로 결단력이 만들어진다.

진정한 자신감은 가짜 자신감을 가진 사람들이 불안함을 가리기 위해 드러내는 것과는 다르다. 진정 자신감 있는 사람들은 언제나 의심이 많고, 겁을 내는 사람들보다 유리하다. 그들은 다른 사람들에게 영감을 주고, 일들이 일어나게 하기 때문이다. 미국의 자동차 회사 '포드'의 창설자이자 자동차 왕으로 불리는 헨리 포드는 "당신이 할 수 있다고 생각하든, 할 수 없다고 생각하든 당신은 옳다"고 했다. 즉, 의지가 성공에 강한 영향을 미친다고 본 것이다. 멜버른 대학교의 최근 연구에서도 비슷한 결과가 나왔다. 자신감 있는 사람이 더 높은 임금을 받고, 승진도 빨리 한다는 것이다. 자신감 있는 사람들은 만나는 사람들에게도 큰 영향을 준다. 이 모든 일은 스스로에게 자신감 있기 때문에 가능한 일이다.

할 수 있다

〈내셔널지오그래픽〉에서 일반인을 대상으로 한 실험은 이런 뇌의 이론을 뒷받침해준다. 실험내용은 이렇다.

일반인인 여성 실험 참가자에게 농구공을 주며 자유투 10회를 던져보라고 한다. 이 참가자는 10회 모두 실패했다. 그러자 본인은 농구선구가 아닌 일반인이라 실패하는 게 당연하다는 말을 덧붙였다.

이번에 진행자는 10여 명의 관객들까지 동원하며 잘할 수 있다고 응원 열기를 높인다. 게다가 이번에는 안대를 착용한 상태로 공을 던지는 것이다. 실험 참가자는 자신 없어 했지만, 이윽고 안대를 착용한 상태로 농구공을 힘껏 던졌다.

"와, 골인이에요!"

관객들의 함성이 들려온다.

"설마 내가 공을 넣었나요?"

안대를 벗은 여성 실험 참가자는 어리둥절해한다. 진행자는 골인했다며 멋지다는 칭찬을 했고, 곧 안대를 다시 착용하고 2번째 자유투에 도전해보라고 한다. 이 여성은 다시 안대를 착용하고 공을 힘껏 던졌고, 관객들은 다시 함성을 보낸다. 이번에도 골인했다는 반응에 어리둥절 놀라며 안대를 벗는다.

이렇게 2번의 안대 테스트를 한 후 이번에는 안대를 벗고 자유투를 던지게 한다. 여성 참가자는 크게 심호흡을 하며 자유투를 던졌지만 아쉽게만 골대 주변에서 맴돈 공은 골인되지 않았다. 다시 한 번 시도한 참가자, 이번에도 노골이었다. 하지만 3번째 시도에는 드디어 골인했고, 4번째도 마찬가지로 골인을 했다.

처음에는 10번의 자유투 기회에서 한 번도 골인하지 못했던 참가자가 안대 테스트를 거친 후 3번 만에 자유투를 성공시킨 것이다. 즉, '나는 할 수 있어'라는 긍정의 힘을 뇌에 실어준 결과, 그대로 이루어진 것이다.

사실은 앞선 안대 테스트에서 던진 2번의 자유투는 모두 실패였다. 하지만 미리 각본을 맞춘 관객들은 골인했다며 환호했고, 이에 참가자는 실제로 자신이 골을 넣었다는 생각을 하게 됐다. 이렇게 2번의 골을 넣었다는 생각은 뇌에 긍정적인 영향을 미쳤고, 안대를 벗고 진행한 테스트에서 할 수 있다는 자신감을 불어넣은 것이다.

이렇듯, 결과는 내게 달려 있다. 세상 모든 일이 마찬가지다. 혹자는 가난 때문에, 환경 때문에, 나이 때문에…… 등등 탓, 탓, 탓을 하며 할 수 없다고 말한다. 하지만 이는 탓하기 전에 이미 내 마음에 할 수 없다는 각인을 먼저 한 것은 아닐까? 도전할 용기가 없음을 들키지 않기 위해 나는 할 수 없다는 당위성을 만들어내고, 가난, 환경, 나이를 끄집어 붙여 놓는 것은 아닌가 말이다.

할 수 없다고 생각하는 것은 사실 그것을 하기 싫다고 다짐하는 것이다. 그러므로 그것은 실행되지 않는 것이다.

움직이는 자가 성공을 쟁취한다

학창시절 반에서 1등을 놓치지 않던 그 친구를 기억하는가? 늘 만점을 받고, 이다음에 커서 뭔가를 해낼 거란 칭찬을 듣던 친구 말이다. 마치 세상을 바꿀 것 같던 그 친구는, 20년쯤 흐른 지금 소식이 없다. 아무 얘기도 들려오지 않는다. 아마 이런 친구를 한두 명쯤은 알 것이다. 흔히 똑똑하고 열심히 일한다면 그것만으로 성공에 충분한 자격을 갖춘 거라고 생각한다. 그러나 늘 그렇지는 않다는 사실이 밝혀지고 있다. 물론 둘 다 중요한 요소이기는 하지만, 언제나 성공을 보장하는 요소는 아니다.

많은 사람이 큰 꿈을 꾸지만, 정작 그것을 이루는 사람은 적다. 그것은 바로 똑똑함이 아닌, 열정을 실행하는 것에 달렸다고 볼 수 있다. 성공한 사람들은 실행에 옮기는 것을 두려워하지 않았다.

안전만 꿈꾸다가는 그 자리를 벗어나지 못한다

가난한 사람들은 두려움과 결핍에 기반을 둔 의식 상태에서 살아간다. 그래서 돈에 대해 극도로 보수적이다. 이들은 한 번 돈을 잃으면 다시는 그런 돈을 만져보지 못할까 봐 두려워한다. 하지만 부자들은 큰 노력 없이도 더 많은 돈을 끌어당기도록 활용해 더 큰 부를 쌓는다. 부자는 무슨 일이 생기더라도 결국 다시 돈을 벌 수 있다는 것을 안다. 경험이 쌓이고 노련해질수록 손실의 복구도 쉬워진다.

가난한 사람의 좌우명이 '안전'이라면 부자들의 좌우명은 '도전'이다. 전자는 가진 것을 잃을까 봐 두려워 잠을 못 이루지만, 후자는 가능성을 꿈꾸느라 잠을 설친다. 도전에는 위험이 따른다. 하지만 계산된 위험은 충분히 감수할 수 있다. 이는 단순히 무모한 것과는 완전히 다르다. 당신은 몇 번이나 계산된 위험을 감수하고 자신에게 투자를 해보았는가? 새로운 모험에 도전하면서 계산된 위험을 감수하는 능력을 길러야 한다. 자신의 판단을 신뢰하면 자신감이 커지는 법이다.

행운이 따라야 성공하는 거 아니냐고 묻는데, 행운도 준비된 자에게 오는 법이다. 준비하는 사람에게 모험이란 말은 존재하지 않는다. 충분히 가능한, 이룰 수 있는 일에 단지 도전하고 있을 따름이다.

○ 에필로그

성공하기 위해 여러분은 꿈을 꾸는가? 목적지를 위해 달려갈 끈기가 있는가? 누가 뭐라 해도 밀고 나갈 배짱과 끝장을 볼 수 있는 힘이 있는가? 잘 생각해보길 바란다.

꿈은 성공으로 가는 에너지원이다. 하버드 대학교 학생 가운데 3%만이 꿈을 가지고 있다는 조사결과가 있다. 10년 후 그들의 삶을 비교해본 결과, 꿈이 있었던 3%가 97%의 부를 가지고 있었으며, 꿈이 없었던 97%가 3%의 돈을 가지고 경쟁하고 있었다.

또한 꿈을 이루려면 끈기가 필요하다. 인내심이 없는 일은 결실을 맺지 못하기 때문이다. 그 과정에서 코뿔소 같은 저돌적인 추진력과 배짱은 성공의 필수요소다.

급하면서 중요한 일을 먼저 하자

'바빠서 재테크 책 한 권 읽을 틈이 없다, 바빠서 강의 한 번 들을 시간이 없다'며 각종 이유를 대는 사람이 있다. 도저히 시간을 낼 수 없을 만큼 바쁜 당신이 능력 있어 보인다는 생각을 할 수도 있지만 살펴야 할 게 있다. 일의 양 만큼 질 또한 따져봐야 하기 때문이다. 허드렛일로 계속 바쁜 사람이 있고, 그달의 회사 매출을 좌지우지할 정도로 중대한 일을 진행하느라 바쁜 사람도 있다. 같이 출발했지만 주인공이 돼 달리는 사람이 있는가 하면, 자기도 모르게 서포터로 밀려나는 경우도 있다.

'바쁘다 바빠'를 연발하면서도 정작 세월이 지나도록 별로 해놓은 일이 없는 경험을 해봤을 것이다. 시간이 귀중하다고 말하는 사람은 많지만, 시간의 가치를 진정으로 이해하고 올바로 사용하는 사람은 많지 않다. 인간의 모든 활동은 각자에게 주어진 시간이라는 무대 위에서 펼쳐진다. 성공을 위해서는 급하면서도 중요한 일을 먼저 하는 게 좋다. 급하지만 별로 중요하지 않은 일은 그다음으로 미룬다. 중요하지만 급하지 않은 일도 마찬가지다. 각 분야의 최고봉에 오른 사람들은 예외 없이 시간을 황금처럼 여겼고, 1초도 낭비하지 않으려고 시간 관리를 철저히 한 사람들이다. 하지만 대부분의 사람은 급한 일을 처리하느라 인생의 가장 중요한 일을 소홀히 한다.

인생이라는 큰 목표에서 당신은 시간 관리를 잘하고 있는가? 그저 오늘 만나자는 친구 약속에, 퇴근 후 맥주 한잔하자는 동료 제안에 어물쩍 흘려보내는 시간이 많지는 않은가. 그래놓고 시간이 없어서 목표를 이루지 못했다는 핑계를 대진 않는지 말이다. 자, 오늘부터 핑계는 저 멀리 접어두고 끈기와 배짱으로 힘차게 도약하는 여러분이 되길 희망한다.

개정판

똑똑한 사람은 월세 낼 돈으로
건물주 돼서 창업한다!

제1판 1쇄 2020년 5월 30일
제2판 1쇄 2022년 11월 4일

지은이 김기환
펴낸이 최경선   **펴낸곳** 매경출판(주)
기획제작 ㈜두드림미디어
책임편집 배성분   **디자인** 노경녀 n1004n@hanmail.net
마케팅 김성현, 한동우, 장하라

매경출판㈜
등록 2003년 4월 24일(No. 2-3759)
주소 (04557) 서울특별시 중구 충무로 2(필동 1가) 매일경제 별관 2층 매경출판㈜
홈페이지 www.mkbook.co.kr
전화 02)333-3577
이메일 dodreamedia@naver.com(원고 투고 및 출판 관련 문의)
인쇄·제본 ㈜M-print 031)8071-0961
ISBN 979-11-6484-491-3 (03320)

같이 읽으면 좋은 책들